Lion Feuchtwanger

Narrenweisheit

Lion Feuchtwanger

Narrenweisheit

oder Tod und Verklärung des
Jean-Jacques Rousseau

Roman

Mit einem Nachwort von
Iring Fetscher

Goverts

„Narrenweisheit“ erschien erstmalig im Jahre 1952

Alle Rechte für die Bundesrepublik Deutschland,
Westberlin, Österreich und die Schweiz bei Goverts
im S. Fischer Verlag GmbH
Lizenzausgabe des Aufbau-Verlags Berlin und Weimar
für Goverts im S. Fischer Verlag GmbH
Frankfurt am Main 1978

Printed in the German Democratic Republic
Karl-Marx-Werk, Grafischer Großbetrieb, Pößneck V 15/30

Große Menschen sind Meteore,
die sich selbst verzehren,
um die Welt zu erleuchten.

Napoleon

Erster Teil

Die letzten Tage Jean-Jacques'

Die Blindesten aber
Sind Göttersöhne. Denn es kennet der Mensch
Sein Haus und dem Tier ward, wo
Es bauen solle, doch jenen ist
Der Fehl, daß sie nicht wissen wohin,
In die unerfahrne Seele gegeben.

Hölderlin

Ein ersehnter Gast

Nach dem Frühstück, wie jeden Morgen, las Monsieur de Girardin seine Post; er las ohne rechte Aufmerksamkeit, mehr aus Pflichtgefühl.

Plötzlich spannte sich sein Gesicht in freudiger Überraschung.

Konnte es sein? War es möglich? Monsieur de Girardin hatte es nicht zu hoffen gewagt. Aber es war so, er hielt die gute Botschaft in Händen: Jean-Jacques kommt! Da stand es, sein Freund Lebègue hatte es ihm geschrieben: der hochverehrte Mann, der Größte der Lebenden, Jean-Jacques Rousseau kommt!

Monsieur de Girardin ging auf und ab, den Brief in der Hand, und las ihn wieder und wieder.

Die Philosophie dieses Jean-Jacques Rousseau hatte tief eingegriffen in sein Leben. René-Louis, Marquis von Girardin, Graf von Vauvré und Brégy, Seigneur von Ermenonville und von andern Herr- und Liegenschaften, war am Hofe des Königs von Polen in Lunéville Erster Kämmerer und Kommandant der Leibgarde gewesen. Er hatte ein ausgefülltes, vielbeneidetes Leben geführt. Aber als er – es mochten jetzt zwölf Jahre her sein – vertraut geworden war mit den Büchern Jean-Jacques', des Bürgers von Genf, hatte er die Leerheit dieses seines Lebens erkannt, und es war ihm, wie so vielen andern, der Sinn des Daseins aufgegangen. Die Welt war verrottet durch Zivilisation; wollte man das quälende Gefühl der Ödnis loswerden, dann mußte man zurückfinden zur Einfachheit, zur Natur. Und der Marquis hatte den Hof von Lunéville verlassen, um sein Leben nach den Lehren des Meisters zu formen. Er befürwortete politische Neuerungen, wie Jean-Jacques sie predigte in seinem Buch „Der Gesellschaftsvertrag", er bildete seinen Sohn und Erben Fernand aus nach den Prinzipien, die Jean-Jacques verkündete in dem Erziehungsroman „Émile", er schuf seine Besitzung Ermenonville um in eine Landschaft, wie Jean-Jacques sie darstellte in seinem Liebesroman „Die Neue Héloïse".

Jean-Jacques selber wohnte nun seit Jahren wieder in Paris, durch ein Edikt verbannt, durch Stillschweigen geduldet. Monsieur de Girardin trug brennendes Verlangen, dem großen Lehrer nahezukommen, Gedanken und Rede mit ihm zu tauschen. Allein Jean-Jacques war menschenscheu, der Marquis hatte ihn nur, vor Jahren, ein einziges Mal besuchen dürfen.

Nun war bekannt geworden, daß Jean-Jacques nach seinen vielen Pariser Mißhelligkeiten wieder ruhige Zuflucht auf dem Lande suche. Monsieur de Girardin hatte ihm in einem herzlichen und ehrerbietigen Brief Gastfreundschaft angeboten und ihm die Vorzüge seiner Besitzung Ermenonville durch einen gemeinsamen Freund, den Doktor Lebègue, ins rechte Licht rücken lassen. Aber es bewarben sich viele große Herren darum, Jean-Jacques unter ihrem Dach zu haben, der Marquis wußte es, seine Hoffnung war schmal gewesen. Und nun war doch er der Erwählte!

Er fragte sich, ob er nicht sogleich seinem Sohne Fernand Mitteilung machen solle von dem großen Glück, welches dem Schlosse Ermenonville bevorstand. Er bezwang sich. Das Herz war ihm voll von den freiheitlichen Ideen Jean-Jacques', doch hatte er sich aus seiner Militärzeit Disziplin bewahrt, strenges Pflichtgefühl. Nach dem Frühstück hatte der Rundgang durch die Gärten zu erfolgen. So hatte er sich's eingerichtet, so wird er's auch an diesem Morgen halten. Er verschob die glückhafte Botschaft.

Setzte, der lange, magere, etwa fünfzigjährige Herr, den niedrigen, schmalkrempigen Hut auf und nahm den hohen, biegsamen, goldknopfigen Rohrstock zur Hand. So, ländlich einfach gekleidet, mit langschößigem Rock und kurzen Stiefeln, ging er ins Freie. Ein kleines Gefolge stieß zu ihm, der Intendant, der Obergärtner, einer aus der Dienerschaft.

Die tägliche Besichtigung seines Parkes war René de Girardins liebste Beschäftigung. Und jetzt, da die Gärten durch die Gegenwart Jean-Jacques' höchsten Sinn bekommen sollten, machte ihm der Rundgang doppelte Freude.

Monsieur de Girardin hatte, die Lehren Jean-Jacques' nützend, ein umständliches „Handbuch der Landschaftsarchitektur" verfaßt, und die Umgebung seines Schlosses sollte seine Theorien in Wirklichkeit umsetzen. Im Gegensatz zu den steifen, gezirkelten Gärten von Versailles sollte sein Park von Ermenonville demjenigen, der sich darin erging, ein erhöhtes Gefühl der Natur einflößen. Der ganzen Natur. Sanfte Au und düsterer Wald, wilder Wasserfall, zahmer Bach und melancholisch lieblicher See, wüste, erhabene Felslandschaft und anmutiges Tal, das alles war hier vereint, so daß der Spaziergänger je nach Stimmung des Gemütes von einer Gegend in die andere wandern und die äußere Landschaft der inneren anpassen konnte. Auch an die Vergangenheit wurde erinnert, ans Ewige. Da und dort in dem weiten Park gemahnte ein kleiner Tempel oder eine Ruine an die großen Zeiten Griechenlands und Roms, und Inschriften aller Art, den Bänken eingeschnitten, den Säulen eingraviert oder auch den Bäumen eingeritzt, klassische Zitate und moderne, wiesen hin auf die Gemütsbeziehung der Stätte.

In dieser Welt erging sich der Marquis Tag für Tag, spähend, musternd. Vieles hatte er erreicht; aber immer wieder fand er Mängel, Erfüllbares, doch noch nicht Erfülltes, und das war ein ewiger Stachel und eine tägliche Lust. Feldherrnhaft hob er den langen, biegsamen Stock und erteilte Gärtnern und Bauleuten seine Befehle, den Gegenstand oder auch den Mann leicht klappend, „Le Père la Tapette – Vater Klopfstock" hieß der gutmütige und gewalttätige Herr seinen Leuten. Heute war sein Blick noch schärfer als sonst, sein

Tatendrang beschwingter; denn nun sollte ja sein Werk vor den Augen Jean-Jacques' bestehen.

Er ging den kleinen See entlang; oben, in vorgetäuschter Ferne, hob sich ein kleiner Tempel, „Der Tempel der Philosophie". Er durchquerte freundliches Wiesenland mit weidenden Herden, folgte der „Allee der Träume", stieg den Waldpfad hinauf zu den Felsen der „Einöde". Genoß den weiten, wechselreichen Blick, der sich hier öffnete. Er war zuversichtlich: seine Welt wird der Prüfung dessen, der sie erträumt hat, standhalten.

Und was für eine gütige Vorsehung hatte ihm, Girardin, gerade noch vor drei Wochen die Idee eingegeben, das Chalet Suisse in Angriff zu nehmen, das Schweizer Sennhaus. Der Marquis ging zu der Baustätte. Ja, man arbeitete gut. Für ein paar Wochen wird Jean-Jacques wohl im Sommerhaus wohnen müssen, aber dann wird er hierher ins Chalet übersiedeln können. Das Chalet hob sich auf einer sanft ansteigenden Wiese, vor einer hellen, von Menschenhand kaum berührten Baumlandschaft. Hier waren Gefilde der Neuen Héloïse, „Das Paradies von Clarens". Jean-Jacques wird wohnen in einer Gegend, wo der Saint-Preux und die Julie seiner ewigen Dichtung leben.

Der Marquis hatte den Rundgang beendet. Jetzt durfte er sich die große Freude gönnen, seinem Sohn die bevorstehende Ankunft Jean-Jacques' zu verkünden.

Er schickte nach ihm. Fernand kam. Der siebzehnjährige Fernand – er trug als Erbe des Seigneurs von Ermenonville den Titel eines Grafen Brégy – war noch einfacher gekleidet als der Marquis; statt im üblichen prächtigen Rock und kostbar bestickten Wams war er im offenen Hemd.

„Graf Fernand!" verkündete der Vater dem Erwartungsvollen. „Eine frohe Nachricht! Unser Freund und Lehrer Jean-Jacques kommt! Er wohnt fortan in Ermenonville!"

Die schwarzen, großen Augen des jungen Menschen strahlten auf in solchem Entzücken, daß es den Vater bewegte. „Nun, mein Junge", sagte er, bemüht, seine Bewegung ins

Scherzhafte zu drehen, „habe ich's gut gemacht? Hab ich dir's recht gemacht?" Fernand, mühsam, mit ergriffener Stimme, antwortete: „Ich danke Ihnen, Herr Vater. Sehr, sehr!"

Allein, lief er hinaus in den Wald, in den die Gärten übergingen. Es gab dort eine versteckte Lichtung, die er gerne aufsuchte, wenn er mit einem Ereignis fertig werden wollte. Er schmiß sich ins Moos, unter eine uralte Schwarzkiefer, seine besondere Freundin. Überlegte.

Ja, der Vater hatte es gut gemacht. Aber wenn sich Jean-Jacques entschlossen hatte, zu kommen, dann war es sein, Fernands, persönlicher Triumph. Denn Jean-Jacques, dies war freilich ein großes Geheimnis, war sein Freund. Als es nämlich dem Vater damals in Paris geglückt war, in die Wohnung des menschenscheuen Philosophen einzudringen, hatte er ihn mitgenommen. Sie hatten Musiknoten gebracht, daß Jean-Jacques sie kopiere; es war eine der Eigentümlichkeiten des Meisters, daß er seinen Lebensunterhalt nicht durch seine Philosophie verdienen wollte, sondern durch sein Handwerk, das Kopieren von Noten. Dort also, in der einfachen Wohnung an der Rue Plâtrière, oben im vierten Stockwerk, war Fernand vor dem schmächtigen Manne gestanden, er hatte den Blick getaucht in seine von Gott und der Wahrheit erfüllten Augen, er war erschüttert gewesen von der schlichten Art des größten Lebenden. Und dann hatte er's gewagt und hatte den Mund aufgetan. Hatte erklärt, die frühere Fassung der kleinen Oper Jean-Jacques' „Der Dorfprophet" gefalle ihm besser als die neue, die sie jetzt an der Pariser Oper spielten; Jean-Jacques aber hatte gelächelt, wissend, mild und bitter, und hatte erwidert, da habe der junge Herr nicht unrecht, die neue Fassung sei verziert und künstlich, aber es habe seine Gründe, daß man diese Fassung spiele. Und dann hatte er ein zweites Mal kommen dürfen, um die kopierten Noten abzuholen, er, Fernand, und nicht der Vater, und wiederum hatte Jean-Jacques mit ihm gesprochen. Und hatte ihm erlaubt, ihn ein drittes Mal zu sehen. Ja, drei Gespräche hatte Fernand mit dem Meister geführt! Es war kein Zweifel, wenn Jean-Jacques jetzt nach

Ermenonville kam, dann nicht des Vaters wegen: er kam zu ihm, Fernand.

Das Herz wollte ihm springen vor Freude, er mußte jubeln, mußte juchheien, der Wald gab hier in der Lichtung ein wunderbares Echo. Er rief: „Jean-Jacques! Wir werden Jean-Jacques sehen, Wald!“ Er rief: „Willkommen Jean-Jacques!“, und: Jean-Jacques! Jean-Jacques! rief es zurück, hundertfach.

Es genügte ihm nicht, seine Freude den Bäumen mitzuteilen. Die verstanden es nicht, daß Jean-Jacques zu ihm kam, zu ihm! Er mußte dieses sein stolzes Geheimnis teilen mit einem Menschen, der ihn verstand.

Er ritt hinüber nach Schloß Latour zu seiner Freundin Gilberte. Er ritt, wie er war, im offenen Hemd und ohne Perücke, sein dunkles Haar wehte im Wind. Der hochgewachsene, magere junge Mensch mit dem knochigen Gesicht, mit der großen, kühnen Nase, dem langen Hals und dem starken Adamsapfel war nicht schön, aber seine schwarzen, begeisterten Augen machten ihn schön.

Er kam an in Schloß Latour, lief sogleich zu Gilberte. Fand sie im Ballkleid, bei einer Tanzlektion, umgeben von ihrer Gesellschafterin, ihrer englischen Gouvernante, ihrem Tanzmeister.

Gilberte Robinet de Latour entstammte der illegitimen Verbindung eines sehr reichen Herrn von neuem Adel mit einer kleinen Schauspielerin. Beide Eltern waren früh gestorben, sie war der Vormundschaft ihres Großvaters überstellt worden. Dieser, der sehr vermögende Generalsteuerpächter Robinet, hatte großes Wohlgefallen an dem Kinde, er hatte Gilberte adoptiert und zu seiner Universalerbin eingesetzt. Fernand und Gilberte hatten sich eng verfreundet. Der Marquis sah die Verbindung Fernands mit einem Mädchen des untersten Adels und von obendrein zweifelhafter Herkunft nicht gerne. Es war ihm eine unbehagliche Vorstellung, den König, wenn sein Erstgeborener heiratete, um Zustimmung bitten zu müssen; denn durch die Ehe mit einer Nicht-Ebenbürtigen verloren, wenn der König nicht seinen Konsens erteilte, Graf Fernand und seine Nachkommen Anspruch auf die Herrschaft Ermenonville und andere Privilegien. Allein Girardin bezwang sein Unbehagen; er wollte Jean-Jacques' Philosophie nicht verleugnen.

Wenn er aber darein willigte, Gilberte in seine Familie aufzunehmen, dann wollte er auch an ihrer Erziehung teilhaben. Wieweit diese Teilnahme gehen sollte, darüber gab es viele und langwierige Disputationen mit Gilbertens klugem und mokantem Großvater, dem Generalpächter Robinet. Dem gefiel Fernand nicht übel, und er fand es spaßhaft, daß seine illegitim geborene Enkelin in den Hochadel einheiraten sollte; doch in die Erziehung seiner Gilberte wollte er sich nicht einreden lassen. Er kannte seinen Rousseau und hielt dessen Ideen für einen anregenden Gesprächsgegenstand, aber für utopisch, und er hänselte gerne die Girardins wegen ihrer Schwärmerei für den Mann, der uns alle zu kanadischen Wilden machen wollte. Er hatte nichts dawider, daß Gilberte dann und wann derbe, halb bäuerliche Tracht anlegte, und er ließ es zu, daß sie gelegentlich zu Fuß nach Schloß Ermenonville lief oder auch allein dorthin ritt, in Mannskleidung, à l'Amazone. Gemeinhin aber hatte sie sich, Rousseau hin, Rousseau her, zu benehmen, wie es sich für eine junge Dame von Rang schickte.

In diesem Jahre überdies sollte sie in die Gesellschaft eingeführt werden, und Monsieur Robinet ließ ihr sorgfältigen Unterricht erteilen in dem umständlichen Zeremoniell des Salons und des Ballsaals.

Inmitten einer solchen Lektion also fand sie Fernand. Ihm schien das große, frische Mädchen entstellt durch das Pariser Ballkleid; Gilbertens weiträumiges, warmhäutiges, freimütiges Gesicht war so viel natürlicher ohne Puder, ihr großer, fröhlicher Mund so viel schöner ohne die Schönheitspflästerchen darüber. Er mußte sich indes darein fügen, daß man seine Freundin und Liebste solcherart verkleidete, er konnte nichts tun als sich verdrossen an die Wand setzen, zuschauen und warten.

Gilberte aber hatte ihm sogleich angesehen, daß etwas

Wichtiges vorgefallen war. Sie nahm den Unwillen des Großvaters auf sich, machte ihrer Umgebung eine tiefe Reverenz, wie sie zu ihrem Tanz gehörte, sagte: „Verzeihen Sie, meine Herren und Damen", ließ die Verblüfften stehen, nahm Fernand bei der Hand und führte ihn in ihr kleines Boudoir.

Doch fand sie aus ihrer damenhaften Haltung nicht so schnell heraus. Sie ließ sich großartig auf ein Sofa nieder und hieß ihn auf einem der kleinen, goldenen Stühle Platz nehmen. Da saßen sie einander gegenüber, er in seinem offenen Hemd und in der derben Hose, sie in ihrem prunkenden Ballkleid. Ihre Schultern kamen lieblich heraus aus dem Brokat, das reiche, dunkelblonde Haar über der runden, kindlichen, etwas eigensinnigen Stirn war hochfrisiert und gepudert.

„Was gibt es, Fernand?" fragte sie. Fernand sagte: „Jean-Jacques kommt! Er wird fortan in Ermenonville wohnen!" Und sogleich – er konnte einfach nicht länger warten – sagte er sein stolzes Geheimnis heraus. Erzählte, ihnen ihre ganze Bedeutung beilegend, von seinen drei Pariser Gesprächen. Rief triumphierend: „Er kommt zu mir! Jean-Jacques kommt! Er kommt für mich!"

Es hielt ihn nicht auf dem goldenen Stühlchen. Er lief auf und ab. Enthusiastische Sätze, sich überstürzend, sprudelten aus seinem Munde. Der Vater, so groß und aufgeschlossen sein Herz war, hatte doch zuviel eingesogen von den verrotteten Ideen der Höfe von Versailles und Lunéville. Die Lehren Jean-Jacques' konnten nicht niedergeschrieben werden auf Papier, das schon einmal beschrieben war. Nur sie, die Jungen, begriffen ganz seine wunderbaren, einfachen und doch so neuen Gedanken und Gefühle. In den englischen Kolonien Amerikas, in der jungen Welt, waren die Freiheitskämpfer dabei, Jean-Jacques' Philosophie in die Wirklichkeit umzusetzen. Wenn jetzt Gilberte und er im Dunstkreis des Meisters leben dürfen, wenn sie das unaussprechliche Glück haben, täglich seine liebe, dunkle Stimme zu hören, dann wird ihnen das die Kraft geben, mitzubauen an einem neuen Frankreich im Sinne Jean-Jacques'.

Gilberte hörte zu. Sie hatte ihre Kindheit mit ihrer Mutter, der Schauspielerin, verbracht, sie hatte viele Umschwünge erlebt, die Mutter hatte ihr den guten praktischen Verstand vererbt; auch von ihrem Großvater bekam Gilberte häufig gesalzene, realistische Anmerkungen zu hören. Ihre Augen schauten klarer in die Welt als die der Girardins, unterschieden besser zwischen Traum und Wirklichkeit. Und wie jetzt Fernand in seiner herausfordernd einfachen Tracht auf und ab lief in dem eleganten, mit allen Verfeinerungen überladenen Boudoir, und wie ihm der Adamsapfel des langen, nackten Halses hüpfte, und wie sich der ganze Mensch mit schlenkrigen Bewegungen abzappelte, da entging ihr keineswegs das Groteske der Situation. Aber sie sah auch seine schwärmerischen, fernhinschauenden Augen über der kühnen Nase, sie hörte seine ergriffene Stimme, sie wußte, was Jean-Jacques' bevorstehende Ankunft für ihren guten, gescheiten, tapferen, von hundert Ehrgeizen glühenden Freund bedeutete, und sie lächelte nicht über den uferlosen Fluß seiner Entzückung.

Die Beredsamkeit und der Zauber Jean-Jacques', die Gefühle der Neuen Héloïse hatten auch sie angerührt, und sie war voll von Neugier und Spannung auf die Begegnung mit dem Schöpfer dieses Werkes. Und es wird großartig sein, wenn sie in Saint-Vigor, dem Landsitz des Großvaters bei Versailles, wohin sie in ein paar Wochen geht, den Herren und Damen des Hofes wird erzählen können von Unterredungen, die sie mit dem größten Schriftsteller des Jahrhunderts gehabt hat.

Fernand schlug vor, sie sollten, wie sie es zuweilen taten, gemeinsam in der Neuen Héloïse lesen, in Ermenonville, in der Landschaft Jean-Jacques'. Sie sagte sogleich ja.

Sie zog sich um, nun waren sie beide in der rechten Kleidung für die Welt Jean-Jacques'. Sie ritten hinüber nach Ermenonville. Sie lasen von der reinen, tiefen, glühenden Liebe Julies zu Saint-Preux, Saint-Preux' zu Julie. Sie wurden selber zu diesen beiden, sie küßten sich, sie waren weltenfern der frivolen Galanterie des Hofes und der Stadt Paris, sie waren wunschlos glücklich.

Jean-Jacques' Frau

Doktor Lebègue kam nach Ermenonville, um den Marquis über Jean-Jacques' Wünsche und Besonderheiten zu unterrichten.

Der berühmte Arzt war befreundet sowohl mit Girardin wie mit Jean-Jacques. Dieser hatte ihm sein Zutrauen geschenkt, weil Doktor Lebègue, die modische Medizin verwerfend, nicht gegen die Natur arbeitete, sondern mit ihr.

Lebègue erzählte, wie er Jean-Jacques zur Übersiedlung nach Ermenonville bewogen habe. Zuerst habe er die Frauen für sich gewonnen. In den Geschäften seines Alltags nämlich sei Jean-Jacques abhängig von seiner Frau Therese, diese wieder gehorche blind ihrer Mutter, der alten Madame Levasseur. Die Alte sei habgierig, er, Lebègue, habe sie durch kleine Zuwendungen bestochen. Übrigens habe er ihr in Aussicht gestellt, der Marquis werde durch seine Leute den Transport ihres Haushalts besorgen lassen und sie persönlich für die Mühe des Umzugs entschädigen; er rate ihm, Madame Levasseur sogleich für die Auslagen, die sie haben werde, fünfzig Livres zu übersenden. Wenn alles gut gehe, werde dann Jean-Jacques, zunächst allein, im Lauf der nächsten Woche eintreffen, die Frauen kurze Zeit später, sowie sie die Pariser Wohnung aufgelöst hätten.

Die nächsten Tage verlebten der Marquis und Fernand in Erwartung. Aber die Woche verging, und noch ein paar Tage, und kein Jean-Jacques traf ein. Dann kam Nachricht, der Marquis möge nach Paris Wagen und Leute für den Umzug schicken.

Die Möbel kamen, und die Frauen kamen, Therese und ihre Mutter. Doch kein Jean-Jacques.

Monsieur de Girardin war bestürzt. Hatte nicht Doktor Lebègue erklärt, Jean-Jacques werde vor den Frauen eintreffen? Diese selber waren erstaunt; Jean-Jacques hatte Paris vor einigen Tagen verlassen. Sehr besorgt indes waren sie nicht. Der wunderliche Mann, meinten sie, mache oft Umwege und treibe sich herum; er werde schon kommen.

Der Marquis hatte sich gefaßt und gab in höflichen Worten seiner Freude Ausdruck über die Ankunft der Damen. Damals, bei dem Besuch in Paris, hatte er Therese nur flüchtig gesehen. Er wußte, sie war, als Jean-Jacques sie in ihrer frühesten Jugend hatte kennenlernen, in einem schäbigen Hotel Kellnerin gewesen. Sie mochte jetzt siebenunddreißig Jahre alt sein oder achtunddreißig. Sie trug ein einfaches Kleid aus beblümter Siamoise, einem billigen, aus Leinwand und Baumwolle gemischten Stoff; die kastanienbraunen Haare waren unter einer kleinbürgerlichen Haube verborgen. Dem Marquis schien Madame Rousseau vulgär, doch nicht ohne Reiz. Ihr etwas fülliges Gesicht zeigte wenig Ausdruck, aber die großen, lässigen Augen mochten manchen Mann anziehen, ebenso die trägen Gesten ihres Körpers. Langsam, naiv, ohne Scham und Bescheidenheit, musterte sie Menschen und Dinge. Sie sprach wenig und schien Mühe zu haben, die rechten Worte zu finden.

Madame Levasseur hingegen, die Mutter, war nicht auf den Mund gefallen. „Geboren bin ich in Orléans, aber ich bin Pariserin", erklärte sie. Sie war alt, wohl über siebzig, doch rüstig und lebendig. Viel Fett bedrängte ihre kleine Gestalt, prall um mächtige Brüste saß das schwarze Kleid, das Atmen fiel ihr schwer. Sie ließ sich's nicht anfechten. Sie war sich bewußt, daß sie infolge ihrer Persönlichkeit und als Jean-Jacques' Schwiegermutter Ansprüche stellen durfte, und die harten, flinken, schwarzen, stechenden Augen über der kleinen Nase blickten spähend und streitbar.

Der Marquis zeigte den Frauen das Sommerhaus, in dem sie vorläufig wohnen sollten. Es war ein Pavillon in unmittelbarer Nähe des Schlosses, ein hübsches, zweistöckiges, ländliches Bauwerk; früher hatte hier der Kastellan gewohnt. „Zur ständigen Bedienung", sagte Girardin, „darf ich Ihnen wohl eine Magd aus dem Schlosse schicken." – „Das wäre ja noch schöner, Herr Marquis", antwortete Madame Levasseur, „wenn mein Schwiegersohn nicht mit unserer Hilfe sollte auskommen können." Und Therese, mit ihrer ziemlich tiefen, schleppenden Stimme, fügte hinzu: „Jean-Jacques will nur von mir bedient werden und soll nur."

Girardin war von Doktor Lebègue darauf vorbereitet, daß man, wollte man Mißhelligkeiten mit Jean-Jacques vermeiden, auf die Frauen Rücksicht nehmen mußte. Wiewohl von seiner Militärzeit her gewohnt, zu befehlen, bezwang er sich und setzte geduldig auseinander, es sei hier nicht wie in Paris, vielmehr müsse man wegen geringfügiger Bedürfnisse lange Wege machen. Um die Medizinen zum Beispiel, die, wie er höre, der Meister benötige, müsse man in die Apotheke von Dammartin oder von Senlis schicken. Ständige Verbindung mit dem Schlosse, Sonderbedienung für die Damen sei notwendig. Er bitte nochmals um Erlaubnis, ihnen eine der Mägde zur Verfügung zu stellen.

„Wenn Sie darauf bestehen, Herr Marquis", antwortete Madame Levasseur, „dann nehmen wir's an, und mit schönem Dank." Therese indes erklärte mit phlegmatischem Eigensinn: „Die Person, die Sie uns schicken wollen, darf sich aber nicht vor Jean-Jacques blicken lassen. Er will seine Ruhe haben. Darum kommt er hierher. Es darf niemand ins Haus ohne seine ausdrückliche Erlaubnis. Und wenn ich nicht da bin und die Mutter, dann muß das Haus verschlossen bleiben." Madame Levasseur begütigte: „Mein Herr Schwiegersohn hat einige Eigentümlichkeiten. Velleitäten", sie sprach jede Silbe des vornehmen Wortes getrennt. „Alle großen Männer haben ihren Klaps."

Es paßte Girardin ganz und gar nicht, daß im Bereich seiner Herrschaft Räume sein sollten, die zu betreten ihm, dem Seigneur von Ermenonville, verwehrt war. Aber er hatte schließlich für das Sommerhaus – wie für alle Baulichkeiten seines ausgedehnten Gutes – Nachschlüssel, die er wohlbehütet in seinem Schlafzimmer verwahrte. „Ihre Wünsche werden erfüllt werden, meine Damen", sagte er. „Ich glaube auch für Ihre Zwecke die rechte Person zu haben. Es ist mein Läufer und Faktotum Nicolas. Er wird sich im Schloß immer zu

Ihrer Verfügung halten. Er ist gewohnt, meine Weisungen gewissenhaft zu befolgen, er wird keinerlei Neugier zeigen. Des weiteren ist er ausgezeichnet zu Pferde und kann jederzeit, wenn Sie was benötigen, in die Stadt reiten. Ich schicke ihn herüber, daß er sich Ihnen vorstellt."

Der Hausrat der Frauen war abgeladen. Der Marquis erklärte, er werde später nochmals vorsprechen, um sich nach den Wünschen der Damen zu erkundigen, und empfahl sich.

Die Frauen waren sehr früh von Paris aufgebrochen. Es war heiß, sie waren müde. Nachdem die Möbel aufgestellt waren, wollten sie ruhen. Madame Levasseur ging hinauf ins obere Stockwerk, wo ihr Bett stand. Therese sperrte die Haustür ab, zog das Kleid aus, legte sich, im Alkoven, aufs Bett, döste ein.

Plötzlich, mit einem kleinen Schrei, fuhr sie hoch. Ein Mensch stand im Zimmer, ein nicht großer, rotblonder Bursche, mager, breitbeinig. „Entschuldigen Sie, Madame", sagte er mit quäkender Stimme in fremdartigem Französisch. „Ich habe geklopft, und da ich keine Antwort erhielt, bin ich eingetreten." Therese hatte einen Schal übergeworfen. „Ich habe doch abgesperrt", sagte sie. „Der Herr Marquis", gab der Bursche Bescheid, „hat mir seinen Nachschlüssel mitgegeben für den Fall, daß die Damen sollten in den Garten gegangen sein. Der Herr Marquis schickt den Damen die Früchte und die Süßigkeiten." Er stellte den Korb auf den Tisch, packte umständlich aus. Von dem halbdunkeln Alkoven her schaute Therese zu, auf dem Bett sitzend, schweigend, die nackten Schultern unter ihrem Schal leicht gekrümmt.

Der Bursche war fertig, machte indes keine Anstalten, zu gehen. Er beschaute Therese, ihr warmes, dunkelhäutiges, etwas verwischtes Gesicht mit den braunen, tierhaft ruhigen Augen, ihren runden, glatten Hals, die unter dem Schal zu ahnenden, vollen Brüste. „Ich bin sozusagen Ihr Kammerdiener, Madame", erklärte er mit ironisch tiefer Verbeugung. „Meinen Namen können Franzosen nicht gut aussprechen. Nennen Sie mich einfach Nicolas." Seine frechen, blassen Augen über der aufgeworfenen, breitnüstrigen Nase starrten unverwandt auf Therese, die halbnackt unter ihrem Schal dasaß im warmen Dunst ihres leicht üppigen Körpers. Von ihrem ersten Schreck war ihr ein Mißtrauen gegen den Menschen geblieben, doch mischte die Art, wie er sie dreist, begehrlich und unablässig betrachtete, dem Argwohn einen leisen Kitzel bei. Sie schwieg, blieb sitzen, die braunen, langsamen Augen auf ihn gerichtet; sie rührte sich nicht.

„Ist im Augenblick etwas, wo ich den Damen behilflich sein kann?" bot er an. Sie, mit ihrer trägen Stimme, antwortete, sie wolle ihre Mutter fragen. Sie stieg die Treppen hinauf, er folgte ihr mit den Augen, der lange Unterrock ließ angenehm runde Hüften ahnen. Jung war sie nicht mehr, aber ein wohlerhaltenes, appetitliches Stück Weiberfleisch.

Sie kam die Treppe herunter mit der alten Madame Levasseur. „Der Herr Marquis hat mir aufgetragen, Madame", sagte, wiederum mit übertriebener Höflichkeit, Nicolas, „Ihnen ganz zur Verfügung zu stehen." Madame Levasseur musterte ihn vom Kopf bis zu den Füßen. „Sie reden ein sonderbares Französisch, mein Junge", sagte sie, durch ihre marklose Stimme klang Abneigung. „Ich bin Untertan Seiner Großbritannischen Majestät, Madame", erläuterte Nicolas. „Ich glaube", sagte trocken Madame Levasseur, „wir werden Sie nicht viel in Anspruch nehmen, Monsieur. Höchstens für Botengänge." – „Auch für Botenritte, wenn Sie es wünschen", sagte Nicolas, und, gegen Therese gewandt: „Und wenn die Dame reiten will, so wird es mir eine Ehre sein, ihr gewisse Künste beizubringen. Ich war Erster Bereiter bei Mister Tattersall in London. Der Herr Marquis hat mich herübergeholt, daß ich seinen Marstall in Ordnung bringe und beaufsichtige."

Therese beschaute ihn, ohne Neugier, doch stetig. „Das wichtigste ist", sagte Madame Levasseur, „daß Sie meinem Herrn Schwiegersohn nicht unter die Augen kommen. Er liebt keine fremden" – sie suchte das Wort – „Visagen." – „Was liebt er nicht?" fragte Nicolas. „Keine fremden Gesichter", erläuterte Madame Levasseur. Nicolas starrte unverwandt auf die dunkelhäutige Therese.

Als es kühler wurde, kam, wie er's versprochen hatte, Monsieur de Girardin. Er rühmte, wie schnell die Damen alles wohnlich gemacht hätten, und forderte sie auf, den Park in seiner Begleitung zu besichtigen.

Vor dem Hause wartete ein junger Herr, Girardin stellte ihn als seinen Sohn vor, den Grafen Brégy. Fernand schloß sich an; langsam, zu vieren, gingen sie durch den Park.

Der Marquis, gewohnt, von seinen Besuchern Äußerungen des Entzückens zu hören, wartete darauf, daß die Frauen Jean-Jacques' in begeisterte Rufe ausbrechen würden. Aber Madame Levasseur sagte nur: „Sehr schön, sehr hübsch, nicht wahr, Therese?" und: „Wie angenehm kühl es hier ist." Schließlich konnte sich der enttäuschte Marquis nicht enthalten, zu erklären: „Dieser kleine Weinberg ist der Landschaft nachgebildet, die Jean-Jacques im Fünften Buch der Neuen Héloïse darstellt. Sie erinnern sich, das Winzerfest." – „Ach wirklich", sagte Therese. Und Madame Levasseur, auch sie ohne Schwung, sagte: „Die Neue Héloïse, ja, daraus hat er uns oft vorgelesen, während er daran schrieb. Er hat sie auf Goldschnittpapier geschrieben, und silbernen und blauen Streusand hat er haben müssen. Wir haben alles aus Paris kommen lassen. Ein interessantes Buch." Der Marquis war voll Bitterkeit.

Die Pfade wurden enger, man teilte sich. Girardin und Madame Levasseur gingen voran, Therese und Fernand folgten.

Fernand war über die Stumpfheit der Frauen noch tiefer bestürzt als sein Vater. Er hatte Therese in Paris gesehen, er hatte nicht gewagt, viel mit ihr zu sprechen, doch hatte er dort schon gemerkt, daß sie schlichten Geistes war. Er wußte wie jedermann, sie war niedriger Herkunft; er hatte sich Jean-Jacques' Heirat als einen symbolischen Akt erklärt, seine Ehe sollte vermutlich ein Gleichnis sein für seine Verbindung mit dem Volke. Jetzt, nicht mehr gehemmt durch die Scheu und Ehrfurcht, welche ihm bei den Zusammenkünften in Paris die Gegenwart des Meisters eingeflößt hatte, erdreistete sich Fernand, Therese näher zu betrachten, um die großen, simpeln Eigenschaften zu entdecken, welche die Frau ohne Zweifel besaß, die Tugenden, die Jean-Jacques getrieben hatten, gerade sie zu seiner Gefährtin zu machen.

Er schaute sie von der Seite an, ein paar kastanienbraune Haare kamen unter der bürgerlichen Haube heraus. Sie schien nichts dagegen zu haben, daß er sie betrachtete, ja, sie wandte ihm das Gesicht zu, seine Blicke ruhig zurückgebend. Schöne, große, naturhafte Augen hatte sie. Und wenn, was sie sagte, unbedeutend war, so hatte doch ihre Stimme dunkeln, seelenhaften Klang. Auch in ihrem Gange glaubte Fernand etwas wie eine träge Melodie zu spüren. Jean-Jacques hatte schon gewußt, warum er gerade diese wählte.

Die alte Madame Levasseur mittlerweile, die mit dem Marquis voranging, besprach Praktisches. Ihr Schwiegersohn, setzte sie auseinander, halte auf Würde. Er wolle sich nichts schenken lassen, sondern wünsche die Miete durch Dienstleistungen zu bezahlen, ebenso die Lebensmittel, die man vom Schloßgut beziehe. Vor allem wolle er, wenn es dem Herrn Marquis recht sei, für ihn, wie damals in Paris, Musiknoten kopieren. Nun seien die Leute wild auf alles Schriftliche, das von Jean-Jacques' Hand komme, und er berechne immer bloß die üblichen zwölf Sous pro Seite. In Paris damals habe sie nichts sagen wollen, gewöhnlich aber hielten sie und Therese es so, daß sie sich hinter dem Rücken Jean-Jacques' einen Aufschlag bezahlen ließen. Der Herr Marquis möge ihr also erlauben, daß sie nach der Rechnung Jean-Jacques' ihre eigene präsentiere. Nur dürfe um Gottes willen ihr Herr Schwiegersohn nichts von dieser Abmachung erfahren.

Die Listen der beleibten Greisin mißfielen Girardin. „Bitte, halten Sie das, wie Sie wollen, Madame", antwortete er etwas steif. Madame Levasseur hörte sein Unbehagen heraus, und: „Er hat nun einmal seine Puscheln", entschuldigte sie sich. „Immer kommt er einem mit Einwänden, auf die man durchaus nicht gefaßt ist. Er braucht doch die Ruhe, und er hat auch aufs Land gewollt. Aber Sie können sich gar nicht vorstellen, Herr Marquis, was er für Umstände gemacht hat. Es hat Schweiß gekostet, bis ich ihn so weit hatte." – „Ich bin Ihnen sehr verbunden für Ihre Mühe", antwortete zurückhaltend Monsieur de Girardin. „Ich hoffe nur, der Aufenthalt hier wird dem Meister und Ihnen in jeder Hinsicht zusagen."

„Alles wäre einfach", klagte die Alte weiter, „wenn er kein großer Mann wäre, sondern normal. Manchmal ist es wirklich, als sei ihm ein Ziegel gerutscht. Hier bei Ihnen will ihm doch bestimmt keiner zu Leibe. Aber schon in Paris – Sie haben es ja von Therese gehört – hat er geraunzt: ‚Und daß mir das Haus immer versperrt bleibt!' "

Der Marquis begriff die Drohung. Wenn er sich nicht rechtzeitig mit dieser Harpyie verständigte, dann wird sie Jean-Jacques im Sommerhaus gefangenhalten, und er, Girardin, stand da mit seinem Nachschlüssel. „Es versteht sich von selbst, Madame", erwiderte er, „daß wir alle auf das Einsamkeitsbedürfnis Monsieur Jean-Jacques' jede erdenkliche Rücksicht nehmen werden. Andernteils verspüre ich das natürliche Verlangen, ihn manchmal zu sehen und seinen Worten zu lauschen." Er blieb stehen, berührte sie leicht mit seinem Rohrstock und erklärte: „Wenn Sie mir da helfen, Madame, dann rechnen Sie, bitte, auf meine Erkenntlichkeit."

Madame Levasseur schaute ihn an aus schwarzen, schlauen, hurtigen Augen. „Abgemacht, Herr Marquis", sagte sie. „An mir soll es nicht fehlen."

Jean-Jacques verläßt Paris

Der Mann, um den dieser Handel ging, Jean-Jacques Rousseau, war, als er vor einer Woche die Rue Plâtrière verließ, in der Tat willens gewesen, sich nach Ermenonville zu begeben. Und zwar wollte er den Weg zu Fuß zurücklegen, er liebte Fußwanderungen. Es war kein weiter Weg, zwölf bis vierzehn Stunden gemächlichen Schrittes.

Er trug schwarzen, bürgerlichen Rock und schwarze Strümpfe. Mit sich, in einem Felleisen, einem Reisesack, hatte er nur das Nötigste. Er trug den Wanderstab, an den er sich bei den Fußreisen in seiner Schweizer Heimat gewöhnt hatte. So ging er durch die Straßen von Paris, ein schmächtiger Mann, sechsundsechzigjährig, leicht gebückt, doch schnellen, rüstigen Ganges. Es drängte ihn, Bäume zu sehen, die frei von Staub und Dunst waren, er wollte inmitten der freien Natur Zwiesprach halten mit dem Wasser der Bäche und Flüsse, mit dem Wind, der in den Zweigen wehte, mit seinem eigenen Herzen und mit Gott. Er sehnte sich fort aus Paris, er sah in jedem Pariser einen Feind. Was er da unternahm, war eine Flucht.

Als er aber die Grenze der Stadt erreicht hatte, verlangsamte er den Schritt. Eine Vorstellung, die ihn die ganzen letzten Tage über gequält hatte, ohne daß er sie hätte Wort werden lassen, wurde ihm jetzt deutlich, mahnte ihn, lähmte ihn. Er durfte noch nicht fort. Er durfte die verruchte Stadt nicht verlassen, bevor er sie in seiner großen Sache ein letztes Mal angerufen hatte.

Er hatte in diesen schweren Pariser Jahren ein Buch geschrieben: „Rousseau sitzt zu Gericht über Jean-Jacques“. In seinen Gedanken nannte er das Werk „Dialoge“; denn er setzte sich darin auseinander mit sich selber, sich anklagend, sich rechtfertigend, sein Herz aufreißend. Das Buch war nicht für die Zeitgenossen bestimmt, es sollte den Späteren schaubar machen, wie sinnlos tückisch die Mitwelt ihn verkannte und verfolgte.

Nun hatte er mit seinen Manuskripten schlimme Erfahrungen gemacht. Falsche Freunde hatten sie heimlich kopiert und in entstellter Form veröffentlicht, manche Sätze ins Gegenteil verkehrend, um ihn anzuschwärzen. Er mußte das große Werk seiner Rechtfertigung vor ähnlichem Schicksal bewahren. Wie, wenn auch der Mann, zu dem er sich jetzt begab, wenn auch dieser Girardin sich als treulos erweisen sollte, als verkappter Feind, darauf lauernd, ihm sein Manuskript abzujagen? War er's nicht sich und der Welt schuldig, seinem Buche bessern Schutz zu suchen?

Die vagen Vorstellungen der letzten Tage klärten sich ihm zu einem Plan. Er mußte sich an die Vorsehung selber wenden.

Mußte sie herausfordern, ihm aus dem Unbekannten einen Menschen zu senden, dem er das Werk anvertrauen könnte. Sollte ihn aber das Schicksal einen solchen Menschen nicht finden lassen, dann mußte er die Handschrift Gott unmittelbar übergeben, mußte sie niederlegen auf seinem Altar.

Allein dieses Unternehmen erforderte neues, umfangreiches, verfängliches Schreibwerk. Er hätte zurückgehen können in seine Wohnung, aber er fürchtete, Therese und ihre Mutter würden versuchen, ihm sein Vorhaben auszureden, und er war zermürbt, er konnte sich nicht auf neues Gezeter einlassen. Wo fand er, der von allen Seiten Gehetzte, einen Menschen, der ihm ohne lange Fragen Unterkunft gab und Hilfe?

Ein einziger fiel ihm ein, einer, den er nur selten sah und der nicht aufdringlich war, ein Mann mit einem einfachen, gerechten Gesicht, er hieß François Ducis, war Tragödiendichter und hatte ein aufgeschlossenes Herz gezeigt für sein, Jean-Jacques', Elend.

Zu ihm also, verstohlen, begab sich Jean-Jacques. Bat ihn, er möge ihn für ein oder zwei Nächte aufnehmen, ohne wem davon zu sprechen. Auch er selber möge ihn ungestört lassen. Des ferneren bat er um Papier, Tinte und Federkiele. Ducis willfahrte ohne viele Worte.

Jean-Jacques machte sich an die Arbeit. In einer Flugschrift wandte er sich mit glühenden Worten an alle jene Franzosen, die noch Recht und Wahrheit liebten. „Warum werde ich", klagte er, „ein einzelner, verlorener Mensch, seit fünfzehn Jahren erniedrigt, verlacht, verkannt, beleidigt, ohne jemals die Ursache zu erfahren? Warum bin ich der einzige, der nicht weiß, was man und warum man es über ihn verhängt hat? Franzosen! Man hält euch verstrickt in einem Wahn, der nicht aufhören wird, solange ich lebe!" Was er da schrieb, kam aus ehrlichem, verzweifeltem Herzen, aber er wiederholte es in immer neuen, dunkeln, gewundenen Worten, so daß, wer nicht genau mit dem Werk, dem Wesen und dem Leben Jean-Jacques' vertraut war, es schwerlich begreifen konnte.

Er änderte an dem Text des Aufrufs, verdichtete, erweiterte. Kopierte das Schriftstück viele Male, in Form von Handzetteln. Den ganzen, langen Tag schrieb er. Schrieb auch die Nacht hindurch, bei Kerzenlicht. Er zählte die Handzettel, die er geschrieben hatte, es waren sechsunddreißig. Sie mochten genügen, den Zufall zu beschwören und seinem großen Werk den rechten Leser zu finden.

Ebenso heimlich, wie er gekommen war, verließ er Ducis' Wohnung. In den Taschen und in den Ärmelaufschlägen seines Rockes hatte er die Handzettel; das ganze Rechtfertigungswerk, die „Dialoge", trug er wieder in seinem Felleisen.

So ging er in den Garten des Luxembourg. Wählte dort, in einer der stillen Seitenalleen, eine Bank. Holte aus seinen Taschen die Handzettel heraus, aus seinem Felleisen das große, in Packpapier eingeschlagene Manuskript. Da saß er auf seiner schattigen Bank, ein schmächtiger, abgezehrter Alter, das Gesicht hager und verfurcht, die Schultern schlaff vornübergeneigt, neben sich seine „Dialoge" und seine Handzettel, die Schreie nach dem Menschen, der ihn verstehen sollte. Er schaute auf die tanzenden Sonnenkringel unter dem bewegten Laub, er freute sich des leisen Frühsommerwindes, er sammelte Kraft für das große Wagnis.

Betrachtete die Spaziergänger. Er verstand sich auf Gesichter. Wenn einer vorbeikommen sollte, den er für empfänglich hielt, dann wollte er ihm den Aufruf geben, und sollte sich der Leser bewegt zeigen, dann wollte er ihm das große Manuskript anvertrauen, damit er es für die Nachwelt bewahre.

Nicht viele Leute kamen vorbei. Aber sie gingen langsam, gemächlich, sie lustwandelten, sie hingen ihren Gedanken und Träumen nach, so daß er Muße hatte, sie gut zu beschauen.

Mehr Spaziergänger kamen. Keine Miene war so, daß er glaubte, auf ihr das Licht entzünden zu können. Aber er durfte nicht länger zögern, er durfte sich nicht drücken, er mußte es endlich versuchen.

Ein älterer Mann kam, behaglichen Ganges, sein Gesicht war freundlich, auch war gerade niemand in der Nähe. Jean-Jacques trat an ihn heran und hielt ihm seinen Handzettel hin.

„Nehmen Sie, bitte, Monsieur, lesen Sie!" sagte er mit seiner dunkeln, schönen Stimme. Der alte Herr wußte nicht recht, was er mit dem seltsamen Menschen anfangen sollte. „Was kostet Ihre Broschüre?" fragte er vorsichtig. „Lesen Sie, Monsieur, das ist alles, was ich von Ihnen verlange", bat dringlich Jean-Jacques. „Tun Sie es aus Menschlichkeit, aus Billigkeit!" Der alte Herr, etwas mißtrauisch, begann zu lesen. „O ihr Bürger Frankreichs", las er, „Bürger jenes Volkes, das ehemals so liebenswert war und so sanftmütig, was ist aus euch geworden!" Ach, dachte er, das ist offenbar einer jener Philosophaster, jener Schwarmgeister, die Frankreich und die Welt verändern wollen. Er las noch ein wenig weiter. Dann, da er selber Philosoph war, aber mit Maß und mit Kritik, belehrte er Jean-Jacques: „Sie haben da ganz verstiegenes Zeug geschrieben, mein Freund. Sie haben nicht verdaut, was Sie gelesen haben. Studieren Sie zuerst einmal einfache Bücher, Geschichte, Geographie. Und dann, wenn Sie vorbereitet sind, können Sie es mit einem Voltaire versuchen oder mit einem Rousseau." – „Lesen Sie's wenigstens zu Ende", bat schwach Jean-Jacques. Aber der Herr hatte genug von dem Manne und seiner Flugschrift. „Danke, mein Freund", sagte er und gab ihm den Handzettel zurück, „ich bin im Bilde." Und er entfernte sich, gemessen, doch eilig.

Jean-Jacques setzte sich, atmete tief, schloß die Augen. Nahm neuen Schwung. Eine junge Dame kam vorbei. Immer hatten ihn die Frauen besser verstanden als die Männer. Diese trug ihren Sonnenschirm mit hübscher, natürlicher Bewegung, unter dem Schirm leuchtete ein zartes, empfindsames Gesicht. Sicher hatte sie die Neue Héloïse gelesen und darüber geweint, sicher hatten sich ihr seine Ideen ins Herz geprägt. Jean-Jacques trat an sie heran. „Ich bin ein Unglücklicher, Madame", sagte er mit leiser, zärtlicher Stimme, und da sie verwirrt weitergehen wollte, fuhr er fort: „Lassen Sie mich nicht so stehen, Madame! Ich bitte Sie im Namen aller gepeinigten Kreatur." Die Dame verzögerte den Schritt. „Bitte, lesen Sie", drängte Jean-Jacques weiter, „und Sie werden sogleich erkennen: hier spricht ein Mensch, dem man nie erhörtes Leid und Unrecht zugefügt hat. Schenken Sie mir zehn Minuten, ich beschwöre Sie! Bitte, lesen Sie, Madame!", und er hielt ihr die Flugschrift hin. Die Dame war stehengeblieben. Sie hatte in der Tat die Neue Héloïse gelesen, sie war empfindsam, der Mensch hier, wiewohl offenbar heruntergekommen, schien interessant, etwas an seiner Stimme bewegte sie. Allein sie hatte hier im Luxembourg eine Verabredung mit einem Freund, sie hatte nur zwanzig Minuten frei für diesen Freund, und tauchte er dort nicht schon auf? „Beruhigen Sie sich, Monsieur, beruhigen Sie sich!" sagte sie tröstend und nahm sein Blatt nicht.

Erschöpft saß er auf seiner Bank. Wie schön wäre es, wegzugehen, dieses stumpfe, fühllose Paris hinter sich zu lassen. Aber er durfte noch nicht aufgeben. Ein letztes Mal mußte er an die große Stadt appellieren.

Ein junger Mensch kam, lesend, ein Student anscheinend. Mit ihm wird er's versuchen. Die jungen Menschen, deren Herz unverhärtet, deren Gemüt noch unverbildet war, begriffen ihn besser als die alten. Ungestüm trat er an den Studenten heran. Der, aus seiner Lektüre aufschreckend, schaute verblüfft auf den schäbigen Greis. „Lesen Sie, lieber Monsieur, lesen Sie!" beschwor ihn dieser und hielt ihm seinen Handzettel hin. Der Student war wohl noch keine zwanzig, aber er war Pariser, er kannte die Welt, und was da der Alte ihm aufdrängte, war wohl Reklame für irgendwelche Quacksalbermedizin oder für ein Bordell. „Schön, mein Alter, da Ihnen so viel daran liegt", sagte er leicht spöttisch und nahm den Zettel. Las. Es war überspanntes Zeug, der Stil beeinflußt von Jean-Jacques, man wurde nicht klug daraus. Er beschaute den Alten, der dastand, wartend, flehend, fordernd. Was für seltsame, glühende Augen er hatte! Das war doch ...! „Verzeihen Sie", meinte er unsicher, „habe ich nicht die Ehre, mit Monsieur Jean-Jacques selber zu sprechen?" Jean-Jacques wand sich verlegen, ängstlich geradezu, rötete sich. „Aber natürlich sind Sie Jean-Jacques!" rief jetzt der Student. „Welch unerwartetes Glück!" und: „Darf ich dieses Manuskript behalten?" fragte er erregt.

Zwei junge Leute waren stehengeblieben, neugierig geworden durch die heftigen Bewegungen des Studenten und das scheue Gehabe des Alten. „Das ist Jean-Jacques", verkündete der Student. „Jean-Jacques Rousseau!" Und: „Wahrhaftig, es *ist* Jean-Jacques!" riefen die andern. „Und gestern noch hieß es in der Zeitung, er sei krank und gar nicht in der Stadt!" Mehr Leute kamen, Getuschel war, man umringte Jean-Jacques. Er lief verstört zurück zu seiner Bank, raffte seine Zettel zusammen, steckte das große Manuskript zurück in sein Felleisen. Sie drängten an ihn heran. Er bat flehentlich: „Lassen Sie mich durch, meine Herren und Damen! Lassen Sie mich allein! Ich habe dringende, dringlichste Geschäfte!" Zögernd, widerstrebend, ließen sie ihn gehen, folgten ihm eine Weile in der Entfernung, verloren sich.

Er *hatte* dringliche Geschäfte. Nun die Menschen ihn zurückgewiesen hatten, wird er sich, wie die innere Stimme es ihm befohlen hatte, unmittelbar an seinen Macher wenden, an Gott, den Schützer der Unterdrückten, den Hüter der Wahrheit und der Gerechtigkeit. In seinem Herzen war ein Bibelvers: „Gott, in deine Hände laß mich fallen, aber in die Hände der Menschen laß mich nicht fallen!" Und unwillkürlich, Musiker und Schriftsteller, der er war, wandelte er, während er dem Hause Gottes zuging, den Satz in immer neue Worte, klingende, rührende.

Nun war er an der Brücke. Uralt und grau hob sich vor ihm die Kirche Notre-Dame. Vor sechsunddreißig Jahren hatte er sie das erstemal gesehen, unzählige Male seitdem war er in der Kathedrale gewesen, er kannte genau die Bräuche und Riten. Er hatte bedacht, daß an diesem Tage das Chor leer sein werde. Dort, im Chor von Notre-Dame, auf dem Hochaltar dieses edelsten Domes, wollte er sein Werk niederlegen.

Wie immer sänftigte und demütigte der Anblick des gewaltigen und gleichwohl leichten Bauwerks ihm das Herz. Er überquerte den Platz. Ihm war, als werde er jetzt in das tröstliche Dämmer eines schattigen Waldes eingehen.

Durch eine Seitentür betrat er die Kirche. Er ging auf das Chor zu, ehrfürchtigen, demütigen Schrittes, ein Pilger.

Das Herz stand ihm still. Das Chor war abgesperrt. Niemals in all diesen sechsunddreißig Jahren hatte er an einem Samstag das Chor versperrt gefunden. Heute stand eisern, unerbittlich vor ihm das Gitter. Ein schreckliches Wunder war geschehen. Gott nahm seine Rechtfertigung nicht an. Gott, genau wie die Menschen, verwarf ihn!

Er floh aus dem Dom, in unziemlicher Hast. Wie gejagt lief er durch die Straßen von Paris, der Stadtgrenze zu, dem offenen Lande zu, fort aus der Nähe der Menschen.

Zurück zur Natur

Allein es dauerte eine gute Weile, ehe er die Einsamkeit fand, die er suchte. Denn hier, in der nahen Nähe von Paris, war das Land überall zerschnitten und zerschnürt von Straßen und Sträßlein, alles war belebt von Fußgängern, Reitern, Wagen.

Auch als er in stillere Gegend geriet, gab es noch keine Einsamkeit. Immer noch, freilich nicht mehr in solchen Mengen, waren da Wanderer und störten ihn Reiter und Kutschen. Es hatte eine Zeit gegeben, da auch ihn Verpflichtungen und Geschäfte gezwungen hatten, den Herrn zu spielen und mit standesgemäßem Gepäck im Wagen zu reisen. Die großen und kleinen Sorgen waren mit ihm aufgestiegen, die Scheu vor den andern Passagieren und die Rücksicht auf sie; nichts hatte er im Wagen gefühlt als Sehnsucht, rasch anzukommen. Wieviel besser und freier war ihm so zumute. Es kümmerte ihn nicht, wann er in Ermenonville ankommen werde, ob morgen oder übermorgen oder auch am dritten Tag, und sehr bald, wenn er erst die Menschen los war, wird er die Freude spüren an der eigenen Bewegung, am Wechsel der Straße, an der Schönheit der Natur.

Nun hatte er die Stadt endgültig hinter sich. Er ging von

der großen Straße ab, wählte einen schmalen Pfad, einen noch schmaleren. Verlor sich in Feld und Wald. Bald auch wich seine Verzweiflung einer beinahe tröstlichen Resignation.

Er setzte sich am Rand eines Gehölzes auf einen Baumstumpf. Rastete.

Erquickend war es, allein zu sein. Sah man die Menschen von der Ferne, dann verblaßten ihre Schwächen, dann verlangte man von ihnen nicht Eigenschaften, die sie nun einmal nicht besaßen. Es war gut, daß ihn das Gesetz seines Wesens immer wieder zur Natur zurückführte, zu jenen „leblosen" Dingen, welche doch sein Herz mit den wunderbarsten Reizen und Empfindungen ausstattete. Wie schnell zerstreuten sich Unrast und Verzweiflung in der Stille der Natur. Törichte Menschen sagten, nur der Böse fliehe seinen Nächsten. Das Gegenteil war richtig. Für den Schlechten mochte es Hölle sein, wenn er auf sich allein angewiesen war; für den Guten war Einsamkeit Paradies.

Langsam verloren sich ihm die Gedanken. Er ging ein in jene süße, schwermütige Träumerei, in welcher nur mehr Bild und Musik waren. Er wurde eins mit der Landschaft ringsum, mit den Bäumen, dem Moos, den Käfern und Ameisen, er war ein Stück dieses Waldes, in ihm war nichts als Gefühl. Er war frei von der Last des fruchtlosen Denkens, des eiteln Wortes; weit hinter ihm lag die schwere Pflicht des Schreibens.

Für den ganzen Rest des Tages folgte er seinem Trieb und seiner Eingebung; er hielt nur ungefähr die Richtung von Ermenonville und scheute nicht lange, vielfältige Umwege.

Es wurde Abend, und er beschloß, im Freien zu schlafen, wie er's oft getan hatte. Er streckte sich ins Moos, unter einen Baum. Durch die Zweige sah er den hohen, erst blassen, dann dunkleren Himmel. Gewichen von ihm war die verzweifelte Sucht, den gleichgültigen, verstockten Menschen zu beweisen, wie rein sein Herz sei und wie falsch ihre Augen. Leicht und fröhlich schlief er ein.

Auch am nächsten Tage und am übernächsten wanderte er

so, ziellos und seines Zieles sicher, und erst am dritten, still und gelassen, kam er im Dorfe Ermenonville an.

Hielt Einkehr in der Gastwirtschaft „Zu den Kastanien“. Setzte sich an einen der ungedeckten Holztische des Gartens. Bauernblumen waren da, ein kleines Wasser war da mit Reusen. Der Wirt kam, ländlich lässig gekleidet, nur in Hemd und Hose, er trug eine Haube. Er musterte den bestaubten Wanderer, dessen Gesicht umstoppelt war, freundlich ungeniert und fragte nach seinen Wünschen. Jean-Jacques bestellte sich eine Omelette und Wein. Draußen ging der Pfarrer vorbei, in seinem Brevier lesend. Der Wirt und Jean-Jacques grüßten. „Guten Tag, Gevatter Maurice, guten Tag, Monsieur“, erwiderte der Pfarrer. Der Wirt brachte das Bestellte. Jean-Jacques aß mit Behagen die Omelette und trank in langsamen Schlucken den dunkelgelben Wein. Der Wirt schwatzte mit ihm. Plötzlich schien ihm in Jean-Jacques' Gesicht etwas aufzufallen. Er stand auf, nahm die Haube ab und fragte erregt und ehrerbietig, ob der Herr der große Jean-Jacques Rousseau sei. Jean-Jacques, ein wenig unbehaglich, gab es zu. Gevatter Maurice erzählte, er habe siebenmal seine Werke gelesen, Seite für Seite, und siebenmal hätten sie ihn gerührt. Im übrigen werde Monsieur im Schloß erwartet, mit Ungeduld und höchstem Respekt.

Jean-Jacques war es leid, daß die Tage seiner schönen, trägen Namenlosigkeit vorbei waren.

Gevatter Maurice schickte seine kleine Tochter ins Schloß mit der Botschaft, der ersehnte Gast sei angelangt. Das Kind traf den Marquis im Park, umgeben von Handwerkern und Gärtnern. Er äußerte laut seine Freude, küßte die kleine Botin und machte sich unverzüglich auf, Jean-Jacques einzuholen.

Wirklich, da, unter den Kastanienbäumen der Gastwirtschaft, saß der größte Denker, den französisch sprechendes Land seit Montaigne und Descartes hervorgebracht hatte, und redete mit Gevatter Maurice wie ein Gleicher mit einem Gleichen; so mochte Sokrates mit einem Mann von der Straße gesprochen haben oder auch mit einem Sklaven. Rührung überkam den Marquis, er trat auf Jean-Jacques zu, legte den Stock beiseite, und: „Erlauben Sie mir, großer Mann!" sprach er und umarmte ihn. Er trat zurück. „Seien Sie willkommen in Ermenonville, Jean-Jacques Rousseau!" sagte er feierlich und bewegt.

Er führte Jean-Jacques zu dem Hause, in dem er vorläufig wohnen sollte. Jean-Jacques, auf dem Gang durch den Garten, erkannte von allein und sogleich, daß diese Landschaft nach seinen Schilderungen angelegt war. Er blieb stehen, mit seinen schönen, beredten Augen schaute er Girardin ins Gesicht, und: „Das ist meine Landschaft", sagte er, „das ist die Landschaft meiner Julie." Freude überwältigte den Marquis, aber er erwiderte schlicht: „Ja, Monsieur Jean-Jacques, ich habe einen bescheidenen Versuch gemacht, Ihre Landschaft nachzubilden."

Sie waren vor dem Sommerhaus angelangt. „Mit diesem Pavillon", sagte Girardin, „bitte ich Sie für die nächsten Wochen vorliebzunehmen. Eine andere, einfache, doch mit Liebe erdachte Behausung ist im Entstehen, ein Sennhaus Ihrer Heimat, ein Chalet Suisse, wo Sie sich, hoffe ich, Jahre hindurch wohl fühlen werden." Jean-Jacques betrachtete das Sommerhaus, die hohen Bäume, die es umgaben, den hölzernen Zaun, den Bach mit der ländlichen Holzgitterbrücke, den kleinen Wasserfall. Er reichte dem Marquis die Hand. „Ich danke Ihnen, Monsieur", sagte er. „Hoc erat in votis – So hab ich mir's gewünscht."

Es drängte Girardin, Jean-Jacques vieles, vieles zu sagen, aber er beherrschte sich. Nur einen sehr großen, komplizierten Schlüssel zog er aus der Tasche seines Rockschoßes. „Hier ist ein Schlüssel", erklärte er, „der Ihnen, verehrter Mann, alle Gatter und Türen des Gutes öffnet. Und nun lasse ich Sie Ihren Damen", fügte er schnell hinzu und entfernte sich, um nicht doch noch dem Gaste durch Äußerungen seiner Bewegung lästig zu fallen.

Jean-Jacques trat ein. Sah Therese. Spürte, wie sehr er sie während der letzten, schrecklichen Pariser Tage entbehrt hatte; sie war sein Schutz gegen die feindselige Welt, der einzige

Mensch auf Erden, in dessen Gegenwart er sich behütet fühlte. Langsam kam auch in ihre ruhigen Augen ein kleiner Schein. Er umarmte sie. Sie fragte ihn nicht nach den Gründen seines langen Fortbleibens. Sie war sichtlich froh, daß er nun da war.

Er schaute sich um in seinem neuen Haus. Da stand der gewohnte, lieb gewordene Hausrat. Da waren die einfachen Holzstühle mit den Strohsitzen, da das Spinett mit dem immer versagenden B, da war die Kommode, der Schrank. Durch die gerafften, freundlichen, blauweißen Vorhänge des Alkovens sah er die Betten mit den blauweißen Decken. Da war der Schreibtisch mit dem großen Schreibzeug, das Schabmesser, mit dem er seine Noten zu radieren pflegte. Da war die Truhe mit seinen Manuskripten. Auf dem Kamin, vor dem Spiegel, standen Kanne und Tassen. An den Wänden hingen seine Stiche; das war der Wald von Montmorency, dies der Lahme Bettler, der von Kindern gespeist wird. Hier, in der Nußbaumbibliothek, waren seine Bücher und Noten. Und da war das Bauer mit den beiden Kanarienvögeln. Sie hatten es gut gemacht, die Frauen, sie hatten die Möbel ganz ähnlich gestellt wie in der Pariser Wohnung. Aber wieviel freundlicher nahmen sich hier Raum und Hausrat aus. In Paris waren ein paar armselige Blumentöpfe auf dem Fensterbrett gestanden. Hier schauten zu den großen Fenstern von allen Seiten Bäume und Sträucher herein, man hörte das Rauschen des Baches, das Zimmer weitete sich zur Landschaft. Ja, wieder einmal hatte sich Therese, da sie dieses Ermenonville wählte, als Werkzeug der Vorsehung erwiesen. Hier wird er in glücklicher Abgeschiedenheit seine letzten Jahre verleben.

Es ging gegen Abend, Kühle kam herein. Therese packte sein Felleisen aus. Er legte sein Manuskript zu den andern in die Truhe. Dann setzte er sich auf seinen Lieblingsstuhl, den großen Holzstuhl mit Strohsitz und Armlehnen. Genoß die Ruhe seiner neuen Behausung.

Ein leises, scharfes Klopfen schreckte ihn auf. Nach der bescheidenen, achtungsvollen Begrüßung des Marquis hatte er gehofft, die vom Schlosse würden ihn in Ruhe lassen. Nun überfielen sie ihn dennoch. Während Therese zur Tür lief, um zu öffnen, stand er verdrossen auf, kehrte sich von der Tür ab, trat ans Fenster, um ins Grüne zu schauen.

Therese hatte geöffnet und war vor die Tür gegangen. Als sie ins Haus zurücktrat, sah sie Jean-Jacques' Gesicht verzerrt von Furcht und Grauen. „Was ist denn? Was hast du denn?" fragte sie.

Er antwortete nicht.

Ein Kopf war im Fenster erschienen, ein gemeiner, feindseliger mit blassen, bösen Augen, rötlichblondem Haar, eingedrückter, breitnüstriger Nase. Der Kopf hatte ihn gemustert, grinsend. Man hatte ihn ausgespäht, die Feinde hatten ihre Späher auch hier.

Therese war gewohnt, daß er nicht sprach, wenn ihn dergleichen Anwandlungen überkamen. Sie zuckte die Achseln und brachte ins Zimmer, was sie vor der Tür gefunden hatte, einen Korb mit Obst, kaltem Fleisch, Back- und Zuckerwerk. Sie erklärte, sicher sei das ein Willkommensgruß des Marquis, überbracht von dem Bediener, den er ihnen gestellt habe; dieser habe Anweisung, sich nicht im Hause zu zeigen.

Langsam beruhigte sich Jean-Jacques, und als die alte Madame Levasseur herunterkam und ihn begrüßte, war ihm nichts mehr anzumerken.

Er verbrachte eine ruhige Nacht.

Andern Tages stand er sehr früh auf, wie er's auf dem Lande zu halten pflegte. Therese bereitete ein einfaches Frühstück, Kaffee, Milch, Brot und Butter. Die Alte schlief noch. Sie aßen und führten ein träges Gespräch über Dinge des Alltags.

Da sie ihn so ruhigen Gemütes fand, erkundigte sie sich, wie es um seine Gesundheit stehe. Er litt nämlich seit früher Jugend an einem Blasenübel, das ihm oft heftige Schmerzen verursachte, quälende Harnverhaltungen. Oft war, was er tat und was er ließ, von diesem Leiden bestimmt worden. Er scheute sich, davon zu sprechen, selbst Doktor Lebègue hatte Mühe, Einzelheiten von ihm zu erfahren. Nur vor Therese gab er sich offen, sie ließ er seine Klagen und Verwünschungen mitanhören, von ihr sich pflegen. Mit Befriedigung vernahm sie, daß er, obwohl starke Erregungen Anfälle hervorzurufen pflegten, auch in den bösen Pariser Tagen von seinem Leiden verschont geblieben war.

Dann, nach dem Frühstück, nahm er seinen Stock und ging hinaus ins Freie, um die Welt zu erforschen, in der er künftig leben sollte.

Willig ließ er sich täuschen von der Vielfalt der Gärten. Da war Heide, Gehölz und Gestrüpp, Urwald, einsame Felslandschaft und lieblicher Hain. Da war eine Landschaft, kindlich und klüglich bestrebt, an die Gefilde zu mahnen, in denen sich die Menschen seiner Bücher ergingen, und mühelos weitete seine Phantasie die zierlich kunstvolle Anlage in jene Gegenden, wo er so viele süße Schmerzen und zerreißende Leidenschaften erlebt hatte.

Ein schmaler, gewundener Pfad führte einen bewaldeten Hügel hinan. Auf halber Höhe tat eine Ödnis sich auf, besät mit Steinen und Felsen. Eine Hütte war da, roh aus Baumstämmen gefügt. Jean-Jacques setzte sich auf einen Felsblock. Dunkel und lieblich öffnete sich ihm der Blick über einen kleinen See und weit ins Land hinein auf bewaldete Hügel.

Er stieg hinunter, ging den mattschimmernden See entlang. Boote lagen einladend an seinen Ufern, auf einer Landzunge stand hoch, breit und wunderbar ein Weidenbaum, seine Zweige neigten sich übers Wasser. Gegenüber lag eine kleine Insel, Jean-Jacques liebte sie sogleich; sie war mit hohen Pappeln bestanden, deren zitterndes Laub sich im Wasser spiegelte. Unter dem dichten, immer bewegten Gezweig der Weide war eine schmale Rasenbank. Dies wird der rechte Ort sein für jenen seligen Müßiggang, wie er ihn liebte, für langsame, wohlig traurige Gefühle, für melancholisches Geträume.

Er wandelte weiter vor sich hin. Folgte Pfaden, die sich im Dickicht verloren. Gelangte an die Grenzen des Parkes, wo er unmerklich ins Freie überging, in offenes Land, in weiten Wald.

Ging zurück in der Richtung des Schlosses. Geriet in ein Gehölz, einen Bestand alter Bäume, die man hatte verwittern und zersplittern lassen, viel Efeu umrankte sie. Moosbedeckte Stümpfe waren überall. Gezweig verstrickte sich und bildete ein Laubdach. Blumen wuchsen in diesem holden, hellen Urwald; lieblich und bizarr auf dem bemoosten Boden spielten Sonne und Schatten.

Jean-Jacques folgte dem Lauf eines kleinen Baches, der das Gehölz durchfloß. Es lichtete sich, sichtbar wurde eine sanft ansteigende Wiese. Jenseits, am Rande der Wiese, errichteten Zimmerleute ein kleines Haus. Er ahnte sogleich, es war für ihn bestimmt, es war das Sennhaus, das Chalet Suisse, von dem sein Gastfreund gesprochen hatte. Er konnte die Menschen drüben nicht deutlich erkennen, doch war ihm, als sehe er unter ihnen den Marquis, sehe ihn sich fortmachen, sich diskret zurückziehen, da er, Jean-Jacques, kam. Er lächelte gerührt ob der Rücksicht.

Er setzte sich auf einen Baumstumpf und schaute zu, wie sie ihm die freundliche Hütte seines Alters bauten auf einem Stück Erde, welches man zu einer Landschaft der Neuen Héloïse gemacht hatte. Die Zeiten flossen ihm ineinander, seine frühe, frohe Vergangenheit, seine träumende Gegenwart, die Ahnung einer stillen Zukunft in diesem kleinen Hause.

Lange saß er so, entrückt, wunschlos, glücklich. Die Sonne stieg, er hatte jeden Sinn für die Stunde verloren.

Als er ins Sommerhaus zurückkam, war das Fleisch verbraten. Madame Levasseur murrte. Therese murrte nicht, aber man sah ihr an, daß es ihr leid war um das schöne, verdorbene Essen.

Fernand, der Jünger

Mit Stolz verkündete die alte Madame Levasseur dem Marquis, sie habe ihren Herrn Schwiegersohn überredet, morgen an der Abendtafel Monsieur de Girardins teilzunehmen. Es habe Mühe gekostet.

Madame Levasseur log. Jean-Jacques hatte, bewegt von dem Anblick des Chalet Suisse und mehr noch von der rücksichtsvollen Bescheidenheit Girardins, ohne ihr Zutun erklärt, er werde dem Marquis andern Abends seine Aufwartung machen.

Festliche Erregung war im Schloß. Der Hofmeister Fernands, der schüchterne Elsässer Monsieur Gerber, war kaum minder bewegt als die andern. Fernand, mit Erlaubnis des Vaters, schickte einen Boten nach Latour; denn natürlich mußte auch Gilberte an dem wunderbaren Erlebnis teilnehmen.

Man empfing Jean-Jacques am Haupttor. Er war peinlich sauber gekleidet, schlicht bürgerlich, und gab sich einfach und freundlich. Begrüßte Fernand mit Herzlichkeit und betrachtete aufmerksam Gilberte und Monsieur Gerber, die er beide noch nicht kannte. Ja, er trat näher an sie heran, um sie besser zu sehen; denn er war kurzsichtig, und als ihm Doktor Lebègue geraten hatte, eine Brille zu tragen oder ein Lorgnon, hatte er's unwillig zurückgewiesen. Die Natur, hatte er erklärt, wisse schon, warum sie einem die Augen schwäche, man solle nicht klüger sein wollen als die Natur.

An der Begrüßung des Gastes nahm teil ein mittelgroßer, roter irischer Vorstehhund, ein schönes, langhaariges Tier. Die Hündin sprang fröhlich und erregt bellend an Jean-Jacques hinauf und um ihn herum, sie ließ sich sein Streicheln und Zureden gerne gefallen. „Der Herr Vater hat mir ‚Lady' aus England mitgebracht", erklärte Fernand. „Da hat er Ihnen etwas ungewöhnlich Schönes mitgebracht", antwortete lächelnd und sachverständig Jean-Jacques.

Schloß Ermenonville war solid eingerichtet, mit Geschmack, ohne überladenen Prunk. Besonders gefiel Jean-Jacques das Musikzimmer mit den vielen Instrumenten, Pulten, Notenheften.

Er begann von seinem Spaziergang durch den Park zu erzählen, und in Gegenwart der ganzen Gesellschaft – wie hoch schlug dem Marquis das Herz! – rühmte er kennerisch die Gärten. Alles hatte er gesehen, viele Inschriften sich gemerkt. Auch von dem Chalet Suisse sprach er, und er selber nun nannte die Landschaft sein „Paradies von Clarens".

Als ihn der Marquis nach Tisch fragte, ob man ein wenig

Musik machen solle, setzte er sich ohne Ziererei ans Klavier, rühmte das schöne Instrument, spielte und sang: „Wie lang wird mir das Warten“, sang er, und: „Seid verliebt! Mit fünfzehn Jahren seid verliebt!“ und noch mehrere jener kleinen, zarten, naiven, volkstümlichen Lieder, die er vertont hatte; seine Stimme war dunkel, etwas müde, doch von innigem Wohlklang.

„Genug“, unterbrach er sich schließlich, und: „Schön wäre es“, wandte er sich an Girardin, „wenn wir jetzt eine junge Stimme zu hören bekämen.“ – „Fordern Sie doch Mademoiselle de Latour auf, Herr Vater“, erkühnte sich Fernand vorzuschlagen. Der Vater, mildester Laune, erwiderte: „Da du es wünschest, Graf“, und verneigte sich vor Gilberte.

Gilberte war ein wenig enttäuscht von Jean-Jacques. Sie fand seine betont bürgerliche Tracht affektiert, und wenn er manchmal an denjenigen, der gerade sprach, ganz nahe herantrat, ihn anstarrend, dann mußte sie sich das Lachen verbeißen. Auch hatte er keinen einzigen Satz geäußert, der bedeutend gewesen wäre. Der berühmte Mann konnte ihr nicht imponieren.

Ungeniert, nachdem der Marquis sie aufgefordert hatte, fragte sie Jean-Jacques, ob er nicht mit ihr sein Duett „Im Grund eines glücklichen Tales“ singen wolle. Der Meister, ein wenig erstaunt über solchen Mangel an Ehrerbietung, beschaute das große, frische Mädchen aus seinen kurzsichtigen Augen. „Ich singe heute nicht mehr, Mademoiselle“, sagte er förmlich.

Eine kleine, betretene Stille war. Gilberte war nicht weiter gekränkt; sie tat, worum man sie gebeten hatte, sie nahm die Laute zur Hand und sang.

Sang das Lied von König Heinrich und der Schönen Gabrielle, eine Art Soldatenlied, das gewissermaßen zur Hymne des Schlosses Ermenonville geworden war. Heinrich der Vierte nämlich, Heinrich der Große, hatte seinen Freund und Waffengefährten de Vic, den Herrn des Schlosses Ermenonville, oft besucht, in Begleitung seiner schönen Freundin Gabrielle d'Estrée. Der Turm, in dem sie gewohnt hatte, La Tour de Gabrielle, stand noch wohlerhalten, Andenken an Gabrielle und König Heinrich waren reich über das Schloß verstreut. „Wenn er", sang also jetzt Gilberte,

„Wenn er müd war vom Siegen,
Der gute König Heinrich Vier,
Nahm er hier in dem Schlosse
Verliebtes Quartier.
Mit der Schönen Gabrielle
Hatt' er Spaß und gute Zeit,
Und wenn wir dran denken,
Dann freut's uns noch heut."

Jean-Jacques äußerte nichts. Es war Fernand leid, daß es seiner Freundin Gilberte nicht geglückt war, den Beifall des Meisters zu finden.

Der jetzt wandte sich an Fernand und fragte: „Treiben auch Sie Musik, Monsieur?" Fernand, zögernd, antwortete, er habe ein wenig Klavierspielen gelernt. Was er nicht erzählte, war, daß er lieber Violine gelernt hätte; aber aus irgendwelchen Gründen war das dem Marquis nicht recht gewesen. Ja, als er entdeckte, daß Fernand mit seinem Hofmeister, Monsieur Gerber, der ein passionierter Geiger war, heimlich übte, hatte der Vater, aus Gründen der Disziplin, die Geige zerbrochen.

Jetzt, gewissermaßen um sich vor Jean-Jacques zu rechtfertigen, erzählte der Marquis, wie er Fernand nach den Prinzipien von Jean-Jacques' pädagogischem Roman, dem „Émile", erzogen habe. Damit sein junger Graf nicht verweichliche, habe er ihn lange Fußmärsche machen lassen und selbst des Winters im See schwimmen. Auch habe er darauf geachtet, daß der Sohn Fühlung wahre mit dem Volke, er habe Lesen, Schreiben und Rechnen gelernt bei dem Dorfschulmeister Philippe Harlet, zusammen mit den Bauernkindern von Ermenonville, und habe an deren Spielen teilgenommen. „Natürlich wurde über alledem", fuhr er fort, „die Ausbildung in den Künsten und Wissenschaften nicht verabsäumt. Unser lieber, gelehrter Monsieur Gerber hat ihn in den Klassikern unterwiesen und in der Moral. Auch im Deutschen, das er ausgezeichnet beherrscht, da er Elsässer ist." Er machte eine kleine Verbeugung gegen Monsieur Gerber. „Mein Sohn sollte die wunderbaren Idyllen des großen Geßner, des germanischen Jean-Jacques, lesen und verstehen in der Sprache, in der sie gefühlt und geschrieben sind."

Wenn Jean-Jacques den Vorwitz jener Mademoiselle de Latour übelgenommen hatte, so fand sein launisches Herz Gefallen an Fernand, der scheu und errötend dabeistand, während sein Vater von ihm erzählte. „Da ist der junge Herr Graf zehnmal gelehrter als ich alter Mann", scherzte er. Und während er den Kopf der Hündin Lady streichelte, die ihn aufmerksam aus guten, feuchten Augen beschaute, wandte er sich an den Marquis. „Trotzdem möchte ich beitragen dürfen zur Erziehung Ihres Herrn Sohnes und auf diese Art einen Teil meiner Miete abzahlen. Ich werde Ihnen nicht ins Handwerk pfuschen, Monsieur Gerber. Ich werde nur, wenn sich der junge Herr ab und zu die Mühe machen will, mich auf meinen Spaziergängen zu begleiten, mit ihm über dies und das reden, was mir gerade durch den Kopf geht."

Mit hohem Vergnügen und mit Worten herzlichen Dankes nahm der Marquis das Anerbieten des Meisters an. Fernand war überspült von Freude. Leid war ihm nur, daß der Meister zu Gilberte so frostig gewesen war. Sie selber freilich schien sich kaum darum zu grämen.

Häufig von nun an gingen Jean-Jacques und Fernand spazieren, begleitet von der Hündin Lady. Jean-Jacques gab sich nicht als Philosoph, aber auch wenn er von kleinen, alltäglichen Dingen sprach, schien er Fernand bedeutend.

Er durchforschte mit Fernand Park und Landschaft von Ermenonville, es gab dort erstaunlich viele Winkel und Geheimnisse. Fernand zeigte ihm jene versteckte Lichtung, die er als sein Eigentum betrachtete. Jean-Jacques rühmte die Stille und Einsamkeit und meinte, ohne daß ihn Fernand darauf aufmerksam gemacht hätte: „Sie muß ein großartiges Echo haben,

Ihre Lichtung", und sogleich, wie ein kleiner Junge, probierte er's aus. „Tausend Dank, lieber Fernand", rief er in den Wald, und: „Mein lieber Fernand", klang es zurück; es war aber das erstemal, daß er ihn beim Vornamen nannte, und Fernand strahlte auf. „Ich bin glücklich, Monsieur Jean-Jacques", rief er in das Dämmer, und: „Monsieur Jean-Jacques", antwortete der Wald.

Jean-Jacques lächelte Fernand freundlich zu. Dann aber stand er auf und rief mit seiner dunklen Stimme: „Freiheit und Gleichheit!" – „Freiheit und Gleichheit!" rief nach der andern Seite Fernand, und: „Freiheit und Gleichheit", schallte es nun von allen Seiten zurück. Diesmal aber war der Rückhall wirr, verzerrt und drohend, und sie riefen nicht weiter.

Vor jungen Menschen verspürte Jean-Jacques keinen Argwohn, sie waren noch nahe der Natur, sie verstanden ihn. Er gab sich vor Fernand mit kindlicher Heiterkeit. Ja, manchmal zeigte er sich kindlicher als Fernand. Und wenn dieser ihm ein wenig Mouron sammelte, Zeisigkraut, Katzenfuß, kleines, rötliches Gepflanze, das Lieblingsfutter seiner Kanarienvögel, dann dankte ihm der verbitterte Mann, der sich von keinem großen Herrn was schenken ließ, mit sichtlicher Freude.

Gerne erzählte Jean-Jacques, doch niemals lehrhaft, vom Wesen und Weben der Pflanzen. Die Botanik war eine anmutige Wissenschaft, man pflückte sich Erfahrungen und Kenntnisse beim Spazierengehen. Er legte sich ein neues Herbarium an, ein Sammelbuch, in welches er die Pflanzen preßte, die er in Ermenonville fand. Fernand half ihm beim Pressen. Er werde später, meinte Jean-Jacques, nur diese „Flora von Ermenonville" zu betrachten brauchen, und Wald und Tal und Hügel würden ihm lebendig sein.

Unvermittelt dann wieder sprach er von den großen Gegenständen. Von den Grenzen der Befugnisse des Staates, von den dem Menschen eingeborenen Rechten, von der sinnvollen, naturhaften Ordnung der Gesellschaft.

Dem Fernand war die Freundschaft des Meisters Erfüllung und großes Glück. Nur *eines* kümmerte ihn. Er wagte es nicht,

Gilberte seine ganze Freude zu zeigen. Wie grausam enttäuscht mußte sie sein, daß Jean-Jacques sie verschmähte. Mit behutsamen Worten versuchte er sie zu trösten. Sie aber brauchte keinen Trost. Mit ihrer großen, kräftigen Hand wischte sie die Laune des schrulligen alten Mannes fort. „Mich gehen nur seine Bücher an", sagte sie. „Ich lese die Neue Héloïse und bin ihm dankbar."

Im übrigen war sie vollauf mit anderm beschäftigt. Sie sollte auf einige Zeit fort von Latour, nach Saint-Vigor, dem schönen Landsitz ihres Großvaters bei Versailles. Monsieur Robinet hatte eine Reihe von Herren und Damen dorthin eingeladen, um ihnen Gilberte vorzustellen. Auch nach Paris wollte er auf ein oder zwei Wochen.

Heiter erregt berichtete sie Fernand von den Toiletten, die für sie angefertigt wurden, und führte ihm die höfischen Gesten vor, die Tanzschritte, Reverenzen und tausend andern Künste, die sie zu erlernen hatte.

Fernand selber hatte seine ersten Kinderjahre bei Hofe verbracht, mit seinem Vater, bei dem polnischen König Stanislas in Lunéville, und auch jetzt zeigten sich Vater und Sohn Girardin häufig in Versailles und in Paris. Aber Fernand war voll von den freiheitlichen Ideen Jean-Jacques', er fügte sich nur mit Widerwillen in das leere, umständliche Zeremoniell, in das geistreiche, gemütlose Treiben des Hofes und der Pariser Salons und machte sich oft bitter darüber lustig. Er fand es vorbildlich, daß Jean-Jacques nach dem Erfolg seiner Oper „Der Dorfprophet" nicht bei dem Fünfzehnten Louis zur Audienz erschienen war, obwohl er wußte, daß dieses stolze Fernbleiben ihn eine sonst sichere Jahrespension kosten werde.

Gilberte machte keinen Hehl daraus, daß sie Fernands Abneigung gegen das höfische Wesen und die Pariser Salons nicht teilte; sie freute sich auf Paris und Saint-Vigor. Beinahe kränkte es ihn, daß sie über die bevorstehende Trennung nicht tiefer betrübt war.

Sie merkte es und wollte ihm was zuliebe tun.

Er hatte ihr erzählt, daß Jean-Jacques oft am Seeufer saß

unter der alten Weide, hinüberschauend nach der Insel der Großen Pappeln, träumend, meditierend. War man auf der dichtbewachsenen Insel, so konnte man ihn sehen, ohne selber gesehen zu werden. Sie schlug Fernand vor, sie sollten, wenn Jean-Jacques unter seiner Weide saß, in der Verborgenheit der Insel Musik machen, Melodien von ihm spielen, Lieder von ihm singen.

So taten sie. Sie spielten und sangen Duette Jean-Jacques' und andere Weisen, Gilberte sang jenes Lied von ihm, das man überall in Frankreich hören konnte, im Salon der Königin ebenso wie in den Stuben der Nähmädchen und in den Ställen der Bauern: „Fröhliche Vögel, verliebte Scharen, habt Mitleid mit mir, singt nicht, singt nicht. Der Liebste, der mich glücklich machte, ging fort in ein anderes Land. Für die Schätze der Neuen Welt läßt er die Liebe und trotzt er dem Tod. Warum sucht er überm Ozean das Glück, das er hier schon hat?"

Sie hatten befürchtet, Jean-Jacques werde unwillig weggehen; man konnte niemals voraussehen, wie er aufnehmen werde, was man ihm zuliebe tat. Aber er blieb, er lauschte.

Als er sich das nächste Mal im Schloß einfand, erzählte er, er habe von der Insel her Musik gehört und den Gesang junger Stimmen. Er wisse nicht, ob es Phantasie gewesen sei oder Wirklichkeit, aber schön sei es gewesen.

Fernand und Gilberte verrieten ihr Geheimnis nicht. Sie hielten sich bei den Händen, lächelnd, glücklich.

Zwei Tage später fuhr Gilberte nach Saint-Vigor.

Verstand und Gemüt

Jean-Jacques war zu der Überzeugung gekommen, Monsieur de Girardin wolle ihm ehrlich wohl. Immer öfter stellte er sich im Schlosse ein, an zwei, drei Abenden in der Woche.

Er ließ es sich gefallen, daß ihn Monsieur de Girardin nach dem letzten Sinn einzelner Stellen seiner Werke befragte, er antwortete geduldig, manchmal ausführlich. Der Marquis hatte die Bücher Jean-Jacques' wunderbar einbinden und mit leeren Blättern durchschießen lassen; auf diese Blätter trug er die Erläuterungen Jean-Jacques' ein, jeweils in zierlichen griechischen Lettern beifügend: autòs épha, des Meisters eigene Worte.

Girardin erzählte Jean-Jacques gelegentlich auch von seinen eigenen Angelegenheiten. Eines Abends erging er sich in bitteren Äußerungen über den Prinzen de Condé, dem die Königliche Capitainerie als einem Prinzen von Geblüt auf seinen, Girardins, Gütern Jagdrecht zuerkannt hatte. Seine Bauern, ereiferte er sich, jammerten über den ungeheuern Wildschaden; mehrmals seien welche, die das Wild von ihren Feldern abzuhalten suchten, von Jagdhütern des Prinzen angeschossen worden. Er habe von jeher gegen solche Überspannung der königlichen Privilegien rebelliert, und er erzählte, noch heute darüber vergnügt, eine Geschichte aus der Knabenzeit Fernands. Vor Jahren einmal, als sich der Prinz zur Jagd angesagt habe, sei er, der Marquis, um ihn nicht begrüßen zu müssen, verreist und habe es seinem kleinen Grafen, dem damals zwölfjährigen Fernand, überlassen, die Honneurs zu machen. Fernand sei bei der Tafel des Prinzen erst zum Dessert erschienen, und als ihm der Prinz von den erlesenen Früchten anbot, habe er erwidert: „Danke, Monseigneur, ich bin hier zu Hause und habe mir bereits servieren lassen."

Jean-Jacques hatte Spaß an der Geschichte. Solch ziviler Mut, meinte er, sei seltener als militärischer. Fernand errötete.

Eines andern Abends, als der Marquis Jean-Jacques besonders aufgeschlossen fand, fragte er ihn: „Was ist eigentlich aus der ‚Polnischen Verfassung' geworden, die Sie für unsern Freund, den Grafen Wielhorski, geschrieben haben? Warum wurden nur Fragmente veröffentlicht?" Jean-Jacques verfinsterte sich. „Der Graf ist nicht mein Freund", antwortete er, und er erläuterte: „Man hat vorzeitig entstellte Auszüge aus dem Manuskript verbreitet, sie trugen mir neue Verfolgungen ein. Ich weiß nicht, ob der Graf die Schuld trägt; jedenfalls habe ich die Veröffentlichung untersagt."

Jean-Jacques hatte die Frauen mitgebracht, und während die andern betreten schwiegen, beschäftigte sich die alte Madame Levasseur unbeteiligten Gesichtes mit Essen. Sie kannte die Zusammenhänge; sie hatte damals die Kopie des Manuskripts ausgeliehen, der polnische Herr hatte nichts davon gewußt, man hatte sie reichlich entschädigt, der Herr Schwiegersohn, der Narr, übertrieb wahrscheinlich die Folgen.

Jean-Jacques mittlerweile fuhr grimmig fort: „Wielhorski und seine Anhänger hätten meine Verfassung ja doch nicht durchsetzen können. Meine Erkenntnisse in Wirklichkeit zu verwandeln, ist eine harte, vorläufig unlösbare Aufgabe. Ich habe verlorene Arbeit getan. Auch meine ‚Korsische Verfassung' war verlorene Arbeit. Es hat noch keinen Sinn", wiederholte er verbissen, „meine politischen Erkenntnisse in praktische Vorschriften umzumünzen. Demokratie läßt sich nicht herstellen durch Edikte."

Monsieur Gerber war schüchtern und sprach selten bei Tafel. Heute indes mußte er reden. „Erlauben Sie mir", sagte er streitbar, „Jean-Jacques gegen Jean-Jacques zu verteidigen. Tausende haben aus Ihrer ‚Verfassung für den Freistaat Korsika' gelernt, daß man die allgemeinen Prinzipien des ‚Gesellschaftsvertrages' ummünzen kann in eindeutige Vorschriften für eine besondere Realität."

„Sie sehen ja", antwortete bitter Jean-Jacques, „was aus dem Freistaat Korsika geworden ist, was aus meiner Verfassung."

Monsieur Gerber ereiferte sich. „Auch die Verfassung", sagte er, „die Platon für Syrakus geschrieben hat, wurde niemals Realität. Trotzdem lebt Platons ‚Staat' und tut heute noch Wirkung. Die Amerikaner haben begriffen, daß Ihre Lehren mehr sind als eine schöne Utopie, und sind dabei, sie in Taten umzusetzen. Die Zeit wird kommen, da auch Frankreich, da ganz Europa Sie zu seinem Lykurg machen wird."

Fernand sprang auf. „So wird es kommen!" rief er mit Inbrunst. „Ich weiß, daß es so kommen wird!" Jean-Jacques erhob sich und gab ihm die Hand. „Sie haben recht, Fernand", sagte er. „Die Menschen werden zurückfinden zur Natur und zur Tugend. Aber der Weg wird lang sein und voll von Qualen." Er sprach ohne Ton; doch die tiefe, alte, gramvolle und dennoch zuversichtliche Stimme drang Fernand ins Herz.

Er war seit der Abreise Gilbertens immer öfter mit dem Meister zusammen. Es kam so weit, daß er die eingeborene Schüchternheit bezwang und ihm von Gilberte erzählte. „Und Sie sind es, Monsieur Jean-Jacques", sagte er stürmisch, „dem ich alles verdanke. Seitdem ich die Neue Héloïse kenne, weiß ich, wie herrlich das Leben sein kann und wie naturhaft und gottgewollt die Liebe."

Jean-Jacques, mit seinem leidenden, suchenden, wissenden Blick, schaute ihn lange an. „Sie haben glückliche Augen, mein Fernand", sagte er, „Sie sehen Ihr Mädchen mit glücklichen Augen. Mögen Sie sie lange so sehen. Auch ich war einmal sehr glücklich, aber eine empfindsame Seele ist eine verhängnisvolle Himmelsgabe. Wer sie mitbekommen hat, ist Spielzeug der Luft und der Elemente, Sonne und Nebel bestimmen sein Geschick, er ist glücklich oder traurig, wie der Wind weht."

Immer besser lernten sie sich einfühlen einer in den andern. Oft saßen sie einander im Walde gegenüber, der alte Philosoph mit dem lebendigen Gesicht, den empfindsamen Lippen, der starken, kühnen Nase und der herrlich gescheiten Stirn und der junge Mensch mit den brennenden Augen, die Hündin Lady zu ihren Füßen. Sie fühlten sich einander verbunden, wenn sie redeten, und mehr noch, wenn sie schwiegen.

Zuweilen freilich gab es Stunden, da Fernand zu spüren glaubte, Jean-Jacques wolle allein sein; dann pflegte er sich unauffällig zu verlieren.

Einmal, bei einer Rast im Freien, als der Meister offenbar zu sich selber redete und nicht zu ihm, wollte er sich so davonmachen. Jean-Jacques aber sah hoch, sagte: „Warum laufen Sie denn weg, Fernand?" und sprach weiter, sprach von vertraulichsten Dingen, in Gegenwart Fernands.

So hielt er's fortan öfter. Er meditierte laut, und die Gegenwart Fernands schien ihm lieb. Er klagte etwa, er spreche doch die einfachste Sprache der Welt, die des Herzens, und gerade diese Sprache wollten viele nicht begreifen. Mißverständnisse hätten ihm Freunde in Feinde verwandelt und ihm Verfolgungen zugezogen, wie sie vor ihm kein Mensch erlitten habe. „Auch meine Verfolger haben Feinde", sagte er, „aber sie brauchen Feinde, sie brauchen Verfolgungen, sie haben Freude am Kampf. Sie haben eine harte Haut, die vom Druck nur härter und schwieliger wird. Meine Haut ist weniger hart, sie wird wund. Sie begreifen nicht, meine weiland Freunde, was sie mir antun. Sie verhöhnen mich, sie martern mich, und wenn ich dann aufschreie, sagen sie: Wie empfindlich. Und ich habe sie geliebt, ich war ihnen in Wahrheit freund, ich entbehre sie. Oh, diejenigen, die mir entleben, machen mir mehr Schmerzen, als die mir entsterben."

Fernand hielt sich ganz still und hörte zu. Wiewohl aufgefordert zu bleiben, kam er sich wie ein Spion vor.

Die Brust war ihm voll von Mitgefühl mit dem Meister. Er mußte ihm ein Zeichen seiner Liebe geben. Und eines Tages faßte sich der scheue junge Mensch ein Herz. Ungeschickt und ehrfürchtig lügend, setzte er Jean-Jacques auseinander, die Hündin Lady habe ihn, den Meister, liebgewonnen, sie sehe jetzt in ihm ihren Herrn, und er bat, Jean-Jacques möge die Hündin im Sommerhaus aufnehmen. Er brauche sie; er benötige einen Wächter gegen seine vielen Feinde.

Lächelnd und bewegt nahm Jean-Jacques die Gabe an.

Nicolas und Therese

Eines Abends, als Jean-Jacques im Schloß war und die Frauen allein saßen, klopfte es an der Tür des Sommerhauses. Die Frauen waren erstaunt. Eintrat Nicolas.

Er verbeugte sich tief in leicht ironischer Übertreibung. Der Herr Marquis, erklärte er mit höflichem Grinsen, habe ihm Order gegeben, sich den Damen in jeder Hinsicht gefällig zu erweisen. Da er sich aber nicht vor Monsieur Rousseau sehen lassen dürfe, habe er keine rechte Gelegenheit gehabt, sich nach allenfallsigen Sonderwünschen der Damen zu erkundigen. Um das nachzuholen, erlaube er sich, die Zeit wahrzunehmen, die der Herr Philosoph im Schloß verbringe.

Die Frauen saßen bei Tisch, das Fleisch dampfte von der Schüssel. Madame Levasseur betrachtete Nicolas mit ihren kleinen, harten Augen. „Ich wüßte nichts, was wir benötigten", sagte sie. Therese aber, mit ihrer trägen Stimme, meinte: „Es ist freundlich von Ihnen, uns zu fragen, Monsieur Nicolas."

Die Alte saß da in betonter Stummheit, ihre Haltung forderte Nicolas auf, sich zu verdrücken. Er blieb. Frechen Auges schaute er Therese auf und ab, voll arroganter Anerkennung. Therese erwiderte seinen Blick. „Wollen Sie nicht mitessen, Monsieur Nicolas?" lud sie ihn ein. Madame Levasseur sagte böse: „Jean-Jacques kann jeden Augenblick zurückkommen." Nicolas, die Augen nicht von Therese lassend, sagte in englisch klingendem Französisch: „Der Herr Schriftsteller und Philosoph Rousseau dürften kaum so bald zurückkommen. Das Abendessen im Schloß zieht sich durch interessante Gespräche hin, und auch hernach pflegen der Herr Marquis den Herrn Philosophen zurückzuhalten." – „Ich möchte unter keinen Umständen", sagte mit ihrer marklosen Stimme Madame Levasseur, „daß mein Schwiegersohn Sie zu Gesicht bekommt", sie unterstrich das „Sie". Nicolas, geradezu amüsiert, verneigte sich und sagte: „Das ist es, meine Damen, warum ich diese Stunde gewählt habe, Ihnen meine Aufwartung zu machen." Er schaute wieder Therese an. Diese, wie gezogen und gezwungen, sagte: „Bitte, setzen Sie sich doch, Monsieur Nicolas", und sie stand auf, ihm Teller und Besteck zu holen. Nicolas aber antwortete: „Da Sie mich so liebenswürdig auffordern, Madame, wäre es unhöflich, abzulehnen."

Madame Levasseur verharrte in feindseliger Schweigsamkeit. Dieser Bursche war kein Heiliger für ihren Kalender. Aber Nicolas war geschickt im Konversieren und überwand ohne Mühe das Unbehagen. Er kenne die Welt, meinte er, er sei in London der Erste Bereiter Mister Tattersalls gewesen, des berühmtesten Pferdekenners der Erde. Alle großen Herren seien dort ein und aus gegangen, und der Herr Marquis habe viel Geld und gute Worte aufwenden müssen, um ihn aus dieser vorzüglichen Position wegzulocken. Manchmal habe er's bereut, daß er das große, wunderbare London vertauscht habe mit der Langeweile und Einsamkeit von Ermenonville. Aber nun er das Glück habe, Mesdames Rousseau getroffen zu haben, bedaure er's nicht mehr. Er hob sein Glas gegen Madame Levasseur, dann, mit tiefem Blick gegen Therese, sagte er: „Auf Ihr Wohl", und trank das Glas aus. Aber nicht von sich habe er erzählen wollen, fuhr er geläufig fort, sondern nur seinem Erstaunen Ausdruck geben über die Einzigartigkeit Monsieur Rousseaus. Trotz seiner Weltkenntnis nämlich sei ihm ein Mann solcher Art noch nie untergekommen. Auch London habe seinen berühmten Philosophen, den Doktor Johnson. Der sei ein wohllebiger Herr und wisse aus jedem Geld herauszuholen. Ein Philosoph aber wie Monsieur Rousseau, der doch noch viel berühmter sei, mache aus seinem Ruhm keinen Sou und keinen Penny. Er, Nicolas, sei wißbegierig und wäre den Damen dankbar, wenn sie ihm das erklären könnten.

Madame Levasseurs Mißtrauen stieg. Der Bursche hatte es auf Therese abgesehen, das war klar. Er hatte gleich gewittert, daß sie auf ihn scharf war, und wie die dumme Trine mit Blicken nach ihm fischte, das war ja auch unmißverständlich. Dabei konnte dieser Nicolas sichtlich mit Weibern umgehen und war keineswegs auf die dicke, ältliche Therese angewiesen. Offenbar roch er Geld hinter der Philosophie Jean-Jacques' und wollte sich nur in die Familie einschleichen. Sie, Madame Levasseur, mußte von Anfang an dazwischenfahren. Sie wollte die Herrschaft über ihre Tochter behalten, sie ließ sich von keinem hergelaufenen Engländer in die Suppe spucken.

Therese stand langsam auf und begann den Tisch abzuräumen. Nicolas sagte: „Nun muß ich aber gehen, sonst könnte der Herr Philosoph wirklich zurückkommen. Dabei hätte ich so gerne was gehört über seine Philosophie. Auch über die allenfallsigen Sonderwünsche der Damen haben wir nicht gesprochen. Darf ich mir einen Vorschlag erlauben?" wandte er sich an Therese. „Sie begleiten mich ein paar Schritte durch den Park, damit uns Monsieur Rousseau nicht hier überrascht, und wir sprechen alles durch, die Philosophie und die Sonderwünsche." Therese stand zögernd. Madame Levasseur sagte leise und scharf: „Und ich soll allein die Teller waschen?" Der Widerstand der Mutter reizte Therese, sie lehnte sich auf. „Ich bin gleich zurück", sagte sie und begleitete Nicolas.

Draußen war es still und sehr dunkel. Die Pfade waren eng; wenn sie sich nebeneinander halten wollten, mußten sie Leib an Leib gehen. Sie tauchten in einen kleinen Wald. Nicolas führte sie mit Sicherheit, er fühlte sich offenbar zu Hause in der Nacht. Sie hörten einer den Atem des andern, Zweige knackten unter ihren Füßen. „Ein leichtes Leben haben Sie nicht", sagte endlich Nicolas, „mit der Frau Mama und dem Herrn Philosophen. Eine so anziehende Dame verdiente ein viel besseres Leben, sage ich." Er dämpfte seine quäkende Stimme, gleichwohl klang sie beinahe schrill durch die Stummheit der Nacht. Er legte seinen Arm um ihre Hüften, sie führend. Sie spürte den starken, männlichen Geruch, der von ihm ausging. „Wenn ich sage: eine anziehende Dame", fuhr er fort, „dann weiß ich, wovon ich spreche. Ich habe Erfahrung." Mit einer jähen, kräftigen Bewegung riß er sie an sich und küßte sie frech, tief und lang in den Mund. Dann, sich von ihr lösend, sagte er höflich: „Danke, Madame", und nahm die Konversation wieder auf. „Nein, leicht haben Sie es nicht. Denn Monsieur Rousseau hat Philosophie, aber vom Leben hat er keine Ahnung. Glauben Sie's mir. Sonst würde er nämlich ernten, solange es die Zeit ist. Heute schwärmen die Aristokraten für ihn, aber wer sagt Ihnen, was morgen sein wird? Die Launen der großen Herren wechseln schneller als der Mond. Ich kenne die Welt, ich habe meine Erfahrungen. Und eines Tages ist es zu spät, dann sitzt der Herr Philosoph da, und Sie mit ihm." Therese verteidigte Jean-Jacques. „Mein Mann braucht keine Aristokraten", sagte sie ungewohnt streitbar. „Die Verleger bieten meinem Manne Geld, soviel er will, für seine philosophischen Werke. Es sind ganze Bündel

Geschriebenes da. Er schickt es nur nicht fort. Er will das Geld nicht." Nicolas pfiff durch die Zähne. „Ich verstehe, Madame", sagte er. „Das ärmliche Leben gehört zu seiner Philosophie." Therese, etwas hilflos und ohne Schwung, sagte, und es klang wie eine Entschuldigung: „Er ist ein großer Mann, das sagen alle." – „Wahrscheinlich", erwiderte herablassend Nicolas, „davon verstehe ich nichts. Aber das verstehe ich, daß er ein sehr unpraktischer Mann ist, gänzlich unerfahren, lassen Sie es mich Ihnen frei heraussagen: ein Narr." Therese versuchte zu erklären: „Es hängt mit seiner Philosophie zusammen. Er sagt: Einfachheit, er sagt: Zurück zur Natur, und nimmt kein Geld." – „Schön und gut", antwortete Nicolas. „Aber warum geht er nicht allein zurück zu seiner Natur? Warum muß er Sie dabei haben? Die bloße Natur, das ist nichts für Sie, Madame. Dafür sind Sie nicht geboren. Das hab ich Ihnen im ersten Augenblick angesehen."

Therese schwieg. Nicolas, mit flinker Suada, fuhr fort: „Sie mögen erwidern: ‚Was geht Sie das an, Monsieur Nicolas?', und in einem gewissen Sinne hätten Sie recht. Wenn Monsieur Rousseau unpraktisch ist und Sie es sich gefallen lassen, Madame, das könnte mir eigentlich ganz und gar gleichgültig sein. Aber es ist mir nicht gleichgültig. Es ist mir keineswegs gleichgültig. Es treibt mir das Blut in den Kopf. Nicht wegen des Herrn Philosophen: Ihrethalb, Madame. Denn Sie haben vielleicht schon gemerkt, daß ich an Ihnen interessiert bin", und er küßte sie ein zweites Mal, noch heftiger als vorher.

Therese, stark atmend, Haube und Busentuch richtend, sagte: „Ich muß zurück. Sonst ist Jean-Jacques wirklich da und vermißt mich." – „Schade", sagte galant Nicolas. „Ich hätte die Unterhaltung mit Ihnen die ganze Nacht fortsetzen können, Madame. Aber wenn es sein muß . . .", und er begleitete sie zurück.

„Und jetzt haben wir immer noch nicht über Ihre Sonderwünsche und über Monsieur Rousseaus allenfallsige Bedürfnisse gesprochen", sagte er, als die erleuchteten Fenster des Sommerhauses in Sicht kamen. „Wir müssen uns bald wieder treffen. Nur ist es mir leider nicht gelungen, das Wohlwollen Ihrer Frau Mama zu erringen, und ich fürchte, sie wird keinen Wert darauf legen, mich wiederzusehen. Darf ich Ihnen den Vorschlag machen, daß wir uns, wenn der Herr Philosoph das nächste Mal im Schlosse speist, ohne die Frau Mama aussprechen? Darf ich Sie hier, im Schatten, erwarten?" Sie erwiderte nichts. Er küßte sie ein letztes Mal, sie abtastend, sie erschlaffte, und er wußte, sie wird kommen.

Leise pfeifend ging er dem Gesindehaus zu. Er war vergnügt. Die hatte er im Sack. Und man hatte was in der Hand, wenn man die hatte. Und Zaster war auch da, das hatte das gute, alte Mädchen herausgesagt in der Einfalt ihres Herzens. Zurück zur Natur. Der Zaster muß zu ihm, und wenn die Alte, diese Ragotte, dieser dicke, kurze Knotenfurz, vor Wut platzt.

Bis jetzt war sein Aufenthalt in Frankreich enttäuschend gewesen. Er hatte davon geträumt, in Paris ein Geschäft aufzumachen wie das des Misters Tattersall in London, ein Unternehmen, wo man reiten lernen konnte und wo gleichzeitig Pferde gehandelt und Wetten abgeschlossen wurden. Aber ohne Anfangskapital war das nicht zu machen, und daran hatte es gehapert. Diese Madame Rousseau war ein neuer Steigbügel. Vielleicht ließ sich – das Glück liebte sonderbare Umwege – das Geschreibsel des Narren in gute Pferde umsetzen. Soviel war gewiß, die Frau des Philosophen hatte einen erfreulichen Hintern.

Während der Diener des Marquis solchen Träumereien nachhing, wusch im Sommerhaus Therese das Geschirr ab, und Madame Levasseur legte ihr dar, was sie über die Beziehungen ihrer Tochter zu Monsieur Nicolas dachte.

Madame Levasseur hatte nichts dagegen, daß Therese es mit dem oder jenem hielt. Jean-Jacques war alt, und er hatte auch in seinen besten Jahren einem saftigen Weibsbild nicht genügen können. Überdies hatte Therese ihre Arbeit und liebe Not mit ihm. Nicht jede hätte diesen Krüppel bei seinen Anfällen mit solcher Sorgfalt gepflegt, und es war viel Schweinerei damit verbunden. Auch hätte nicht eine jede seine Puscheln so geduldig hingenommen. Therese hatte also vor Gott und den Menschen das Recht, sich in ihrer spärlichen Freizeit ein bißchen Pläsier zu verschaffen. Aber wählerischer sollte sie sein mit ihren Freiern. „Du könntest deinem Jean-Jacques einen würdigeren Koadjutor geben", erklärte sie. „Dieser Engländer ist nicht der Rechte. Der hat geschnuppert, daß aus deinem Philosophen Moos und Möpse herauszuholen sind, und das ist das einzige, worauf er aus ist. Diese Stupsnäsigen, Blaßäugigen, die habe ich schon gefressen. Oder glaubst du vielleicht, er will dich wegen deiner sanften Augen und wegen deines dicken Hintern? Der kann Jüngere und weniger Fette haben, so viele er will. Wenn du dich schon im Heu wälzen mußt, du Schlampe, dann such dir gefälligst einen aus, der nicht darauf lauert, dich und deine alte Mutter auszuplündern!"

Therese wusch ihr Geschirr. Äußerte nichts.

Fernands Wirrungen

Ohne daß sie sich darüber verständigt hätten, vermieden es Jean-Jacques und Fernand, Dritten ihre Freundschaft zu zeigen. War Jean-Jacques im Schlosse zu Gast, dann richtete er das Wort oft an Girardin und an Monsieur Gerber, selten an Fernand.

Es fiel diesem auf, daß der Jean-Jacques, der mit dem Vater und mit Monsieur Gerber sprach, ein anderer war als der Jean-Jacques, den er von seinen Spaziergängen her kannte. Frage und Antwort tauschend mit dem Vater und Monsieur Gerber, war er nicht mehr der Mann, der sich mit ihm, Fernand, im Walde herumtrieb, unbefangen, jung, fast fröhlich. Es schien, daß Menschen keine festen Umrisse hatten; ein jeder war ein anderer im Umgang mit einem jeden.

Manchmal, wenn Jean-Jacques im Schlosse war, wurde er Fernand zum völlig Fremden. Einmal kam es so weit, daß Fernand die Gesellschaft verließ, weil er nicht wollte, daß dieser fremde Jean-Jacques das Bild störe, das er von ihm in der Seele trug.

Er ging durch den nächtlichen Garten, träumte von seinem Jean-Jacques. Wird er's erreichen können, daß dieser Jean-Jacques Gilberte mit seinen Augen sieht?

Menschenstimmen rissen ihn aus seinem Geträume. Gewisper war, Atmen, Seufzen, das unterdrückte Stammeln und Stöhnen eines Liebespaares. Er stand angezogen und abgestoßen. Er hatte frühe Erfahrungen hinter sich, wilde, kurze, wüste, trübe, enttäuschende Erlebnisse, eines hier auf dem Lande, eines in Paris. Er dachte nicht gerne daran, und seitdem er erkannt hatte, daß er und wie tief Gilberte liebte, hatte er jene Erinnerungen in ferne Winkel des Gemütes verscheucht.

Er wollte von hier weg; es war unanständig, seiner unwürdig, diese da zu belauschen. Ein Knecht und eine Magd mochten es sein in ihrer Brunst. Die Brunst der Tiere war besser als die Brunst der Menschen. Die Tiere kannten nichts als Brunst; die Menschen, wenn sie der Brunst gaben, was sie der Liebe geben sollten, spürten wütende Scham.

Er wandte sich ab, machte ein paar Schritte, die ihn aus dem Bereich des Gewispers und Gestöhnes bringen sollten.

Da erkannte er die Stimmen.

Erkannte zuerst die Stimme des Mannes; so sprach, so quäkte nur *einer,* jener widerwärtige John Bally, jener Nicolas, der Reitknecht. Erkannte noch im gleichen Moment, und erschrak bis ins innerste Herz, die Stimme der Frau. Auch sie, diese schleppende, dunkle Stimme, war unverkennbar, sie gehörte der ..., selbst in seinen Gedanken vermied er den Namen. Nein, er wollte nicht lauschen. Jetzt war es Verbrechen, zu lauschen. Er mußte fort.

Er blieb. Lauschte.

Lauschte mit aufgerührter Seele. Solch eine Frau, eine Verworfene, ein Halbtier, hatte sich der erhabenste Denker Frankreichs zur Gefährtin ausersehen. Da saß er drüben im Speisesaal, führte heiteres Gespräch mit dem Vater und mit Monsieur Gerber, und hier lag sein Weib, die Frau, die Jahrzehnte mit ihm geteilt hatte, lag mit dem Abschaum, mit einem Stück Lehm, dem der Schöpfer nur einen leisen Dunst von Seele eingeblasen hatte. Da stammelten sie, stöhnten in tierischer Lust, sich wälzend im Schmutz. Und das geschah dem Größten, dem Weisesten der Sterblichen! War er so blind, Jean-Jacques? War der Mann, der einen tieferen Blick in die Welt getan hatte als irgendwer sonst, blind innerhalb seines nächsten Raumes, in seinen vier Wänden, in seinem Ehebett? Grenzenloses Staunen füllte Fernand, Furcht vor dem Leben, tiefstes Mitgefühl mit dem großen, kindhaften Mann, der sein Leben gebunden hatte an diese geile Hündin.

Lange lief Fernand durch die Nacht, in Aufruhr. Was soll er tun? Wie wird es sein, wenn er Jean-Jacques das nächste Mal trifft? Muß er ihm nicht seine schreckliche Entdeckung mitteilen?

Andern Tages ging er ihm aus dem Wege. Er wollte erst mit sich selber ins reine kommen. Vielleicht hatte er sich doch getäuscht, vielleicht hatte Verwirrung des Gefühls ihn falsch hören lassen, und wie grauenvoll wäre in einer so ungeheuern Sache ein Irrtum. Er hatte sich geirrt. Er mußte sich geirrt haben. Der englische Stallknecht hatte sich mit irgendeiner Magd verlustiert. Man sah vorbei und ging weiter. Man vergaß.

Aber die wirren, leisen, gemeinen und erregenden Laute, die er aus dem Gebüsch gehört hatte, gingen ihm nicht aus dem Sinn. Und es *war* die Frau Jean-Jacques'! Es gab diese Stimme kein zweites Mal.

Er mußte sie noch einmal hören, die Stimme. Mußte nachprüfen.

Er legte sich einen Vorwand zurecht, sie zu sehen. Ging ins Sommerhaus zu einer Zeit, da er Jean-Jacques auf seinem Spaziergang wußte.

Die Frauen waren verwundert. Er drückte herum, stammelte, er habe Jean-Jacques bitten wollen, die Noten, die er ihm da bringe, möglichst bald zu kopieren und lieber anderes liegenzulassen; er brauche das Material, es handle sich um eine Überraschung für den Vater. Madame Levasseur nahm ihm die Noten ab, sagte, sie werde Jean-Jacques alles bestellen.

Nun sollte Fernand eigentlich gehen. Er blieb. Er stand da, die langen Arme mit den unbeschäftigten Händen hingen ihm unbeholfen herunter. Er betrachtete Therese, verstohlen, wie er glaubte. Sie schaute ihn ruhig an mit ihren schamlosen, tierhaft stillen Augen. Sie hatte gleich gewittert, daß er ihrethalb gekommen war.

Schweigen war, die Kanarienvögel schmetterten in ihrem Bauer. Keine der Frauen half ihm, sie warteten, was er sagen werde. Er nahm einen Anlauf. „Ich wollte fragen", fing er an, „ob sich Monsieur Jean-Jacques hier im Hause wohl fühlt, ob Sie selber sich wohl fühlen." Er überstürzte sich, um seiner Verlegenheit Herr zu werden. „Sie wissen sicher, meine Damen", erläuterte er, „daß mich Monsieur Jean-Jacques sehr häufig seines Umgangs würdigt, ich schmeichle mir, sogar seiner Freundschaft. Sie verstehen, meine Damen, daß mir also besonders viel daran liegt, Monsieur Jean-Jacques in unserm Ermenonville gut aufgehoben zu wissen. Sie alle sollen hier gut aufgehoben sein", fügte er schnell, schlau und höflich hinzu. Er dachte: Ich habe mich doch geirrt. Sie ist so ruhig. Freilich ahnt sie nicht, daß ich ihr scheußliches Geheimnis weiß. Wie sie mich anschaut! Ich habe mich nicht geirrt. Sie muß jeden Mann verrückt machen, das spürt man. Dabei ist sie eigentlich nicht einmal schön. Und dumm und gemein ist sie auch. Ein Abschaum. Wird sie denn ihre Augen nie von mir wegtun?

Madame Levasseur mittlerweile überlegte, daß man niemals begreifen und niemals lernen werde, was an einer Frau die Männer anzieht. Ihre Therese war bestimmt nicht schön, sie hatte ein dickes, nichtssagendes Gesicht und war faul und dumm wie eine Herde Kühe: und die Männer flogen auf sie wie Fliegen aufs Aas. Da stand dieser junge Graf, Erbe eines großen Hauses, und stammelte und stotterte und schwenzelte in seiner Geilheit. Im Grunde freilich war das ein Segen. Vielleicht konnte man ihn ausspielen gegen den Lumpen, den Strolch und Eindringling, den Rösser-Nicolas. Dieser Unschuldige vom Lande wird bestimmt nicht versuchen, Jean-Jacques' Geld in die eigene Tasche zu bugsieren und sie, die Mutter, um ihr Teil zu bringen.

„Wir danken Ihnen für Ihr freundliches Interesse, Herr Graf", sagte sie. „Es geht uns hier nicht schlecht, und mein Herr Schwiegersohn fühlt sich wohl. Wir werden kaum so bald nach Paris zurückgehen. Wenn Jean-Jacques genügend zu tun bekommt" – sie machte eine Kopfbewegung gegen die Noten –, „dann wächst ja auch hier Brot und Butter." Therese sah Fernand unverwandt an. Es tat ihr wohl, daß sich einer in sie verschaut hatte, der kaum halb so alt war wie sie, der hübsch war und kein abgetakelter Philosoph und der obendrein einen großen Titel hatte. „Vielen Dank, Graf Fernand", sagte schließlich auch sie. „Es gefällt uns hier sehr gut." Es klang, als sagte sie: Sie gefallen mir sehr gut.

Fernand streifte lange herum in schweren Träumen und Gedanken. Diese Therese war voll von Geheimnissen wie die Natur. Wenn man in ihre Augen sah, schaute man in die Urtiefen der Welt. Deshalb wohl hatte sich Jean-Jacques mit ihr zusammengetan. Er hatte sich vermählt mit der Natur selber, die gut und böse in *einem* war.

Auch in den nächsten Tagen vermied Fernand den Meister und drückte sich herum um das Sommerhaus in den Stunden, da er Jean-Jacques abwesend wußte. Es war gemein von ihm, ruchlos, Verrat an dem Meister. Aber lehrte dieser nicht, man solle weniger aus Büchern studieren als an der Natur selber? Fernand mußte das finstere Geheimnis ergründen. Mußte ausfinden, was Jean-Jacques an diese Frau band, was sie an das Tier Nicolas.

Nach einer nicht langen Frist, ihm schien sie endlos, traf er Therese. Sie wollte vorübergehen, sie schien in Eile. Er faßte sich ein Herz und fragte, ob er ihr über Jean-Jacques' Angelegenheiten reden dürfe. Sie überlegte, dann antwortete sie unbefangen, Jean-Jacques gehe früh zu Bett, noch vor der Dunkelheit, sie könne ihn, Fernand, heut abend sehen, er möge sie von neun Uhr an erwarten, an der Brücke. „Ein

Spaziergang ist gut in diesen warmen Nächten", sagte sie. Sie setzte ihre Worte ungefüg, sie mußte jedes Wort suchen.

Die Nacht war ziemlich hell, doch waren die Pfade durch Busch und Wald beschattet und dunkel. Sie sprachen wenig, man mußte auf den Weg achten, dann und wann riefen sie einander zu, warnten vor einem Stein, vor einem herausstehenden Zweig. Was sie sprachen, sprachen sie gepreßten Atems und gepreßter Stimme. Heimlichkeit war um ihren Gang, die Luft des Verbotenen.

Er war tief befangen. Da strich er mit dieser Frau im Wald herum, genau wie der Nicolas, das Tier. Was müßte Jean-Jacques denken, wenn er ihn so sähe? Und was Gilberte? Sie würde vor ihm zurückschrecken für alle Zeiten. Allein sie täten ihm unrecht, beide. Er verfolgte hier nicht die Ziele eines Nicolas, er war hier aus Philosophie.

Sie gelangten an den See. Hier war die Weide, unter welcher Jean-Jacques zu sitzen pflegte. Therese schob das dichte Gezweig zurück, ließ sich auf die Grasbank nieder, leicht aufatmend. Mit einer kleinen Gebärde forderte sie ihn auf, sich neben sie zu setzen. Die Bank war schmal, man saß Leib an Leib.

Drüben war die Insel der Großen Pappeln, in deren Schatten er und Gilberte für Jean-Jacques gesungen hatten. Sie lag in silbriggrünem Mondlicht. Und da saß er nun mit Jean-Jacques' Frau und Gefährtin, sie ausspähend, ihn bespitzelnd. Doch das Gefühl des Verbotenen war nicht unangenehm, es erregte ihn.

Trotzdem, unwillkürlich, rückte er ein wenig von Therese ab. Sie machte eine ganz kleine, kaum wahrnehmbare Bewegung des Erstaunens. „Sie wollten mich was über Jean-Jacques fragen, nicht wahr, Graf Fernand?" sagte sie mit ihrer dunkeln Stimme. Er war ihr dankbar, daß sie das beklemmende Schweigen brach. „Ja, Madame", beeilte er sich zu erwidern, „es wäre sehr liebenswürdig von Ihnen, wenn Sie erzählten." – „Was soll ich denn erzählen?" fragte sie nach einer Weile. Er überlegte. Dann fragte er: „Was tut Jean-Jacques, wenn er zu Hause ist? Arbeitet er?“ Sie, leicht verwundert, antwortete: „Gewiß, Monsieur. Er werkelt oft herum mit seinen getrockneten Pflanzen. Auch Noten schreibt er viele.“ Fernand, geduldig, erklärte: „Ich meine nicht das. Ich meine, schreibt er an einem neuen Werk?“ – „Manchmal schreibt er auch“, antwortete freundlich gleichgültig Therese. „Vor einigen Tagen hat er mir vorgelesen. Er liest mir oft vor. Ich verstehe nicht alles. Ich habe einen schweren Kopf, müssen Sie wissen. Das Geschreibe ist eigentlich auch nicht für mich. Es ist für keinen Lebendigen. Es ist für die Späteren, sagt er.“

Ich dürfte das nicht anhören, dachte Fernand. Es ist unanständig. Wenn sie ihn verrät, tut sie es in Torheit und Unschuld, ich aber weiß, was ich tue. „Wird es nicht zu spät für Sie, Madame?“ fragte er. „Wollen Sie nicht zurück?“ – „Noch nicht“, antwortete sie gelassen. „Jean-Jacques ist zu Bett, er schläft tief und gut.“

Er nahm ihre Worte auf, froh, einen harmlosen Gegenstand gefunden zu haben. „Es steht also gut um seine Gesundheit hier in Ermenonville?“ fragte er. „Ja“, erwiderte sie, „jetzt ist er gesund, Gott sei Dank. Aber bei ihm muß man immer auf einen Anfall gefaßt sein. Sie wissen ja, dieses schreckliche Blasenleiden, diese Urethritis“ – sie betonte jede Silbe des medizinischen Wortes. „Und immer kommt es im unglücklichsten Moment. Damals, nach seiner Oper bei Hofe, wie er die Audienz haben und wir die Pension bekommen sollten, konnte er einfach nicht zum König gehen. Sie wissen ja, wenn er diese Anfälle hat, dann muß er immerfort hinaus, Sie verstehen, und das ging doch nicht vor Seiner Majestät und all diesen Herren und Damen. Bei so einem Anfall, da kann er niemand um sich haben, nur mich. Ihn pflegen ist nämlich nicht ganz einfach. Da muß man die Sonde einführen, und es darf ihm nicht weh tun, und er ist sehr wehleidig, und es ist auch furchtbar schmerzhaft. Da ist er natürlich mürrisch und ungeduldig. Aber ich bin es gewohnt, ich beklage mich nicht.“

Also nicht aus dem Stolz des freiheitsdurstigen Menschen hatte damals Jean-Jacques die Audienz abgelehnt, sondern wegen seines Blasenleidens! Fernand preßte die Lippen zusammen. So durfte, so konnte es nicht gewesen sein. Sie hatte sich's so zurechtgelegt mit ihrem simpeln Verstand, aber es war nicht so. Und: Ich darf nicht länger hierbleiben, dachte er wieder und wieder. Ich belaure Jean-Jacques in seiner Nacktheit. Ich horche diese Frau aus, die unschuldig ist und gewissenlos wie die Natur. Das ist verboten. Das heißt Früchte vom Baum der Erkenntnis *stehlen.* Ich kann Gilberte nicht mehr in die Augen schauen. Ich darf nicht weiterhören.

Aber sie saß ruhig da, offenbar gewillt, noch zu bleiben, und er wußte nicht, wie er den Aufbruch bewerkstelligen sollte. Er fragte: „Sie sind doch schon seit Jahrzehnten mit Jean-Jacques verheiratet, nicht wahr, Madame?" – „Verheiratet erst seit zehn Jahren", antwortete sie unbefangen. „Aber leben tu ich mit ihm seit meinem achtzehnten. Er hat mich damals herausgeholt aus dem schrecklichen Hotel. Die andern waren zudringlich, und er hat mich beschützt. Er war sehr gut zu mir. Aber ich habe ihn auch immer sehr gut gepflegt. Ganz auf einmal ist er auf die Idee gekommen und hat mich geheiratet. Es war eine schöne Hochzeit. Wir waren damals in Bourgoin, in der Gastwirtschaft ‚Zum goldenen Brunnen'. Er hat zwei Freunde eingeladen, Artillerieoffiziere, und sich ein Sonderzimmer geben lassen, und er hat eine wunderschöne Rede gehalten und hat erklärt: ‚Und so heirate ich diese Frau vor der Natur.' Alle waren wir gerührt, und dann gab es ein ausgezeichnetes Essen, und wir haben gesungen." Sie erzählte langsam, stockend, aber nicht, weil sie verlegen gewesen wäre, sondern sie mußte die Worte suchen.

Dann, mit schwerfälliger Schalkhaftigkeit, unterbrach sie sich: „Aber ich erzähle Ihnen von mir. Sie sind doch nicht an mir interessiert, sondern an Jean-Jacques." Fernand, tief errötend – aber das konnte sie wohl nicht sehen in der Nacht –, beteuerte ungeschickt, wie interessiert er sei an allem, was Jean-Jacques angehe, und besonders an ihr, an seiner vertrauten Gefährtin. „Gefährtin", wiederholte langsam Therese, „das ist ein schönes Wort, das muß ich mir merken. Und es ist auch so. Wir haben viel Gutes miteinander erlebt in diesen langen Jahren, und viel Böses, das kann man wohl sagen. Es ist angenehm, einen Freund zu haben, mit dem man davon sprechen kann. Die andern sind immer nur eifersüchtig, weil ich die Frau des großen Jean-Jacques bin, und sie schimpfen über mich. Aber es ist nicht leicht für ein einfaches Mädchen, die Frau eines Philosophen zu sein. Die Gefährtin. Er ist ein Heiliger, aber er ist schwierig. Er ist krank und nicht leicht zu pflegen, und er ist ungeduldig und mürrisch. Ich habe viele Sorgen und Mühen."

Sie rückte Fernand etwas näher, sie reichte ihm die Hand. Ergriff er ihre Hand oder sie die seine? Es war eine große, fleischige, etwas feuchte Hand, er drückte sie. Langsam dann, ohne ihm die Hand zu entziehen, stand sie auf. Er erhob sich, jäh und in Verlegenheit, aber er ließ ihre Hand nicht fahren.

Schweigend gingen sie zurück. Er begleitete sie bis in die Nähe des Sommerhauses.

Als Therese ihren Nicolas das nächste Mal sah, war sie von grenzenloser Zärtlichkeit. Zynisch, wie er war, deutete er sich's sogleich. „Aha", meinte er, „du hast es mit dem Gräflein getrieben, mit diesem langen Gestell." Therese, mit ungewohnter Lebhaftigkeit, antwortete: „Du bist verrückt. Graf Fernand ist scheu und ein kleiner Junge. Er spricht nur von Philosophie." – „Lehr du mich die Menschen kennen", erklärte Nicolas. „Vom Oberstock spricht man, und das Parterre meint man. Übrigens glaub ja nicht, daß ich Eifersucht spüre. Ich weiß genau, was ich wert bin. Ich kann durch Vergleich nur gewinnen."

Ein Sergeant greift ein

Nicolas brachte aus dem Städtchen Dammartin einen Brief mit, den man ihm dort im Gasthof „Zu den zwei Engeln" ausgehändigt hatte, damit er ihn Madame Levasseur persönlich übergebe. „Ein Liebesbrief für die Frau Mama", meinte er zu Therese, grinsend.

Die alte Frau, sonst so gleichmütig und munter, wurde blaß und stumm, als sie die Schriftzüge der Adresse erkannte. Der Brief kam von François, von dem Sergeanten François Renoux, ihrem Sohn! Er war also zurück aus Amerika! Und sie hatte, als vor kurzem der König das Schutz- und Trutzbündnis abschloß, die Hoffnung schon aufgegeben, ihren geliebten François wiederzusehen.

Sie hielt den Brief ungeöffnet in den jetzt sehr alten, zittrigen Händen, und in ihr schwankten und stürzten übereinander die Bilder ihres ganzen, mühevollen, an Glück und Sorgen reichen Lebens. Da waren die kurzen, fröhlichen Jahre mit ihrem ersten Mann, dem Sergeanten Renoux. Ein bißchen leichtfertig war er gewesen, ihr seliger Popaule, ein richtiger Soldat, auch nicht eben mit Verstande gesegnet, aber was für ein Mann! Was alles hatte man an ihm gehabt! Wie hatte sie ihn geliebt, auch wenn er ihr Sorgen machte und sie nicht wußte, woher sie das Geld beschaffen sollte, um das er immer wieder zu ihr kam. Aber dann erzählte er von seinen Schlachten, den großen Schlachten des Polnischen Erbfolgekrieges, von Philippsburg und von Mailand, und das Herz ging einem auf, wenn er so mächtig daherredete und jungenhaft glücklich lachte, einem den Hintern tätschelnd. Und der Junge, der François, war ihm nachgeraten. Auch er war Soldat vom Scheitel bis zur Sohle, und er hatte das gleiche, dröhnende Lachen und das gleiche, große, leichte Herz. Und wenn er, verlegen und schelmisch über das ganze Gesicht, zu einem kam und Geld verlangte, immer wieder Geld, dann konnte man's ihm so wenig abschlagen wie seinerzeit dem Vater. Die Schlachten freilich, in denen er, der Junge, mitgekämpft hatte, waren verlorengegangen, aber an ihm war es bestimmt nicht gelegen, wenn bei Roßbach und Krefeld dieser verdammte, gottlose, preußische Friedrich gesiegt hatte. Daß er tapfer war, ihr Junge, das hatte er gerade jetzt wieder bewiesen, indem er zu den Amerikanern übers Meer gefahren war, zu den Boston-Leuten, zu den Freiheitsmännern, um dort drüben eine neue Ordnung zu schaffen. Und nun also, da das

Bündnis abgeschlossen war, hatten sie ihn nicht mehr nötig, und sie hatte ihn wieder!

Sie riß das Schreiben auf. Ja, er war im Gasthof von Dammartin, und war es nicht herrlich, daß er, kaum von den Indianern zurück, herbeieilte, seine Mutter zu umarmen! Ein Jammer nur, daß er nicht sogleich nach Ermenonville hatte kommen können; aber ihr Schwiegersohn, der Narr, bekam ja leider Tobsuchtsanfälle, wenn er François nur sah. Der hatte sich nämlich einmal in Jean-Jacques' Abwesenheit aus dessen Wäschetruhe ein paar Hemden geliehen, und Jean-Jacques hatte aus diesem „Diebstahl" ein Mordswesen gemacht. Die vielen hundert Livres, hatte er gewütet, um welche François ihn gebracht habe, die verzeihe er ihm, aber daß er ihm seine Hemden aus indischer Seide gestohlen habe, eine seiner wenigen Freuden, das sei eine abgründige Büberei, und dieser Mensch dürfe ihm nie wieder vor Augen. Ach, sie konnte ihren geliebten Sohn nur hinter dem Rücken des närrischen Jean-Jacques umarmen.

Sie trafen zusammen im Sommerhaus zu einer Zeit, da Jean-Jacques im Schlosse speiste. Therese ließ sie allein, und Madame Levasseur genoß ein Glück, wie es sonst der Herrgott nur seinen Heiligen aufsparte.

Sie konnte sich nicht satt sehen an ihrem Sohn. Er war auch wirklich eine Augenweide, der Sergeant François Renoux, und Madame Levasseur durfte stolz sein, daß sie, die kleine Frau, Mutter eines so stattlich prangenden Sohnes war. Jetzt also hatte er in fernem Lande gekämpft, bei den Wilden, in den Urwäldern Amerikas, an Seite der Boston-Leute, für den Tee und die Freiheit. Leider aber hatte er, wie sich aus seinen farbigen Erzählungen herausstellte, auch dort kein Glück gehabt. Zwar hatte man ihm viel Ehre erwiesen, weil er natürlich nicht damit zurückhielt, daß er Jean-Jacques' Schwager war, und der hatte sozusagen die Freiheit erfunden: aber außer der Ehre gab es dort wenig zu holen. „Das ist ein Land nur für einen Jean-Jacques", meinte er bitter. „Lauter Natur und Tugend, und gar kein Geld." Und so war er denn, als man ihn infolge des Bündnisses nicht mehr benötigte, zurückgefahren. Sieben Schlachten hatte er mitgeschlagen, und als er in Le Havre wieder ans Land stieg und seine Kriegsbeute zählte, waren es zwölf Livres und drei Sous. „Item", führte er mit seiner dröhnenden Stimme aus, „Amerika war eine Enttäuschung. Die Freiheitsbrüder können nicht zahlen. Ich bin natürlich nicht um des Geldes willen hinübergegangen, aber für sieben Schlachten und soviel Schweiß und Blut zwölf Livres und drei Sous, das ist doch zu mager für meines Vaters Sohn. Für meiner Mutter Sohn", korrigierte er sich lachend und zärtlich und patschte ihr kräftig die Schulter.

Madame Levasseur ging auf in der Wonne dieser Stunde. Denn glücklicherweise war er in Wahrheit seines Vaters Sohn, und diesen Vater hatte sie geliebt, und darum war auch der Sohn so gut geraten. Ihren zweiten Mann, den Münzbeamten Levasseur aus Orléans, dieses traurige, mickerige Männchen, hatte sie nur aus Verstandesgründen genommen, ihr Herz und ihr Unterleib waren taub geblieben, und darum auch war nichts herausgekommen als die stumpfe, dumpfe, dumme Therese. Aber die hatte das Glück, und ihr großartiger Sohn, jetzt nahe an den Fünfzig, hatte also auch im wilden Amerika die Fortuna nicht am Zipfel erwischt.

„Eine gute Idee wenigstens", fuhr jetzt der Sergeant François fort, „hab ich mit nach Hause gebracht. Wie nämlich unser guter König Louis die Allianz mit den Freiheitsbrüdern abgeschlossen hat, da hab ich in einer langen, elenden, trübseligen Nacht im Biwak die ganze politische und militärische Lage im Kopf herumgewälzt. Er zieht nicht, unser guter König Louis, hab ich mir gesagt, er mag die Freiheitsbrüder nicht, das kann man ihm auch nicht verdenken von seinem speziellen Standpunkt aus, und er will ihnen keine Soldaten schicken. Aber, hab ich mir gesagt, am Ende wird er müssen. Denn diese Boston-Leute, die schaffen es nicht allein. Wenn da keine französische Armee eingreift, dann siegen die Engländer. Und das kann er auch wieder nicht zulassen, der Allerchristlichste. Und darum, das sag ich dir, Mama, darum wird er am Ende, wenn's ihm auch den Mund verzieht, in den sauern Apfel beißen müssen."

Er trank von Jean-Jacques' Wein. „Und?" fragte Madame Levasseur. „Man braucht also Soldaten, hab ich mir gesagt", sprach der Sergeant weiter, „und wenn es jetzt schon zuwenig Rekruten gibt, so werden es in Zukunft viel zuwenig Rekruten sein. Item, Rekrutenwerber ist ein noch einträglicheres Geschäft als bisher. Aber es ist ein schweres Geschäft. Zum Rekrutenwerber, zum Racoleur, muß man geboren und erzogen sein, man muß große Suada haben und Kriegserfahrung. Folglich braucht man dich, Sergeant Renoux, hab ich mir gesagt, dich mit deinem erprobten Mundwerk und deiner Kriegserfahrung. In Paris kannst du der Sache der Freiheit und dir selber noch viel größere Dienste leisten als in den Wäldern Amerikas, hab ich mir gesagt. Und da bin ich."

Madame Levasseur ahnte, daß die gute Idee ihres Sohnes François sie am Ende Geld kosten werde. Aber die ungeheure Freude, ihn zurückzuhaben, ertränkte diese Besorgnis. Soviel war gewiß: er war hier in Frankreich, und der Krieg war drüben in Amerika, und: „Da gehst du also nicht so bald wieder in den Krieg, mein Junge", sagte sie befreit.

Er habe sich nur zwei Tage in Paris aufgehalten, setzte François auseinander; denn es habe ihn gedrängt, seine liebe Mama so bald wie möglich wiederzusehen. Aber er habe bereits Gelegenheit gefunden, mit seinem Freunde zu sprechen, dem Colonel de la Rocque. Dieser kenne seinen Sergeanten Renoux und habe ihm auch gleich eine Monopolstellung als Werber für sein Regiment versprochen. Wenn er die kriege und wenn er dann seine Reden halten dürfe in der wunderbaren Uniform des Königlichen Racoleurs, mit Regimentsmusik und Standarten, dann werde er, das könne die Mama sich vorstellen, Zivilisten in hellen Haufen für die Fahne des Königs gewinnen. Nur *einen* Haken habe die Geschichte: das Kriegsministerium verlange von jedem, den es als Rekrutenwerber anerkenne, eine Kaution von hundert Louisdor. Er hoffe, Mama werde ihm das Geld leihen können; wenn nicht, laufe er Gefahr, das sichere Geschäft, die beste Chance seines Lebens, zu verlieren.

Von solchen „sicheren Geschäften“ hatte ihn Madame Levasseur oft reden hören, doch war daraus niemals was geworden, und in ihrem tiefen Innern war sie überzeugt, es werde auch diesmal nichts werden. Aber sie stellte sich ihren François vor in der farbigen, glitzernden Uniform des Racoleurs mit dem stolzen, in vier Spiralen aufsteigenden Helmbusch, wie er mit seiner mächtigen Stimme die Menge ansprach, schalkhaft und gewalttätig auf die Zögernden einredete und die Goldmünzen durch seine Finger gleiten ließ. Sie konnte ihn nicht im Stich lassen, nun er aus Amerika zu ihr zurückgekehrt war. Sie werde das Geld beschaffen, versprach sie, nur möge er ein paar Tage in Dammartin bleiben, bis sie es aufgetrieben habe. Er antwortete gut gelaunt, das habe er sich gleich gedacht, daß Mama das Geld nicht im Strumpf habe, hundert Louis seien kein Furz; aber ihr Versprechen genüge ihm. Und er sagte zu, im Gasthof „Zu den zwei Engeln“ ihre Botschaft abzuwarten.

Madame Levasseur, als sie allein war, schaute verlangenden und hilflos zornigen Blickes auf Jean-Jacques' Schreibtisch und Truhe. Da lag das Geschreibe des Narren, und es war bares Geld, wenn er nur wollte; die Verleger Bassompierre in Genf und Michel Rey in Amsterdam boten Tausende dafür. Aber – Madame Levasseur hatte ihre Erfahrungen – keine List half, es war mit den Papieren nichts anzufangen. Die Herren Verleger, geriebene Geschäftsleute, waren nicht zufrieden mit schlauen Briefen und halbechten Unterschriften, sie wollten schriftliche Erklärungen von der Hand Jean-Jacques'.

Madame Levasseur atmete stark, daß der kleine Flaum auf ihrer Oberlippe leise wehte. Und trotzdem, die Projekte ihres lieben Sohnes sollten nicht scheitern an dem Sparren Jean-Jacques'. Es wird ihr was einfallen, es mußte ihr was einfallen.

Andern Tages war ihr was eingefallen.

Sie suchte Monsieur de Girardin auf. „Es wird mir sauer,

Herr Marquis", sagte sie, „als Bittende zu Ihnen zu kommen. Mein seliger erster Mann, der Sergeant Renoux bei des Königs Dragonern, hatte seinen Stolz. Er liebte es, zu erobern und von seinem Beuteanteil zu leben, nicht von Almosen. Aber frank und frei, Herr Marquis, wie es sich für eine alte Soldatenfrau gehört: ich brauche Geld." Und sie erzählte von dem Projekt ihres Sohnes. Ihr Mutterherz ging durch, ihre kalte, marklose Stimme bekam Schwung. Es handle sich bei dem Vorhaben ihres Sohnes nicht um die übliche Tätigkeit eines Rekrutenwerbers, erklärte sie. Er habe an Seite der Boston-Leute in den Urwäldern der Indianer für die Freiheit gekämpft, und er habe sich mit eigenen Augen und unter Lebensgefahr überzeugt, daß die Philosophie ihres Schwiegersohnes, seine Ideen von der Freiheit und der Natur, nur durchgesetzt werden könnten, wenn der König eine starke Armee übers Meer schicke. Ihr Sohn wolle mithelfen bei diesem Unternehmen. Dafür brauche er das Geld.

Girardin merkte, daß sie ihn um einen großen Betrag angehen wollte. Er richtete sich stramm auf und zückte den Stock gegen sie. „Wieviel Geld brauchen Sie, Madame?" fragte er militärisch kurz. „Hundert Louisdor", antwortete ebenso bündig Madame Levasseur.

Das war eine unverschämte Forderung, und daß er sie als solche ansah, war dem Gesichte Girardins ohne weiteres abzulesen. „Ich möchte das Geld nicht geschenkt haben", beeilte sich denn auch Madame Levasseur zu erläutern. „Wir haben ein gutes Pfand anzubieten. Es sind Werke Jean-Jacques' vorhanden, die erst nach seinem Ableben veröffentlicht werden sollen. Sie sind hier, dicke Bündel Geschriebenes, in unserer Obhut. Ich bitte Sie, mir auf diese Papiere die hundert Louis zu leihen."

Der Marquis versuchte ein taktisches Manöver. Er sei bereit, antwortete er, den gewünschten Betrag zu leihen, doch nicht hinter dem Rücken des Meisters. Madame möge ihm erlauben, Jean-Jacques' Einverständnis einzuholen. „Holen Sie ein, Monsieur", antwortete kalt Madame Levasseur, „holen

Sie ruhig ein, bitte, Monsieur. Sie werden nur erreichen, daß er seinen Koller kriegt. Das sage ich Ihnen voraus, und genau das habe ich verhüten wollen." Sie war gekränkt. Ihre Stimme wurde noch leiser und sehr hart. „Jean-Jacques wird, wenn Sie ihm morgen damit kommen, übermorgen nach Paris zurückkehren. Das ist klar wie ein gescheuerter Fußboden. Ich kenne meinen Schwiegersohn. Er bleibt nicht unter einem Dach, wo man ihm seine Armut vorwirft."

Der niederträchtige Erpressungsversuch des fetten Vampirs trieb Monsieur de Girardin die Galle hoch. Aber sie war imstande, die Piratin, Jean-Jacques nach Paris zurückzuführen. Er mußte ihre frechen Forderungen bewilligen. Überdies war vielleicht aus ihrem Anerbieten Vorteil zu ziehen. Es *gab* unveröffentlichte Werke Jean-Jacques', das war bekannt; er hatte Memoiren geschrieben, er hatte in Paris daraus vorgelesen, aber diese Vorlesungen sogleich wieder einstellen müssen, da sich einige große Herren und Damen beleidigt gefühlt hatten und der Polizeipräsident eingeschritten war. Es war verlockend, sich auf die Manuskripte einen gewissen Anspruch zu sichern.

„Es widerstrebt mir, Madame", sagte er, „an die Zeit auch nur zu denken, da die von Ihnen erwähnten Manuskripte veröffentlicht werden sollen. Aber da Sie die Frage angeschnitten haben, möchte ich mich vergewissern, ob ich Sie recht verstanden habe. Ich denke natürlich nicht daran, irgendeinen Anteil zu haben an der finanziellen Ausbeutung der Werke. Es wäre beleidigend, wenn Sie dergleichen auch nur hätten andeuten wollen. Ich verstehe Sie vielmehr dahin: sollte einmal, in einer hoffentlich sehr fernen Zukunft, die Veröffentlichung hinterlassener Manuskripte Jean-Jacques' bedacht werden müssen, dann geben Sie und Ihre Frau Tochter mir die Ermächtigung, mich an der Redaktion zu beteiligen. Das wollten Sie doch wohl sagen, Madame?"

Die Alte wußte nicht recht, was diese langstieligen, geschwollenen Sätze bedeuten sollten, aber sie merkte, er war bereit, mit den hundert Louis herauszurücken, und sie antwortete kühn: „Gewiß, Monsieur, genau das habe ich sagen wollen." – „Gut, Madame", sagte Girardin, „ich werde mir die Freude machen, Ihnen die hundert Louisdor anzuweisen."

Gipfel und Abgrund

Madame Levasseur schickte ihrem Sohne Botschaft. Er kam sogleich. „Ich wußte es", jubelte er, „auf Mama ist Verlaß." Der stattliche Mann umarmte die kleine, dicke Alte und küßte sie schallend auf beide Backen.

Diesmal indes blieb sie nur kurze Zeit mit ihrem Jungen allein. Nicolas nämlich, statt sich mit Therese im Freien zu erlustieren, kam sich den Sergeanten beschauen, der als Theresens Halbbruder sozusagen sein Schwager war. Er war interessiert an den Erzählungen Monsieur Renoux', er fand, sie hätten beide die gleiche Philosophie, sie gefielen einander.

Dann aber klopfte es, und wer eintrat, war der junge Graf, Fernand.

Er hatte mittlerweile Jean-Jacques mehrmals getroffen. Dessen gleichmäßige, melancholische Heiterkeit hatte ihn überzeugt, daß der Meister die Natur nahm, wie sie war, daß er Therese nahm, wie sie war. Welche Dreistigkeit, wenn er, Fernand, versuchte, dieses Einverständnis zu stören.

Übrigens mochte es sein, daß er sich dennoch geirrt hatte damals in der Nacht. Er mußte vergessen, er mühte sich, zu vergessen.

Wenn Gilberte da wäre! Grenzenlose Sehnsucht nach Gilberte überkam ihn. Er suchte die Stätten auf, wo er mit ihr zusammen gewesen war. Ritt nach dem verlassenen Schloß Latour. Erzwang sich Einlaß von dem erstaunten Hausverwalter, lief in Gilbertens Zimmer, ihr Boudoir, ihr Schlafzimmer. Riß Kleider an sich, die sie zurückgelassen hatte, drückte sie an sich, küßte sie. Leib und Seele brannten ihm, er verging in der Erinnerung an Gilberte.

Er schrieb ihr einen endlosen Brief. Erzählte ihr von seinen

Unterhaltungen mit Jean-Jacques, und wie der Meister an jenem Abend geklagt habe über die Fruchtlosigkeit seines Werkes. Dann erzählte er ihr von seinem Besuch in dem verlassenen Latour. Sein ganzes Herz schüttete er aus. Viele Seiten schrieb er ihr, schwärmerisch, in der Sprache der Neuen Héloïse.

Später fiel ihm ein, daß er ihr nichts geschrieben hatte über seine Erlebnisse mit Therese. Doch war das keine Heuchelei gewesen; er hatte wirklich, während er schrieb, Therese vergessen.

Heute abend aber, im Schlosse, hatten ihn von neuem stürmisch die alten Zweifel und Wirrungen überfallen. Jean-Jacques war, wie so oft in der Gegenwart anderer, freundlich zu ihm, doch fremd. Und noch heftiger als sonst sprang ihn die Erkenntnis an: Jean-Jacques war niemals der gleiche; jeder, mit dem er sprach, verwandelte ihn in einen andern. Was für ein Gesicht mochte er haben, wenn er mit Therese Rede und Leben teilte?

Da saß er friedlich und vergnügt am Tische des Vaters und plauderte und scherzte. Wer war er, dieser Unbegreifliche, der Kälteste und der Heißeste, der Hellsichtigste und der Blindeste der Sterblichen? Ahnte er nicht, was vielleicht, was sicherlich mittlerweile die Frau trieb?

Eine quälende Sehnsucht überfiel Fernand, mehr zu wissen. Es hielt ihn nicht im Schloß. Ganz bestimmt wird die Frau die Abwesenheit Jean-Jacques' nützen, um sich mit ihrem Galan zu treffen. Wenn sie's aber tat, wenn sie's wiederum tat, war das nicht ein Beweis über alle Zweifel hinaus? Es trieb Fernand, mit Augen zu sehen, mit Ohren zu hören.

Er ging zum Sommerhaus. War dort Licht, dann konnte er unter einem Vorwand eintreten und sich überzeugen, ob Therese zu Hause sei.

Es war Licht, er trat ein. Aber siehe, da waren zwei Männer. Nichts war erwiesen, nichts widerlegt. Er hatte Therese entweder allein im Hause finden wollen oder aber irgendwo im Park in verbotener Verschlingung mit dem Abschaum, mit dem Tier. Nun hatte er den Gang, der ihn Entschluß gekostet hatte, umsonst getan. Er war enttäuscht und voll Wut.

Er wurde plötzlich ganz großer Herr, der Erbe, der einmal auf diesem Stück Land regieren wird. „Sie hatten Order", sagte er zu Nicolas, „sich im Sommerhaus nicht blicken zu lassen. Wie kommt es, daß Sie hier herumflegeln?" Nicolas sah ihn an, grinste, sah von ihm zu Therese. „Antworten Sie, Bursche!" schrie Fernand. Nicolas, mit seiner quäkenden Stimme, erwiderte ruhig: „Wenn der Herr Marquis mich fragen wird, dann werde ich ihm die Gründe sagen." – „Hinaus, Lump!" schrie Fernand. Es wurmte Nicolas, daß der Grünschnabel ihm in Gegenwart der Familie Levasseur so hochnäsig kam. Er schickte sich an, derb und schnodderig zu antworten, aber er sagte sich, daß das töricht wäre. Er musterte Fernand und Therese mit schiefen Blicken, ging.

Fernand drückte sein Bedauern aus, daß man den Damen einen so dreisten, aufdringlichen Bedienten wie diesen Nicolas gestellt habe. Er war ganz Weltmann, gar nicht befangen. Therese fühlte sich erhöht vor Mutter und Bruder, weil ein so großartiger junger Herr sich um sie bewarb.

Madame Levasseur, vergnügt, daß sich der Täuberich ermannt und den Lumpen nach Hause geschickt hatte, stellte ihren Sohn vor, den Sergeanten Renoux. Fernand war ein wenig beschämt, daß dieser zweite Mann kein Freier Theresens, sondern ihr Bruder war; er schaute freundlicher auf sie, im Innern um Entschuldigung bittend.

Der Sergeant, bemüht, auf den jungen Grafen Eindruck zu machen, erzählte von Amerika. Fernand war glühend interessiert. Denn der neue amerikanische Staat war auf Prinzipien Jean-Jacques' gegründet, die Boston-Leute bekannten sich als leidenschaftliche Anhänger Jean-Jacques', ihr Benjamin Franklin, der jetzt als Gesandter in Paris war, erklärte bei jeder Gelegenheit, wieviel die amerikanische Revolution den Theorien Jean-Jacques' zu danken habe.

„Es ist ein verdammt harter, schmutziger Krieg", erzählte der Sergeant. „Die kleinen Leute sind begeistert, aber die

Reichen sind im Herzen alle auf seiten des Tyrannen, sie haben zugeknöpfte Taschen, und die Freiheitskämpfer sind sehr arm. Sie rackern sich ab, daß ihnen die Schwarte kracht, sie hungern, die Uniformen fallen ihnen in Fetzen vom Leib, Schuhe haben sie auch nicht, es ist verflucht kalt, und von der Begeisterung allein wird man weder satt noch warm. Wenn wir ihnen nicht Soldaten schicken, dann schaffen sie es nicht. Das sage Ihnen ich, Herr Graf, der Sergeant François Renoux. Es sind ja ein paar von uns hinübergegangen, sogar einige Herren aus der Aristokratie, von dem Monsieur de Lafayette haben Sie sicher gehört. Aber die paar Männlein machen den Kohl auch nicht fett."

Fernand lauschte hingegeben. Die kleinen Leute sind begeistert. Ja, das Volk brachte Opfer für Jean-Jacques' Ideen. Das Volk verstand ihn; sie sprachen *eine* Sprache, Jean-Jacques und das Volk.

François stand auf. „Jetzt muß ich wohl gehen", sagte er. „Es ist nicht rätlich, daß ich mit Jean-Jacques zusammentreffe. Wir haben nämlich gewisse Differenzen, mein Schwager und ich", erklärte er Fernand, „weil er so unpraktisch ist. Aber seine Ideen, die haben's in sich, für die lebe und sterbe ich." Er umarmte die Mutter. „Komm bald wieder, mein Junge", sagte diese. „Ich täte nichts lieber", antwortete der Sergeant, „aber ich weiß nicht, ob ich es werde schaffen können." – „Bitte, komm, mein Sohn", sagte Madame Levasseur, ihre harte Stimme klang beinahe flehend.

Auch Fernand verabschiedete sich. „Lassen Sie sich bald wieder sehen, Herr Graf", forderte Madame Levasseur ihn auf. Therese, während die Mutter nochmals François umarmte, begleitete Fernand an die Tür. „Kommen Sie sehr bald", sagte sie mit ihrer dunkeln, trägen Stimme, leise, einladend.

Fernand ging noch eine Weile allein durch den nächtlichen Park, bedenkend, von welch hinreißender Gewalt die Worte und Gesichte Jean-Jacques' waren. Einen ganzen Erdteil, die Welt auf der andern Seite des Ozeans, wandelten sie um.

Den König, gegen seinen Willen, zwangen sie, der Freiheit zu Hilfe zu kommen. Sogar einen so ungeschlachten Burschen wie diesen Sergeanten hatten sie derart angerührt, daß er übers Meer gefahren war, um in den Urwäldern gegen die Tyrannei zu kämpfen.

Vergessen hatte Fernand, aus welchem Grunde er ins Sommerhaus gegangen war. Kein Gedanke mehr war in ihm an die Blindheit Jean-Jacques', kein Gedanke an jene Schwächen und Seltsamkeiten, von denen Therese ihm erzählt hatte.

Und dann gar traf Gilbertens Antwort ein auf seinen langen Brief, und diese Antwort wischte Therese vollends aus seinem Hirn und aus seinen Sinnen. Sie habe, schrieb Gilberte, auch inmitten ihres Wirbels Zeit gefunden, in der Neuen Héloïse zu lesen, und seltsam mischten sich in die leichten, fröhlichen Sätze, mit denen sie von ihren Eindrücken in Saint-Vigor berichtete, da und dort schwärmerische, gefühlsträchtige Wendungen. Es wurde Fernand warm bei ihren Worten, er sah sie deutlich vor sich, er preßte ihren Brief an seine Lippen. Sie war da, nur sie, Gilberte.

Allein das edle Fühlen hielt nicht vor. Beinahe leibhaft, schon am nächsten Tage, überfiel ihn die Erinnerung an Therese. Er sah sie, ihre Mutter und ihren Bruder, wie er sie zuletzt im Sommerhaus gesehen hatte, sah ihre Gesichter und Gesten, hörte die Worte, die sie gesprochen hatten. Es waren die gleichen Gesichter, die gleichen Worte, aber wie waren sie wild und übel verändert. Da saßen sie herum, die dreie, die Familie Levasseur, beim Scheine der Kerzen, um Jean-Jacques' Tisch, und sprachen über Jean-Jacques, verfügten über ihn wie über ein schwachsinniges Kind. Er dachte an den Lumpen Nicolas, und nun waren es ihrer viere, und sie warteten auf Jean-Jacques' Hingang wie Aasvögel, hockend um einen Sterbenden.

Er setzte die Zähne hart aufeinander, vertrieb die Vorstellung aus seiner Brust. Rief zurück, sah vor sich die eiligen, kindlichen Schriftzüge Gilbertens. Hörte die nicht laute und doch so dringliche Stimme Jean-Jacques', wie sie mit den

Worten des „Gesellschaftsvertrags“ aufrief zu einem Leben der Freiheit und Gleichheit.

Da hinein aber, deutlich, stark und lockend, mischte sich die dunkle, träge Stimme Theresens, ihn einladend: „Kommen Sie sehr bald!“ Forderte nicht mit dieser Stimme die Vorsehung selber ihn auf, auszukunden, was es auf sich hatte mit der sonderbaren, beunruhigenden Gemeinschaft des Meisters und Theresens?

Er wird der Stimme nicht folgen. Er wird sich mit diesen dummen Zweifeln nicht länger abquälen. Er wird warten bis zur Rückkehr Gilbertens. Mit ihr wird er all das Zwiespältige bereden, das er gesehen und gedacht hat. Wenn er mit ihr spricht, wenn er ihr in das klare Gesicht schaut, werden sich alle Wirrungen lösen.

Mußte er wirklich warten? Gab es nicht einen schnelleren, einen geraden, sicheren Weg, sich Klarheit zu schaffen? Hatte der Meister nicht Memoiren geschrieben? Und hatte nicht Therese gesagt: „Das Geschreibe ist für die Späteren?“ Das Geschreibe: das waren offenbar die Memoiren! Sie waren hier! Im Sommerhaus! Und er mußte sie lesen! Der Meister selber sollte ihm den Meister erklären.

Er wird sich Einblick verschaffen in diese Memoiren. Therese mußte ihm Einblick verschaffen. Das war der Sinn seiner Freundschaft mit Therese.

Wieder strich er um das Sommerhaus herum, und dieses Mal gelang es ihm mühelos, sie abzupassen. Sie verabredeten, sich zu treffen am nächsten Abend, den Jean-Jacques im Schlosse verbringen würde.

Der Fernand dieses nächsten Abends war so befangen wie der ihrer ersten Zusammenkunft. Sie gingen nebeneinanderher, auf den schmalen Pfaden, schweigend. Fernand hatte sich vorgenommen, jedes verfängliche Wort, jede verfängliche Geste zu vermeiden und mit ihr nur über den Meister zu reden.

Die Stimme gepreßt, sich überstürzend, begann er schließlich davon zu reden, wie ganz anders es sei, wenn man Sätze, die man aus Jean-Jacques' Büchern kenne, nun aus seinem eigenen Munde höre; wie hinreißend dann diese Sätze klängen. Und wie schön es sei, daß der Sergeant Renoux sich von Jean-Jacques habe bewegen lassen, nach Amerika zu gehen. Therese war verwundert. Soviel sie wußte, hatte François fortmüssen, weil er verwickelt gewesen war in eine dunkle Affäre, welche die Gerichte des Königs beschäftigt hatte. Aber es war nicht ihre Sache, den jungen Herrn zu informieren. „Ja“, sagte sie, „Jean-Jacques liest sehr gut. Es ist angenehm, wenn einem wer vorliest, während man arbeitet. Vor allem im Winter hab ich es gerne, an den langen Abenden, wenn ich nähe.“

Sie waren wieder am Ufer des Sees angekommen, bei dem Weidenbaum. Therese setzte sich auf die Grasbank, auf welcher Jean-Jacques zu sitzen pflegte. Die Bank bot knappen Raum. Er wollte sich nicht neben sie setzen, er war nicht ihrethalb gekommen, sondern wegen Jean-Jacques. Er blieb stehen. Sie, etwas verwundert, fragte: „Warum setzen Sie sich nicht?“ Er tat es.

Nur von Jean-Jacques reden! befahl er sich. Nur von den Memoiren reden! Laut sagte er: „Sie hatten die Güte, Madame, mir mitzuteilen, Monsieur Jean-Jacques schreibe mancherlei, und es sei mancherlei Manuskript vorhanden.“ Therese horchte auf, mißtrauisch. Nun sprach er schon wieder von Jean-Jacques' Schreiberei. Vielleicht hatte sie sich geirrt, vielleicht wollte er gar nicht sie, sondern wirklich nur die Papiere. Aber nein. Er macht nur Gerede. Sie mochte dumm sein; aber was die Männer wollten, darin irrte sie sich nie. „Ja“, sagte sie, „es ist Geschriebenes da, dicke Bündel Geschriebenes. Aber alles für die Späteren. Hab ich es Ihnen nicht gesagt?“

Er war auf diesen Bescheid gefaßt und hatte sich ausgedacht, was er darauf erwidern könnte. Aber er hatte es vergessen. Ihre nahe Nähe verwirrte ihn, er versuchte nicht, sich zu sammeln. Schweigen war, drüben sah man undeutlich die Insel der Großen Pappeln, das Laub raschelte, der See plätscherte leise.

„Wie heiß es ist“, sagte Therese. Mit langsamen Bewegungen band sie ihre Haube auf und nahm sie ab. Sie strich sich durchs Haar, das Haar fiel ihr über die Schultern. Er wagte nicht hinzuschauen. Er hatte die kastanienbraunen Haare gesehen, die unter ihrer Haube hervorgekommen waren. Er stellte sich vor, wie dieses Haar sein mochte, wenn es von der Haube befreit war. Nun kitzelte ihn was an der Wange, es war ihr Haar, und nun schaute er doch hin. „Ja", sagte Therese, „ich habe dichtes Haar, langes Haar, ich habe Arbeit, es unter die Haube zu bringen."

Fernand schluckte. Er durfte sich nicht gehenlassen, er mußte seine Gedanken zusammenhalten. „Ich weiß, Madame", sagte er, „das Manuskript ist für die Späteren. Aber ich bin noch jung, ich gehöre zu den Späteren, gewissermaßen. Würden Sie mir erlauben, einen Blick zu tun in Jean-Jacques' Manuskript?"

Therese war unwillig erstaunt. War es möglich? Ging es ihm doch um die Papiere? Dunkel erinnerte sie sich der Klagen Jean-Jacques', seine Feinde fälschten sein Geschriebenes, um ihn schlechtzumachen vor dem König und vor der Welt. Sollte dieser junge Mensch ...? Unsinn. Sie konnte sich nicht geirrt haben. So heiser und so erregt spricht einer nur, wenn er das Gewisse will.

Sie drehte ein wenig den Kopf, so daß die ganze Fülle ihres Haares ihm das Gesicht streifte. Er wollte abrücken, wollte fliehen. Für den winzigen Teil eines Augenblicks erinnerte er sich Gilbertens, ihres Zimmers, ihrer Kleider, ihres Duftes. Aber diese Erinnerung war verweht, noch ehe sie ihm deutlich wurde, und da war nur mehr das sehr wirkliche Haar Theresens. Seine Hand, gegen seinen Willen, glitt durch dieses fließende Haar, streichelte es, versank darin, wühlte darin, zerrte es leise. „Sie tun mir weh", sagte sie, und im Dämmer und Dunkel suchte sie nach seiner Hand. Griff sie. Er, wie gebrannt, zog die Hand zurück, streckte sie wieder vor, faßte die ihre, faßte sie ein wenig fester, drückte sie, ließ nach, drückte sie ein wenig stärker.

Sie spürte Triumph. Aber nun ließ sie den jungen Herrn warten. Sie ging nicht ein auf das, was er in Wahrheit wollte, vielmehr wurde jetzt sie sachlich und kam zurück auf seine dumme, jungenhafte Bitte, ihn in dem Geschreibe lesen zu lassen. „Ich weiß nicht“, sagte sie, „ob ich Ihnen da helfen kann. Ich muß mit meiner Mutter reden. Sicher würde es Jean-Jacques gar nicht recht sein. Ich sollte nichts tun, was ihm nicht recht ist. Er ist so gut zu mir. Er ist ein Heiliger.“

Er hörte nur mit halbem Ohr. Er hielt noch ihre Hand, aber warum gab sie seinen Druck nicht mehr zurück? Und warum redete die Frau auf einmal wieder von dem Manuskript? Er war enttäuscht.

Doch nun, fand sie, war die Zeit da. „Aber es ist schwer, Ihnen nein zu sagen“, fuhr sie fort, und sie erwiderte den Druck seiner Hand, sie legte den Arm um seine Schulter. „Für Sie tue ich manches“, sagte sie.

Sie küßten sich.

Seine strengen Vorsätze waren verweht. Er wußte nicht, ob er sie umfaßte oder sie ihn, ob er gezogen war oder ob er sich sinken ließ. Er spürte kaum mehr, wie er versank, willenlos wollend, ins Tiefe, Feurige, in die Natur selber.

Theresens Freier

Therese hatte niemals Schuld verspürt, wenn sie außereheliche Freuden suchte. Als sie damals Jean-Jacques mitteilte, daß sie nicht mehr Jungfrau war, hatte er sich nichts daraus gemacht. Sie wußte nicht, ob er später, wenn sie mit andern Männern ins Heu ging, was merkte; gesagt hatte er nie ein Wort. Jedenfalls fühlte sie sich, so wie er war, berechtigt, es auch mit andern Männern zu treiben. Aber wenn sie was mit einem andern hatte, dann blieb sie diesem andern treu und hielt es immer nur mit einem. Sie hatte gedacht, für den Sommer hier in Ermenonville werde Monsieur Nicolas der *eine* sein, und nun auf einmal war der kleine Graf dazwischengekommen, und sie hatte sich von ihm verführen lassen.

Gemeinhin nahm sie die Dinge, wie sie kamen, und machte

sich darüber keine langen Gedanken. Aber Nicolas, das hatte sie beim ersten Blick gespürt, war der Rechte für sie, von Leib sowohl wie von Stande, und sie hatte Gewissensbisse, daß sie ihm die Treue nicht hielt. Mit zweien zugleich soll man es nicht haben. Dafür war sie zu anständig und auch nicht klug genug.

Trotzdem müßte es eigentlich dieses Mal gut ausgehen. Nicolas, als ein Bedienter und ein Mann ihres Standes, begriff ganz bestimmt, daß eine einfache Frau einem wirklichen Grafen und künftigen Seigneur von Ermenonville zu Willen sein mußte. Und Graf Fernand selber war sehr jung und unerfahren und merkte sicher nicht, daß sie es auch mit dem Nicolas hatte.

Eigentlich mochte sie beide ehrlich gerne, sowohl den Nicolas wie den Fernand. Monsieur Nicolas war besser im Heu, aber ein so junger, sauberer und in der Liebe grüner Herr Graf, der tat einem auch sehr wohl. Außerdem konnte sie ganz offen mit ihm reden, obwohl er ein so großer Herr war, besser sogar als mit dem Nicolas, dem Manne ihres Standes.

Als sie nach dem Erlebnis mit Fernand den Nicolas das erstemal wiedersah, schlug ihre Liebe mächtig hoch, sie fand ihn männlicher als je, sie spürte: er war doch der *eine,* und das Unrecht, das sie ihm angetan hatte, machte ihn ihr noch begehrenswerter. Aber als er sie nahm, mußte sie an Fernand denken; ihr war, als pflöge sie der Liebe mit beiden zugleich, und es war sehr süß.

Später schien ihr, sie habe erst jetzt, da sie in der Umarmung des Nicolas an den Grafen Fernand dachte, die richtige Untreue an Nicolas begangen. Sie schickte sich an, sich vor ihm zu rechtfertigen. Zunächst, mit ungelenker Schalkhaftigkeit, fragte sie, ob er ihr auch treu sei. „Red doch keinen solchen Mist, Alte“, erwiderte er gutmütig unwirsch. Darauf, als hätte er sie zur Rede gestellt, erzählte sie ihm, der junge Herr Graf wolle gar nicht „das“ von ihr, er wolle nur das Geschreibe Jean-Jacques’ lesen.

Theresens Worte machten den sonst so zungenfertigen Nicolas schweigsam. Seitdem sie ihm das erstemal von dem Geschreibe des Narren erzählt hatte, rechnete er darauf, daß er aus den Papieren die zweihundert Louisdor für sein Pferdegeschäft werde herausschlagen können. Er durfte es nicht zulassen, daß jetzt der lange Lulatsch, der junge Graf, seine Finger hineinsteckte. Er mußte was unternehmen.

Er erzählte Therese umständlich von seinen Plänen. Eigentlich, meinte er, habe der Marquis ihn betrogen. Er habe ihn aus London weggelockt mit dem Versprechen, er werde hier einen großen, richtigen Marstall zu betreuen haben. Statt dessen verputze Monsieur de Girardin sein Geld für seine blöden Gärten. Er, Nicolas, werde hier nicht alt werden. Sowie er's schaffen könne, werde er in Paris sein eigenes Pferdegeschäft aufmachen. Er erging sich in ausführlichen Schilderungen, wie er sich als der Pariser Mister Tattersall etablieren werde. Wenn Nicolas von Pferden sprach, ging ihm das Herz auf. Therese konnte nicht recht folgen, aber sie glaubte und war begeistert.

„Und zu denken, daß es läppische zweihundert Louisdor sind, die mir fehlen!" empörte er sich. „Dabei ist die Welt voll von ungenütztem Zaster. Sie haben ja die gleichen Schwierigkeiten, Madame Therese. Da liegt das Geschreibe des Herrn Philosophen, und eine Frau wie Sie darbt und läuft herum und hat nur ein einziges seidenes Kleid. Jetzt will auch noch dieser Graf Fernand die Papiere lesen. Er richtet bestimmt Unglück an, Ihr Graf Fernand, glauben Sie mir. Er wird herumschwatzen, und wenn einer viel von den Papieren schwatzt, dann, denke ich mir, sind sie sozusagen entjungfert, der Liebhaberwert ist futsch, und Sie, Madame Therese, sitzen da mit Ihren Siamoise-Kleidern. Ich rate Ihnen: machen Sie die Papiere zu Geld, solange sie noch ihren Wert haben. Ich weiß schon, Sie haben keinen Kopf für Geschäfte. Aber eine anstellige Dame wie die Frau Mama, die muß doch fertig werden mit einem Lahmarsch wie dem Herrn Philosophen. Und wenn wir erst das Geld haben, dann werden Sie sehen, wie schnell es heckt. Ich werde mein Pferdegeschäft haben und Sie Kleider und

Schmuck und eine Galakutsche, wie es sich gehört für eine Dame wie Sie. Reden Sie mit der Frau Mama! Ich wünsche es! Ich bestehe darauf!“

Therese wußte: wenn man was mit dem Geschreibe hätte anfangen können, dann hätte es die Mutter längst getan. Aber sie fühlte sich geschmeichelt, daß Monsieur Nicolas eifersüchtig war auf ihren kleinen Grafen und daß er sie nicht nur als eine anschaute, mit der man ins Heu ging, sondern als die Freundin, mit der er seine Geschäfte beredete. Zudem hatte sie gemerkt, er konnte recht unangenehm werden, wenn man ihm widersprach. Sie antwortete, sie werde der Mutter auseinandersetzen, was er ihr geraten habe. Er klopfte ihr gnädig und kräftig den Hintern und sagte, das habe er gleich gemerkt, daß sie eine Person sei, mit der ein vernünftiger Mann ein vernünftiges Gespräch führen könne.

Er ging durch den Park nach Hause, allein, und bedachte seine Pläne weiter. Unter zweihundert Louisdor ging es nicht, er durfte nicht zu klein anfangen, er mußte die erste Hürde in gutem Stil nehmen.

In seinen Überlegungen wurde er gestört durch wildes Gebell und einen anspringenden Hund. Sogleich wußte er, woran er war. Der Philosoph, der Herr Narr, hatte die Lady ins Schloß mitgenommen, das tat er neuerdings immer. Das verfluchte Biest hatte ihn, Nicolas, von Anfang an nicht leiden können; nun kam es ihm auch noch bei seinen Zusammenkünften mit Therese in die Quer. „Halt's Maul, blödes Biest“, sagte er unterdrückt auf englisch zu dem knurrenden, bellenden, japsenden Tier. „Ich bin es nur“, rief er auf französisch, „ich, Monsieur Nicolas von der Dienerschaft des Herrn Marquis.“ – „Komm, Lady“, kam beruhigend die Stimme des Narren. Der Hund ließ ab, und der Philosoph und der Stallknecht gingen ein jeder seines Weges.

Therese ihresteils wunderte es, ja es lächerte sie ein bißchen, daß ihre beiden Freier von dem Geschreibe Jean-Jacques' soviel hermachten. Nun schön, sie wollte versuchen, sowohl Fernand wie Nicolas den Gefallen zu tun.

Sie wollte es schlau anstellen und sprach der Mutter zunächst nur von Fernands Bitte, in Jean-Jacques' Papiere hineinschauen zu dürfen. Dann, ihren kleinen Grafen unschuldig verratend, und als sei die Idee ihr selber gekommen, fuhr sie fort: „Vielleicht ist doch was dran an dem Gerede Jean-Jacques', und seine Feinde wollen wirklich seine Sachen ausspionieren und fälschen. Vielleicht solltest du das Geschreibe so bald wie möglich verkaufen. Sonst verliert es seinen Liebhaberwert." Die Mutter schaute sie scharf an mit ihren durchdringenden Augen. „Was soll es verlieren?" fragte sie grinsend. „Den Liebhaberwert? Dir gehörte der dicke Hintern verhauen mit deinem Liebhaberwert. Aber ich kann mir schon denken, wer hinter dem Gequatsche steckt. Dein Kerl, der Rösser-Nicolas, der Hurenbock." Therese machte ein mürrisches Gesicht. Es verdroß sie, daß sie es so dumm gemacht hatte; der Mutter entging auch gar nichts.

Madame Levasseur, mit beharrlicher Logik, fuhr fort: „Wenn du nur ein Gran Grütze hättest, dann müßte dir aufgehen, daß der Bursche nicht auf die Reste deiner Schönheit versessen ist, sondern auf unsere Pinkepinke. Aber wahrscheinlich begreifst du's immer noch nicht. Dumm warst du von je, und wenn du läufig bist, dann geht dir das bißchen Licht völlig aus."

Sie selber schaute wiederum, wie so manches Mal, bösen und verlangenden Blickes auf Jean-Jacques' Schreibtisch und Truhe. Sie brauchte keinen Rat dieses Nicolas. Sie hätte schon von allein die Papiere zu Geld gemacht, lieber heute als morgen; sie war nicht mehr die jüngste und hätte gerne noch was gehabt von dem Segen, schon um ihrem lieben Sohn François Freude zu bereiten. Aber sie hatte leider lernen müssen, auf ihr Maultier zu warten.

Streng sagte sie zu Therese: „Ob ich den Grafen das Geschreibe sehen lasse, werde ich mir überlegen. Ich werde selber mit ihm reden, und du halt dein Maul vor ihm, sonst entsteht nur Unglück. Und deinem Ludewig kannst du sagen, wenn er mir einen Rat zu geben hat, dann möge er sich gefälligst in eigener schurkischer Person zu mir bemühen. Ich werde ihm dann schon Bescheid stoßen."

Als sie allein war, erwog sie sorgfältig, was zu tun sei. Unter keinen Umständen wird sie den Rösser-Nicolas an Schreibtisch und Truhe heranlassen. Der junge Graf mochte ihrethalb in den Papieren herumkramen. Es konnte nicht schaden, wenn man sich den Täuberich warmhielt.

Bekenntnisse

In Fernands Brust stiegen nach seinem Erlebnis wirre Gefühle auf und nieder, bisher nie gespürte.

Er hatte gefrevelt an Jean-Jacques, an Gilberte, an Therese, er hatte sich und die andern besudelt.

Dabei war, was er für Therese gespürt hatte und noch spürte, nicht etwa nur Gier und Brunst, wie damals in Paris und wie jenes zweite Mal auf dem Lande. Liebe war es nicht; es wäre Lästerung, wenn er seine Gefühle für Gilberte auch nur vergliche mit seiner Spürung für Therese. Aber was ihn zu Therese hinzog, war tiefe Natur, war die Natur selber. Therese war unberührt von allem Geist, ein Stück Erde, sie war der Pfuhl, der Schmutz, aber sie war auch das Licht, das sich im Pfuhl spiegelt. Was sie zu ihm gezogen hatte, war mehr gewesen als reine Gier. Wie sie zu ihm gesagt hatte: „Für Sie tu ich manches", der Samtton ihrer Stimme, das war von einer Zartheit gewesen, die er nie vergessen wird. Sie liebte ihn, es war kein Zweifel.

Wie sollte das weitergehen? Wie sollte er Jean-Jacques ins Gesicht schauen? Was sollte werden, wenn Gilberte zurückkam?

Das weiseste wäre, sich das Gefühl für Therese aus der Brust zu reißen wie die vergiftete Spitze eines Pfeiles. Aber wenn er Therese nicht mehr sähe und einfach davonliefe, wäre das nicht feig und gemein? Er durfte sich nicht von der Verantwortung drücken. Einmal wiedersehen mußte er sie noch, mußte ihr auseinandersetzen, daß es für sie beide das beste war, sich zu meiden. Aber er hatte Angst vor sich selber. Was er getan hatte, ekelte ihn an, und er sehnte sich danach, es nochmals zu tun, und abermals.

Und wieder ging er, als er Jean-Jacques auf seinem Spaziergang wußte, ins Sommerhaus. Schon der Gang war beißende Bitternis und reißende Lust.

Er klopfte. Eine marklose Stimme antwortete: „Treten Sie ein." Er trat ein. Nur Madame Levasseur war da. Er war tief enttäuscht und atmete auf.

Der Alten war es recht, daß sie Fernand allein zu sprechen bekam. Er komme wohl wegen der Papiere Jean-Jacques', meinte sie, Therese habe ihr seinen Wunsch mitgeteilt. „Aber", erklärte sie, „was Sie da von uns verlangen, Herr Graf, ist eigentlich gar nicht recht. Mein Schwiegersohn wünscht, daß niemand seine Papiere zu sehen bekommt vor seinem Tode." Sie schaute Fernand an mit ihren scharfen, kleinen Augen, und: „Warum fragen Sie ihn eigentlich nicht selber?" unterbrach sie sich. „Sie sind doch so oft mit ihm zusammen." Er schwieg verwirrt. „Ich weiß schon, unser Jean-Jacques ist wunderlich", kam sie ihm zu Hilfe, „und Sie sind ein aufrichtiger Freund, das sehe ich Ihnen an, und das sagt auch mein Herr Schwiegersohn. Ich will Ihnen also den Gefallen tun", entschied sie gnädig. „Aber wir müssen vorsichtig sein. Kommen Sie nur dann, wenn Sie todsicher sind, daß er uns nicht überrascht." Fernand stammelte Dank. Sie drohte ihm schelmisch mit dem Finger. „Sie haben es dick hinter den Ohren, junger Herr Graf", sagte sie. „Bei meiner Tochter haben Sie schon einen Stein im Brett, und jetzt sind Sie schuld daran, daß ich alte Frau das erstemal in meinem Leben Spitzbubenstreiche mache. Also kommen Sie morgen."

Fernand ging benommen weg. Warum er sich denn nicht an Jean-Jacques selber wende, hatte Madame Levasseur ihn gefragt; sogar sie hatte gemerkt, wie verwerflich sein Unterfangen war. Nein, er wird es nicht weitertreiben, er wird morgen nicht ins Sommerhaus gehen und in den Manuskripten Jean-Jacques' herumspionieren.

Er ging am nächsten Morgen ins Sommerhaus. Madame Levasseur überreichte ihm zwei Hefte. „Im ganzen sind es siebzehn in dem einen Bündel", erklärte sie. „Ich habe sie gezählt. Ich muß mir gut merken, wie er alles in der Truhe und in dem Schreibtisch geordnet hat, daß ich's genauso wieder hineinlegen kann."

Therese war im Zimmer, mit häuslichen Verrichtungen beschäftigt. Sie ließ den Blick nicht von ihm, sie hatte ihn so lange nicht gesehen. Er war verwirrt, ihre Gegenwart lenkte ihn ab. „Kann ich die Hefte mitnehmen?" fragte er schließlich. Aber: „Wo denken Sie hin, lieber Herr Graf!" empörte sich Madame Levasseur. „Als ob es nicht sowieso schon gefährlich genug wäre. Da setzen Sie sich hin!" befahl sie, auf Jean-Jacques' Schreibtisch weisend.

Zögernd setzte sich Fernand. Was er da tat, war Sakrileg. Hier, an des Meisters Schreibtisch, herumzustöbern in seinen Geheimnissen, in Gegenwart seiner Frau, die er befleckt hatte – es war ungeheuerlich. Aber nun war er in den Strudel gesprungen und konnte nicht mehr zurück.

Er schlug das erste Heft auf. Da stand: „Erinnerungen", dann war das Wort durchgestrichen und dafür, in den schönen, kräftigen und doch zierlichen Schriftzeichen Jean-Jacques', hingesetzt: „Die Bekenntnisse".

Er las:

„Ich mache mich an ein Werk, das seinesgleichen weder gehabt hat, noch haben wird. Ich will meinen Mitgeschöpfen einen Menschen zeigen in der ganzen Wahrheit der Natur. Mich.

Mich allein. Ich fühle mein Herz, und ich kenne die Menschen. Ich bin nicht geschaffen wie einer unter denen, die ich gesehen habe, und nicht, ich wage es zu glauben, wie einer unter denen, die da leben. Bin ich nicht besser, so bin ich zumindest anders.

Wenn die Posaune des Jüngsten Gerichts erschallt, werde ich vor den Höchsten Richter treten, dieses Buch in der Hand, und laut erklären: ‚Hier ist verzeichnet, was ich tat, was ich dachte, was ich war. Ich habe Böses nicht verschwiegen, Gutes nicht hinzugefügt. Ich habe mich dargestellt, wie ich war, verächtlich und gemein zuzeiten, zuzeiten gut, edelmütig, groß. Möge die zahllose Schar meiner Mitmenschen meine Bekenntnisse hören, seufzend ob meiner Gemeinheiten, errötend ob meiner Kümmernisse. Und dann, höchstes Wesen, erkühne sich ein einziger, vor den Stufen deines Thrones zu sagen: Ich war besser als dieser.'"

Fernand las weiter, und es sprang ihn in der Tat aus Jean-Jacques' wunderbar klaren Sätzen eine erschreckend nackte Wahrhaftigkeit an. Fernand hatte nicht geahnt, daß einer den Mut haben könnte, so tief hinabzusteigen in das eigene Ich. Wie furchtbar zerklüftet waren die Schächte der Seele, wieviel gefährlicher als alle Schächte des Erdinnern. Ein Wunder, daß, wer da einzudringen und diese grauenvollen Geheimnisse anzuschauen wagte, nicht wahnsinnig wurde.

Fernand las von der ersten körperlichen Züchtigung, welche der achtjährige Jean-Jacques erhalten hatte. Und wie diese Züchtigung, verabreicht von der Hand einer hübschen, dreißigjährigen Frau, dem kleinen Knaben eine Art Wollust bereitete, eine verfrühte Regung des Geschlechtes, und wie dieses Erlebnis seinen Leidenschaften, seinen Begierden, der Art seiner Sinnlichkeit für alle Zeiten die Richtung gab.

Und Fernand las, wie Jean-Jacques neunjährig die erste Ungerechtigkeit erlitt. Wie er mißhandelt wurde wegen einer Übeltat, die er nicht begangen hatte, und wie er unerschütterlich blieb, „verstockt" nach der Meinung der andern, und nicht eingestand, was er nicht verbrochen hatte, und wie er aus der grausamen Prüfung zerfleischt, doch als Sieger hervorging. „Man stelle sich einen Knaben vor", las er, „schüchtern und lenksam, der immer vernünftig und mild behandelt worden war und der nun das erstemal ein so schreckliches Unrecht erlebt, und das von seiten derer, die er am höchsten liebt und achtet. Welch ein Zusammenbruch aller Vorstellungen, welche Umwälzung in seinem Herzen, in seinem Hirn! Den leiblichen Schmerz, so heftig er war, empfand ich wenig: was ich spürte, war Entrüstung, Raserei, Verzweiflung. Als ich endlich in meinem Bette lag und meinem Zorn Luft machen konnte, setzte ich mich auf meinen armen Hintern und schrie mit aller Kraft vielleicht hundertmal: Carnifex, Carnifex, Carnifex! Henker, Henker! Noch jetzt, während ich dieses niederschreibe, geht mein Puls schneller, und wenn ich hunderttausend Jahre alt werde, jene Minuten bleiben mir immer lebendig. Dieses erste Erlebnis der Gewalt und der Ungerechtigkeit hat sich mir so tief ins Herz gegraben, daß es sich entflammt beim Anblick oder beim Anhören jeglicher Ungerechtigkeit, wen immer sie trifft, als träfe sie mich selber. Damals endete die Heiterkeit meiner Kinderjahre."

Und er las, wie der achtzehnjährige Jean-Jacques, nun Lakai in einem großen Haus, ohne ersichtlichen Grund ein altes, wertloses, rosen- und silberfarbenes Band stahl und dann eine nette, harmlose Zofe, die ihm nichts getan hatte, des Diebstahls bezichtigte. Jean-Jacques erzählte das anschaulich, er mühte sich nicht, es begreiflich zu machen, es war einfach so, und Fernand erschrak vor der Gewalt der Unvernunft und des Bösen, die sogar einen Jean-Jacques wieder und wieder überwältigte.

Immer tiefer und peinvoller tauchte Jean-Jacques in das dunkle, schlammige Labyrinth seines Innern. Erzählte von immer neuen „lächerlichen und kläglichen" Handlungen und Neigungen. Von naiven Lüsten des Leibes und von raffinierten Genüssen der Phantasie.

Und Fernand las von den bösen, bestürzenden Erfahrungen, welche Jean-Jacques mit seinen Freunden hatte machen müssen. Da waren die großen Männer der Zeit, Diderot, Melchior Grimm, die Schöpfer der Encyclopédie, da war der große Voltaire selber, und fast alle hatten sie sich gegen Jean-Jacques verbündet, ihn verraten und verfolgt. Alle hatten sie sich als eitel erwiesen, rachsüchtig, verblendet, ihre glatten, bedeutenden Gesichter waren Masken, dahinter waren verzerrte Tierfratzen, und in der scharfen Prüfung Jean-Jacques' bestand nur *einer*: Jean-Jacques.

Drei Tage kam Fernand ins Sommerhaus, jeden Morgen, und las in den dicken Heften der „Bekenntnisse“. Madame Levasseur gab ihm die Hefte nicht in der richtigen Folge, aber er sagte nichts, ein jedes der Hefte war so grauenvoll fesselnd. Er wollte langsam lesen, genau, aber er las schnell, mit wütiger Dringlichkeit. Mußte er nicht schnell lesen? Vielleicht wird dieses wilde Glück nicht dauern, vielleicht besann sich Madame Levasseur eines andern, vielleicht wurde seine heimliche Lektüre verraten, vielleicht kam sonst ein neidischer Zufall dazwischen.

Die Frauen wirtschafteten herum, die Bäume schauten herein, die Kanarienvögel schmetterten in ihrem Bauer. Fernand las. Dann wieder, sehr gegen seinen Willen, lenkte ihn Theresens Gegenwart ab. Manchmal aber lenkte, gerade daß sie nicht da war, ihn ab, und er malte sich aus, wie sie irgendwo mit Nicolas zusammenlag, und die fieberische Pein, die von den Worten Jean-Jacques' brannte, und die marternde Vorstellung, wie sich Therese mit Nicolas mischte, schlugen zusammen und zerrissen ihm das Innere.

Er las, was Jean-Jacques über die Familie Levasseur zu berichten hatte. Las die bittere und lächerliche Geschichte, wie Theresens Bruder, der Sergeant François, der Amerikaner, die seidenen Hemden gestohlen hatte. Las, wie Madame Levasseur und ihre ganze Familie „die wunderbar selbstlose Therese“ ohne Rücksicht ausplünderten. Wie überdies die Alte, nach außen katzenfreundlich, ja unterwürfig, ihn ausspionierte und an seine Feinde verriet. „Ihre Habgier“, las er, „konnte ich ihr verzeihen, ihre Verstellung nicht. Ihre Niedertracht entfremdete ihr mein Herz so sehr, daß ich ihr meine Verachtung zuweilen nur schwer verbergen kann.“ Fernand war zerknirscht, daß nun auch er sich der Hilfe dieser tückischen Greisin bediente, und gleichzeitig grimmig vergnügt, weil Madame Levasseur selber ihm zu lesen gab, was Jean-Jacques Übles von ihr erzählte.

Auch von seinem Leiden berichtete Jean-Jacques, einem „organischen Fehler der Blase, der eine fast beständige Harnverhaltung zur Folge hatte". Aufgezeichnet stand da, wie nach dem Triumph seiner Oper „Der Dorfprophet" in Fontainebleau der Hofmarschall ihn aufgefordert hatte, er solle sich andern Tages im Schlosse einfinden, um dem König vorgestellt zu werden und eine Jahrespension zu erhalten. „Mein erster Gedanke", las Fernand, „war der an mein häufiges Bedürfnis, auszutreten. Schon während der Aufführung hatte mich dieses Bedürfnis unmäßig gequält, und ich war sicher, daß es mich andern Tages in den Gemächern des Königs unter allen diesen großen Herren und Damen noch mehr quälen werde. Mir wurde übel schon bei der Vorstellung, welchen Skandal ich hervorrufen würde, wenn ich vom Angesicht des Königs weglaufen mußte. Lieber sterben. Nur diejenigen, die diesen Zustand kennen, wissen, welches Entsetzen schon sein Herannahen bewirkt." Therese hatte also recht gehabt. Nicht Bürgerstolz, sondern das Blasenleiden hatte Jean-Jacques zu seiner erhabenen Geste veranlaßt. Und Theresens simple Auffassung war dennoch falsch gewesen. Denn auch von seinen andern Gründen erzählte Jean-Jacques, Motiven eben des aufrichtigen Bürgers. In schlichten, überzeugenden Worten erzählte er, wie er sich nicht habe verlocken lassen wollen von dem Gold und den Ehren, sondern unabhängig bleiben, und wie er Streit gehabt habe mit seinem Freunde Diderot, der ihm dringlich riet, sich noch nachträglich um die Pension zu bewerben. Gerade die rücksichtslose Klarheit, wie Jean-Jacques alle seine Motive hinstellte, machte, daß Fernand von Bewunderung in Enttäuschung stürzte und wieder hinaufflog in Verehrung.

Später erzählte Jean-Jacques voll Verachtung, wie ein Freund von ihm, ein alter Mann, gichtbrüchig, von Lüsten und Genüssen verbraucht, sich abgearbeitet habe, Therese zu verführen, die niedrigsten, schamlosesten Mittel anwendend, Geld, ein abscheuliches Buch, schmutzige Bilder. Scham und wütende Reue zerbissen Fernand. Wenn Jean-Jacques vor dem falschen alten Freund solche Verachtung spürte, wie voll von Empörung müßte er sein über ihn, Fernand, den Schüler, den halben Knaben, der sich mit schmutzigen Augen und Händen an die Gefährtin des Meisters heranmachte. Das Seltsame war, daß ihm, während er so fühlte, die Nähe Theresens das Blut hitzte. Die Frau kitzelte ihn, ekelte ihn an, erregte ihn, wie ihn niemals was erregt hatte. Er versuchte, sich Gilberte vorzustellen, durch ihr reines Bild die Lust zu vertreiben, die vom Fleische Theresens ausging. Es gelang ihm nicht. Er versuchte, zu den „Bekenntnissen" zurückzukehren, er konnte nicht weiterlesen.

Er lief an den See, er schwamm lange und schnell, als ob er dadurch den Unrat seiner Seele wegspülen könnte.

Mehr Bekenntnisse

Girardin und Monsieur Gerber waren freudig überrascht, als sich an einem dieser Tage Jean-Jacques mit den Frauen unangemeldet im Schlosse einfand. Fernand indes wußte nicht, was er reden und tun, wohin er schauen sollte. Madame Levasseur hatte für ihn ein kleines, spießgesellenhaftes Lächeln, und auch das träge Gesicht Theresens war spitzbübisch vergnügt.

Jean-Jacques gab sich unbefangen wie stets, unterhielt sich lebhaft mit dem Marquis und brachte sogar Monsieur Gerber zum Reden. Der schüchterne Mann erzählte, wie er früher mit dem Knaben Fernand auf dessen Marionettentheater Stücke aufgeführt und mit welchem Eifer und Talent sich da Graf Fernand betätigt habe. Er erzählte nicht, daß er selber in seinen Mußestunden dichtete, und welche Freude ihm die naiven Marionettenspiele bereiteten. Jean-Jacques fand sichtliches Gefallen am Berichte des Elsässers und meinte: „Wie ist es, Graf Fernand? Wollen wir nicht einmal eine kleine Aufführung machen? Von meinem ‚Dorfpropheten' zum Beispiel?"

Die freundliche Ahnungslosigkeit Jean-Jacques' erschütterte Fernand.

Als sich der Meister verabschiedete, sagte er: „Darf ich Sie morgen erwarten, Fernand?" Noch niemals hatte ihn Jean-

Jacques geradezu aufgefordert, ihn zu begleiten; beinahe erschrak Fernand.

Auch am nächsten Morgen war Jean-Jacques friedlich, freundschaftlich, melancholisch heiter. Fernand ging neben ihm her, er fühlte sich als der niedrigste Heuchler, den die Erde trug, er war einsilbig, sein lebendiges Gesicht verbarg nicht seine Befangenheit. Er hoffte nur, Jean-Jacques werde nichts merken.

Da aber sagte dieser: „Was haben Sie, Fernand? Sie kommen mir bedrückt vor. Haben Sie Kummer wegen Ihrer Freundin?" Fernand wand sich in Scham und Qual; am liebsten hätte er geheult wie ein kleiner Junge.

Allein den Tag darauf, als er Jean-Jacques unterwegs wußte, ging er wiederum ins Sommerhaus; ja seine wild und süße, giftige Gier, weiterzulesen, herumzugraben in den Geheimnissen des Meisters, hatte sich durch das Warten verstärkt.

Es war denn auch, was er an diesem Tage erfuhr, auf besondere Art wüst und gefährlich. Gewisse Gerüchte, welche Jean-Jacques' Feinde verbreiteten und welche er, Fernand, als gemeine Lästerung abgetan hatte, waren Wahrheit. Da stand es, Jean-Jacques selber hatte es hingeschrieben, in schönen, zierlichen, kräftigen Buchstaben, mit nicht zitternder Hand: er hatte wirklich seine und Theresens Kinder ins Findelhaus bringen lassen, ins Hospice des Enfants-Trouvés; nicht eines, mehrere. Und er berichtete das Schauerliche, das er da getan hatte, dieses der Natur und der Empfindung ins Gesicht Schlagende, so als wäre es das Gegebene, das Natürlichste von der Welt, erzählte es in allen Einzelheiten, bestrebt, „sich weder zu entschuldigen noch sich anzuklagen". Er habe diesen bequemsten „Ausweg aus der Mißlichkeit" fröhlich und kühn gewählt, ohne die geringsten Bedenken, und er zählte die Gründe auf für sein Verhalten, klare, nüchterne, alltägliche Gründe. Zum ersten sei es so Sitte und Brauch gewesen. Zum zweiten habe er Theresens Ehre retten wollen, mit der er damals noch nicht verheiratet gewesen sei. Zum dritten habe er nur seine eigenen Grundsätze angewandt, indem er als Bürger und Vater die Kinder lieber zu Arbeitern und Bauern habe erziehen lassen als zu Abenteurern und Glücksjägern. Nur *eine* Schwierigkeit habe er überwinden müssen: Theresens Widerstand. Es habe merkwürdigerweise Mühe gekostet, sie dahinzubringen, daß sie auf diese Art ihren Ruf und ihre Ehre rettete. „Sie gehorchte jammernd“, berichtete Jean-Jacques.

Fernand las das in Gegenwart der Frau, deren Säuglinge auf solche Art „weggebracht worden waren“, und sein Herz gehörte Therese; Jean-Jacques’ simple und schamlose Worte frosteten ihn an. Welche Pein mußte diese dumpfe, ihrem Trieb so bedingungslos folgende Frau gespürt haben, als ihr das geschah.

Er blätterte zurück. Las von neuem, was Jean-Jacques bisher über Therese berichtet hatte. Las dann mit beinahe unerträglicher Spannung, gierig auf jede neue Seite, was er weiter über Therese berichtete. Es war vieles, Kritisch-Kaltes und Herzwärmendes, Widerwärtiges und Innig-Erhebendes.

Er las, wie Jean-Jacques sie zum ersten Male gesehen hatte in dem kleinen, schlechten Hotel Saint-Quentin, und wie er, angerührt von ihrer Schlichtheit und ihrem sanften, ansprechenden Blick, sie verteidigt hatte gegen die frechen Neckereien der Tischgenossen, und wie sie ihm gedankt hatte mit dem *einzigen,* was sie zu geben vermochte, mit ihrem Leib. Wie dann sogleich ein Mißverständnis zwischen ihnen aufgekommen war. Therese nämlich, nachdem sie das erstemal mit ihm geschlafen hatte, führte dunkle Reden, sie habe ihm was zu gestehen, so daß Jean-Jacques fürchtete, sie sei krank und habe ihn angesteckt. Tagelang redeten sie aneinander vorbei, bis sie ihn endlich fragte, ob er nicht gemerkt habe, daß sie keine Jungfrau mehr gewesen sei. „Sobald ich sie verstand“, erzählte Jean-Jacques, „stieß ich einen Freudenschrei aus. Jungfräulichkeit! rief ich. Wer suchte sie in Paris! Wer bei einem Mädchen, das schon zwanzig ist! Ach, meine Therese, wie bin ich glücklich, daß du so anständig bist und gesund!“

Und Fernand las: „Ich hatte zunächst nichts anderes gewollt, als mir einen Zeitvertreib schaffen – und hatte eine Lebensgefährtin gefunden. Ich war nur auf meine Lust bedacht gewesen und hatte meinem Glück ein Fundament errichtet."

Dann aber mußte Fernand lesen: „Anfangs versuchte ich, ihren Geist zu bilden. Es war verlorene Mühe. Ihr Inneres bleibt, wie die Natur es geschaffen hat, erzieherische Bemühung verfängt da nicht. Ich gestehe ohne Erröten, daß sie niemals richtig lesen lernte und nur leidlich schreiben kann. Einen Monat lang suchte ich ihr beizubringen, wie man einer Uhr die Zeit abliest: sie kann es heute noch nicht. Sie kann nicht die Monate herzählen, sie hat nicht den leisesten Schimmer vom einfachsten Rechnen. Sie kann die Worte nicht richtig setzen und sagt oft das Gegenteil von dem, was sie meint. Ihre Ignoranz, ihre Schnitzer sind ein beliebtes Gesprächsthema unter meinen Freunden; und einmal habe ich, um Madame de Luxembourg zu amüsieren, ein Verzeichnis ihrer komischen Redensarten aufgestellt. Aber diese beschränkte, wenn man will, dumme Person hat mich oft in schwierigen Situationen durch ihr sicheres Urteil verblüfft, und ihr Rat hat mich aus schweren Gefahren gerettet."

Dann wieder hieß es: „Auch die engste Verbindung der Leiber befriedigte mich nicht zur Genüge. Mich verlangte nach zwei Seelen im gleichen Körper." Und: „Wir hatten, Therese und ich, schließlich doch gar zu wenig Ideen und Vorstellungen gemein, und die Natur ringsum erregte in mir Gefühle, denen sie nicht zu folgen vermochte. In ländlicher Einsamkeit aber braucht man einen Gefährten, der die eigenen Gefühle teilt."

Fernand las, schreckhaft erstaunt. Hier im gleichen Raume saß die Therese von Fleisch und Blut und wußte nicht, daß auf diesen Seiten eine Therese lebte, gelobt wegen ihrer Kameradschaft und Gutartigkeit, doch grausam entblößt in ihrer Kahlheit und Nichtigkeit, schattenhaft und unsterblich und viel wirklicher als die lebendige Therese, welche da saß.

„Ich habe den Tag, welcher mich mit meiner Therese vereinte", las er, „stets für den gehalten, der mein Inneres endgültig bestimmte. Unser Bund hat der Zeit und allen Unbilden des Schicksals widerstanden und ist nur enger geworden durch das, was ihn hätte zerstören müssen."

Auf der nächsten Seite aber hieß es: „Was wird der Leser nun also denken, wenn ich ihm in all der Wahrhaftigkeit, die er an mir erkannt haben muß, versichere, daß ich vom ersten Augenblick, da ich sie sah, bis heute niemals auch nur den leisesten Funken Liebe für sie verspürt habe. Die Bedürfnisse der Sinne, die ich an ihr befriedigte, waren für mich einzig und allein Bedürfnisse des Geschlechtes, sie hatten nichts zu tun mit meiner Persönlichkeit." Da stand es, nackt, schamlos. Fernand war vernichtet.

Und dann urteilte Jean-Jacques, klar, bündig, schwarz auf weiß: „Sie war bar jedes Hauches von Unnatur und Gefallsucht. Ich hatte nichts zu befürchten von seiten anderer Männer. Ich bin sicher, der einzige Mann zu sein, den sie wahrhaft geliebt hat, und ihre ruhigen Sinne haben niemals nach einem andern Manne verlangt, auch nicht, nachdem ich aufgehört hatte, für sie ein Mann zu sein."

Fernand glaubte, er habe sich verlesen, er las ein zweites und ein drittes Mal.

Wie konnte es geschehen, daß ein Mann, der tiefer in die Natur und in die Beziehungen zwischen Menschen hineinsah als irgendwer sonst, so blind war vor der Frau, mit der er sein Leben teilte!

War er so blind? Wollte er so blind sein? Und Größe, vereint mit so bequemer Blindheit, war das noch Größe?

Doch wer war er, Fernand, daß er sich zum Richter Jean-Jacques' aufwarf? Er hatte seine Werke beflissen studiert, er lebte seit Wochen in seiner nächsten Nähe, und nun zeigte sich, daß er von ihm nichts gewußt und nichts verstanden hatte.

Wußte er jetzt von ihm? Der Mann, der das wilde, schamlose Leben der „Bekenntnisse" gelebt, der unerhörtes Leid gelitten und unerhörtes Leid zugefügt hatte, war das der gleiche, der gestern mit ihm friedlich spazierengegangen war, Pflanzen sammelnd, und der Mitleid zeigte mit jedem Armen und allem Getier? Welcher war der wahre Jean-Jacques?

Der bescheidene, der freundlich mit jedem Waldhüter sprach und Belehrung entgegennahm von Gevatter Maurice, dem Wirt „Zu den Kastanien“? Oder jener, der sich aller Menschheit als Exempel hinstellte?

„So bin ich, Jean-Jacques, Bürger von Genf. Hat einer tiefere, grauenhaftere Einsichten als ich? Hat einer mehr gelitten als ich? Ecce homo. Alle sind im Unrecht, nur nicht ich.“

Und wenn es so wäre? Wenn Jean-Jacques recht hätte gegen alle?

Wie immer, hatte er nicht Ursache zu grenzenlosem Stolz? Er hatte eine neue Welt gesichtet und erforscht, sein Abenteuer war kühner gewesen als das des Kolumbus. Mußte er, wie er da gebrechlich im Fleische herumging, nicht zusammenbrechen unter seinem ungeheuern Wissen? Konnte er sich anders aufrechterhalten als durch einen Stolz ohnegleichen?

Bewunderung, Scheu, Mitleid, Ehrfurcht und eine leise, zynische Verachtung mischten sich in Fernand.

Und wie ihm Jean-Jacques fremder und fragwürdiger wurde, je mehr er um ihn wußte, so verloren ihm auch die andern Menschen ihren Umriß. Die Gesichter seiner Nächsten wechselten ihm fort und fort. Es gab keine feste Wirklichkeit mehr. Das Leben, das Fernand rings um sich gesehen hatte, war nur die äußerste, dünne Kruste; darunter erst, vielfältig und verwirrend, begann das wirkliche Leben.

Fernand schlief wenig in dieser Zeit. Des Nachts, im Geiste, sah er vor sich die zierlichen, kräftigen Buchstaben der „Bekenntnisse“, und sie verwandelten sich ihm in die Menschen und Dinge, von denen sie erzählten. Er selber, Fernand, wurde zu Jean-Jacques. Beging Jean-Jacques' ungeheuerliche Verbrechen. Ließ sich von der älteren Frau und Geliebten aushalten. Verleugnete seinen Glauben. Verleugnete, um das Bürgerrecht seiner Stadt Genf zurückzugewinnen, den neuen Glauben. Liebte Frauen, die er nie besaß, und schlief mit Frauen, die er nicht liebte. Setzte sein Fleisch und Blut aus. Verriet seine Freunde. Klagte sich an und verteidigte sich mit windigen Vorwänden. Ekelte sich vor sich selber und brüstete sich seines Ekels. Und was immer er tat, war gerecht. Er fühlte sich als der einzige Gerechte auf Erden. Und, das Seltsamste: er war es.

Fernand lebte in diesen Tagen, diesen Wochen, nicht in Ermenonville, er lebte in der Welt Jean-Jacques', in der abenteuerlichen Welt der „Bekenntnisse". Seine eigene Welt wurde abenteuerlich. Denn wenn er, Fernand, mit der gleichen Wahrhaftigkeit wie der Meister sein junges Leben aufzeichnete, täten sich dann nicht ebenso grauenhafte Schlünde auf wie jene, in die Jean-Jacques gestiegen war? Er, Fernand, liebte Therese nicht, er spürte keine Gemeinschaft mit ihr, keine große, wilde Leidenschaft für sie; wenn er sich mit ihr mischte, wenn er den Meister betrog und sich im Schlamm versinken ließ, dann tat er's nur, weil das Gemeine, der Schmutz ihn anzog, weil er durch und durch verderbt war. Und daß er überdies ins Sommerhaus ging und in den Geheimnissen des Meisters herumstöberte, war das nicht abgründig gemein?

Allein das Verbotene, das Ruchlose dieser Lektüre machte sie ihm nur teurer. Und wenn er's mit noch so heißen Qualen sollte bezahlen müssen, begierig fraß er vom Baume der Erkenntnis. Was waren die Verkündigungen der großen Alten, was die Offenbarungen der Bibel, was die Lehren der Klassiker seines Frankreich vor der tiefen, zweideutigen Weisheit dieses Buches! Was für eine entsetzliche, gefräßige Wahrheitsliebe brannte von diesen Blättern, was für eine zerschmetternde, beglückende Leidenschaft zur janusköpfigen Erkenntnis!

Was ist Wahrheit?

Fernand hatte keine leichte Jugend gehabt. Monsieur de Girardin dachte mit Stolz und Lust an die Zeiten zurück, da er General gewesen war, und er hatte mit Sorge wahrgenommen, daß sein Fernand so wenig Sinn für Disziplin und fürs Soldatische zeigte. Um ihn zu härten, hatte er den Dreizehnjährigen in die Kriegsakademie gesteckt, deren strenge Zucht berühmt war. Nun war diese Anstalt fast nur von Bürgerlichen besucht und von Söhnen des Beamtenadels, die Lehrer und Vorgesetzten hatten zeigen wollen, daß der Titel des Grafen Brégy ihnen nicht imponiere, und hatten ihn mit besonderer Härte behandelt; die Kameraden, voll von bewußter oder unbewußter Mißgunst gegen den künftigen Seigneur von Ermenonville, der eine mühelos glänzende Karriere vor sich hatte, waren zugesperrt gewesen oder offen feindselig. Der empfindliche Fernand war mißhandelt worden an Körper und Seele, manchmal hatte er geglaubt, er werde diese Schulzeit nicht überstehen. Später dann, als er auf der großen Reise hatte erfahren dürfen, mit welcher Liebe der Herr Vater an ihm hing, und noch später gar, als er das große Glück Gilberte fand, hatte er zuversichtlich geglaubt, mit den bitteren Jahren der Kriegsakademie liege das Schwerste im Leben hinter ihm. Und jetzt hatte er sich durch eigene Schuld in Abenteuer verstrickt, vor deren wüstem Grauen jene Erlebnisse im Wortsinn Kinderspiele waren.

Er beschloß, dem Meister alles zu gestehen. Er konnte es nicht.

Er beschloß, Gilberte zu schreiben, der Freundin seiner Seele, ihr zu berichten von seinen heimlichen Lesungen, ihr seine äußere und innere Verknüpfung mit Therese zu bekennen mit der gleichen fanatischen Offenheit, mit der Jean-Jacques sein Leben erzählt hatte. Wenn er erst seine Bedrängnis in Zeichen und Worte eingefangen hat, dann wird es ihm glücken, wieder hinaufzutauchen aus den Tiefen, in die seine Tolldreistheit ihn verlockt hatte.

Schon während er den Plan faßte, wußte er, er konnte ihn nicht ausführen. Es war ihm nicht gegeben, seine wüsten, schlammigen Dinge mit der mutigen Sachlichkeit Jean-Jacques' auszusagen. Er würde seine Handlungen färben, er würde sich empfindsam anklagen und entschuldigen, er würde über seine Schlechtigkeit jammern. Und alles wäre Lüge. Er wollte ja seine Schlechtigkeit nicht missen, nicht um alles in der Welt. Er war ja stolz darauf, daß er war, wie er war.

Auch seine Verknüpfung mit Therese wollte er nicht missen. Ihn schauderte vor Therese, aber er wußte, sie brauchte nur mit ihrer dunkeln, trägen Stimme zu sagen: „Wollen wir nicht einmal wieder spazierengehen, junger Herr Graf?“, und er stand auf, wo immer er war, und lief mit ihr. Die hitzige Lust, die von ihr ausging, ihr Geruch, ihre tief unschuldige Gemeinheit, ihr langsamer, aufreizender Gang, die Mühsal, mit der sie die Worte zusammenklaubte, um ihr dumpfes Inneres auszudrücken, sogar der Ekel, den sie ihm einflößte, das alles waren Glieder einer Kette, an der sie ihn hielt.

Therese forderte ihn nicht auf, mit ihr spazierenzugehen. Als sie ihn das erstemal nach ihrer Umarmung sah, war sie enttäuscht gewesen, weil er so befangen und zurückhaltend war. Bereute er, daß er sie geliebt hatte? Hatte sich seine Liebe in dieser *einen* Umarmung ausgegeben? Aber ihr Instinkt sagte ihr, daß dem nicht so war, er war eben ein Graf und genierte sich. Sie war dann, wenn er in Jean-Jacques' Geschreibe las, beinahe immer anwesend, und sie merkte mit Befriedigung, daß ihre Gegenwart ihn verwirrte; wenn sie ihn nur von der Seite anschaute, wurde er unruhig. Aber sie gab ihm keine Aufmunterung.

Die beiden Male, da Fernand sie nicht zu Hause fand, war sie wirklich, wie er's bitter, höhnisch und wütend annahm, mit Nicolas zusammen gewesen. Aber glücklich waren diese Zusammenkünfte nicht. Therese hatte Angst davor, ihm mitzuteilen, daß ihre Mutter es ablehnte, seinem Rat zu folgen und mit den Papieren was zu unternehmen. Nicolas aber wartete auf ihren Bericht, und da sie schwieg, fragte er geradezu: „Haben Sie mit der Frau Mama gesprochen, Madame?“ Sie antwortete zögernd: „Noch nicht.“ Darauf wurde er unwirsch und mundfaul, und als sie zärtlich werden wollte, wehrte er ab, er habe heute keinen Sinn für Dummheiten. „Dafür hast du ja dein Gräflein“, sagte er giftig, und sie wußte, solange sie nicht die Sache mit dem Geschreibe ins gleiche brachte, werde Nicolas keine Liebe mit ihr machen.

Dafür stellte sich Fernand, der sonst immer nur bei Tage

kam, des Abends ein, als Jean-Jacques im Schloß war. Beide Frauen sahen sogleich, er kam um Therese.

Therese hatte gehofft, Nicolas werde den Abend nützen, sie hatte lange auf ihn gewartet, er indes, offenbar um sie zu strafen, hatte sie sitzenlassen. Nun war sie aufgebracht und zeigte Fernand ihr verdrießlichstes Gesicht. Die Alte ärgerte sich über ihre dumme Tochter und wollte dem jungen Herrn zu seinem Vergnügen helfen. „Wollen Sie nicht mit Therese in dieser warmen Sommernacht ein wenig Luft schnappen?" fragte sie geradezu. Er sah hilflos und erwartungsvoll auf Therese. Sie aber, ihn schamlos anblickend, antwortete faul und ungnädig: „Ich mag heute nicht." Fernand zog beschämt ab.

Lief durch die Nacht, zerknirscht und wütend. Doch richtete sich seine Wut nicht gegen Therese, sondern gegen Jean-Jacques. Sie hatte so werden müssen nach all dem Furchtbaren, das er ihr angetan hatte. Immer heftiger empörte er sich gegen den Meister. Er, der im „Émile" die edelsten, weisesten Grundsätze der Erziehung predigte, hätte einfach die Pflicht gehabt, die eigenen Kinder selber aufzuziehen.

Eine Frau, die soviel durchgemacht hatte, verdiente Mitgefühl. Es verlangte ihn danach, sie zu streicheln. Die Erinnerung ihrer Augen erregte ihn. Die wilden, wollüstigen Phantasien der „Bekenntnisse" stiegen in ihm auf, mischten sich mit eigenen. Er träumte von einer neuen Verschlingung, einer noch heißeren, heftigeren als damals am See.

Therese ihresteils, da Nicolas sie auch die nächsten Male warten ließ, schalt sich, daß sie den kleinen Grafen so schlecht behandelt hatte. Jetzt hatte sie keinen von beiden. Und der junge Graf hatte ihr doch nichts Böses gewollt, er war einfach ein Träumer, ein Kind, dumm und täppisch. Sie durfte ihren künstlichen Zwist mit ihm nicht breiter werden lassen, sonst war auch diese schöne Freundschaft futsch. Nur ein einziges Mal mit ihm liegen, so hatte sie sich's nicht gedacht.

Sie paßte ihn ab. Genau wie er's gehofft und wie er's gefürchtet hatte, sagte sie: „Wollen wir nicht einmal wieder spazierengehen, junger Herr Graf?"

Sie trafen sich am gleichen Abend.

Es geschah wie in seinen Träumen, seine Lust schwemmte alle Bedenken fort und schlug wild und finster über ihm zusammen.

Später saßen sie auf der Grasbank unter dem Weidenbaum. Sie war sehr zärtlich. „Fernand!" sagte sie mit ihrer dunkeln Stimme, den Klang des Namens auskostend. Und: „Ich darf doch Fernand zu dir sagen?" bat sie stolz und verliebt, es war das erstemal, daß sie ihm du sagte. Und: „Mit einem großen Herrn hab ich's noch nie gemacht", sagte sie träumerisch.

Es war Zeit für sie, nach Hause zu gehen, aber sie blieb sitzen. Er war anders als Nicolas, er war nicht nur ihr Liebster, er war wirklich ihr Freund, mit ihm wollte sie reden. Auf ihre schwerfällige Art versuchte sie ihm klarzumachen, daß sie nicht schlecht sei. Jean-Jacques war gütevoll, ein Heiliger, aber er war eben kein Mann. Er war behindert durch sein Leiden. Auch wie er noch jung gewesen war, das war lange her, war er ihr oft monatelang, manchmal ein Jahr lang ferngeblieben und war lahm und tot neben ihr gelegen wie ein Stück Holz. Sie hatte ein Anrecht auf einen Mann, das fand auch ihre Mutter, bei all ihrer Strenge.

Fernand schwieg und hörte zu. Therese fing wieder an. „Und dann das mit den Kindern", sagte sie, „das hätte er nicht machen dürfen."

Fernand vergaß, daß er und die Frau sich gerade erst gemischt hatten; die Frau war nicht mehr da, nur mehr die „Bekenntnisse" waren da. Eine grenzenlose Begierde verzehrte ihn, die Wahrheit zu erfahren, die ganze Wahrheit. Sicherlich war, was Jean-Jacques bekannt hatte, die Wahrheit, aber es war nur ein Teil der Wahrheit; ganz wurde sie erst, wenn er erfuhr, was Therese wußte und spürte.

Trockenen Mundes fragte er: „Ist es wirklich so, daß er Ihnen die Kinder weggenommen hat?" Therese, gleichmütig, antwortete: „Das weiß doch jeder." Fernand fragte weiter: „Alle fünf Kinder?" Therese, erstaunt, fragte zurück: „Fünf? Wie kommst du auf fünf? Zwei."

Ihre Worte trafen Fernand wie ein Schlag. Hatte Jean-Jacques gelogen? Hatte er in dem wahrsten Buche der Welt, mit dem er beim Jüngsten Gericht vortreten wollte, gelogen?

Therese mittlerweile sprach weiter: „Es war schlimm genug für mich, die beiden Male. Er hatte es leicht, es waren *meine* Kinder." Fernand, sehr leise, fragte: „Es waren nicht die seinen?" Sie, mit ihrer unerregten Stimme, sagte: „Was sagst du? Ich kann dich nicht verstehen." Er, mühsam, etwas lauter, wiederholte: „Es waren nicht seine Kinder?" Therese antwortete: „Nein. Eigentlich nicht." Fernand, mit ungeheurer Überwindung, fragte weiter: „Und hat er es gewußt?" Therese sagte: „Wahrscheinlich. Sonst wäre er nicht so grausam gewesen."

Die Nacht war ziemlich dunkel, Fernand sah nichts von Therese, er hörte nur ihre gleichmütige Stimme. Und er sah im Geist die zierlichen, kräftigen Buchstaben der „Bekenntnisse", sah deutlich, wie sie schwarz aus dem gelblichweißen Papier heraussprangen und die Geschichte erzählten, unmißverständlich, überzeugt und überzeugend, und die guten Gründe angaben, warum Jean-Jacques so hatte handeln müssen und nicht anders. Und die Geschichte war Schwindel. „Sonst wäre er nicht so grausam gewesen." Die dumme, unbeseelte Stimme sprach die Wahrheit, und der ganze, prächtige Bau der Prinzipien und Gefühle und Bekenntnisse stürzte ein.

Fernand empörte sich gegen den Meister und bezwang seine Empörung. So einfach, wie er sich's da vormachen wollte, war es nicht. Jean-Jacques hat nicht gelogen. Mit so ungeheurer Aufrichtigkeit schreiben, für die Späteren, für das höchste Wesen, kann einer nur, was er im Tiefsten glaubt. Therese mit ihrem simpeln Verstand redet ihre simple Wahrheit heraus. Aber viele Gründe mischen sich, ehe eine Handlung zustande kommt, jeglicher Tat liegen edle und gemeine Ursachen zugrunde, unlöslich verschlungen, und es gibt keine Wahrheit, die nicht aus vielen Wahrheiten bestünde.

Da sitzen sie auf der Grasbank unter der Weide, auf Jean-Jacques' Bank, und Therese verrät Jean-Jacques, und Fernand verrät Jean-Jacques, beide verbünden sie sich, Jean-Jacques zu verraten. Und einen Augenblick lang fühlt sich Fernand gerechtfertigt, und im nächsten wieder verachtet er sich selber. Und bei alledem spürt er ein bitteres, wollüstiges, reuevolles Vergnügen.

Therese sagte in der Dunkelheit, klagend und liebevoll: „Mit niemand sonst kann ich reden, auch nicht mit meiner Mutter." Auch nicht mit dem Reitknecht? dachte Fernand. Sie aber, als hätte sie in ihrem schlichten Geiste geahnt, was in ihm vorging, fuhr fort: „Mit dir kann ich alles reden, was ich will, Fernand. Du allein bist mein Freund, Fernand."

Cave canem

Als sie das nächste Mal mit Nicolas zusammen war, faßte sie sich ein Herz und teilte ihm mit, sie habe mit ihrer Mutter gesprochen. Die Mutter wolle nicht heran an Jean-Jacques' Geschreibe.

Nicolas verfinsterte sich. „Besonders gescheit scheinen Sie sich nicht angestellt zu haben, Madame", sagte er mit böser Höflichkeit. Dann brach er aus: „Du hast ja Häcksel im Kopf. Du stinkst ja vor Dummheit. Es hat überhaupt keinen Sinn, einem so hirnlosen Frauenzimmer was zu raten." Therese sagte beleidigt: „Das haben Sie von Anfang an gewußt, Monsieur Nicolas, daß ich keine Philosophin bin." Und nach einem Schweigen ergänzte sie: „Die Mutter meint, wenn Sie ihr was zu sagen haben, dann sollen Sie es selber mit ihr besprechen." – „Das fehlte mir noch", grollte Nicolas.

Aber als er allein war, überlegte er. Gefahr war im Verzug. Jeden Tag konnte sich ein anderer Schlaukopf an die Papiere heranmachen, oder es konnte wirklich ein tölpischer Idealist von einem Aristokraten einem in die Suppe spucken. Es blieb ihm nichts übrig, als selber mit der Alten zu reden. Es war schließlich auch von ihrem Standpunkt aus das klügste, sich mit ihm zu verständigen.

Er ging zu Madame Levasseur, als er sie allein wußte. Bat

um eine offene Aussprache über die Fragen, die zwischen ihnen schwebten. Die Alte beschaute ihn mit ihren kleinen, harten Augen. „Ich sehe nichts schweben", sagte sie. „Aber wenn Sie sich was davon versprechen, dann reden Sie."

„Mit Ihrem scharfen Blick, Madame", führte Nicolas aus, „haben Sie sicher schon bemerkt, daß zwischen Ihrer Frau Tochter und Ihrem ergebenen Diener etwas los ist. Mein Herz ist Madame Rousseau gewissermaßen zugeflogen, es war der Blitzstrahl, wie man sich hiezulande auszudrücken pflegt, und ich bin stolz und glücklich, daß mein demütiges, beharrliches Werben Ihre Frau Tochter herumgekriegt hat." – „Ich bin eine alte Frau", antwortete Madame Levasseur, „und leider nicht kräftig genug, Ihnen die ungeheure Maulschelle herunterzuhauen, die Ihnen gebührt." Nicolas lächelte freundlich. „Sie verkennen die Sachlage, Madame", erwiderte er. „Sie unterschätzen die Neigung Ihrer Frau Tochter für Ihren ergebenen Diener, und Sie unterschätzen meine britische Beharrlichkeit. Ich strebe nichts Unanständiges an, im Gegenteil, ich möchte die Beziehungen zwischen Madame Rousseau und mir legalisieren." Er stand auf und verbeugte sich. „Ich beehre mich, Madame", sagte er, „bei Ihnen um die Hand Ihrer Frau Tochter anzuhalten." Die Alte sagte trocken: „Meine Tochter ist verheiratet. Das dürfte Ihnen nicht unbekannt sein." – „Sie zwingen mich, Madame", sagte Nicolas, „grob und klar auszusprechen, was ist. Also, ich habe es noch jedem meiner Gäule angesehen, wenn es zu Ende geht, und ich sage Ihnen: der Herr Philosoph macht es nicht mehr lange. Wenn einer sechsundsechzig Jahre hindurch so anstrengend philosophiert, dann geht ihm der Saft aus. Hier bin ich. Als Nachfolger, der es ernst meint, habe ich einfach die Pflicht, mich beizeiten, das heißt jetzt, mit meiner zukünftigen Frau Schwiegermama auseinanderzusetzen."

„Da sind Sie auf dem Holzweg wie der Bischof von Toul, Monsieur", meinte mit freundlichem Hohn Madame Levasseur. „Mein Herr Schwiegersohn ist mäßig von Natur, er hat sich hier ausgezeichnet erholt, und meine Therese und ich, wir betreuen ihn gut. Gerade so schwächlich aussehende Typen sind zäh. Der hält noch lange zusammen, unser Jean-Jacques, seien Sie unbesorgt."

„Gut", antwortete Nicolas, „da Sie es wünschen, beschäftigen wir uns vorläufig nicht mehr mit dem Gesundheitszustand Monsieur Rousseaus. Aber ich bin nun einmal an Ihrer Frau Tochter mit dem Herzen interessiert und überdies wißbegierig von Natur. Gestatten Sie mir eine Frage, Madame. Wieso und warum ist so lange kein neues Buch des Herrn Philosophen gedruckt worden? Ich höre, er hat viel gearbeitet, die ganze Welt wartet auf ein neues Buch. Für so was müßte man doch auch eine Menge Geld kriegen. Wie kommt es, daß eine so vernünftige Dame wie Sie dieses Pferd nicht reitet?" – „Auf eine klare Frage eine klare Antwort", gab freundlich die Alte Bescheid. „Mein Herr Schwiegersohn will aus gewissen philosophischen Gründen, die zu hoch sind für mich und ganz bestimmt für Sie, seine neuen Werke nicht vor seinem seligen Absterben gedruckt haben. Er will nicht. Begreifen Sie? Basta. Punkt. Schluß." Und gemütlich fuhr sie fort: „Es ist kein Geld zu machen mit den Papieren. Schlagen Sie sich das ein für allemal aus dem Kopf, junger Mann. In diesem Hause sind keine Sous für Sie gewachsen."

„Es scheint, Sie mißtrauen mir", sagte betrübt Nicolas. „Aber ich begreife das. Ich kenne die Menschen, und ich folge Ihrem Gedankengang, Madame. Ein Habenichts, sagen Sie sich, ein Lakai, ein Domestik, was haben meine Tochter und ich von so einem viel zu erwarten? Aber es *ist* einiges zu erwarten von Ihrem ergebenen Diener. Ich bin mehr als ein einfacher Lakai. Ich war Erster Bereiter bei Mister Tattersall in London. Das sagt Ihnen nichts, Madame, aber den großen Herren in Paris sagt es allerhand." Er setzte ihr sein Projekt auseinander, und: „Nur ein kleines Grundkapital ist nötig", erklärte er ihr, „so an die zweihundert Louis. Ich könnte das Geld natürlich anderweitig auftreiben, aber ich sagte Ihnen schon, ich fühle eine Zuneigung für Ihre Frau Tochter und möchte Sie beide in das Geschäft mit hineinnehmen. Sie lächeln, Madame, Sie mißtrauen mir nach wie vor. Aber ich stehe Ihnen dafür, Ihr Geld bringt Junge. Schon mit dem Gewinn des ersten Jahres sind wir drei gemacht bis an unser Lebensende."

Die Alte hörte nicht ohne Interesse zu. Der Mensch erinnerte sie an ihren Sohn, den Sergeanten François. Er redete so verwegen daher wie dieser, obendrein hatte er wahrscheinlich mehr Grips.

Nicolas merkte sogleich, daß er besseres Fahrwasser hatte. „Schenken Sie mir ein wenig Vertrauen", bat er. „Sie werden es nicht bereuen. Es ist doch ein Jammer, wie kümmerlich Sie hier leben. Wenn der Herr Philosoph für die Natur schwärmt und für die Armut, Ihnen, Madame, ist bestimmt nicht so philosophisch zumute." Er ereiferte sich. „Da liegen die Papiere. Einer so gescheiten Dame muß es doch möglich sein, zweihundert Louis darauf zu kriegen. Stecken Sie das Geld in mein Geschäft, und ich gebe Ihnen mein Wort, das Wort eines Ehrenmannes, Pferdekenners und Briten: ich heirate Madame Rousseau, und wir leben alle wie Gott in Frankreich."

Allein das Interesse Madame Levasseurs an dem maulflinken Projektenmacher hatte sich verflüchtigt. Dieser Nicolas war nicht ihr Sohn François, und sie war nicht geneigt, den Besitz Theresens mit ihm zu teilen. Doch hatte sie gut erkannt, wie fest ihre mannstolle Therese an ihm hing, und der Kerl war eines tückischen Streiches fähig. Er mochte mit Hilfe Theresens die Papiere Jean-Jacques' stehlen oder sonst eine faule Sache schieben. Sie durfte ihn also nicht reizen, durfte ihn nicht geradezu abweisen.

Sachlich legte sie ihm dar, es sei nicht möglich, die Papiere hinter dem Rücken Jean-Jacques' zu verwerten. Bevor die Käufer Plempe riskierten, rückten sie in Person an und fragten Jean-Jacques, ob er mit dem Handel einverstanden sei; schriftliche Erklärungen, noch so gut gemacht, genügten nicht. Und da Nicolas enttäuscht und finster dreinschaute, tröstete sie ihn: „Sitzen Sie nicht so belämmert da, Monsieur. Ich sage nicht nein zu Ihren Plänen. Aber seien Sie nicht ungestüm. Die

Papiere behalten ihren Wert, und sie liegen hier bei mir sicher wie ein Sou in der Tasche des lieben Herrgotts." Nicolas versuchte nicht länger, Madame Levasseur umzustimmen; wenn man zu nahe an die alte Mähre heranging, schlug sie aus.

Er bemühte sich also, seine Miene zu sänftigen. Die Alte indes, Böses hinter seiner Stirn witternd, redete ihm weiter gut zu: „Sie sollten sich das Ableben meines lieben Schwiegersohnes nicht herbeiwünschen. Ganz abgesehen von Theresens und meinem Seelenschmerz, wäre es ein bitterer finanzieller Schlag. Der Mann schreibt Ihnen nämlich noch wie ein ganz junger. Wenn er seine sogenannte Inspiration hat, dann geht seine Feder im Galopp, es ist, hast du nicht gesehen, ein neues Manuskript da, und seine zukünftige Hinterlassenschaft ist acht- oder zehntausend Livres mehr wert. Nur ein Narr wird wünschen, daß das Huhn, welches die goldenen Eier legt, das Zeitliche segnet."

„Ich verstehe", sagte Nicolas, „und ich nehme es hin, daß Sie vorläufig meine Beziehungen zu Ihrer Frau Tochter nicht legalisieren wollen. Aber aufgeben tu ich nichts", fuhr er mit gutgespielter Munterkeit fort. „Ich bin zähe."

„Darauf trinken wir eins", sagte Madame Levasseur. Sie brachte von dem Aprikosenlikör, den der Marquis ins Sommerhaus geschickt hatte, sie klinkten die Gläser zusammen, tranken und trennten sich in Freundschaft, ja ein bißchen wie Spießgesellen.

Aber Madame Levasseur trank die Furcht nicht hinunter vor dem gefährlichen Burschen, sie verzog, kaum hatte sich die Tür hinter ihm geschlossen, finster und feindselig das Gesicht.

Auch er hatte mit dem ausgezeichneten Schnaps seinen Ingrimm nicht hinuntergespült. Er ließ sich nicht täuschen von der alten Ragotte. Sie war seine Feindin; sie wird alles tun, ihn nicht an die Papiere heranzulassen, sie wird ihn an der Gründung seines Pferdegeschäftes hindern. Aber sie wird sich schneiden. Zornig spuckte er einen dicken Batzen.

Seinen Unmut zu mehren, sprang wiederum, mit bösem Gekläffe, die Hündin Lady ihn an. Er rief mit beherrschter

Stimme, es sei nur er, Nicolas, des Marquis Kammerdiener. Jean-Jacques' Stimme rief die Hündin zurück. Nicolas aber, nachdem das Tier von ihm abgelassen hatte, stieß unterdrückte Flüche aus, englische Flüche, ihrer viele, und seine leise Stimme war voll Wut und Wildheit.

Wenige Tage später, als sehr früh am Morgen Jean-Jacques aus dem Hause trat, seinen Spaziergang zu machen, fand er die Hütte der Hündin Lady leer. Er schüttelte den Kopf. Es war nur ein einziges Mal vorgekommen, daß sie ihn nicht abgewartet hatte.

Als am Mittag das Tier nicht wieder erschienen war, faßte ihn Panik. Kein Zweifel, es waren seine alten Feinde gewesen, die Grimm und Diderot. Ihm weh zu tun, ihn wächterlos zu machen, hatten sie die Hündin umgebracht, das schöne, menschenhafte Tier. Was für eine Gemeinheit, was für eine dumme Grausamkeit! Aber noch hielt er an sich. Den ganzen Tag lang vor den Frauen beherrschte er sich. Erst als am zweiten Tag die Hündin immer noch nicht da war, brachen Angst, Schrekken, Wahn aus ihm heraus. „Es sind die Grimm und Diderot!" raste er. „Sie haben sich eingeschlichen! Neue Angriffe! Neue Verfolgungen! Sie werden mich nicht mehr in Frieden lassen. Sie wollen mich verderben, mit allen Mitteln. Ich bin verloren, ich muß fliehen! Ich muß außer Landes! Ich muß übers Meer!"

Madame Levasseur suchte ihn zu beruhigen. Vergebens. Aber als ihm am Tage darauf Therese ein niederschlagendes Getränk bereitete, einen Kräutertee, an den er glaubte, verlangte er eine zweite Tasse. Am Abend hatte er sich gesänftigt und rühmte, wie gut der Frieden Ermenonvilles ihm bekomme.

Madame Levasseur selber war keineswegs beruhigt. Der Schwiegersohn hatte leider recht: es wurden üble Anschläge gegen ihn gesponnen. Freilich nicht von denen, die er beargwöhnte. Sie wußte, wer die Hündin beseitigt hatte. Dem Kerl waren die sieben Todsünden ins Gesicht geschrieben, er war noch schlimmerer Verbrechen fähig.

Er mußte aus dem Weg.

Sie ging zu Girardin. „Sie wissen, Herr Marquis, wie mein

Schwiegersohn ist“, setzte sie ihm auseinander. „Als Philosoph hat er seinen Sparren, er hat Anwandlungen, und er hat leider eine Anwandlung gegen Monsieur Nicolas. Rundheraus, er kann ihn nicht riechen. Monsieur Nicolas ist sicher ein vorzüglicher Mann, aber es ist besser, er läßt sich nicht länger in der Nähe des Sommerhauses sehen.“

Girardin hatte was läuten hören, Madame Rousseau äugele mit seinem Nicolas; das war vermutlich der Grund, aus dem die Alte ihn los sein wollte. Girardin widerrief nicht gerne eine einmal getroffene Verfügung, doch war es in diesem Fall wohl wirklich das Klügere. „Ich danke Ihnen für Ihre Mitteilung, Madame“, sagte er etwas steif. „Ich werde Ihnen einen andern Bedienten zur Verfügung stellen.“

„Herzlichen Dank, Herr Marquis“, antwortete die Alte, „aber das genügt nicht. Die Anwandlung, die mein Herr Schwiegersohn gegen Monsieur Nicolas hat, ist eine besonders heftige Anwandlung, sozusagen eine Antipathie. Ich möchte Sie bitten, Monsieur Nicolas ganz und gar aus Ermenonville zu entfernen.“

Die freundliche Miene des Marquis härtete sich, er straffte seine lange Gestalt und richtete den Stock gegen Madame Levasseur. „Verstehe ich Sie recht, Madame?“ fragte er. „Sie wünschen, ich soll ihn wegschicken?“ – „Ja, Herr Marquis“, antwortete Madame Levasseur, „ihn hinausschmeißen.“

Gegen seinen Willen stieg in Monsieur de Girardin die Erinnerung eines Erlebnisses auf, das er vor kurzem gehabt hatte; eigentlich war es nur der Schatten eines Erlebnisses gewesen. Das Schlüsselbrett nämlich, an dem alle jene Nachschlüssel hingen, die ihm Zutritt erlaubten in die vielen Baulichkeiten seiner Besitzungen, war in die Wand seines Schlafzimmers eingelassen, wohl versteckt hinter einer Verschalung. Es hingen da weit über hundert Nachschlüssel, sie alle in einer bestimmten, nur ihm vertrauten, von ihm zuweilen veränderten Ordnung, der eine den Bart nach rechts, der andere nach links. Zweimal nun in der letzten Zeit war da eine winzige Unstimmigkeit gewesen, und er hatte einen leisen Verdacht gehabt, man habe sich an seinem Schlüsselbrett zu schaffen gemacht; sogleich aber hatte er sich gesagt, es sei doch wohl nur ein Irrtum seines Gedächtnisses. Dann hatte er einmal Nicolas in seinem Schlafzimmer getroffen zu einer Zeit, da er dort nichts zu suchen hatte. Beider winziger Vorkommnisse erinnerte sich jetzt Girardin unwillentlich, sie in Zusammenhang bringend.

Es war unfair, den verlässigen Menschen auf nebelhafte Gefühle hin zu beargwöhnen; alles in ihm sträubte sich gegen Madame Levasseurs dreiste Zumutung. „Nicolas ist ein treuer, erprobter Diener", sagte er. „Haben Sie Tatsächliches gegen ihn vorzubringen? Hat er das Verbot übertreten, sich im Sommerhaus sehen zu lassen? Hat Monsieur Jean-Jacques sich beklagt?"

Madame Levasseur war auf diese Frage vorbereitet. „Sie wissen, Herr Marquis", sagte sie, „mein Herr Schwiegersohn drückt sich nicht in klaren Worten aus, da er Philosoph ist. Er sagt nichts ‚Tatsächliches', aber ich versichere Ihnen, Herr Marquis, der Mann hat seine Ahnungen, da bleibt einem der Mund offen. Und wie die Hündin Lady verschwunden ist, da hat er ganz furchtbare Ahnungen gehabt. Es sind seine Pariser Feinde gewesen, hat er getobt, und sie haben jemand vom Schloß bestochen. Und wen er mit dem ‚jemand vom Schloß' gemeint hat, darüber gibt es doch wohl keinen Zweifel."

Girardin schwieg verstimmt. Die Alte drängte weiter: „Man muß auf die Philosophie meines Herrn Schwiegersohns Rücksicht nehmen, Herr Marquis, das kann ich alte Frau aus meiner Erfahrung sehr nachdrücklich versichern. Sonst geht er uns eines Tages durch, die Beine unterm Arm, nach Paris oder vielleicht sogar nach England. Dabei fühlt er sich hier doch so wohl, wir alle fühlen uns wohl. Es wäre ein Jammer, wenn das Essig würde, nur von wegen des Monsieurs Nicolas."

Das Erpressergehabe der Alten kratzte Girardin, aber sie hatte die Mittel, ihre Drohung wahrzumachen. Übrigens erinnerte er sich jetzt genau: als er damals den Nicolas in seinem Schlafzimmer überraschte, hatte der gefragt, ob der Herr

Marquis für morgen die Stute La Tempête befehle; das hätte er ebensogut am andern Morgen fragen können, nach dem Frühstück, wie üblich.

„Ich werde Nicolas entfernen", sagte er.

„Ich danke Ihnen im Namen Jean-Jacques'", antwortete Madame Levasseur. Und die Rachsucht des Lumpen fürchtend, fuhr sie eilig fort: „Bitte, noch eines: lassen Sie Monsieur Nicolas ja nicht merken, daß Sie ihn aus Rücksicht auf meinen Herrn Schwiegersohn entfernen. Er spricht sonst davon im Dorfe, es kommt Jean-Jacques zu Ohren, er ist so delikat, und dann haben wir die Bescherung."

Noch am gleichen Tage erklärte der Marquis seinem Nicolas, er bedaure, ihm damals in London falsche Hoffnungen gemacht zu haben. Er habe den Plan eines großen Marstalls endgültig fallenlassen und halte Nicolas nicht länger davon ab, nach London zurückzukehren, nach Auszahlung eines vollen Jahresgehalts.

Nicolas erriet sogleich den Zusammenhang. Sie hatte also ausgeschlagen, die alte Mähre. Doch er beherrschte sich und dachte schnell und folgerecht.

Die Summe, die ihm der Marquis als Entschädigung anbot, war kein Bettel, und wahrscheinlich könnte man dem Herrn, der sichtlich ein schlechtes Gewissen hatte, die ganzen zweihundert Louisdor entsteißen, die er für die Reitschule brauchte. Aber in der Liaison mit Therese stak mehr als sogar die zweihundert, ein Vermögen stak darin, und er dachte gar nicht daran, der Ragotte die Papiere des Narren zu überlassen. Im Gegenteil, er wird diesem dicken, kleinen, alten Knotenfurz die Tücke heimzahlen, und mit Zinsen. Nur Zeit brauchte er, Zeit, auf die Gelegenheit zu warten.

„Ich glaube, Ihnen ein guter Diener gewesen zu sein, Mylord", sagte er englisch, würdevoll und gekränkt, „aber Sie haben zu befehlen." – „Ich bin nicht etwa unzufrieden mit Ihnen, Mister Bally", antwortete unbehaglich der Marquis, „aber ich wollte Sie nicht länger einer Beschäftigung fernhalten, zu der Sie sich berufen fühlen." – „Da Sie mir so freundlich gesinnt sind, Mylord", sagte Nicolas, „bitte ich Sie, mir den Abschied durch zwei Gefälligkeiten zu erleichtern." – „Sprechen Sie, Nicolas", sagte, ins Französische zurückfallend, Monsieur de Girardin. „Mister Tattersall", antwortete Nicolas, „wird mich kaum wieder anstellen, nachdem ich von ihm weggegangen bin. Das heißt, es wird eine Weile dauern, ehe ich in London angemessene Beschäftigung finde. Darf ich diese Wartezeit in Ermenonville verbringen?" – „Gewiß", sagte der Marquis. „Außerdem", fuhr Nicolas fort, „werde ich schwerlich eine richtige Stellung finden, wenn man weiß, daß Sie mich entlassen haben. Es würde meine Suche sehr erleichtern, wenn vorläufig niemand von meiner Verabschiedung erfährt."

Der Marquis, froh, die unangenehme Aufgabe hinter sich zu haben, sagte ihm auch das zu.

Freund und Feind

Als Madame Levasseur es erleben mußte, daß der Lump Nicolas trotz allem, was ihr der Marquis versprochen hatte, sein freches Wesen in Ermenonville weitertrieb, war sie enttäuscht und empört. Sie wußte zwar, daß Aristokraten, wenn es ihnen in den Kram paßte, ihr Wort ebenso unbedenklich brachen wie Bürgersleute, aber der Marquis war Schüler ihres Schwiegersohnes und Philosoph, von ihm hätte sie sich eine solche Gemeinheit nicht erwartet.

Es war nicht abzusehen, was für neue Schurkereien dieser Nicolas jetzt noch aushecken mochte. Und die Gans von Therese war hoffnungslos in ihn verknallt, und der närrische Jean-Jacques konnte einem über Nacht abkratzen, seine Gesundheit war keineswegs so robust, wie sie dem englischen Gauner hatte vormachen wollen, und dann hatte der die Hand auf ihrer Therese und auf den Papieren.

Sie mußte dem Burschen ein für allemal das Handwerk legen. Sie klügelte sich was Neues aus.

Sie hatte einen tiefen Respekt vor allem Juristischen, Advokatischen. Mit notarisiertem und gesiegeltem Papier hatte man sie in Orléans aus Haus und Geschäft hinausgejagt. Sie hatte ihre Schule abgesessen, sie kannte die Schliche, sie wird sie selber gebrauchen. Sie wird eine notarielle Urkunde erwirken, der zufolge Therese Abmachungen über ihr Vermögen fortan nur mit ihrer, Madame Levasseurs, Zustimmung sollte treffen können. Dann waren die Papiere sicher vor dem Räuber, und der Lump mochte sehen, wo er blieb.

Offen setzte sie Therese auseinander, sie brauche ihre Unterschrift, um ihr Geld vor ihrem Kerl zu schützen. „Wie ich das machen werde“, sagte sie, „geht dich nichts an, du würdest es doch nicht kapieren. Wenn es soweit ist, dann gehst du einfach mit zum Notar und unterschreibst. Und daß du mir diesmal die Gosche hältst vor dem Menschen!“ Therese schaute mürrisch drein, aber es war ihr recht, daß ihre kluge Mutter die Sache in die Hand nahm. Sie hatte eine süße Angst vor Nicolas und war sich bewußt, daß sie gerne und gegen alle Vernunft ihm geben würde, was immer er verlangte.

Nun war es indes für Madame Levasseur nicht einfach, ihr Projekt hier in Ermenonville durchzuführen. Sie brauchte einen schlauen und sachkundigen Notar, um das Dokument gegen die Tücken des Nicolas hiebfest zu machen. Am liebsten wäre sie nach Paris gefahren, aber dann wäre der flinkäugige Bursche stutzig geworden. Sie hörte, daß ein gewandter Anwalt in Senlis saß; nur war er leider auf zwei oder drei Wochen verreist. Seufzend beschloß sie, so lange zu warten.

Bereitete das Treiben des Nicolas der alten Madame Levasseur schwere Sorgen, so hatte das Verschwinden der Hündin den Fernand im Innersten aufgewühlt. Er war schuld an dem Verbrechen gegen den Meister; seine gemeine Vermischung mit dem Weib hatte den Nicolas aufgereizt. Gefahr war. Er, Fernand, brachte dem Meister Gefahr.

Er vermied Jean-Jacques, er fürchtete sich vor Jean-Jacques. Auch die Gesellschaft des Vaters und Monsieur Gerbers vermied er, soweit er's konnte. Er wollte nicht gefragt werden, wollte nicht sprechen. Er lief herum in Grübelei und Elend.

Er ging, um sich aus seiner Not herauszureißen, wieder öfter nach Dorf Ermenonville.

Als Knabe hatte er sich dort, dem Wunsch des Vaters gehorchend, viel umgetan. Es war nicht leicht gewesen, von den Kindern der Bauern als Gleicher aufgenommen zu werden, und in der Zeit, die er in der Kriegsakademie verbracht hatte, waren ihm seine Spielkameraden noch fremder geworden. Gleichwohl hatte er auch seither mit ihnen Umgang gepflogen und an ihren kleinen Sorgen teilgenommen. Jetzt verlangte es ihn mehr als je nach ihrer derben, einfachen Unterhaltung.

Eine besondere Art Freundschaft war zwischen ihm und einem gewissen Martin Catrou, dem Sohn der Witwe Catrou, die den Kramladen in Dorf Ermenonville führte. Dieser Martin, gleichen Alters wie Fernand, ein stämmiger Bursche, besorgte Botengänge für seine Mutter; er kam manchmal nach Paris, sah und hörte vieles, hatte ein rasches Auge für Menschen und Dinge und zog seine Schlüsse. Die scharfen, derb vernünftigen, volkstümlichen Meinungen Martins waren von sehr anderer Art als das, was Fernand sonst zu hören bekam, sie beschäftigten ihn, stießen ihn ab und zogen ihn an. Martin hänselte ihn gerne, er sah in ihm den Aristokraten; Fernand ärgerte sich, aber er nahm es hin und versuchte, den andern zu begreifen.

Als er in diesen Tagen seines Elends mit Martin zusammenkam, fragte ihn dieser: „Und was macht euer Herr Heiliger?" Fernand sah das unschöne, gescheite, grinsende Gesicht des andern, und ihm war, als klinge aus seinen Worten der ganze Spott der Feinde Jean-Jacques'. „Laß mir den Jean-Jacques in Ruhe", sagte er und stellte sich gleichmütig. „Von dem verstehst du nichts." – „Wieso denn?" begehrte Martin auf. „Ich sah ihn oft, er ist ein guter Kunde meiner Frau Mama, und ich habe genausoviel Augen im Kopfe wie du."

Fernand merkte, daß Martin auf Streit aus war, und hielt an sich. „Wahrscheinlich", meinte er, „verstehst du von einer Menge Leute eine Menge. Aber meinen Jean-Jacques laß gefälligst mir." Martin hänselte weiter: „In Paris sagen sie, es sei keine Kunst, ein großer Philosoph zu sein, wenn man sich nur närrisch anstellt. Und das kann er, das ist ihm angeboren."

Fernand war voll heimlicher Scham, daß er selber zuweilen Jean-Jacques angezweifelt und sein Tun und Wort für ungereimt gehalten hatte. „Ihr seid undankbares Gesindel", empörte er sich. „Er hat sein Leben drangesetzt, die Gleichheit der Menschen zu verkünden, er hat für euch tausend Verfolgungen erduldet, und dafür heißt ihr ihn einen Narren." Martin hockte stämmig da, untersetzt, er stieß den Kopf vor mit dem schwarzen Haar, das ihm tief in die breite Stirn wuchs. „Ja, Freiheit, Gleichheit, Brüderlichkeit", höhnte er, und wie die Worte ihm aus den Zähnen kamen, klangen sie hohl und wie barer Unsinn. „Wenn man's hört, schmeckt's wie saftiger Entenbraten. Ist aber lauter blauer Dunst. Soll er uns einmal sagen, wie man sie herstellt, seine Freiheit, mit all den Gendarmen und Steuerkontrolleuren und Aristokraten und Talaren ringsum. Der andere, der Voltaire, der hat uns wirklich geholfen. Der hat's euch gezeigt, wie ihr gar zu gemein geworden seid mit euern niederträchtigen Richtern und Assisen. Und der hat seine eigenen Leute was lernen lassen, was Praktisches, womit einer Sous und Écus machen kann. Aber hat euer Jean-Jacques ein einziges Mal was getan, was Hand und Fuß hat? Oder was Vernünftiges gesagt, was über Steuern und Wegzölle oder so was?"

Fernand dachte an Jean-Jacques' Worte: „Ich habe verlorene Arbeit getan", schon im gleichen Augenblick indes dachte er an Amerika und wollte Martin davon reden. Allein der sprach weiter: „Er predigt vom Tausendjährigen Reich. Genau wie der Pfarrer Gauchet. Und das ist es auch, warum ihr Aristokraten ihn anhimmelt. Damit habt ihr bewiesen, daß ihr ein Herz habt für uns kleine Leute, und könnt euch den Rest schenken. Wir sind für den andern."

Noch immer hielt Fernand an sich. Ruhig höhnte er zurück: „Vielleicht solltest du einmal mit deinen zwei guten Augen ein Buch von ihm lesen, bevor du so blödes Zeug nachquatschst." Breit hockte Martin da. „Ich brauch kein Buch", antwortete er. „Ich brauch mir nur den Mann selber anzuschauen, wie er sanft daherwandelt. Der geht auf Wolken, wenn er hier auf unserer dreckigen Dorfstraße geht. Ich sage dir, der sieht keine zwei Schritte weit.“ Und da Fernand nur die Achseln zuckte und aufstand, erläuterte er: „Er ist ja auch blind in seinen vier Wänden, euer Heiliger. Seine Frau Gemahlin ist eine Lustige, heißt es, aber er merkt's nicht.“

Nun aber zähmte sich Fernand nicht länger. Er stürzte sich auf den andern, wie er's als kleiner Junge manchmal getan hatte, obwohl er wußte, daß Martin kräftiger war als er. Martin wehrte ihn ab, lässig zuerst, aber da Fernand nicht abließ, schlug auch er derb zurück, und Fernand wurde übel verprügelt.

Im Innersten beschämt, ging er nach Hause. Wer war er, daß er dem Martin die unflätigen Reden hätte verdenken dürfen? Er hatte das Unflätige *getan.*

Allein das Geschwätz des Martin Catrou bohrte in ihm weiter. Es war ein Körnlein Wahrheit darin, daß der Weiseste der Menschen blind und sanft verlogen und ein Stück von einem Narren war. Es konnte nicht sein, aber es war so. Da waren die Dinge, die in den „Bekenntnissen“ standen, und die Dinge, welche die simple Therese erzählte und welche das simple Volk sah, und sie reimten sich nicht zusammen.

Fernand wurde nicht länger allein fertig mit den beißenden Zweifeln.

Es war nicht seine Art, seine Sorgen vor andere hinzuschütten, doch in Monsieur Gerber hatte er von früh an einen Freund gesehen; er hatte sich, wenn Fernand in den bösen Jahren der Kriegsakademie auf kurzem Urlaub zu Hause war, als Helfer und Tröster erwiesen, der leise Andeutungen verstand und mit den rechten Worten erwiderte.

Sachte sprach Fernand dem Lehrer von seinen Zweifeln an Jean-Jacques, daß sein Gehabe und gesprochenes Wort nicht immer zusammenstimme mit seinem Werk und seinen Lehren und daß er, Fernand, manchmal nicht mehr aus und ein wisse.

„Die Feinde“, sagte nach einem kleinen Schweigen Monsieur Gerber, auch er sehr behutsam, „messen Jean-Jacques mit den Maßstäben ihrer banalen Logik. Sie messen einen frühen Satz von ihm an einem späten, sie messen, was er da und dort getan oder nicht getan hat, an den Idealen, die er lehrt, und dann reißen sie billige Witze.“

Fernand wußte, daß der Freund und Lehrer ihn nicht kränken wollte, aber *er* war kein Feind Jean-Jacques’, er hob an, sich zu verteidigen. Schon aber fuhr Monsieur Gerber fort: „Ich habe das Glück, daß sich Jean-Jacques zuweilen sogar vor mir Geringem gehenläßt, und, ich gestehe es, auch mich verwirrt manchmal sein Maßloses, Grenzenloses. Aber dann begreife ich, daß ich seine ganze Größe nicht überschauen kann, daß niemand ihn überschauen kann, und dann werde ich ganz klein und still. Lassen Sie keinen Zweifel an ihn heran, Fernand! Gerade das Genie, das unbegreifliche, versinkt zu nichts, wenn man zu zweifeln anfängt. Und“ – der schüchterne Mann erhitzte sich – „Jean-Jacques ist unter uns Heutigen der einzige Genius. Die andern arbeiten sich ab, bosseln und werkeln: er stellt mit *einem* Griff hin, er schafft. Er beweist nicht, er offenbart. Die andern schleppen sich schwitzend über Berg und Tal: er fliegt und ist da. Lassen Sie sich nicht irremachen, Fernand, durch dies oder jenes Wort, das wir nicht verstehen. Zweifeln Sie nicht!“

Fernand hatte den Lehrer nie so schwärmen hören. Das Glühende an ihm, seine Entrücktheit, erinnerte ihn an Jean-Jacques selber. Er schämte sich seiner Untreue vor der Begeisterung des Älteren.

Aber Monsieur Gerbers Worte halfen ihm nur auf kurze Zeit, und er lief weiter herum in Verwirrung und Not.

Nachricht kam, Gilberte werde in zwei Tagen zurück sein. Fernand atmete auf. Er war entschlossen, ihr alles zu bekennen. In ihrer Nähe wird alles klarwerden.

Gilberte hatte eine gute Zeit gehabt. In Saint-Vigor sowohl wie in Paris hatten die jungen Herren sie umdrängt und sich überboten in zierlichen Galanterien. Ein junger Courcelles schien ernstlich in sie verliebt, Mathieu, ein etwa fünfundzwanzigjähriger Herr; noch hieß er Baron de Vassy, doch war er der Erbe des regierenden Grafen, des betagten Henri de Courcelles. Mathieu schaute ausgezeichnet aus, hatte erlesene Manieren, seine Bemühung war sichtlich mehr als bloße Galanterie, und der Großvater hatte Gilberte oft gehänselt, auch da tue sich ein rascher Weg auf, ihren sehr grünen und noch dazu fragwürdigen Titel in einen ehrwürdig patinierten zu verwandeln. Sie hatte Mathieus Werbung nicht ernst genommen, aber Freude hatte sie daran gehabt.

Das Leben sah sich anders an in Paris als in Ermenonville, sie hatte viel gelernt, ihr war, als sei sie in den paar Wochen um Jahre älter und gescheiter geworden. Sie hatte Jean-Jacques' Ideen an der Wirklichkeit geprüft und manche recht naiv gefunden, und zuweilen war sie sich in all ihrer Jugend weltkundiger vorgekommen als der große, alte Philosoph.

Darin freilich hatte Fernand recht: diese Menschen der Hofgesellschaft und der Pariser Salons waren von Kopf zu Fuß affektiert; kaum einer wagte, Gefühl zu zeigen, das wäre eines Weltmanns nicht würdig gewesen, und auch ihr Mathieu zeigte seine Verliebtheit manchmal so umwegig und verbogen, daß sie Mühe hatte, nicht herauszuplatzen. Oft, inmitten einer glänzenden Gesellschaft, hatte sie an Fernand gedacht. Dann hatte sie wohl gelächelt, doch es war kein ungutes Lächeln gewesen. Sie hatte ihn sehr vermißt, seine knabenhafte, täppische Aufrichtigkeit, seinen Schwung und seine Schwärmereien, seine unverstellten Gefühle.

Nun also war sie zurück in Latour, und er sah sie wieder. Sie war gepudert, sie trug Pflästerchen, sie war schmaler geworden und hatte an Farbe verloren, aber das waren ihre strahlenden Augen, ihr großer, fröhlicher Mund, ihre ganze, ehrliche Schönheit. Und sie sah ihn an, und es war ihr langer, magerer Fernand mit dem Adamsapfel und den ungebärdigen Haaren und den schüchternen und doch so heftigen Augen. Seine Zweifel und Nöte waren fort, ihre Pariser Klugheit und Weltläufigkeit war fort, sie faßten sich an den Händen, langsam, sie küßten sich, scheu zuerst, dann lange und tief.

Gilberte erzählte. Lauter belangloses Zeug. Sie unterbrach sich lachend: „Zehnmal jeden Tag ist mir was passiert, was ich dir durchaus erzählen mußte, und jetzt fällt es mir nicht ein. Erzähl du zuerst“, bat sie.

Sie glaubte zu wissen, was er erzählen werde. Sie hatte lächelnd und gerührt seine langen, schwärmerischen Briefe gelesen; Ähnliches, erwartete sie, werde sie jetzt zu hören bekommen, Verworrenes, Rührendes, leise Lächerliches.

Rasch jedoch verschwand die Fröhlichkeit von ihrem Gesicht. Die Liaison, von der er da sprach, die Liaison mit dieser Madame Rousseau, war – sie erkannte es sogleich – keine belanglose Affäre, sie war ein Finsteres, Bedrohliches. Fernand erzählte mühsam, mit Unterbrechungen, er kämpfte um das genaue, ehrliche Wort, oft stammelte er, er war ein Mensch in Not. Aber darauf achtete Gilberte nicht. Sie sah nur, daß da ein neuer Fernand vor ihr saß, ein Fernand, der ihr und ihrer Liebe Schlimmes angetan hatte. Sie war angefremdet von ihm, beinahe abgestoßen.

Er atmete schwer, er konnte eine ganze Weile nicht fortfahren. Sie half ihm nicht, sie fragte ihn nicht, sie rührte sich nicht. Sie schaute vor sich in den Schoß. Eine beklemmende Stille war.

Er hob schließlich von neuem an, und nun erzählte er von seiner verfänglichen Lektüre der „Bekenntnisse“. Erzählte aufrichtig, wie er sich ins Sommerhaus eingeschlichen und dort gestöbert hatte in den trüben Heimlichkeiten Jean-Jacques', während Therese danebengesessen war, ahnungslos, dumm, verworfen, verführerisch. Erzählte, daß Jean-Jacques nach eigener Handschrift und Bezeugung die Sturheit und Stumpfheit Theresens sehr wohl erkannt hatte und daß niemals eine Gemeinsamschaft im Geiste gewesen war zwischen dem Meister und ihr. Erzählte weiter aus eigenem Wissen von ihrer Liebschaft mit dem wüsten Kerl, dem englischen Stallknecht. Erzählte, wie ihm vor Therese schauderte und wie er von ihr nicht loskam.

Gilbertens Augen wurden dunkel, ihre klare Stirn verfurchte sich, ihr großer Mund schloß sich streng. Der da vor ihr stand, war kein Knabe mehr, es war ein ausgewachsener Mann, an ihm haftete der Schmutz, durch den ein Mann wahrscheinlich durchgehen mußte. Aber der, nach dem sie sich gesehnt hatte, war der Knabe Fernand gewesen; wie sie zu diesem Manne stand, wußte sie nicht.

Er sprach jetzt nicht mehr von sich, sondern von dem Meister, dem neuen Jean-Jacques, den er in den „Bekenntnissen" gesichtet hatte. Und nun floß seine Rede nicht mehr gehemmt. Schwärmerisch verteidigte er den Meister. Arbeitete sich ab, ihr zu zeigen, wie groß Jean-Jacques sei, gerade weil er keine Schwäche verschwieg. Suchte ihr klarzumachen die ungeheuren Leiden, mit denen Jean-Jacques sein ungeheures Werk habe bezahlen müssen.

Gilberte hörte nur mit halbem Ohr. In ihr war nichts als Aufruhr über das, was Fernand ihr von seiner Verknüpfung mit Therese gesagt hatte.

Plötzlich aber spannte sie sich. Denn nun erzählte Fernand, wie Jean-Jacques seine Kinder ausgesetzt habe und warum. Und das, spürte Gilberte, ging sie selber an.

Vor kaum zwei Wochen nämlich, in Paris, als die Comtesse de Montpéraux Gaben ins Findelhaus brachte, hatte sie Gilberte und einen Schwarm anderer junger Herren und Damen eingeladen mitzukommen. Das Findelhaus, das Hospice des Enfants-Trouvés, galt als eine der Sehenswürdigkeiten von Paris. Auf der Fahrt erzählte man Gilberte, welche Besonderheit die Herren und Damen vor allem anzog. Noch immer kam es vor, daß Kavaliere, die gerade nicht bei Gelde waren, unehelichen Nachwuchs ins Findelhaus bringen ließen, und bei dem Rundgang pflegte ein scherzhaftes Rätselraten stattzufinden, ob man wohl und wie weit mit dem oder jenem Insassen verwandt sei. So war es auch diesmal geschehen; Gilberte aber hatte sich zu Recht oder Unrecht getroffen gefühlt und Anspielungen auf ihre fragwürdige Abkunft heraushören wollen, auf ihre Noblesse Bâtarde, ihren Bastard-Adel. Geteilten Gefühles war sie vor der Nische gestanden, in welcher man die Neugeborenen hinterlegte, ein Schubfenster war dahinter, und eine Glocke war da, damit der Überbringer den Kömmling anmelden könne. Vielleicht hatte vor siebzehn oder achtzehn Jahren einer mit dem Gedanken gespielt, Gilberte selber in dieser Nische verschwinden zu lassen. Der Besuch im Findelhaus war kein freundliches Erlebnis gewesen.

Die Spürungen von damals kehrten verstärkt zurück, als sie Fernand berichten hörte von Jean-Jacques' Untat. Und wenn sie geschwiegen hatte, solange er von sich selber und von Therese erzählte, jetzt brach sie aus: „Aber er ist ja ein Ungeheuer, dein Jean-Jacques!"

Darauf war Fernand nicht gefaßt gewesen. Er schluckte. „Das solltest du nicht sagen, Gilberte", brachte er endlich hervor.

Aber sie dachte schon nicht mehr an Jean-Jacques. Was war ihr Jean-Jacques? Hier ging es um sie und Fernand. Sie sah, wie er auf ein Wort von ihr wartete, sah ihn die Hände nervös öffnen und schließen. Mit diesen Händen hatte er an der Frau herumgeschmiert. Während sie inmitten all der Galanterien der hübschen jungen Herren von Saint-Vigor voll Sehnsucht nach ihm gewesen war, hatte er sich herumgewälzt mit dem schmutzigen Weibsbild. Sie kam sich entwürdigt vor, lächerlich. Ihr sonst so fröhliches Gesicht finsterte sich tiefer. Sie setzte zu sprechen an, doch sie fühlte, ein Wort im ersten Zorn konnte ihrer beider Schicksal entscheiden. Sie schwieg.

Fernand saß in Furcht und Spannung. Er hatte die harte Aufgabe des Geständnisses hinter sich, er hatte sich's nicht leicht gemacht, er hatte nicht gelogen, nichts verschwiegen, und nun war es an Gilberte, sie mußte ihn freisprechen oder verurteilen. Er spähte ihr Gesicht aus, und dies war eine andere Gilberte, nie hatte er diese gekannt, sie war erwachsen, wissend, keineswegs gütig, sie war böse. Aber mit Lust und mit Schrecken nahm er wahr, daß er die neue Gilberte noch mehr liebte als die frühere, kindliche, fröhliche.

Ehe er sich's versah, schlug sein Gefühl um, und nun begehrte er sie, wie er manchmal Therese begehrt hatte, mit einer bösen Gier; es verlangte ihn, sie zu erniedrigen, ihre Reinheit zu zertreten, ihre verdammte Unschuld, sie herunterzureißen in seinen Schlamm.

Sie schwieg noch immer. Er hielt das nicht aus. Trat an sie heran. Griff nach ihrer Hand. Sie zog unwillkürlich die Hand weg, rückte von ihm ab.

Es war klar: sie ahnte, was er gespürt hatte. Er schämte sich ins Innerste. Er war verurteilt.

Sie sah sein Elend. Es geschah ihm recht. Es drängte sie, ihm etwas zu sagen, was ihn verwunden sollte, ihm zu sagen, wie gemein er war. Es drängte sie, ihm etwas Freundliches zu sagen, etwas Tröstliches. Sie wußte nicht, was sie wollte.

„Verzeihen Sie, Fernand", sagte sie schließlich, „Sie müssen jetzt gehen. Ich muß das alles bewältigen. Ich muß mit mir ins reine kommen. Lassen Sie mir Zeit. Ich möchte Sie einige Tage nicht sehen."

Opus ultimum

Jean-Jacques hatte sich von jeher am wohlsten gefühlt im Verkehr mit Menschen aus dem Volk, mit Bauern und kleinen Bürgern. Seit dem Verlust der Hündin ging er noch häufiger in die Dörfer der Umgegend, um dort mit den einfachen, unverdorbenen Menschen zu schwatzen. Er beredete mit ihnen die Dinge ihres Alltags, und wenn das Gespräch länger dauerte, gab er ihnen wohl Tabak, um sie für die verlorene Arbeitszeit zu entschädigen. Die Bauern und Gütler hielten den Mann, den ihr Seigneur wie einen Höhergestellten behandelte und der trotzdem mit ihnen wie mit seinesgleichen umging, für verrückt, für „spinnert". Bald aber merkten sie zu ihrer Freude, daß seine Verrücktheit ihnen nützlich war. Er machte sich bei dem Marquis zum Anwalt ihrer Beschwerden, der Seigneur milderte seine militärische Barschheit und kam seinen Bauern seltener mit dem Klopfstock. Ja er erteilte auf die Bitte Jean-Jacques' einer Kätnerstochter die lang verweigerte Genehmigung zur Heirat. Die Großmutter des Mädchens betete fortan täglich für den Herrn Schreiber Rousseau, obwohl der kein Katholik war.

Und obwohl kein Katholik, liebte er's, mit dem Pfarrer Gauchet zu schwatzen. Sie gingen auf und ab, Jean-Jacques sprach von den Segnungen der Toleranz, der Pfarrer schimpfte, wie schwierig und störrisch der Marquis sei, Jean-Jacques sprach von der Größe und Mannigfaltigkeit der Natur, der Pfarrer rühmte ihren Schöpfer, sie kamen gut miteinander aus.

Auch an den Spielen der Dörfler nahm er teil, am Boulespiel und trotz seiner Kurzsichtigkeit sogar am Bogenschießen. An den Sonntagen wurde getanzt, zu Dudelsack und Pfeife, und als einmal die Dame Ganeval den Meister fragte, ob nicht auch er tanze, zierte er sich nicht lange und schwang sich in der Runde.

Oft sah man ihn im Garten der Gastwirtschaft „Zu den Kastanien". Da saß er an einem der ungedeckten Holztische bei einem Schoppen des dunkelgelben Weines, freute sich des Anblicks der bäuerlichen Blumenbeete, fütterte die Enten oder die Fische des kleinen Wassers. Er hatte Zeit für das ehrfürchtig vertrauliche Gewäsch des Wirtes, des Gevatters Maurice, und für jeden Gast, der sich mit ihm unterhalten wollte.

Hier auch, in der Wirtschaft „Zu den Kastanien", vernahm er vom Tode Voltaires, seines großen Kollegen und Freundfeindes. Gevatter Maurice teilte ihm die Nachricht mit; er wußte bereits hundert Einzelheiten. Im Grunde war es die wilde Begeisterung der Pariser, die Voltaire umgebracht hatte, er hatte, mit dreiundachtzig Jahren nach langer Verbannung in seine Heimatstadt zurückgekehrt, den Ovationen nicht standhalten können, mit welchen ihn Paris wochenlang überschüttete.

Auf Jean-Jacques' ausdrucksvollem Gesicht wechselten Bestürzung, leise Genugtuung, tiefe Betrübnis. Ihn selber hatten die Pariser verfolgt wie keinen zweiten, den andern hatten sie gefeiert wie keinen zweiten; vielleicht, aber das ließ Jean-

Jacques nicht Gedanke werden, war das einer der Gründe gewesen, aus denen er, gleich nachdem Voltaire kam, die Stadt verlassen hatte.

Gevatter Maurice jetzt erzählte mit geschwätziger Entrüstung, wie der Haß des Erzbischofs den großen Kämpfer und Philosophen auch im Tode noch verfolgt habe. Wie man ihm eine christliche Beerdigung verweigert habe. Wie die Seinen den Leichnam, um zu verhüten, daß er auf den Schindanger geworfen werde, mit abenteuerlichen, würdelosen Listen heimlich und in Eile aus Paris hätten fortschaffen müssen.

Und jetzt war auf Jean-Jacques' Gesicht nichts als Teilnahme und Empörung. Er gedachte seiner eigenen Fehde mit dem Erzbischof, und wie seine Bücher wieder und nochmals von Henkershand zerrissen und verbrannt worden waren, und er selber übers Land gejagt worden war und aus dem Lande und übers Meer. Er vergaß, mit welch giftigem Haß Voltaire ihn verfolgt hatte, er fühlte sich als Freund und Kamerad des Toten; die Kränkungen, die man diesem angetan, hatte man ihm angetan.

Es verlangte ihn, allein zu sein. Er brach auf. Doch vor dem Garten der Wirtschaft lief er dem Pfarrer Gauchet in den Weg, und der begann sogleich von Voltaire zu sprechen, überschäumend von Haß und Triumph. „Ich höre", jubelte er, „der Ketzer, der Atheist, der Lästerer, ist in Verzweiflung dahingefahren." Gewöhnlich ließ sich Jean-Jacques die unumwundenen Äußerungen des lebhaften Geistlichen gefallen, heute indes, sich eins fühlend mit dem Geschmähten, wies er ihn zurecht: „Wie können Sie es wagen, Pfarrer Gauchet, diesen großen Mann gottlos zu nennen! Gehen Sie sein Werk durch, und Sie finden hundert Stellen, die seine Ehrfurcht vor dem höchsten Wesen bezeugen."

Er machte sich los, suchte die Stille des Parkes. Am Rande des verwilderten Baumgartens setzte er sich auf einen der moosbedeckten Baumstümpfe. Jenseits der Wiese bauten sie an seinem Chalet, das Geräusch der Arbeit kam gedämpft herüber.

Nun er den Toten nicht mehr verteidigen mußte, war in ihm nichts als Groll. Der sehr alte Mann, der da gestorben war, hatte ihm Böses angetan, ihn verhöhnt, ihm die Mächte der Dummheit und brutalen Willkür auf den Hals gehetzt. Aus purem Neid. Und hatte doch keine Ursache gehabt; er hatte hoch im Ruhm gelebt, im Reichtum, im Glück. Seine, Jean-Jacques', Geltung und Gaben waren verdämmert vor Voltaires Geist, Witz und Spott; in ihm, in dem Toten, hatte die Welt den höchsten Gipfel der Wissenschaft und Kunst gesehen.

Aber gerade an ihm hatte sich jene Wahrheit erwiesen, die er, Jean-Jacques, verkündete: daß nämlich Wissenschaft und Kunst den Menschen in Verderbnis führen. Denn er, Jean-Jacques, hatte gelogen, als er, den toten Gegner großherzig verteidigend, dem Pfarrer versicherte, Voltaire habe geglaubt. Voltaire hatte keinen Glauben gehabt. Er war im Grunde ein armer Hund gewesen, böse, giftig, rastlos, sich und der Welt ein Schaden. Er hatte nur Geist gehabt und keine Seele.

Und jetzt war um ihn nichts als Dunkel.

Jean-Jacques, mit bohrender Phantasie, stellte sich das Dunkel vor um des Toten zerfallenden Leib. Der helle Rand des Gehölzes, die ansteigende Wiese verloren ihr Licht, da er an die Leere und Nacht um den toten Voltaire dachte, die weißen Sommerwolken rekelten sich grau, faul und bedrohlich, das Säuseln des Windes wurde trübes Gequarre, die Geräusche der Arbeit um das Sennhaus wurden dumpf, als schlüge man auf einen Sargdeckel. Alles ringsum atmete Verwesung.

Jean-Jacques riß sich los aus seinem Geträume. Das Hämmern um das Chalet klang ihm wie vorher, hell, kräftig, tröstlich. Dort bauten sie an seinem Hause. Er lebte, und der Rahmen für ein gutes, stilles Alter wurde ihm bereitet.

Er kehrte die Gedanken ab von dem toten Freundfeind und meditierte in sanfter, schwebender Melancholie weiter übers Sterben. Er wußte, was Sterben war, er war oft gestorben, süß und schmerzlos, verglimmend wie ein Licht, verwehend wie ein Ton, er war gestorben, als er jene Sätze dichtete, in denen seine Julie starb, er wußte, es war nichts Schreckliches um den Tod.

Dann, gegen seinen Willen, hob er von neuem an, sich mit Voltaire auseinanderzusetzen. Wenn diesem soviel Haß nachgeschleudert wurde, dann trug er selber die Schuld daran. Er hatte Witz gehabt – und hatte ihn nur benutzt, das Bild der Welt zu verzerren. Alles war ihm zum eigenen Bild geworden, eitel, kleinlich, hämisch. Er hatte sich begnügt, ein großer Schriftsteller zu sein: und was war das schon?

Wie wenig es war, das wußte niemand besser als er, Jean-Jacques. Er hatte seinen Ruhm immer nur als Bürde empfunden. Als er Paris verließ, hatte er sich gefreut, daß er jetzt in den Frieden eingehen und kein Buch mehr werde schreiben müssen.

Nun indes der andere tot und kein großer Schriftsteller mehr in der Welt war, nur er selber, hatte er da nicht das Amt, noch einen letzten Stein zum Bau zu tragen? Er hatte von seinem Kampf erzählt und von seinen Erkenntnissen: mußte er nicht ein letztes Buch schreiben, das Buch seines Friedens und seines Verzichtes?

Schon als er nach Hause ging, formten sich ihm die Sätze. Er sprach sie vor sich hin, sie wendend und wandelnd, sich freuend des Tonfalls.

Kaum im Sommerhaus angekommen, begann er zu schreiben. Durch die offenen Fenster hörte er das Wehen des Windes, das Rauschen der Bäume, das Plätschern des Baches Nonette, in das Gezwitscher der Vögel draußen mischte sich das Schmettern seiner Kanarienvögel: er schrieb. Schrieb auf schönes, goldumrandetes Papier, er liebte schönes Schreibpapier. Schrieb mit zierlichen, kräftigen Buchstaben. Schrieb lächelnd. Leicht flossen ihm die Worte aus der Feder.

Die Arbeit packte ihn, er war besessen davon. Wo immer er war, arbeitete er, fand und formte. Er aß nicht, er schlief wenig, er arbeitete.

Diese Besessenheit ließ ihn nicht wahrnehmen, daß ihn Fernand nach wie vor vermied. Und als ihm eines Tages

Fernand unvermutet in den Gärten begegnete, war Jean-Jacques so eingesponnen in sich selber und in seine Arbeit, daß er die Befangenheit des Jungen nicht wahrnahm. „Denken Sie, Fernand“, rief er, „ich schreibe wieder. Ich schreibe über meine Spaziergänge und meine Träumereien.“

Fernand war glücklich, daß ihm Jean-Jacques durch keine leiseste Andeutung sein langes Fernbleiben vorwarf, ja er dachte daran, ihm von seinem Zerwürfnis mit Gilberte zu sprechen und wie schwer es sei, daß Menschen, auch die Nächsten, einander begriffen. Jean-Jacques indes hatte seine Gegenwart vergessen, er war vertieft in sich selber, redete nur mit sich selber. „Ich darf mein sonderbares Glück den andern nicht vorenthalten“, meditierte er. „Alle sollen wissen von jenen guten Stunden der Entrücktheit und sie mitfühlen.“ Und er sprach vor sich hin, murmelte, lächelte, gestikulierte; offenbar arbeitete er an seinem Werk.

Fernand wollte sich still davonmachen. Aber Jean-Jacques hielt ihn zurück: „Nein, nein, gehen Sie nicht fort!“ Und so begleitete ihn Fernand weiter, während Jean-Jacques der Lichtung zuging, der Waldblöße mit dem Echo.

Dort saßen sie dann, und Jean-Jacques mit seiner tiefen, nicht lauten Stimme sprach vor sich hin. Fernand, zuerst noch verstrickt in seine Grübeleien um Gilberte, hörte nur halben Ohres zu. Langsam indes spannen die Worte Jean-Jacques' ihn ein, sie waren Musik, sie gingen ihm ohne Umweg ins Herz. Wie hatte der Mann, der, sich zerfleischend, die fieberischen Begebenheiten der „Bekenntnisse“ aufgezeichnet hatte, es zuwege gebracht, so himmlischen Frieden zu finden? Fernand vergaß Gilberte, er ließ sich einlullen von der innigen Weisheit Jean-Jacques', er schloß die Augen, er hatte teil an der Schau des Meisters, spürte wie er die simpel erhabene Ruhe der Natur, spürte wie er Verbundenheit mit den Bäumen und dem Getier.

Allmählich aber floß in Jean-Jacques' Stille der alte Wahn. „Mag weiter die ganze Welt sich verschwören, mich zu verfolgen“, sinnierte er, „es ficht mich nicht mehr an. Ich habe mich zurechtgesetzt im Schatten meiner Leiden, hoffnungslos und ruhevoll. Manchmal wünsche ich noch, daß die Qualen, die ich erlitt, den Späteren zugute kommen, wie die Passion des Sokrates, des Jesus von Nazareth. Aber wenn die Feinde meine Aufzeichnungen zerstören und meine Leiden umsonst gewesen sind: auch damit habe ich mich abgefunden. Auf alles verzichte ich."

„Allein auf Erden bin ich", träumte er weiter, „ich habe keinen Bruder, keinen Nächsten, keinen Freund, keinen Gefährten, nur mich selber. Ja", und er schaute blicklos tief auf Fernand, „der Geselligste, der Freundlichste aller Menschen ist geächtet durch einmütigen Beschluß. So lebe ich vor mich hin, für ewig zur Einsamkeit verdammt, still in der Tiefe des Abgrunds, ein Sterblicher, unselig, doch keiner Erschütterung mehr zugänglich, gleich Gott."

Grauen kam Fernand an. Gebannt starrte er auf diesen Wahnsinnigen und Weisen, der dasaß, mild und trüb und reglos, gesprenkelt von Sonne und Schatten, wunderbare Sätze formend, sein Innerstes aus sich herausgrabend.

Über der Lichtung lag heiße, drohende Stille, Mücken tanzten in der flirrenden Luft. Jean-Jacques' Augen, die tiefen, wunderbaren, waren auf Fernand gerichtet, sahen ihn und sahen ihn nicht. Diese Augen, welche tausend Dinge erblickten, die kein anderer wahrnahm, das Nächste, Greifbare sahen sie nicht. Vage Erinnerungen stiegen in Fernand auf an Geschichten, die er hatte lernen müssen. Die Alten stellten ihre Seher blind dar; Teiresias war blind, Homer war blind, Oedipus, der die Rätsel der Sphinx löste, blendete sich selber.

„Ich erwarte nichts mehr", sagte Jean-Jacques vor sich hin, „ich lebe in der Tiefe und bin zufrieden. Ich verzichte, ich verzichte von ganzem Herzen." Er verstummte. Er saß da, mild und verwunschen, drehend in der Mühle seines Wahnes.

Ein Gewühl von Gedanken und Spürungen fiel Fernand an, Mitleid, Verehrung, Schrecken, ja eine leise Lust zu lachen. Er konnte die sehend blinden Augen Jean-Jacques' nicht mehr ertragen, konnte die dunkle, sanfte Stimme nicht mehr ertragen, die vor sich hin sprach: „Ich verzichte, ich verzichte." Er wollte sich fortmachen, aber er wagte es nicht.

Jean-Jacques war wieder verstummt. Er hockte Fernand gegenüber, friedlich, im Schatten der Schwarzkiefer, und spielte lässig mit seinem Stock. Es war heiß. Beide schwiegen.

Fernand ertrug es nicht länger. Er begann zu reden, hastig, und, vielleicht um ein Band zu schaffen zwischen sich und Jean-Jacques, erzählte er unvermittelt von Bösem, das er selbst erlebt hatte, von den Jahren in der Kriegsakademie. Erzählte von den Leiden, die alle ihm zugefügt hatten, Vorgesetzte und Kameraden, gerade weil er der Sohn des Seigneurs von Ermenonville war. Vor allem sei da ein Sergeant gewesen, der Turnlehrer, ein Veteran, ein etwa vierzigjähriger Mensch, roh, muskelstark und fett, mit rosiger Haut, der habe ihn gehaßt, ihn verfolgt mit allen Tücken, ihn beim Unterricht schmerzhaft gequält, mit Stößen der Faust und des Fußes, die als „Hilfen" maskiert waren. Es seien zwei schlimme Jahre gewesen, voll von Bosheit und Ungerechtigkeit, von Mißhandlungen des Körpers und der Seele. „Die Menschen sind böse", schloß er, hilflos, verzweifelt, selber böse.

Jean-Jacques richtete die herrlich jungen, lebendigen Augen auf ihn. „Die Menschen sind böse", sagte er, „da haben Sie recht. Aber der Mensch ist gut. Der Mensch ist gut!" wiederholte er, leidenschaftlich, inbrünstig.

Ja, er glaubte in diesen Tagen tiefer an das eingeboren Gute als jemals vorher. Der Sommer war ungewöhnlich schön, eine Folge klarer, nicht zu heißer Tage, und die erregte, glühende Freude an der Arbeit hielt an.

Er wird lange hierbleiben in diesem gesegneten Ermenonville, tief in den Winter hinein, vielleicht über den Winter, vielleicht für den Rest seines Lebens. Er wird sein Botanisches Lexikon vollenden, auch die kleine Oper. Und er wird alle die Lieder sichten und sammeln, die er in den letzten Jahren vertont hat.

Immer neue Pläne kamen ihm. Er wird eine Ergänzung schreiben zu seinem Erziehungsroman „Émile". Er hatte bei den Spaziergängen mit Fernand mancherlei Neues gelernt über das Fühlen und Denken junger Menschen.

Schade, daß sich Fernand, der bei ihrem letzten Zusammensein so aufgeschlossen war, seither so selten sehen ließ. Es lag wohl an seinen siebenundsechzig Jahren; der junge Mensch konnte sich nicht einfühlen in seine milde und verzweifelte Altersresignation.

Daß aber und wie sehr trotz seinem Alter die Jugend an ihm hing, sollte Jean-Jacques gerade jetzt noch einmal erfahren.

An einem dieser schönen Sommertage nämlich, da er botanisierend den See entlangging und sich nach einer Blume bückte, trat plötzlich ein junger Mensch auf ihn zu und fragte: „Darf ich Ihnen helfen? Darf ich Ihnen Ihre Bücher tragen?" Jean-Jacques, leicht verstört, fragte zurück: „Wer sind Sie? Was wollen Sie?" – „Ich bin Student", antwortete der junge Mensch, „ich studiere die Rechte, und nun ich Sie gesehen habe, will ich nichts mehr in Ermenonville; alle meine Träume haben sich erfüllt."

Jean-Jacques, mit mildem Hohn, sagte: „So jung und schon solch ein Schmeichler." Der Fremde, übers ganze Gesicht errötend, verteidigte sich: „Ich bin zehn Stunden zu Fuß gegangen, Monsieur Jean-Jacques, nicht um Ihnen Komplimente zu machen, sondern um mir das Glück Ihres Anblicks zu verschaffen." Jean-Jacques, lächelnd, ein wenig bösartig, antwortete: „Zehn Stunden zu Fuß, damit können Sie mir nicht imponieren, Monsieur. Ich, ein alter Mann, schrecke vor erheblich längeren Fußreisen nicht zurück."

Dann aber trat er ganz nahe an den andern heran und beschaute ihn aus seinen kurzsichtigen Augen. Der Fremde war sehr jung, seine Stirn war breit und eigensinnig, die Haare hatte er in die Stirn gestrichen, er hielt die Augen brennend und ehrfürchtig auf Jean-Jacques. „Sie schauen aufrichtig aus, junger Herr", sagte dieser schließlich. „Nichts für ungut, daß ich Sie nicht besser empfangen habe. Aber ich muß mich wehren gegen müßige Gaffer. Paris drängt in meine Stille, mich zu besichtigen, mich zu behelligen. Paris gönnt mir kein friedliches Alter." – „Lassen Sie mich Ihnen versichern", antwortete ehrerbietig der andere, „es ist nicht müßige Neugier, die uns, die Jugend Frankreichs, zu Ihnen treibt. Wir lieben Sie voll heißer Bewunderung. Wir brauchen Ihren Rat, Ihre Ideen, wenn wir leben sollen." – „Schön", sagte Jean-Jacques, „wenn Sie wollen, begleiten Sie mich hier durch die Gärten, und wir schwatzen. Aber ich fürchte, Sie werden wenig von Politik zu hören bekommen. Ich erzähle Ihnen lieber von den Bäumen und von den Blumen. Sie werden sehen, mein Freund, die Botanik ist die liebenswürdigste aller Wissenschaften."

Der junge Mensch begleitete ihn, er fragte wenig, er hörte aufmerksam zu.

Zuletzt, spürend, daß ein Freund neben ihm ging, redete Jean-Jacques von dem, was ihn stets bedrückte: wie man ihn mißverstehe, wie alles, was er schreibe, verdreht und um Sinn und Wirkung gebracht werde, welch einen aussichtslosen Kampf er, der einzelne, führe gegen die Fühllosigkeit aller.

Der junge Mensch widersprach glühend. „Sie keine Wirkung!" rief er. „Aber Sie sind uns nahe! Das Volk liebt Sie! Die andern, die Diderot und Raynal und wie die geistreichen Schreiber alle heißen, sogar der große Voltaire, schreiben für die wenigen. Diese Herren verstehen das Volk nicht, und das Volk versteht sie nicht. Ihre Sprache, Meister, versteht ein jeder. ‚Der Mensch ist frei geboren – und ist überall in Ketten!' das begreift ein jeder. ‚Freiheit, Gleichheit, Brüderlichkeit!' das begreift ein jeder. Jene andern heißt das Land respektvoll Monsieur Voltaire oder Monsieur Diderot. Sie, Meister, sind für Frankreich, für die ganze Welt sind Sie Jean-Jacques. Keinem andern ward solche Ehre zuteil. Sie tragen nur den Vornamen, gleich dem König." Er unterbrach sich: „Welch unbesonnener Vergleich! Verzeihen Sie mir. Ich weiß doch, was Sie von den Königen denken, unauslöschlich hat sich's mir eingeprägt", und er zitierte: „‚Es ist unbestreitbar, daß die Völker Könige eingesetzt haben, um ihre Freiheit zu schützen, nicht, um sie zu vernichten.' Ich schwöre Ihnen: wir, die Jugend Frankreichs, werden dafür sorgen, daß sich Ihre Worte ins Sichtbare verwandeln, in Taten. Sie haben uns den Weg gezeigt, wir werden ihn gehen. Wir, die Jeans und die Jacques, werden Louis durch Jean-Jacques ersetzen."

Jean-Jacques hörte lächelnd zu. „Den Bäumen von Ermenonville", sagte er, „können Sie dergleichen ungestraft erzählen. Aber in Paris lassen Sie ja niemand davon hören. Sonst, junger Herr, werden Sie bestimmt nicht alt genug, Ihre Phantasien zu verwirklichen."

Der Student hatte Jean-Jacques durch den Überschwang seiner Gefühle an Fernand erinnert. Schalkhaft sagte er: „Wenn Sie mir eine Freude machen wollen, dann pflücken Sie mir ein wenig Mouron für meine Kanarienvögel."

Aber als der Fremde, sich verabschiedend, fragte, ob er wiederkommen dürfe, bezwang sich Jean-Jacques und lehnte ab. „Ich fürchte, mein Freund", sagte er, „ich würde mich an Sie gewöhnen. Ich darf mir neue Freundschaften nicht erlauben, ich könnte neue Enttäuschungen nicht ertragen."

Der andere verneigte sich tief und ging.

Wieder in Paris, schrieb der Student – er war neunzehn Jahre alt, aus der Stadt Arras und hieß Maximilien Robespierre – in sein Tagebuch:

„Ich habe Jean-Jacques gesehen, den Bürger von Genf, den Größten unter den Lebenden. Ich bin noch ganz voll von freudigem Stolz: er hat mich seinen Freund genannt!

Edler Mann, du hast mich gelehrt, die Großheit der Natur erkennen und die ewigen Prinzipien der gesellschaftlichen Ordnung.

Aber ich habe in deinen erhabenen Zügen auch die Furchen des Kummers erblickt, in den die Ungerechtigkeit der Menschen dich verdammt hat. An dir habe ich mit diesen meinen Augen gesehen, wie die Welt das Streben nach Wahrheit lohnt.

Trotzdem werde ich deiner Spur folgen.

Das alte Gebäude zerfällt. Wir werden, deinen Lehren getreu, die Hacke gebrauchen, es völlig zu zerstoßen, und die Steine herbeitragen, ein neues Haus aufzurichten, herrlich, wie die Welt noch keines gesehen hat. Vielleicht werden ich und andere für solch ein Unternehmen zahlen müssen mit schwärzestem Unglück oder auch mit vorzeitigem Tod. Es schreckt mich nicht. Du hast mich deinen Freund genannt: ich werde mich dessen würdig zeigen."

Zweiter Teil

Der tote Jean-Jacques

Vitam impendere vero
Das Leben der Wahrheit weihen.

Juvenal – Jean-Jacques Rousseau

Eine nützliche Lüge ist besser
als eine unnützliche Wahrheit.

Französische Volksweisheit

Ein dunkler Abend
Ein betrogener Betrüger
Späte Reue
Leichenschau
Grablegung
Erbschaftsorgen
Die gefährliche Wahrheit
Austreibung des Bösen
Königliche Komödie
Fernand sieht das Licht
Fernand handelt

Ein dunkler Abend

Als Fernand hörte, die beiden Frauen würden nach Senlis fahren, nahm er sich vor, ihre Abwesenheit zu nützen und Jean-Jacques zum Spaziergang abzuholen; er glaubte, er werde sich weniger befangen geben, wenn er Therese fern wisse. Aber er zögerte lange herum, und als er ins Sommerhaus kam, war Jean-Jacques bereits fort. Er suchte seine Lieblingsstätten auf und fand ihn nicht. Er schlenderte ins Dorf. Im Garten der Wirtschaft „Zu den Kastanien" sah er den Gevatter Maurice. Er fragte ihn, ob Jean-Jacques vorbeigekommen sei. Maurice bejahte; doch habe sich, fügte er geschwätzig hinzu, Monsieur Jean-Jacques heute nur kurz aufgehalten, er habe gesagt, es verlange ihn an die Arbeit, und er sei gleich nach Hause.

Den Meister beim Schreiben zu stören, ging nicht an. Aber es kam vor, daß er in den Arbeitspausen Klavier spielte, und während des Musizierens bei ihm einzutreten, hätte Fernand kein Bedenken getragen. Er ging zum Sommerhaus. Es war verschlossen, und nichts tönte heraus als das Singen der Kanarienvögel. Fernand ärgerte sich, daß er Jean-Jacques verfehlt hatte, doch ein wenig war es ihm auch willkommen. Mit einem Achselzucken des Bedauerns und der Befreiung ging er weg.

Nach dem Mittagessen las er mit Monsieur Gerber im Tacitus. Dann lief er wieder in den Gärten herum, auch jetzt fand er Jean-Jacques nicht. Er schwamm im See, setzte sich unter den Weidenbaum, wartete lange.

Man aß früh zu Abend. Der Marquis war vergnügt, auch Monsieur Gerber war gesprächig. Er erzählte, Jean-Jacques habe ihm vorgestern einige der Lieder vorgespielt, die er hier in Ermenonville vertont hatte. Bestimmt nicht wollte Monsieur Gerber mit dem Vertrauen des Meisters großtun, aber es kränkte Fernand, daß nicht er als erster die Lieder gehört hatte. Monsieur de Girardin meinte, er werde Jean-Jacques demnächst einmal zu einem Musikabend bitten.

Man sprach von anderem. Gerber rühmte, wie mühelos Fernand den Tacitus lese. Der Marquis regte an, das Gespräch eine Weile lateinisch zu führen. Das tat man unter mancherlei Scherzen; auch Fernand heiterte sich auf. Es wurde ein fröhlicher Abend.

Allein noch bevor die Nacht kam, war alles grausig verändert. Aus der Halle des Schlosses ertönte Geschrei und Gejammer, die Leute liefen zusammen. Und da war Therese, eine Therese, wie sie keiner gekannt hatte. Die sonst so ruhige, dumpfe Frau war voll von panischem Entsetzen. Ihr Kleid, ein hübsches, helles Kleid, das sie auf dem Ausflug nach Senlis getragen hatte, zeigte Flecken, bräunlichrote Flecken, Blutflecken.

Was war geschehen? Hatte sie sich verletzt? Nein, nicht sie: Jean-Jacques. Hatte Jean-Jacques einen Anfall gehabt? Vielleicht. Er rührte sich nicht mehr. Er war kalt und steif. Er war – tot. Niemand begriff. „Steif und kalt und tot", wiederholte Therese.

Monsieur de Girardin, tatgewohnt, gab Befehle. „Du, Paul, läufst sogleich hinüber zu Doktor Chenu, du, Gaspard, reitest nach Senlis und bringst mir den Doktor Villeron! Schafft sie mir her, beide, unter allen Umständen!"

Dann lief er hinüber ins Sommerhaus; mit ihm Fernand, Monsieur Gerber, andere.

Madame Levasseur war mittlerweile allein im Sommerhaus geblieben mit dem toten Jean-Jacques. Als sie den armen Narren in seinem Blute gefunden hatte, war sie gräßlich erschrokken. Ihr nächster Impuls war gewesen, nichts zu tun, alles laufen zu lassen, dann würde der hundsgemeine Schuft am Galgen enden oder auf dem Rad. Therese indessen hatte sogleich losgeschrien, und es waren diese Schreie gewesen, die Madame Levasseur zur Besinnung brachten. Ihre dumme Therese durfte sich gehenlassen; sie, die Alte, Dreiundsiebzigjährige, mußte denken, furchtbar schnell und richtig.

Der Lumpenkerl hatte dem Herrn Schwiegersohn nicht etwa einfach den Schädel eingeschlagen, er hatte vielmehr den Toten säuberlich vor dem Kamin zurechtgelegt, daß man annehmen konnte, der habe sich, zusammenstürzend, an der Kante des Mantels verletzt. Offenbar hatte ihr der Lump einen Deut geben wollen. Wenn sie gegen ihn, den Nicolas, Verdacht äußerte, dann mußten notwendigerweise die Beziehungen Theresens zu ihm erörtert werden, und dann war alles futsch, nicht nur für den Lumpen, auch für Therese.

Dies hatte die Alte in wenigen Sekunden bedacht, und sie hatte erkannt: der Lump hatte klug und richtig kalkuliert, sie konnte nicht an ihn heran, ja sie mußte sich vor ihn stellen. Fürs erste.

Sie ließ Therese scharf an: „Hilf mir ihn aufs Bett legen!"

Therese, über all dem Blut, hatte von neuem losgeheult. Und dieses Mal hatte die Alte nichts dawidergehabt, sie hatte sie flennen und heulen lassen, aus dem Hause stürzen, nach dem Schloß hinüberlaufen. Und nun war sie allein. Aber gleich wird sie nicht mehr allein sein, gleich werden alle da sein, und bis dahin mußte sie die halbwegs glaubhafte Geschichte, welche der Schuft vorbereitet hatte, zu einer vollends glaubhaften zurechtzimmern.

Das erste war, daß sie in jagender Eile die Truhe untersuchte. Sie waren da, die kostbaren, von dem Narren vollgeschriebenen Papiere; der Hundsfott war klug gewesen und hatte sie liegenlassen.

Sie setzte sich, sie fühlte sich sehr schwach. Aber sie mußte sich zusammennehmen, sie mußte jetzt denken, scharf und richtig, sie durfte sich auf keinem Widerspruch erwischen lassen. Nur gut, daß ihr Kopf besser funktionierte als ihre Beine.

Da kam auch schon der Marquis. Und da kamen die andern.

Es war dämmerig im Sommerhaus, aber Girardin sah sogleich, der Boden war voll von Blutflecken. „Was ist?“ fragte er. „Wo ist er?“ Madame Levasseur wies nach dem Alkoven, der in halber Dunkelheit lag. „Wir haben ihn aufs Bett gelegt“, sagte sie. Der Marquis, zögernd, trat näher. Langsam gewöhnten sich seine Augen an die Dunkelheit. Jean-Jacques lag auf dem Bett, im Schlafrock, das hagere Gesicht verklebt mit trockenem Blut.

Bei diesem Anblick setzten Girardins Gedanken aus, er starrte sinnlos, er hörte nicht; zum erstenmal in seinem Leben war ihm, er werde im nächsten Augenblick umfallen.

Madame Levasseur hatte weitergesprochen. „Was sagten Sie, Madame? Wie bitte, Madame?“ fragte er, sich zusammenreißend. „Wir haben ihn am Boden liegend gefunden“, erklärte Madame Levasseur, „hier beim Kamin. Wir haben ihn aufgehoben und aufs Bett gelegt. Ich hab es eigentlich allein tun müssen, Therese war kaum zu brauchen, aber er ist ja sehr leicht. Er war schon ganz kalt, und das Blut war trocken. Wir haben uns trotzdem blutig gemacht, wie Sie sehen.“ Der Marquis trat etwas näher an das Bett heran. „Er hat es sich rechts getan, scheint es“, sagte Madame Levasseur, „es geht über die ganze rechte Schläfe.“ – „Und das Haus war versperrt, als Sie von Senlis zurückkamen?“ fragte der Marquis. „Ja“, antwortete Madame Levasseur, und sie erläuterte: „Ich denke mir's so: er hat einen Schlaganfall gehabt und ist beim Zusammenstürzen gegen die Kante des Kamins gefallen.“

In seinem Innern atmete der Marquis auf; eine solche Erklärung war glaubhaft, sie mußte glaubhaft sein. Er trat noch näher an die Leiche heran. Er hatte auf dem Schlachtfeld viele schauerliche Wunden gesehen, doch dieser blutverkrustete Kopf war der wüsteste Anblick seines Lebens. „Ja, es war wohl die rechte Schläfe“, sagte er, ziemlich sinnlos.

Jahre hindurch nun hatte er in Frieden gelebt, einverstanden mit sich und im Grunde auch mit der Welt; so traf ihn das dunkle Ende Jean-Jacques' mit doppelter Wucht. Unversehens war, was er als die freudvollste Begebenheit seines Daseins angesehen hatte, Jean-Jacques' Besuch, in schwarzes

Unheil umgeschlagen. Der große, sanfte Meister war jählings und blutig herausgerissen aus dem Frieden, den er endlich hier bei ihm gefunden hatte. Und er selber, Girardin, fühlte sich in das Schreckliche hineinverwickelt, er wußte freilich nicht wie und wollte es nicht wissen.

Er mußte andere aufrufen, an seinem Schmerz teilzunehmen. „Du warst ihm sehr nahe, mein Sohn", sagte er. „Schau ihn dir an. Tritt her und scheu nicht den Anblick."

Fernand hatte immer wieder hinstarren müssen auf Theresens blutbeflecktes Kleid. Er spürte Abscheu vor ihr, er mußte seine ganze Vernunft zusammennehmen, um einzusehen, daß nicht sie dieses Blut vergossen hatte. Sie und die Alte waren fort gewesen, in Senlis, sie hatten ihr gültiges Alibi. Der Schuldige war er. Seitdem die Hündin verschwunden war, hatte er's gewußt: Jean-Jacques war in Gefahr. Gerade heute hatte eine Ahnung ihm gesagt, daß er Jean-Jacques aufsuchen und ihn hüten müsse. Aber er hatte die Peinlichkeit des ersten Grußes gescheut und hatte absichtlich gezögert. Er trug die Schuld an dem Gräßlichen.

Er trat an die Leiche heran, wie der Vater ihn geheißen hatte. Da lag sein Freund. Er hatte ihm seine Liebe angetragen, aber sein, Fernands, Herz war träge gewesen, er war nicht fähig gewesen, genug zu lieben. Er starrte auf den blutverkrusteten Kopf. Die Gedanken vergingen ihm, er wurde beinahe stumpf vor Schmerz, er hatte nie geglaubt, daß es so furchtbaren Schmerz geben könne.

Girardin mittlerweile riß sich zusammen. Er hatte Pflichten vor dem Toten und vor sich selber. Wenn schon er zurückschrak vor dem Anblick der blutigen Leiche, wie werden sich dann erst die andern sträuben, die vernünftige Erklärung Madame Levasseurs anzunehmen. Sie werden billige Märchen erfinden um dieses Blut. Er mußte darauf achten, daß Vernunft obsiegte über Fabel, Phantasie und Aberglauben. Das Gefühl der Pflicht und Verantwortung verdrängte seinen Schmerz.

Da war auch schon der Maître Chirurgien von Ermenonville, Chenu. „Ich fürchte, wird sind alle zu spät gekommen,

Doktor“, sagte Girardin und trat mit ihm an die Leiche. Doktor Chenu, nach kürzester Untersuchung, zuckte die Achseln und erklärte, Monsieur Rousseau müsse schon seit Stunden tot sein, seit vier oder fünf Stunden. Der Marquis, eilig, sagte: „Ein furchtbarer Anblick, nicht wahr? Aber alles erklärt sich natürlich. Das Haus war verschlossen. Jean-Jacques war allein, als ihn der Schlagfluß ereilte. Er hat sich beim Zusammenstürzen an der scharfen Kante des Kaminmantels verletzt. So meint es Madame Levasseur, so wird es wohl gewesen sein.“ Er sprach erregt. „Ja, so mag es wohl gewesen sein“, stimmte etwas schwunglos der Maître Chirurgien von Ermenonville dem Seigneur von Ermenonville zu.

Mit Unbehagen sah Girardin, daß der ganze Raum voll von Menschen war. Pfarrer Gauchet war da, der Maire Martin von Ermenonville, und zu den Fenstern schauten Köpfe herein, Leute aus dem Schloß, Leute aus dem Dorf.

Doktor Chenu, mit gedämpfter Stimme, meinte, es wäre vielleicht angebracht, Monsieur Bonnet zu benachrichtigen, den Procureur Fiscal von Ermenonville, wegen der Totenschau. Der Marquis hörte es mit Unbehagen. Mit dem Procureur Fiscal hatte er oft Streitigkeiten gehabt. Allein der Doktor hatte recht, der Fiscal mußte benachrichtigt werden, so war's die Vorschrift, und es war auch nötig, damit sich nicht alberne Gerüchte verbreiteten. Man schickte nach Monsieur Bonnet.

In seinem Innern war Girardin jetzt ganz sicher, daß die Feinde alberne Gerüchte aussprengen würden; man wird auch nicht davor zurückschrecken, ihn selber, den Marquis, zu verdächtigen, er habe seinen Gast nicht sorgsam genug gehütet. Der Zorn des stolzen Mannes, wenn er daran dachte, war beinahe so heiß wie sein Schmerz. Und immer mehr Menschen kamen, und sie flüsterten einer mit dem andern, und in ihr Gewisper hinein schmetterten unbekümmert die Kanarienvögel. „Bringen Sie doch wenigstens die Vögel zum Schweigen!“ forderte Girardin Madame Levasseur auf, nervös und lauter, als er's wollte. Die Alte, ohne zu erwidern, deckte ein Tuch über das Bauer.

Dann gab sie Therese, die leeren Gesichtes, leicht offenen Mundes, vollkommen gebrochen, in einem Winkel hockte, mit leiser Stimme eine Weisung. Und: „Machen Sie doch bitte Platz“, sagte sie zu denen, die in der Nähe des Kamins standen. Therese hatte ein kleines Schaff mit Wasser herbeigeholt und wischte nun das Blut vom Boden. Keiner half. Alle schauten zu und schwiegen.

Jetzt halten sie den Mund, dachte der Marquis. Aber sowie sie draußen sind, reißen sie ihn auf. Und jetzt wissen sie es auch schon in Senlis, und bald wohl auch in Louvres. Posthalter Payen ist ein Schwatzmaul, er erzählt es in giftiger Verbrämung, er erzählt es allen seinen Reisenden, in Louvres haben sie alle Aufenthalt. Noch bevor der Tag zu Ende ist, wissen sie es in Paris. Es ist ein langer Tag.

Der Tag war lang, ein endlos langer Hochsommertag, und es kamen immer mehr Leute ins Haus. Für jeden, der ging, kamen drei neue, und immer neue Köpfe waren in den Fenstern. Am liebsten hätte der Marquis die Leute hinausgewiesen, aber das ging wohl nicht an.

Jetzt traf der Procureur Fiscal ein, der Distriktsanwalt, Monsieur Bonnet. Er hatte, das war seine Pflicht, einen Arzt mitgebracht, eben jenen Doktor Villeron, nach dem der Marquis geschickt hatte. Der Beamte grüßte höflich. Der Marquis, gegen seinen Willen, nahm eine gespannte Miene an, der Mund wurde ihm trocken, es galt jetzt, vorsichtig zu sein.

Der Procureur stellte einige sachliche Fragen an die Frauen. Therese saß teilnahmslos da, Madame Levasseur antwortete. Alle hörten aufmerksam zu. Was sie äußerte, war verständig, es war schwerlich etwas dagegen vorzubringen. Ja, das Haus war versperrt gewesen wie immer, Schloß und Riegel vollkommen intakt, die Fenster geschlossen; Jean-Jacques hatte sie wohl wegen der Hitze zugemacht. Sie hatten ihn am Boden liegend gefunden, so schrecklich blutig, wie er jetzt war. Sie selber waren den ganzen Tag in Senlis gewesen, sie hatten Besorgungen gemacht, sie nannte die Läden, wo sie eingekauft hatten; den Besuch bei Maître Gibert erwähnte sie nicht. Dann wiederholte sie ihre Vermutung vom Schlagfluß und dem Kamin.

„Das ist auch die Meinung Doktor Chenus", beeilte sich Girardin zu bekräftigen.

Welcher ungerufene Lümmel aber mischte sich jetzt ein? Der Gevatter Maurice von den „Kastanien", sein Pächter, sein Untergebener! „Ich bin wohl derjenige, der den so gräßlich Verewigten zuletzt gesehen hat", wandte er sich an den Procureur, sich unnützlich machend. „Ich habe alle seine Werke siebenmal gelesen, und ich darf sagen, er hat sich gern mit mir unterhalten. Monsieur Jean-Jacques sah höchst wohlbefindlich aus heute morgen, als er vorbeikam, es ist mir aufgefallen, wie wohlbefindlich. Nicht im geringsten angegriffen, Herr Procureur. Es ist ganz unerklärlich, daß er jetzt auf einmal tot daliegt." – „Danke, mein Freund", sagte der Procureur, „wir werden uns an Sie halten, wenn wir was zu fragen haben." Und: „Wollen Sie, bitte, die Leiche untersuchen", forderte er Doktor Villeron auf. Der trat an die Leiche heran. „Es ist eigentlich keine andere Erklärung denkbar als die Madame Levasseurs", sagte autoritär der Marquis.

Der Arzt, nach kurzer Untersuchung, meinte: „Es ist sehr wohl möglich, daß der von Madame angegebene Grund den letalen Ausgang herbeigeführt hat. Aber Endgültiges kann erst durch eine Obduktion festgestellt werden."

Madame Levasseur hatte die Feindseligkeit gespürt, mit welcher die Leute ihrer Therese zugeschaut hatten, als sie das Blut vom Boden wischte. Mit ihrer marklosen Stimme, sehr ruhig, forderte sie das Pack heraus. „Mein Herr Schwiegersohn", erklärte sie, „hat mehrmals gewünscht, nicht begraben zu werden, ehe eine Obduktion stattgefunden hat, und mindestens zehn Personen sollten dabeisein. Er hat immer Furcht gehabt vor seinen Feinden, das weiß jeder. Ich bitte Sie, Herr Marquis, und Sie, mein Herr vom Gericht, eine solche Obduktion anzuordnen. Damit sich alles aufklärt, was aufzuklären ist."

Girardin hatte vom ersten Augenblick an tiefen Widerwillen gegen die Alte gespürt, und gegen alle Vernunft war auch in ihm ein leiser Argwohn, sie könnte mit dem blutigen Geschehnis verknüpft sein. Da er nun aber sah, wie tapfer und geschickt sie sich hielt – er selber hätte es nicht besser machen können –, zollte er ihr Achtung, ja etwas wie Dankbarkeit, und das stille Einverständnis zwischen ihnen dichtete sich.

Monsieur Bonnet, der Procureur Fiscal, sagte: „Ich glaube nicht, daß etwas aufzuklären ist. Aber da Sie und der Herr Marquis es wünschen, soll die Obduktion stattfinden." Er verbeugte sich höflich vor der Alten und Therese. „Seien Sie meiner ungeschmälerten Teilnahme versichert, Mesdames", sagte er und ging.

Der Marquis war erleichtert. Die erste Gefahr war abgewandt. Er war der furchtbare Anblick der Leiche, der üble Märchen aufkommen machte; sowie sie erst würdig hergerichtet ist, wird es viel leichter sein, der Wahrheit zum Siege zu verhelfen.

Wenn nur die Leute endlich gingen! „Ich glaube, meine Lieben", wandte er sich mit etwas künstlicher Frische an die vielen Herumstehenden, „es wäre angebracht, diese Damen jetzt allein zu lassen." Langsam leerte sich der Raum.

Es war ziemlich dunkel geworden. Madame Levasseur zündete Kerzen an. Girardin, nun das erste, Notwendigste getan war, überließ sich seiner Schwäche. Saß nieder, schloß die Augen.

Aber die Vorstellung, was alles noch zu tun sei heute nacht und in den nächsten Tagen, hinderte ihn, sich zu entspannen. Es mußte sogleich die Dame Aubrun, die Totenfrau, beauftragt werden, die Leiche schon am frühesten Morgen zurechtzumachen. Dann, mit dem Frühesten, mußte er Doktor Lebègue Botschaft schicken. Auch den Bildhauer Houdon mußte er kommen lassen, daß er die Totenmaske abnehme; er mußte ungesäumt kommen, sofort. Die Obduktion durfte nicht stattfinden, bevor die Totenmaske abgenommen war.

Sein Blick fiel auf Schreibtisch und Truhe. Auch die Manuskripte mußte er in sichere Hut bringen, möglichst bald, daß da kein Unheil geschah. Aber das ging wohl nicht vor der Beerdigung. Er wird für eine schlichte, würdige Leichenfeier sorgen. Wenigstens wird Jean-Jacques in seiner, Girardins, Erde begraben werden, und Ermenonville, das dem größten Manne des Jahrhunderts die Stätte friedlichen Alters hätte werden sollen, wird die Stätte seiner letzten Ruhe sein.

Langsam wichen Girardins geschäftige Gedanken einem reinen, tiefen Schmerz. Er trat an die Leiche. Da hatte Jean-Jacques heiter und angeregt erzählt, was alles er noch in Ermenonville machen wollte, die Liedersammlung und die „Träumereien" und das Botanische Lexikon und was nicht noch alles; und das Chalet Suisse, in dem er das alles machen wollte und auf das er sich so freute, wird in den nächsten Tagen fertig sein: doch kein Jean-Jacques wird es beziehen. Da lag er, herausgerissen mitten aus seinen Plänen, mit der klaffenden Schläfe. So viele Freunde waren in der Nähe, und er, der große alte Mann, war verblutet und verröchelt, allein, in jener gräßlichen, kalten Einsamkeit, deren Verzweiflung er sein Leben lang beklagt und besungen hatte. Der Jammer der Kreatur fiel Girardin an, wütender, als er ihn je auf einem Schlachtfeld verspürt hatte. In seine Not und Trübsal hinein aber tönte ihm lächerlicherweise immerzu ein Vers, der den Lateinstudenten dazu helfen sollte, jene Verba im Gedächtnis zu behalten, die den Infinitiv der affizierten Person regieren, ein Vers, den Monsieur Gerber dem Fernand oft vorgesagt hatte: „Piget, pudet, poenitet, taedet atque miseret – Es quält, beschämt, reut, ekelt, jammert."

Er riß sich zusammen. Er hatte die Frauen ganz vergessen. Er mußte sich ihrer annehmen, es ging nicht anders. „Wollen Sie nicht bei uns im Schlosse essen, Mesdames?" wandte er sich an Madame Levasseur. „Ich würde dann jemand herüberschicken, bei der Leiche Wache zu halten." – „Danke, Herr Marquis", antwortete kalt, beinahe feindselig, Madame Levasseur, „Sie sind sehr gütig, aber wir bleiben hier."

Girardin ging zurück ins Schloß. Beinahe gegen seinen Willen, mechanisch, ging er in sein Schlafzimmer und öffnete das

Geheimfach, in welchem das Brett mit den vielen Nachschlüsseln versteckt war. Sie hingen richtig in jener komplizierten, absichtlich verwirrten Ordnung, die nur er kannte. Der Nachschlüssel zum Sommerhaus hing, wie er sollte, mit dem Bart nach rechts, halb verdeckt von dem Schlüssel zu Gatter 17, alle die Schlüssel ringsum hingen, wie sie sollten. Vag tauchte in ihm die Vorstellung auf, wie er damals Nicolas im Schlafzimmer betroffen hatte; er drückte sie hinunter. Nicht verhindern indes konnte er die Erinnerung an den feindseligen Blick, mit dem die Alte die Aufforderung abgelehnt hatte, bei ihm zu essen. Er wollte es nicht wissen, aber er wußte genau, was dieser Blick bedeutete. Wenn er sein Versprechen gehalten und den Nicolas weggeschickt hätte, dann wäre es nicht so gekommen; das hatte ihm die Alte sagen wollen.

Was er sich alles vormachte! Er rückte unwillig, heftig den Kopf.

Er ging in sein Arbeitszimmer; er hatte zu tun. Er freute sich, daß er zu tun hatte, es lenkte ab. „Rufen Sie den Herrn Intendanten hierher", befahl er. „Halten Sie auch sonst Leute in Bereitschaft. Ich muß Kuriere nach Paris schicken, mehrere. Ich muß auch Anordnungen treffen für die Beerdigung."

Er organisierte, gab Weisungen, straff, knapp, militärisch. Die Beerdigung sollte bei aller Schlichtheit eindrucksvoll sein. Denn noch die späteste Nachkommenschaft soll und wird von dieser Beerdigung Jean-Jacques Rousseaus erzählen.

Ein betrogener Betrüger

Es war Nacht, als Madame Levasseur und Therese endlich allein waren. Madame Levasseur saß in Jean-Jacques' Lieblingssessel. Sie war erschöpft. Dieser Tag war in ihrem an harten Tagen nicht armen Leben einer der härtesten gewesen. Und der nächste Tag, der übernächste, die ganze Woche wird auch kein Kinderspiel sein.

Wenigstens hatte sie, gerade noch vor Torschluß, die Sache

mit dem Notar so gut wie ins reine gebracht. Dieser Maître Gibert zog einem den Sou heraus, wenn er noch so fest eingenäht war, aber er kannte sein Gesetz, er hatte verstanden, was sie wollte und was er sollte, in den allernächsten Tagen wird das Dokument bereitliegen. Therese hatte mehrere Unterschriften gegeben, bloß die letzte Unterschrift und das Siegel fehlten; aber das sei reine Formsache, hatte der Notar gesagt. Gleich nach der Beerdigung wird sie mit Therese wieder nach Senlis fahren, und in der Zwischenzeit mußte sie verhüten, daß Therese mit dem Lumpenkerl allein zusammenkam.

Sie hatte heute, Madame Levasseur, scharf und schnell denken müssen, sie hatte richtig gedacht, sie war mit sich zufrieden. Sie hatte den Herrn Marquis, der nicht eben ein erleuchteter Kopf war, sogleich begreifen machen, worauf es ankam. Vor dem Herrn Procureur war ihr das Mark in den Knochen kühl geworden, aber auch vor ihm hatte sie sich bewährt, und daß sie selber die Obduktion verlangt hatte, verdiente einen dicken Lobstrich. Gewissermaßen war jetzt schon das Wort ausgegeben worden, daß der Narr eines seligen und natürlichen Todes gestorben sei, und das war ihr Verdienst.

Sie hatte es gut gemacht, sie fühlte sich überlegen, dem Herrn Marquis, dem Herrn Procureur, dem Tod und dem Teufel. Aber es war eine Anstrengung gewesen, und nun saß sie da und war furchtbar müde und erschöpft.

„Richt uns was zu essen“, befahl sie Therese. „Ich kann nichts essen“, jammerte Therese; es war kläglich, wie hilflos sie dasaß. „Dumme Kuh“, schalt die Alte, doch nicht bösartig. Mühsam stand sie auf, selber was zurechtzumachen. „Aber umziehen wenigstens solltest du dich“, befahl sie, „und die Flecken aus dem Kleid herauswaschen.“ Therese stand auf, die Weisung zu befolgen; sie drückte sich scheu am Alkoven vorbei. „Ich weiß nicht“, klagte sie, „wie das heute nacht werden soll. Ich kann doch nicht bei dem Toten schlafen.“ – „Da hast du's“, sagte Madame Levasseur. Das war alles, was sie zur Mitschuld Theresens am Tode Jean-Jacques' zu äußern hatte, und Therese verstand sie.

Nach einer Weile war ein kleines Mahl bereitet, und schließlich setzte sich auch Therese an den Tisch. Sie aßen.

Sie waren noch nicht zu Ende, als es scharf klopfte. Eintrat Nicolas.

Therese stieß einen kleinen Schrei aus, ihr langsames Gesicht verzerrte sich vor Angst. Gegen ihren Willen schaute sie nach dem Alkoven. Irgendwann hatte sie gehört, ein Ermordeter fange zu bluten an in Gegenwart seines Mörders, und sie schielte zitternd nach dem Bett, das undeutlich sichtbar war im flackernden Lichte der Kerzen.

Madame Levasseur hatte erwartet, daß der Schuft sie werde sprechen wollen, aber nicht, daß er die ungeheure Frechheit haben werde, noch heute nacht zu kommen. Sie war todmüde, sie fürchtete, sie werde der neuen, bösen Anstrengung nicht gewachsen sein. Aber sie mußte sich, ein überletztes Mal an diesem furchtbaren Tag, zusammenreißen, sie durfte nicht, wie sie es brennend gern wollte, auf den Menschen losfahren, sie mußte verhindern, daß er Therese allein zu sprechen bekam, sie mußte ihm vor allem klarmachen, daß Therese über die Papiere nicht mehr verfügen konnte.

„Es ist etwas spät, meine Damen", hatte mittlerweile Nicolas zu sprechen begonnen, bemüht, seine quäkende Stimme würdig und teilnahmsvoll zu machen, „aber es drängte mich, Ihnen noch heute mein tiefes Beileid auszusprechen über das furchtbare Unglück, das Ihnen so unerwartet kam. Mir nicht, meine Damen. Und infolge der Vertrautheit mit Ihnen, deren ich mich rühmen darf, und da ich noch Licht sah, habe ich mir erlaubt, einzutreten. In einer solchen Lage, sagte ich mir, bedürfen zwei jetzt leider alleinstehende Damen sicher eines weltgewandten Beschützers."

„Das ist freundlich von Ihnen", antwortete Madame Levasseur, „aber machen Sie sich um uns keine Sorgen. Wir haben Beschützer. Sehr wirksame. Sogar das Siegel des Königs."

„Mein Französisch ist schwach", sagte Nicolas, „und ich verstehe vielleicht nicht ganz Ihre Meinung. Ich kann mir denken, daß ein Letzter Wille unseres armen Dahingeschiedenen vorliegt. Aber ist das ein genügender Schutz? Ich sehe da zum Beispiel die Truhe mit den berühmten Papieren. Sie wissen alle, wie sehr unser lieber Verblichener um diese Papiere besorgt war. Immer hat er gefürchtet, es könnte einer dieser Aristokraten darüber kommen, aus einer verrückten Laune, oder einer dieser Philosophen, die einander spinnefeind sind, sie wissen selber nicht, warum." – „Da haben wir keine Angst, mein Lieber", versicherte ihm fast gemütlich Madame Levasseur. „Das war bloß so ein Vogel meines armen Schwiegersohnes, und der ist ja nun leider mit ihm gestorben. Ich, mit meinen Erfahrungen, war immer nur besorgt, daß ganz gewöhnliches, gemeines Diebsgelichter auf die Papiere scharf war. Und sehen Sie, gegen dieses Gesindel habe ich mich jetzt gesichert. Dagegen haben wir uns das Königliche Siegel beschafft. Im letzten Augenblick, während eine verbrecherische, hundsföttische Hand unsern armen Jean-Jacques abtat." – „Es ist nicht recht, Madame", sagte mit mildem Vorwurf Nicolas, „es ist geradezu lästerlich, wenn Sie die Hand der Vorsehung hundsföttisch nennen. Aber ich begreife Ihre Erregung. Trotzdem, meine Damen, und trotz Ihrem Königlichen Siegel rate ich Ihnen: geben Sie die Papiere in gute Verwahrung, in eine treue, verlässige Hand. Geben Sie die Truhe Ihrem ergebenen Diener und bewährten Freund in Obhut." Und er trat näher an die Truhe heran.

Da sie aber dieses sah, verließ Madame Levasseur alle ihre Ruhe und Klugheit, ihre ganze, gestaute Wut brach durch, sie versuchte, ihre marklose Stimme zu erheben, versuchte zu schreien. „Bleib fort von der Truhe!" fauchte sie. „Du Schuft, du Hundsfott, du niederträchtiger, blutiger Saukerl! Aber du bist ja noch dümmer, als du gemein bist. Hast du's noch immer nicht verstanden? Gerade während du deine saublöden, blutigen Gemeinheiten gemacht hast, haben wir unterschrieben. Du bist ausgeschmiert, du Fetthirn!" Es war grauenvoll und lächerlich, wie sich die alte Frau mühte, ihre Stimme laut zu machen, und es kam doch nur ein hohes Japsen heraus. Ruhiger fuhr sie fort: „Vielleicht haben Sie die Freundlichkeit, Sie siebengescheiter Herr Pferdehändler, sich nach Senlis zu bemühen, zu dem Königlichen Notar Maître Gibert. Dort können Sie sich das Schriftstück zeigen lassen. Und wenn Sie des Königs gutes Französisch verstehen, dann werden Sie begreifen: über die Papiere habe jetzt ich zu verfügen, ich, die Witwe Levasseur. Therese kann nichts machen ohne mich. Sie haben sich hier für nichts und wieder nichts angestrengt, mein Söhnchen, nicht für einen einzigen Sou, höchstens für den Galgen oder das Rad."

Plötzlich, wie sinnlos, fing auch Therese zu plappern an: „Das ist ja ganz furchtbar, was Sie da gemacht haben, Monsieur Nicolas. Das habe ich nicht gewollt. Sie können nicht sagen, daß ich das gewollt habe. Das ist ja ganz furchtbar."

Nicolas blieb gelassen, nur die Nüstern seiner breiten Nase zuckten. Flüchtig, mit blassen, bösen Augen, schaute er auf Therese, dann wandte er sich wieder der Alten zu, um den Mund ein höfliches, vielleicht ein wenig verzerrtes Lächeln. „Sehen Sie, Madame", sagte er mit seiner quäkenden Stimme, „jetzt haben Sie auch das arme Mädchen ganz verrückt gemacht. Erst haben Sie von der blutigen Hand der Vorsehung gesprochen, und nun weisen Sie auf mich. Ich begreife ja, wie gesagt, voll und ganz Ihre Erschütterung, aber ich bin nicht die Vorsehung, ich bin ein einfacher Bedienter des Herrn Marquis, freilich auch der zukünftige Gründer eines Marstalls à la Tattersall. Ich gestehe übrigens offen ein, daß mir dieser Marstall jetzt viel greifbarer scheint, infolge des bedauerlichen Endes unseres Herrn Philosophen. Was dem einen sein Uhu, ist dem andern seine Nachtigall."

Die Alte, merkwürdig ruhig, sagte: „Ich weiß, was dich so frech macht, mein Junge. Du meinst, wenn ich die Dinge ihren blutigen Gang laufen lasse, dann hat auch meine arme Therese keine gute Zeit, und darum muß ich dich schützen. Aber vielleicht hast du dich auch da vergaloppiert. Die Aussicht, dich auf dem Rad zu sehen, ist eine große Verlockung und ihren hohen Preis wert."

Nicolas, immer noch ganz kühl, erwiderte: „Ich kenne Sie

als kluge, alte Dame, Madame. Sie werden sich's zweimal überlegen, ob Sie sich einen solchen Spaß leisten können." Allein er hatte begriffen, daß sie wirklich nicht wegen der Sehenswürdigkeiten nach Senlis gefahren war, und plötzlich überwältigte ihn die wütende Enttäuschung über das Scheitern seines mit so wunderbarer Schnelle und Kühnheit durchgeführten Unternehmens. Sein Gesicht wurde zu einer Maske grenzenlosen, drohenden Zornes. „Halt 's Maul, du Ragotte!" schrie er los. „Glaubst du, ich habe Angst vor deinem zahnlosen Gewäsch? Ich weiß, wie man so eine alte Mähre reitet. Siehst du, jetzt hol ich mir deinen Schatz!" und er preschte vor gegen die Truhe.

Madame Levasseur warf sich dazwischen. Es war jämmerlich anzuschauen, wie die fette, schnaufende Alte dem kräftigen Burschen wehren wollte. Sie versuchte zu schreien. Sie konnte nicht.

In höchster Not packte sie Therese am Arm. „Schrei doch, du Pute!" beschwor sie sie stimmlos. „Er stiehlt dir dein Geld. Er stiehlt dir, was du zu leben hast. Schrei doch!" Therese sah das von Angst, Wut, Energie gespannte Gesicht der Mutter. Alle Furcht und alle Verehrung, die sie, seitdem sie denken und fühlen konnte, vor dieser Frau gespürt hatte, überkam sie, sie fing an zu schreien. Durchdringend, mit ihrer dunkeln Stimme schrie sie.

Nicolas ließ sogleich ab. „Hirnlos", sagte er. „Da verscherzt sie sich wirklich das Glück ihres Lebens. Aber ich hab es ja von Anfang an gewußt: hirnlos."

Er hatte sich wieder völlig in der Gewalt. „Offenbar, meine Damen", sagte er höflich, „sind Sie im Augenblick zu zerrüttet, um zu erkennen, wer Ihr wahrer Helfer ist. Ich ziehe mich also zurück mit dem nochmaligen Ausdruck meines tiefen Beileids."

„Adieu, mein Bester", sagte Madame Levasseur. „Adieu auch im Namen meiner Therese. Und wenn ich Sie noch ein einziges Mal zusammen mit ihr erwische, dann tränke ich es Ihnen ein. Das lassen Sie sich gesagt sein." Doch damit hatte sie dem Nicolas nur einen guten Abgang verschafft. „Mit Ihren Ratschlägen“, sagte er, „wenden Sie sich besser an die Witwe Rousseau selber, alte Dame. Es war nicht meines Vaters Sohn, der Ihrer Tochter nachgelaufen ist.“ Er verbeugte sich und ging.

Madame Levasseur, ohne auch nur eine Silbe an ihre Tochter zu verlieren, stieg die Treppe hinauf, um endlich zu schlafen.

„Lassen Sie mich doch nicht allein, Mutter“, flehte Therese, sie wimmerte beinahe. Doch die Alte blieb nicht stehen, Therese wußte nicht einmal, ob sie sie noch gehört hatte.

Sie drückte sich, Therese, in einen Winkel, möglichst weit entfernt vom Alkoven, und hockte sich auf einen Stuhl, leer und erschöpft. Aber gegen ihren Willen mußte sie denken. Es war gemein von Nicolas, daß er sie auf solche Art vor der Mutter schlechtgemacht hatte. Sie war ihm nicht nachgelaufen, das log er. Und er spürte auch was für sie! So, wie er mit ihr Liebe machte, so tat es einer nur, wenn er was spürte; darauf verstand sie sich. Es war gemein, daß er's jetzt verleugnete.

Alle Männer waren gemein. Auch der kleine Graf war gemein. Sogar Jean-Jacques war gemein, sonst hätte er ihr das nicht angetan mit den Kindern. Aber das durfte sie nicht denken, wo er so nahe lag und so gräßlich ausschaute.

Sie saß da, stumpf und dumpf, ihr langsamer Kopf wollte es nicht begreifen, daß sie fortan ohne Jean-Jacques leben sollte, gewissermaßen als ihre eigene Herrin, und obendrein mit Geld. Das alles hatte Monsieur Nicolas bewirkt. Er konnte hingerichtet werden dafür, gerädert, vielleicht sogar gevierteilt. Diesen Damiens hatten sie auch gevierteilt, sie erinnerte sich voll Schauer der Bilder und der genauen Erzählungen, wie schrecklich das gewesen war, und der Damiens hatte den König gar nicht umgebracht, er hatte es nur wollen. Wenn Nicolas nichts für sie spürte, dann hätte er so Furchtbares nicht riskiert. Er hatte es ihrethalb getan, das war sicher, und es war ihr eine dumpfe Genugtuung.

Sie döste vor sich hin. Nicolas war wunderbar darin, Liebe

zu machen, und man konnte ihm nichts abschlagen. Es war gut, daß sie die Mutter da hatte. Ohne die wäre wirklich alles Geld bald futsch. Die Mutter hatte sie oft verprügelt, aber wie sie vorhin die Hand der Mutter an ihrem Arm gespürt hatte und wie die Mutter sie angeschaut hatte, da war alle Schwäche gleich weg gewesen, und sie hatte schreien können.

Für die nächsten Tage mußte sie immer ganz nahe bei der Mutter bleiben, sie durfte jetzt den Nicolas nicht allein sehen. Das war schade, denn er liebte sie. Nur darum hatte er nicht abwarten können, bis Jean-Jacques von alleine dahinging. Armer Jean-Jacques.

Sie hätte sich gerne in den großen Stuhl gesetzt, aber das traute sie sich nicht heute nacht, es war der Sessel Jean-Jacques'. So blieb sie auf dem kleinen Stuhl hocken, bis sie endlich unbehaglich einnickte.

Späte Reue

Fernand, obwohl todmüde nach den Erregungen des furchtbaren Abends, schlief nicht in dieser Nacht. Scharfe Reue brannte ihn. Statt, wie es ihm Monsieur Gerber dringend geraten hatte, schrankenlos zu glauben, hatte er kahl an Jean-Jacques herumgekrittelt, noch übler als Martin Catrou. Ihn hatte das Schicksal ausersehen, die innersten Gedanken des Weisesten aller Menschen zu vernehmen, er aber hatte den Meister nicht genug geliebt, er war trägen Herzens gewesen, dumm und unaufmerksam, und hatte die unerhörte Gunst blöd verscherzt.

Mit dem frühesten Morgen, und die Tage begannen jetzt sehr früh, lief er hinaus ins Freie. Lief in die Lichtung. Erinnerte sich seiner letzten Zusammenkunft mit Jean-Jacques, jeder Geste, jedes Wortes. Deutlich mit seinem innern Ohr hörte er die Musik, die in Jean-Jacques' Reden gewesen war und die auch sein Wahnhaftes mild gemacht hatte. Er sah die lebendigen, tiefen Augen Jean-Jacques' auf sich gerichtet, hörte die letzten Worte, die er zu ihm gesprochen hatte, hörte die dunkle, ergriffene Stimme, wie sie ihn lehrte: „Der Mensch ist gut!"

Er, Fernand, war nicht gut. Und nicht einmal böse. Er war schlimmer als das: stumpf, lau und träge. Aus Faulheit, weil er die Peinlichkeit scheute, hatte er's, als es darauf ankam, versäumt, des Meisters Hüter zu sein, wie es ihm die innere Stimme aufgetragen hatte.

Er mußte etwas tun. Wenigstens für den Toten mußte er etwas tun.

Er machte sich daran, den Nicolas zu suchen. Er fürchtete sich vor dem Zusammentreffen. Er fürchtete sich vor sich selber. Er hatte eine rasende Sucht, den Menschen niederzuschlagen, auf ihm herumzutreten. Aber er mußte zu ihm, er mußte ihn stellen.

Er fand ihn bei den Pferden. Rief ihn an. „Womit kann ich Ihnen dienen, Herr Graf?" fragte Nicolas. „Wo sind Sie gestern gewesen?" herrschte ihn Fernand an. Nicolas, mit gutgespielter kleiner Verwunderung, antwortete: „Belieben Sie anzudeuten, Herr Graf, ich hätte mich mehr um den Herrn Philosophen kümmern sollen? Ich hätte es gerne getan. Aber da war die Weisung des Herrn Marquis, dem Verblichenen aus den Augen zu bleiben, und wenn mir recht ist, haben Sie selber mir diese Weisung eingeschärft."

Jene gefürchtete Lust überkam Fernand, den Kerl umzubringen mit diesen seinen Händen. Nicolas fuhr fort, beinahe vertraulich: „Ich war froh, daß ich, da ja die Damen Rousseau weg waren, mehr Zeit hatte für die Pferde." – „Und waren Sie den ganzen Tag in den Ställen?" fragte Fernand. „Den ganzen Tag wohl nicht", antwortete frech und höflich Nicolas, „da hier leider weniger zu tun ist, als mir der Herr Marquis in Aussicht gestellt hatte."

Fernand hielt sich nicht länger. Mit der Reitgerte schlug er Nicolas übers Gesicht.

Nicolas war stark, er hätte diesem armseligen langen Lulatsch mit ein paar Griffen und Tritten eine Lektion auf

Lebenszeit erteilen können. Aber er hatte scharfe Vernunft; in einem Streit mit einem großen Herrn zog ein armer Reitknecht unter allen Umständen den kürzeren, und mit dieser bösen Affäre am Halse mußte er vorsichtig sein. „Ich hatte erwartet", sagte er, „die Philosophie des Verewigten habe Ihnen etwas Mäßigung beigebracht. Aber ich begreife, daß der Schmerz um seinen Verlust Ihnen einen Teil Ihres Verstandes genommen hat."

Fernand, leise, beinahe zischend, sagte: „Du hast ihn umgebracht, Schuft, Mörder. Du hast auch die Lady umgebracht."

Sehr lüstete es Nicolas, dem Laffen eine derbe, gutsitzende Antwort zu geben. Wiederum verkniff er sich's und wahrte kaltes Blut. Das Gräflein war blöde, das Gräflein sah die Folgen einer Tat nicht voraus, er, Nicolas, mußte den Schwachkopf darauf aufmerksam machen. „Wenn Sie wieder logisch denken können, Herr Graf", sagte er, „dann werden Sie von alleine daraufkommen, daß sich das bedauerliche Absterben Monsieur Jean-Jacques' sehr wohl auf natürliche Art erklären läßt. Falls aber Gewaltsames vorgekommen sein sollte, dann müßte sich, scheint mir, Verdacht erheben zunächst gegen solche, die heimlich in den Papieren des Herrn Philosophen herumgekramt haben, besonders wenn diese Heimlichen außerdem noch ein menschliches Interesse bezeigt haben sollten an der Frau des Verewigten."

Von neuem stieg rote Wut hoch in Fernand. Therese hatte ihn verraten an den Lumpen. Wahrscheinlich, so gut wie sicher, war Therese beteiligt an dem Grauenvollen. Die Blutflecken auf ihrem Kleid tanzten ihm vor den Augen.

Allein seine Wut war ohnmächtig. Die Gefahr, mit welcher der Lump drohte, war da. Wenn man Nicolas bezichtigte, dann wurde seine Liebschaft mit Therese untersucht, dann war Therese hineinverwickelt, dann war er selber hineinverwickelt. Schon hörte er im Geiste den schimpflichen, herzklemmenden Lärm, der in ganz Europa losbrach um Jean-Jacques, um ihn selber, um den Vater, um Ermenonville.

Er war hilflos vor dem Lumpen.

Mit jäher Bewegung drehte er sich um, ließ ihn stehen.

Nicolas grinste und spuckte einen dicken Batzen. Die Bewegung schmerzte, sein ganzes Gesicht brannte. Trotzdem grinste er weiter. Nicht Galgen, nicht Rad: ein Gertenhieb, das war alles, was er zu zahlen hatte. Den Preis legte er gerne an für die Papiere dieses Jean-Jacques. Denn Therese und mit ihr die Papiere waren ihm sicher, mochte die Alte noch so wild um sich schlagen.

Fernand war, als er Nicolas verließ, voll von Ekel und dumpfer Trübsal, daß er in diesen blutigen, schmutzigen Handel geraten war. Dann kehrte seine Wut zurück. Und wenn sich die ganze Welt dazwischenstellte, er ließ die Verbrecher nicht unbestraft und mit ihrer Beute abziehen.

Zunächst einmal mußte er erforschen, wie weit Theresens Mitschuld ging.

Aber selbst wenn er ihr ein unzweideutiges Geständnis abkämpfte, was konnte er tun? Durfte er dem Vater die Schande antun? Durfte er mithelfen, daß der Meister den Spöttern als armer Schwächling und Dummkopf erschien?

Wie aber, wenn diese Bedenken nur Vorwände und Flausen waren, weil er sich vor der schweren Aufgabe drücken wollte?

Wenn er wenigstens seine Wirrsal nicht mit sich allein ausmachen müßte! Wenn er Gilberte hätte, ihr seine Not und Reue hinzuschütten!

Als er ins Schloß kam, war trotz der unüblich frühen Stunde Besuch da. Monsieur Robinet hatte sich's nicht nehmen lassen, dem Herrn Nachbar seine Betrübnis über den Tod seines Freundes und Schützlings auszusprechen. Gilberte war mitgekommen.

Fernands Herz, als er sie sah, stand still. Er starrte sie an. Sie sprach kein Wort, aber ihre Augen sagten, daß sie es gewesen war, die diesen Besuch angeregt hatte. Für den Augenblick vergaß Fernand den Toten. In ihm dachte es, jubelte es: alles ist gut.

Monsieur Robinet hatte inzwischen weitergesprochen. Jetzt wandte er sich an ihn. „Auch Ihnen mein aufrichtiges Beileid, junger Herr“, sagte er mit seiner knarrenden Stimme. „Sie waren ja sein spezieller Freund, Sie muß es doppelt schwer getroffen haben.“ Zögernd und unmutig hatten Fernands Augen von Gilberte abgelassen und sich dem roten, viereckigen Gesicht Monsieur Robinets zugekehrt. „Sagen Sie, Monsieur“, wandte sich dieser nun wieder, angeregt, vertraulich und bedauernd, an den Marquis, „ist es wahr, daß er sich selber aus einer Welt geschafft hat, die ihm nicht paßte?“ Dem Fernand war der robuste Mann, der ihn von Gilberte abhielt, noch unsympathischer als sonst. Noch bevor der Herr Vater etwas sagen konnte, antwortete er, ungebührlich heftig: „Nein, Monsieur, es ist nicht wahr.“ – „Nichts für ungut“, meinte fast gemütlich Monsieur Robinet, „aber man flüstert weitum, daß etwas nicht ganz geheuer sei an diesem plötzlichen Ausgang.“ Und flink, da beide Girardins peinlich schwiegen, fuhr er fort: „Ich bin der letzte, der ihm nicht ein ungetrübtes Andenken gönnte. Als Philosoph hat er seine Meriten. Solange er am Leben war, hat man ihm freilich vorgehalten: wer seine eigenen Dinge so schlecht besorgt, wie sollte der fürs Ganze sorgen können? Aber das gilt jetzt nicht mehr. Wer mutig philosophiert, findet Beifall, wenn er erst tot ist und keine Unordnung mehr stiften kann.“

Fernand ertrug das frivole Geschwätz nicht länger. Er stand auf. Oft bei früheren Besuchen Monsieur Robinets hatten Fernand und Gilberte die beiden alten Herren allein gelassen; er hoffte, so werde es Gilberte auch diesmal halten.

Wirklich, sie erhob sich, sie folgte ihm hinaus ins Freie.

Als Gilberte von dem plötzlichen Tode Jean-Jacques' gehört hatte, und dazu die entsetzlichen Gerüchte, war alles verweht, was zwischen ihr und Fernand stand, und nichts blieb als ein würgendes Mitleid und eine tiefe Angst, was um Gottes willen Fernand jetzt tun werde. Es war ihre Pflicht, sofort zu ihm zu gehen und ihn abzuhalten von edeln, törichten, nicht wiedergutzumachenden Handlungen.

Da gingen sie also nebeneinanderher, auf engem Pfad, und Fernand wagte nicht, sie anzuschauen. Die alte Furcht überkam ihn, weil sie so lange schwieg. „Fernand!" sagte sie schließlich, und ihre Stimme zwang ihn hochzusehen. „Fernand!" wiederholte sie, sie sagte nicht mehr, ihre großen Augen waren dunkel geworden. Zögernd, behutsam faßte er ihre Hand. Sie wandte den Blick ab, aber sie ließ ihm die Hand. Er drückte sie fester, sie erwiderte den Druck. Er wagte nicht, sie zu küssen, aber ihm war, als sei ihre Verknüpfung nun viel enger als je vorher, nach all dem Wüsten.

Sie gingen nebeneinanderher, schweigend, lange. Was rings um ihn war, versank. Er hätte so weitergehen wollen mit ihr, ihre große, feste, gute Hand spürend, morgen, übermorgen und das ganze Leben, und er dachte nicht daran, daß das Worte Jean-Jacques' waren.

„So rede doch!" sagte sie schließlich. Er schrak hoch aus seiner süßen Versunkenheit und riß sich zusammen. Wieder und wieder in den Tagen seines einsamen Elends hatte er sich im Geist mit ihr auseinandergesetzt, sich angeklagt, sich entschuldigt. So wollte er's jetzt tun. Aber: „Davon nichts!" fiel sie ihm in die Rede. „Nie mehr davon!" Und: „Rede von dem, was hier geschehen ist!" rief sie ihn zurück in die Wirklichkeit Ermenonvilles.

Es war eine harte Wirklichkeit, doch lange nicht mehr so verworren, nun er sich mit Gilberte aussprechen konnte. „Monsieur Robinet hatte unrecht", sagte er bitter und verbissen. „Es war kein Selbstmord, es war Mord. Dieser Kerl hat ihn erschlagen, dieser Nicolas, der Stallbursche, Theresens wegen. Er leugnet es nicht einmal."

Eine große Wut stieg in Gilberte hoch. Abtun mußte man den gemeinen Burschen. Und das Weibsbild dazu. Dem Gericht ausliefern mußte man sie. Sie hängen und rädern. Doch noch während sie so spürte, wurde ihr klar, daß dann auch Fernand in den Strudel hineingerissen würde, und sie erinnerte sich des Zweckes, zu dem sie gekommen war. „Wissen andere davon?" fragte sie sachlich. „Haben andere davon gesprochen?" – „Gesprochen hat niemand", antwortete Fernand, „wenigstens nicht zu mir. Aber ahnen, denken werden es viele. Und ich muß ihn rächen!“ fuhr er trüb, hitzig und jünglinghaft fort. „Es ist nicht auszudenken, daß der Mörder unbestraft bleiben und obendrein abziehen sollte mit Jean-Jacques’ Geld und mit Jean-Jacques’ Frau.“

Daß Fernand so denken werde, hatte Gilberte gefürchtet; sie hätte ihn nicht geliebt, wenn er nicht so dächte. Von neuem schwelte dumpfer Zorn in ihr hoch. Wird denn die Geschichte mit diesem Weibsbild nie zur Ruhe kommen? Doch sogleich wieder siegte ihr guter, praktischer Verstand, der geschärft war durch die schwierige Kindheit, die sie mit ihrer Mutter verbracht hatte. Sie mußte fertig werden mit dem dummen, eifrigen Gewissen Fernands, sie mußte ihn davon abhalten, Unbesonnenheiten zu begehen für den toten Jean-Jacques.

„Jean-Jacques selber“, sagte sie, „hätte nach allem, was du mir erzählt hast, bestimmt Mitleid mit der Torheit dieser Frau. Er hätte es bestimmt nicht zugelassen, daß sie vor Gericht kommt oder gar an den Galgen.“ Und da Fernand nicht antwortete, legte sie ihm die Hand auf die Schulter: „Laß ihn ruhen!“ redete sie ihm zu; sie war die Jüngere, doch sie sprach zu ihm wie eine viel Ältere. „Rühr diesen ganzen Wust und Schmutz nicht auf! Laß die gemeine Frau und den gemeinen Mann zusammenziehen, wenn sie wollen!“ sagte sie beinahe wild. „Was geht es uns an!“

Leichenschau

Es geschah, wie Monsieur de Girardin es befürchtet hatte: man glaubte nicht an einen natürlichen Tod Jean-Jacques’. Der blutige Anblick der Leiche hatte die Phantasie der Beschauer angeregt, von Schloß Ermenonville aus verbreiteten sich finstere Gerüchte. Es habe im Sommerhaus mehrmals Gezänk gegeben um Theresens Lebenswandel, Jean-Jacques habe Selbstmord verübt aus diesem Grunde. Bösartige erklärten, Therese habe während eines Streites ihrem Mann den tödlichen Stoß versetzt. Viele wollten gesehen haben, wie sie sich mit Burschen im Gesträuch herumtrieb.

Gevatter Maurice, stolz darauf, als letzter mit dem großen Mann gesprochen zu haben, versicherte jedem, wie wohlbefindlich Jean-Jacques gewesen sei, wie er vergnügt an die Arbeit habe gehen wollen und bestimmt nicht an Selbstmord, und wie einen der Herr Marquis im Sommerhaus nicht an die Leiche herangelassen habe. Auch Pfarrer Gauchet, der mancherlei Streitigkeiten mit dem Marquis gehabt hatte, fand, dieser hätte mehr tun können, den Fall aufzuklären.

Gerüchte solcher Art flogen nach Dammartin, nach Senlis, nach Louvres, nach der großen Stadt Paris.

Noch bevor die Herren, die Girardin durch Sonderboten hatte benachrichtigen lassen, sich im Schlosse von Ermenonville einstellten, kam überraschend ein Gast ins Sommerhaus, der Sergeant François Renoux. Er hatte sich's nicht nehmen lassen, mit Eilpost zu kommen, um Mutter und Schwester zu trösten. Diesmal konnte er ohne lange Vorkehrungen ins Sommerhaus gehen; der Tote wies ihn nicht fort.

„Es muß ein furchtbarer Schlag gewesen sein", sagte er zu Mutter und Schwester, „wie ihr ihn da auf einmal so tot und kalt habt liegen sehen. Freilich, siebenundsechzig ist kein schlechtes Alter, besonders nicht für einen Philosophen, der sein Leben lang sein Gehirn hat anstrengen müssen."

Er ging in den Alkoven, an das Totenbett. In aller Frühe schon war die Dame Aubrun dagewesen, die Leichenfrau. Sie hatte das Blut weggewaschen, doch sichtbar blieb die tiefe, klaffende Wunde. Der Sergeant François sah sie nicht oder wollte sie nicht sehen. „Leb wohl, Jean-Jacques", sagte er mit hallender Stimme. „Du warst manchmal etwas verdunkelt durch deinen Sparren, leider gerade mir gegenüber, aber du warst ein guter Kamerad im Kampf für eine gute Sache." Militärisch grüßend stand er vor der Leiche wie so manches Mal vor einem Kameraden, bevor dieser den letzten Weg angetreten hatte. Dann ging er zurück zu Mutter und Schwester.

Madame Levasseur tätschelte ihrem lieben Sohn die Hand.

Es war eine gute Folge des schlimmen Ereignisses, daß sie sich wieder einmal am Anblick ihres stattlichen François ergötzen durfte. Freilich trug er nicht die stolze Uniform des Racoleurs, des Werbeoffiziers, sondern nur die einfache des Sergeanten. Seine Pläne hatten sich zerschlagen, wie er beiläufig berichtete, man hatte niederträchtigerweise die Kaution erhöht. Aber in welcher Uniform immer, es war gut, fand Madame Levasseur, daß ihr François da war, er war der richtige Mann, in diesen ersten, gefährlichen Tagen sie und Therese vor dem Lumpen zu schützen.

„Einen kleinen Trost habt ihr in euerm großen Unglück“, meinte später der Sergeant François, „Pinkepinke dürfte von nun an vorhanden sein. Jetzt steht ja keine närrische Laune und überheikle Bedenklichkeit des Herrn Schwagers mehr im Wege, wenn wir seine Philosophie ins Klingende umsetzen“, und er schaute begehrlich nach der Truhe mit den Manuskripten.

Madame Levasseur hörte diese Sätze nicht gerne. „Natürlich“, meinte sie ausweichend, „werden wir das Geschreibe verwerten. Aber nicht so bald, fürchte ich. Du weißt ja, mein lieber François, wie das mit den Gerichtsherren ist. Erst einmal muß der Nachlaß mit Siegel und Unterschrift zugesprochen werden, und das dauert seine Weile.“ Der Sergeant hatte eine Idee. „Wäre es nicht das beste, Mama“, schlug er vor, „wenn in der Zwischenzeit ich die Truhe in Obhut nähme? Ich habe meine Verbindungen. Ich könnte in Paris die Geschäfte jetzt schon in die Wege leiten.“ Die Alte, mit zunehmender Angst, wehrte ab: „Die Verleger geben bestimmt keinen Sou, bevor nicht alles advokatisch und klar gemacht ist. Ich kenne die Brüder. Aber ich werde schon mit ihnen fertig.“ Der Sergeant bemühte sich kaum, seine Enttäuschung zu verbergen. „Nun ja, wenn du so meinst“, sagte er. „Eigentlich bin zwar jetzt ich das Haupt der Familie.“ – „Ich werde dich natürlich zu Rate ziehen, lieber François“, beeilte sich die Alte, ihn zu begütigen. Aber ihr Entschluß, unmittelbar nach der Bestattung zu Maître Gibert zu fahren, festigte sich, und die Papiere wird sie so bald wie möglich anderswo unterbringen, wo sie sicher waren vor dem Lumpen Nicolas und auch vor ihrem lieben Sohn, der leider gar zu großherzig und leichtfertig war. Es war arg, daß eine so alte Gluckhenne ihre Kücken, die längst keine mehr waren, noch immer unter die Flügel nehmen mußte, und es war nur gut, daß sie es noch konnte.

Mittlerweile hatten sich in Schloß Ermenonville die Herren eingefunden, die Monsieur de Girardin hatte benachrichtigen lassen, Doktor Lebègue, der Bildhauer Houdon. Auch Monsieur Ducis war gekommen, der Tragödiendichter, jener Mann, bei dem seinerzeit Jean-Jacques seine letzte Nacht in Paris verbracht hatte, die Handzettel für die „Dialoge" schreibend. Des weiteren hatte sich Melchior Grimm eingestellt, der Baron Grimm, der berühmte Philosoph, einer aus dem Kreise derer, welche die Encyclopédie geschaffen hatten. Ursprünglich hatte enge Freundschaft Jean-Jacques mit den Männern der Encyclopédie verbunden, mit Diderot und vor allem mit Melchior Grimm, sie war indes in bittere Gegnerschaft umgeschlagen, und so willkommen dem Marquis Monsieur Ducis war, so ungern sah er Monsieur de Grimm. Er konnte aber den Mann, dessen Wort in Dingen der Literatur und des Geschmackes überall in Europa Geltung hatte und dessen Beziehungen zu Jean-Jacques weltbekannt waren, nicht wohl von dem Toten fortweisen.

Außer den Freunden hatten sich im Schlosse die Chirurgen, Doktoren und Gerichtspersonen eingestellt, welche die Obduktion der Leiche vornehmen oder bezeugen sollten. Alle wurden reichlich bewirtet; der Haushofmeister und die Bedienten trugen schwarze Jabots und Trauermienen und sprachen gedämpft.

Noch vor der Sezierung führte Monsieur de Girardin die beiden nächsten Freunde Jean-Jacques', Lebègue und Ducis, an das Totenbett. Er setzte ihnen auseinander, wie man sich Jean-Jacques' Tod erklärte. „Es kann gar nicht anders gewesen sein", schloß er.

Die beiden andern schwiegen. Dem ehrlichen, hölzernen

Gesicht Ducis' war abzulesen, daß er nicht glaubte. Er sah überall in der Welt tragische Zusammenhänge, er hatte von den Gerüchten gehört, er kannte die Feindschaft der Menschen gegen seinen toten Freund. „Ein großes, finsteres Schicksal war über Jean-Jacques", sagte er nach einer Weile, unverbindlich, „von der Geburt bis zum Tode."

Noch weniger glaubte Lebègue an die simple Erklärung Girardins. Vielmehr erfüllte ihn beim Anblick der Leiche ein heißer, zorniger Schmerz. Er hatte Jean-Jacques sehr gerne gehabt, diesen armen, hilflosen, bis in sein Alter kindlichen Menschen mit seinem gewaltigen Hirn, seinem großen Herzen, seinen schwachen Augen und seinem Gebrechen. Er war sicher, daß üble Hände diesen Tod bewirkt hatten und daß die Frauen, wenn auch vielleicht unwillentlich, mit im Spiele waren. Es erbitterte ihn, daß dieser Mann, der, besser beschützt und beraten, noch lange hätte leben und wirken können, nun so kläglich umgekommen war. Trotzdem verstand er die Haltung Girardins und war gewillt, ihm zu helfen. Doktor Lebègue kannte die Welt. Ein wüster Prozeß um das Ende Jean-Jacques' wird nicht nur Skandal um Ermenonville aufrühren, er wird auch das Andenken Jean-Jacques' beschmutzen und der Wirkung seiner Bücher Eintrag tun. Bei der Abfassung des Befundes der Leichenschau wird er, Lebègue, entscheidend mitzusprechen haben. Er wird nicht zögern, den Späteren einen natürlichen Tod Jean-Jacques' zu bezeugen und zu besiegeln. Er wird lügen, alle werden lügen. Es war jämmerlich: noch was man zuletzt mit dem Leib des armen Jean-Jacques vornimmt, wird, wie so vieles, was um ihn gespielt wurde, eine läppische, betrügerische Posse sein.

Auch mit dem Bildhauer Houdon hatte der Marquis eine peinliche Unterredung. Der junge, berühmte Künstler, der nach Ermenonville gebeten worden war, um die Totenmaske abzunehmen, schaute betreten auf die zerschmetterte Schläfe. „Könnte da die Kunst nicht helfen?" fragte Girardin. Das Gesicht Houdons wurde noch finsterer. „Ich meine nicht", erläuterte eilends Girardin, „daß etwa die Wunde sollte unsichtbar gemacht werden. Aber daß sich der Meister im Zusammenstürzen die Schläfe aufschlug, ist schließlich nur ein dummer Zufall, und soll sein Gesicht dadurch für immer entstellt sein? Soll nicht die Totenmaske den Späteren das wahre, edle Antlitz Jean-Jacques' zeigen?" – „Ich will sehen, was sich tun läßt", antwortete der Bildhauer.

Er nahm mit seinen beiden italienischen Gehilfen die Maske ab.

Zur festgesetzten Stunde, um drei Uhr, fand die Obduktion statt. Anwesend waren, wie es der Verstorbene gewünscht hatte, zehn Personen: fünf Mediziner, vier Justiz- und Verwaltungsbeamte, dazu Girardin. Die Mediziner waren drei Chirurgen: Chenu von Ermenonville, Buslé von Montagny und Castérès von Senlis, dann zwei Ärzte: Doktor Villeron von Senlis und Doktor Lebègue von der Pariser Fakultät. Die vier Beamten waren Procureur Bonnet und Maire Martin, Polizeileutnant Blondel und Polizeisergeant Landru, alle von Ermenonville.

Das Zimmer war heiß, die Luft schwer von dem Duft der Blumen, mit denen der Raum gefüllt war. Man entkleidete den Toten. Da lag er in dürftiger Nacktheit, und die Wunde an der Schläfe klaffte.

Die Blumen standen in groteskem, peinlichem Gegensatz zu der Arbeit der Kommission. Monsieur de Girardin konnte seine Erregung kaum verbergen. Ein widerwärtiges Geschäft, dachte Lebègue, er war unter den Ärzten der bei weitem angesehenste. „Bitte, beginnen Sie, Herr Kollege", wandte er sich an Doktor Castérès.

Die Untersuchung nahm beinahe zwei Stunden in Anspruch. Die Herren unterhielten sich gedämpft mit Anwendung vieler lateinischer Fachausdrücke. Sie wußten, was von ihnen erwartet wurde; auch hatten sich einige aus der Kommission bereits festgelegt.

Der Marquis saß auf einem kleinen Stuhl in der Ecke. Lebègue sah, wie qualvoll gespannt er war, bei aller Beherrschung. Nach einer Weile, noch ehe die Untersuchung zu Ende war, sagte ihnen Lebègue trocken: „Die Herren Kollegen scheinen übereinstimmend der Meinung, daß es sich um einen Gehirnschlag handelt."

Ein langes Protokoll in diesem Sinne wurde aufgenommen. Es enthielt fünf Teile und wurde unterzeichnet von zwei Ärzten und zwei Beamten als Sachverständigen, von den übrigen als Zeugen.

Grablegung

Es gab, davon war Girardin überzeugt, für Jean-Jacques nur *eine* würdige Grabstätte: die Insel der Großen Pappeln; er glaubte sich sogar zu erinnern, daß ihm in einer gefühlvollen Stunde Jean-Jacques gesagt hatte, dort, angesichts seines geliebten Weidenbaums, möchte er beerdigt sein.

Der Marquis setzte die Bestattung auf die Mitternachtsstunde an; der Mond war beinahe voll in diesen Nächten. Die Bauern seiner Besitzungen erhielten Weisung, sich an den Ufern des Sees und auf den Hügeln ringsum mit Fackeln aufzustellen. Auch wer sonst kommen wollte, mochte sich dort einfinden, Fackeln für alle wurden bereitgehalten.

Auf die sehr kleine Insel selber sollten nur die beiden Frauen und die vertrautesten Freunde den Nachen des Toten begleiten.

Als man den Sarg aus dem Sommerhaus forttrug, standen an den Ufern des Sees fackeltragende Menschen, ebenso auf den Hügeln ringsum.

Drei Kähne waren es, die zu den Klängen einer stillen, rührenden Musik in den See ruderten. In dem ersten war der Sarg, geleitet von Girardin und Fernand. Der zweite trug Therese und Madame Levasseur. In dem dritten waren Lebègue und Ducis sowie Baron Grimm, den der Marquis nicht wohl hatte ausschließen können. Langsam ruderten die Boote den sehr kurzen Weg zu der Insel über den im Monde flirrenden See. Die Menge schwieg, den Bauern war Stille streng eingeschärft worden. Hörbar war nur die leise Musik, die

Ruderschläge, die Rufe aufgescheuchter Wasservögel, das Zirpen der Grillen, das Quaken der Frösche.

Von den Dorfbewohnern am Ufer waren die meisten langsamen Geistes. Sie hatten keine Ahnung gehabt, was dieser Tote der Welt bedeutete. Jetzt, da so viele Leute aus Senlis und sogar aus Paris gekommen waren, merkten sie, daß er einen hohen Platz eingenommen haben mußte. Um so mehr mißbilligten sie es, daß ihr Seigneur seine Hand hielt über diejenigen, die diesen Monsieur Jean-Jacques um die Ecke gebracht hatten.

Der Gevatter Maurice vor allem gab, heftig flüsternd, seinem Unmut Worte. Es war eine Schande, daß der Marquis nichts tat, den blutigen Tod des großen Menschenfreundes zu rächen. Ja, wenn es um einen Aristokraten ginge, dann hätte er längst ein paar Dutzend Menschen ins Verlies werfen lassen. Er war verbrecherisch hochmütig, der Seigneur. Er gab sich für einen Freidenker, aber in seinen Handlungen kümmerte er sich keinen Deut um die Philosophie Jean-Jacques'. Der hatte zum Beispiel gelehrt, daß eigentlich kein Unterschied war zwischen ihnen, den Dorfleuten, und dem Marquis – Freiheit, Gleichheit, Brüderlichkeit. Teufel!, es hätte Monsieur de Girardin nichts geschadet, wenn er einen von Jean-Jacques' Freunden aus der untern Klasse, etwa ihn, den Gevatter Maurice, auf die Insel eingeladen hätte, als Repräsentanten der Menschheit.

Voll von aufrührerischen Gedanken war auch Martin, der Sohn der Witwe Catrou, der Krämersfrau, Fernands Altersgenosse und Freund. Gewiß, für einen Aristokraten war Fernand ein anständiger Bursche, aber er war eben ein Aristokrat, und wenn's drauf ankam, versagte er. Da hatte er das Maul voll genommen, wie innig er seinen närrischen Philosophen verehre, und dann hatte er ruhig zugeschaut, wie einer seiner Leute ihm den Schädel einschlug, und jetzt rührte er keine Hand, den Mörder vor die sonst so schnellen Richter zu bringen. Bei alledem hatte Martin den Fernand gerne, und er tat ihm leid. Natürlich konnte Fernand nicht viel machen, wenn sein Herr Papa, der Seigneur, das Verbrechen aus irgendeinem finstern Grunde vermunkelte und verdunkelte. Aber eine Gemeinheit blieb es. Zudem war dieser Jean-Jacques, das mußte man ihm lassen, doch mehr gewesen als ein Narr. Es hatte Martin getroffen, als Fernand ihm vorwarf, er rede und rede und habe nichts von Jean-Jacques gelesen, er hatte sich, Martin, gleich daran gemacht, das Versäumte nachzuholen. Und wenn vieles verstiegen schien, dann war anderes verdammt klar. „Der Despot darf sich nicht beklagen, wenn Gewalt ihn stürzt. Gewalt hielt ihn aufrecht, Gewalt wirft ihn um, die Unterdrückten unterdrücken den Unterdrücker. Der Kreis schließt sich, alles geht seinen natürlichen Gang." Es gehörte Schneid dazu, so was drucken zu lassen im Bereich des Allerchristlichen Königs und seiner Gendarme.

Unter den vielen Fremden, die der Bestattung beiwohnten, war jener junge Rechtsstudent aus Arras, der Jean-Jacques an einem seiner letzten Tage aufgesucht hatte. Als er jetzt auf den Nachen starrte, der den angebeteten Toten über die glitzernden Wasser fuhr, war sein Gesicht noch eigensinniger, noch besessen schwärmerischer als in der Stunde, da er dem Meister ein erstes und letztes Mal begegnet war. Jean-Jacques war bitter gewesen an diesem einem seiner letzten Tage, er hatte beißenden Hohn gehabt für die Welt, die jeden ehrlichen Wahrheitssucher haßt und anschwärzt, und er hatte nicht unrecht. In der Stille seines Herzens sprach der junge Student eine Art Totengebet: „Die Tyrannen haben die Menschen verblendet, daß sie dich hassen, du Freund des Menschengeschlechts, und einen Narren und Teufel in dir sehen. Aber wir, die Jungen, sind entschlossen, dir zu folgen auf dem argen Wege der Erkenntnis, und unser sind Tausende. Wir, ich schwöre dir's, werden die Unwissenden zwingen, die Augen aufzutun, dich zu lieben und die glücklichen Früchte zu ernten, die du gesät hast."

Voll von erhabenen Gefühlen, doch sehr anderen, war auch Monsieur Gerber. Er hatte den grauenvollen Anblick der Leiche aus seinem Bewußtsein verbannt, in ihm fort lebte nur das Bild des Mannes, der still durch die Gärten wandelte, musikhafte Worte friedlicher Weisheit verkündend. Die Zweifel, mit denen Fernand zu ihm gekommen war, hatten ihn mehr bewegt, als er's hatte zeigen wollen; er selber war nicht ganz frei gewesen von solchen Zweifeln. Nun aber waren sie für immer zerstreut, und in seinem heimlichsten Innern verspürte der bescheidene Mensch uneingestandene Erleichterung, daß der leibhafte Anblick des Mannes ihn fortan nicht mehr verwirren konnte. Nun wird das Werk selbständig weiterleben, getrennt von dem Manne. Nur mehr seine Weisheit wird dasein, sich auswirkend, sich auszweigend in Ewigkeit.

Von der Landzunge aus betrachteten auch Monsieur Robinet und seine Enkelin den gleitenden Nachen. Gilbertens großer, junger Mund zeigte ein winziges, hartes Lächeln. Vom ersten Augenblick an, da er nach Ermenonville kam, hatte ihr der Mann, den sie da zu Grabe ruderten, Unheil gebracht; es fehlte nur ein Haar, und er hätte ihr ganzes Leben umgestoßen. Er mochte ein großer Philosoph gewesen sein, und sie bedauerte ehrlichen Herzens Fernand, der ihn so gräßlich verloren hatte; aber das mit der Aussetzung der Kinder war und blieb eine Gemeinheit. Sie wird die Neue Héloïse mit reinerem Genuß lesen können, nun der Mann nicht mehr da ist.

Monsieur Robinet, beim Schein des Mondes und der Fakkeln, beobachtete das kleine Lächeln Gilbertens. Seitdem ihr Vater, sein einziger Sohn, auf einer Reise nach Westindien, wo er seine Plantagen inspizieren sollte, umgekommen war, hatte er sein Herz an keinen Menschen mehr gehängt, er hatte nur Gilberte. Er kannte sie genau, er fragte nichts, er redete ihr nicht ein, er lenkte sie mit leisen Worten. Natürlich hatte er gemerkt, daß sie sich mit Fernand gezankt hatte, und vermutlich wegen Jean-Jacques'; er erriet, was jetzt in ihr vorging, und auch auf seinem Gesicht war ein winziges Lächeln.

Die Boote hatten die Insel erreicht. Madame Levasseur stieg ans Land, etwas mühselig, von Lebègue und Ducis unterstützt. Kein Diener war auf der winzigen Insel, kein Totengräber, das Grab war bereits ausgeschaufelt. Girardin und Fernand hoben den Sarg aus dem Boot, während die andern die Kähne festmachten.

Man reihte sich um die aufgeworfene Grube. Therese stellte sich neben Fernand, war er ihr nicht der Nächste? Allein er sah sie nicht an, und das füllte sie mit dumpfem Ärger. Einer, mit dem man es getrieben hat, sollte doch eigentlich Mitleid mit einem haben nach einem so grausigen Erlebnis.

Fernand hatte in der Tat kein Auge für Therese, er schaute finster, er schaute in sich hinein. Jetzt, in wenigen Minuten, sogleich, werden unter die Erde sinken die Reste des Mannes, welcher der Welt die größten Erkenntnisse des Jahrhunderts geschenkt hatte. Er war noch keineswegs alt und hinfällig gewesen, dieser Mann, im Geiste nicht und im Fleische nicht, er hätte noch sehr viel mehr schaffen und lehren können, Tiefes, Wichtiges, und er, Fernand, hatte mitgewirkt, daß nun dieses lebendigste Herz und Hirn der Welt nicht mehr da war.

Monsieur de Grimm, Vertreter des großen Jahrhunderts der Aufklärung, stand und hielt Gericht über den Toten und über sich selber. Unter denen, die der Grablegung beiwohnten, war er wohl der einzige, der gerecht abwägen konnte, welch ungeheures Verdienst Jean-Jacques sich erworben und welch ungeheuren Schaden er angerichtet hatte. Sie, er und die andern wahren Philosophen, die Repräsentanten der Vernunft, hatten Jean-Jacques mit allen Mitteln unterstützt und ihn mit Liebe beraten; schließlich war es Diderot gewesen, der ihm jene Idee eingegeben hatte von der zweideutigen Wirkung der Zivilisation, die Idee, durch welche dann Jean-Jacques berühmt geworden war. Sie hatten ihn richtig beraten, sie hatten sein Maßloses, Anarchistisches zurückdrängen wollen ins Geordnete, aber er war einer jener Kranken, die den Arzt anspien, der ihnen unangenehme Medizin verschrieb. Und nun also war Jean-Jacques eines üblen, schmutzigen, gewalttätigen Todes gestorben. Wahrscheinlich hatten die beiden vulgären Weiber damit zu tun, auf deren blödes Gewäsch er zeitlebens mehr gegeben hatte als auf den vernünftigen Rat der ersten Geister Frankreichs. Sie, Diderot und er, hatten Jean-Jacques immer gewarnt, sie hatten ihm vorausgesagt, daß diese Weiber ihm das Leben zerstören würden. Und nun hatte in der Tat ein dummer Tod ein dummes Leben folgerichtig beschlossen. Allein es war eine schwache Genugtuung, daß sich Monsieur de Grimm sagen durfte, er habe recht gehabt; tausendmal lieber hätte er nicht recht gehabt. In seinem Kopfe, als er jetzt an der ausgehobenen Grube stand, formten sich Sätze des Nachrufs, den er Jean-Jacques schreiben wollte. Es mußte eine wunderbare Nänie werden, Seiten bleibender Prosa, und fraglich war nur, ob er in dieser Totenklage auf das dunkle Ende des toten Träumers anspielen sollte.

Sie machten sich daran, den Sarg hinunterzulassen. Die Musik hatte aufgehört, Schweigen war, nur das Plätschern der Wellen war zu hören, die Rufe der aufgestörten Vögel, der leise Wind in den Zweigen, nichts als die Stimme der Natur.

Da wurde die Ruhe schroff unterbrochen. Therese schluchzte auf, schnupfte hoch, fiel in ein dummes, kindisches Flennen.

Sänftlich ließen sie den Sarg hinunter in die Grube. Fernand half mit. Da versenkte er den Mann, der ihn seiner Freundschaft gewürdigt hatte, den sehr großen, den Größten unter den Lebenden, und er, Fernand, hatte die Freundschaft verschmäht und ihn einen Narren geheißen. Er selber war der Narr. Scharf kam ihm die Erinnerung der kindhaften Milde Jean-Jacques', wie er das Echo des Waldes wachgerufen hatte, wie er mitgetan hatte beim Marionettentheater. Ihm war, als legte er eine seiner Puppen zurück in den Kasten, und nun wird gleich der Deckel zufallen, es war aber keine Marionette, es war Jean-Jacques. Er hatte sich bisher tapfer und männlich gehalten, jetzt aber konnte er's nicht mehr. Obwohl er wußte, daß alle auf ihn schauten, der Vater, Gilberte, sein Freund Martin und die andern Jungen vom Dorfe, heulte er los, die hellen Tränen liefen ihm übers Gesicht. Gilberte aber schaute auf ihn, ihr kleines Lächeln war längst verschwunden, auch sie weinte.

Die drei Boote fuhren zurück. Monsieur de Girardin aber blieb auf der Insel, am Grabe, allein, und überließ sich seiner

Trauer, jener süßen Melancholie, die er seinen toten Freund so oft hatte preisen hören. Verse kamen ihm zum Ruhme des Toten, sehr schlichte Verse, aber er wußte, sie waren im Sinne Jean-Jacques', das würdige Epitaph eines würdigen Mannes, der nun für immer der Gast Ermenonvilles sein wird.

Dann, so hatte es Girardin angeordnet, kamen welche von seinen Leuten und brachten Kalk, Sand und eine Urne. Man errichtete ein Grabdenkmal, eine Art Altar. Girardin arbeitete mit, er baute mit eigenen Händen dem Meister den Grabhügel.

Die Arbeit nahm kurze Zeit in Anspruch. Girardin, wieder allein, verweilte an dem Grabe, das nun sein kostbarstes Besitztum war, in sanfter, wellender Trauer, bis der Morgen kam. Erst als die Sonne aufging, fuhr er zurück.

Erbschaftsorgen

Monsieur de Girardins Pflichtbewußtsein ließ ihn nur wenige Stunden schlafen. Ihm war jetzt der Nachruhm Jean-Jacques' anvertraut; von seiner Sorgfalt und Geschicklichkeit hing es ab, wie stark und wie lange das Schaffen des Toten fortwirken wird.

Vor allem galt es, das große Vermächtnis zu sichern. Der Marquis mußte, und sogleich, die Manuskripte in seine Obhut nehmen.

Mit den Frauen zu verhandeln, war eine widerwärtige Aufgabe. Er erinnerte sich mit Unbehagen des feindseligen Blickes der Alten. Aber er überwand seine Abneigung und ging schon am frühen Morgen ins Sommerhaus.

Sah mit Besorgnis, daß die Truhe nicht mehr da war, Madame Levasseur hatte sie in ihr Schlafzimmer geschafft. Er ging sogleich zur Attacke über. „Sie erinnern sich, Madame", sagte er, „Ihrer Zusicherung, daß ich bei der Redaktion der nachgelassenen Werke unseres lieben Jean-Jacques ein Wort soll mitzureden haben." Madame Levasseur merkte, worauf er hinauswollte, und freute sich im stillen; wenn der Marquis die Papiere übernahm, dann waren sie in Sicherheit vor Nicolas und François. Aber sie zeigte ihre Erleichterung nicht, sie wollte aus diesem ihrem einzigen Besitz möglichst viele Sous herausschlagen. „Ja, gewissermaßen“, antwortete sie behutsam, zögernd.

„Es kommt wohl zunächst darauf an“, fuhr der Marquis fort, „festzustellen, was an unveröffentlichten Werken vorhanden ist. Ich glaube, Madame, es wäre gut, wenn ich die Manuskripte daraufhin prüfte.“ – „Ich weiß, Herr Marquis“, antwortete Madame Levasseur, „daß Sie es gut meinen mit der Witwe des armen Jean-Jacques und mit seiner alten Schwiegermutter. Aber wenn ich Ihnen das Geschreibe überlassen soll, dann müssen Sie mir versprechen, sich beim Durchschauen zu beeilen. Wir brauchen nämlich Geld, und sofort. Hinterbliebene eines großen Mannes müssen was gleichschauen, und wir sind blutarm, das wissen Sie ja.“ – „Haben Sie da keine Angst, Madame“, beeilte sich der Marquis zu erwidern. „Mein Anwalt wird bei der geschäftlichen Verwertung der Manuskripte Ihre Interessen wahrnehmen, als wären es meine eigenen. Im übrigen betrachte ich es als eine Ehrenpflicht, für die Angehörigen meines großen Freundes zu sorgen. Wieviel Geld benötigen Sie für die nächsten Tage?“

Madame Levasseur, nach kurzem Besinnen, sagte: „Zweihundert Louis.“ Der Marquis hatte Mühe, sein peinliches Erstaunen zu verbergen. Aber er schluckte nur, und: „Ich schicke also Leute“, sagte er, „die Manuskripte zu holen. Die Leute werden eine Anweisung mitbringen auf meine Bank in Senlis, die Herren Valette & Fils. Ich rate Ihnen, das viele Geld dort ins Depot zu geben.“ Er verneigte sich, ging. Noch in der gleichen Stunde brachte man die Anweisung und holte die Manuskripte.

Madame Levasseur teilte ihrem Sohne François mit, Monsieur de Girardin habe die Papiere holen lassen, um sie auf ihren philosophischen Wert durchzuschauen. Der Sergeant sah düster. „Ich habe dir's gleich gesagt, Mama“, klagte er,

„du hättest dieses Geschäft mir überlassen sollen. Wenn erst die großen Herren ihren Löffel in dem Brei haben, dann bleibt für den gemeinen Mann nur der kahle Teller." – „Der Marquis haut uns nicht übers Ohr", versuchte Madame Levasseur ihn zu besänftigen. „Er hat es mit Jean-Jacques immer gut gemeint, und was aus dem Geschreibe herauszuholen ist, das ist für einen so großen Herrn nur ein Furz."

Allein der Sergeant blieb ungnädig. Da man ihn hier nicht benötige, erklärte er, werde er noch heute nach Paris zurückkehren, und er bitte Mama zu diesem Zweck um zehn Livres. „Geh nicht so schnell, François", bat Madame Levasseur. „Ich werde sicherlich deinen Rat benötigen in den nächsten Tagen. Bleib noch eine Weile hier, und du wirst nicht mit zehn Livres, sondern mit fünfundzwanzig Louis zu deinen Pariser Geschäften zurückkehren." François strahlte auf. „Wirklich, Mama?" vergewisserte er sich. „Ist das nicht nur ein papierner Speck für mich arme Maus?" – „Ich werde doch meinen lieben Sohn nicht bescheißen", versicherte Madame Levasseur. „Also fünfundzwanzig Louis?" erkundigte sich nochmals François. „Ja", sagte die Alte, und: „Gemacht", sagte der Sergeant.

Den Tag darauf fuhren Madame Levasseur und Therese nach Senlis. Maître Gibert, nachdem er ihnen feierlich kondoliert hatte, erklärte, leider kompliziere der Tod Monsieur Rousseaus die Ausstellung des von den Damen gewünschten Dokumentes. Vom juristischen Standpunkt aus gesehen sei die Witwe Rousseau eine völlig andere Person als die Gattin des lebendigen Monsieur Rousseau; er benötige neue Unterlagen und müsse das Dokument von der ersten bis zur letzten Seite umschreiben. Auch gehe es jetzt um viel beträchtlichere Vermögenswerte, und da sehe das Gesetz andere Gebühren vor. Er müsse den Damen einen neuen Preis machen, sie um mehrere Auskünfte ersuchen und sie um ein paar Tage Zeit bitten.

Mit Mühe verbarg Madame Levasseur ihren Verdruß. Es war schon so: die ganze Welt war ein Wald, und hinter jedem Baum lauerte ein Bandit. Da saß dieser fette Mensch, seine Langeweile leise durch Getrommel mit den dicken, faulen Fingern unterstreichend, und quetschte sie, die hilflose Alte und ihre Tochter, zwei arme Witwen, aus. Aber sie war ohnmächtig. Sie kannte ihre Therese. Die wollte zwar gebunden sein, um nicht alles, was sie hatte, ihrem Kerl hinzuwerfen; aber gleichzeitig wollte sie es ihm hinwerfen, sie wollte ihn festhalten, und da saß sie nun und wünschte, das Dokument möge zustande kommen, und hoffte, es möge nicht zustande kommen. Madame Levasseur konnte nicht warten, sie mußte das Papier heute haben, es blieb nichts übrig, als dem feisten Lumpen von Notar den Preis zu zahlen.

Sie seien sehr mitgenommen von dem furchtbaren Ereignis, erklärte sie, sie möchten nicht noch einmal nach Senlis kommen, sie möchten das lästige Geschäft noch heute erledigen, wenn es auch ein paar Sous, oder sogar Écus, mehr kosten sollte. Sie hätten noch einige Besorgungen in der Stadt zu machen, Trauerkleider zu beschaffen, und Maître Gibert möge ihnen doch den Dienst tun und das Dokument für den späten Nachmittag fertigmachen, daß es unterschrieben und gesiegelt werden könne.

Der Notar, ernsten Gesichtes, erwiderte, er wisse nicht, ob das technisch möglich sei; er habe gerade heute noch zwei dringliche Fälle. Die Alte fragte geradezu, was es koste. Es begann ein hartes Feilschen um die vermutliche Höhe des Vermögens der Witwe Rousseau, auch meinte der Notar beiläufig, eigentlich müsse er erst um Vorlegung der Heiratspapiere der Witwe Rousseau ersuchen, damit er die juristische Gültigkeit der Eheschließung Jean-Jacques' nachprüfen könne: kurz, während er zuerst achtzig Écus gefordert hatte, verlangte er jetzt zweihundert. Zweihundert blanke Taler! Sechshundert Livres! Mit großer Mühe gelang es Madame Levasseur, ihn auf hundertfünfzig Écus hinunterzudrücken.

Als die Frauen zur festgesetzten Zeit wieder bei dem Notar erschienen, war das Dokument noch nicht fertig, mehrere Schreiber arbeiteten daran; sie würden eine weitere kleine Stunde zu arbeiten haben, hieß es. Madame Levasseur hatte in ihrem langen Leben viel warten müssen, doch war ihr selten das Warten so schwergefallen wie jetzt. Die Schreiber brachten die jeweils fertiggestellten Seiten, der Notar überprüfte sie aufmerksam und gab sie Madame Levasseur zu lesen. Sie verstand nicht alles, es war viel Advokatisches und Lateinisches und überhaupt Unverständliches darin, aber das mußte wohl so sein, und im ganzen schien es ihr ein gutes Dokument.

Dann endlich war alles fertig. Maître Gibert bat: „Eine Minute, meine Damen", entfernte sich und kehrte in Robe und Barett zurück. Und wiewohl Madame Levasseur den fetten Erpresser bis ins letzte durchschaut hatte, war er ihr jetzt ein anderer. Er war der Königliche Notar, er war das Gesetz. Das Gesetz stand vor ihr und ihrer dummen Therese, die ganze heilige Macht Frankreichs und des Königs, sie schützend gegen den niederträchtigen Wolf Nicolas.

Der Notar fragte amtlich feierlich: „Sie haben also verstanden, meine Damen, Sie, Witwe Levasseur, und Sie, Witwe Rousseau, was in diesem Dokument steht, und sind willens, es durch Ihre Unterschrift gültig zu machen?" – „Ja, Monsieur", sagte Madame Levasseur, und: „Ja, Monsieur", plapperte Therese nach. Maître Gibert wandte sich an Madame Levasseur: „Dann wollen Sie, bitte, Ihren Namen hierhersetzen, Madame, auch Ihren Vatersnamen und den, beziehungsweise die Namen Ihrer verstorbenen Gatten." Madame Levasseur unterschrieb. „Und nun Sie, Madame", forderte der Notar Therese auf, „auch Sie, bitte, Ihren Mädchennamen." Therese war verstört und begriff nicht. Die Mutter sagte scharf: „Schreib: Therese Levasseur Witwe Rousseau." – „Sehr richtig, Madame", lobte der Notar. Therese, mühsam und ungelenk, malte ihren Namen. Ein Schreiber brachte eine große Kerze und Siegellack. Voll von bebender Freude, stark atmend, schaute Madame Levasseur zu, wie Maître Gibert den Lack flüssig machte, gierig sog sie den Geruch des erwärmten Lacks ein, triumphierenden Auges sah sie, wie die fette Hand des Notars das Siegel in den Lack drückte.

Jetzt hatte der Hundsfott Nicolas ihren armen Schwiegersohn für nichts und wieder nichts um die Ecke gebracht. Seine Gemeinheit nützte ihm nicht mehr als einem Glatzkopf der Kamm. Keinen andern Gewinn hatte er von seiner Niedertracht als schlaflose Nächte, viel Galle und den peinlichen Zweifel, ob nicht am Ende doch Henker und Rad ihn ereilen würden.

Madame Levasseur aber hatte gute, zufriedene Tage; die hundertfünfzig Écus, die sie dem Notar hatte zahlen müssen, reuten sie nicht. Sie hatte einen festen, hohen Zaun gebaut, der ihrer Tochter, der Kuh, den Weg ins Gestrüpp verstellte.

Es focht die Alte auch nicht sonderlich an, als sie merkte, daß sich Therese eines Nachts heimlich aus dem Hause schlich. Mochte die Schlampe mit ihrem Kerl ins Heu gehen: vergolden mit ihren Louis konnte sie ihn nicht.

Es war nicht Nicolas, mit dem Therese zusammenkam; Madame Levasseur war im Irrtum. Es war Fernand.

Ja, der junge Graf hatte sich endlich wieder an sie herangemacht, er hatte sie um eine Zusammenkunft gebeten, besonders scheu übrigens, geradezu finster. Sie hatte sich also damals bei der Beerdigung nur eingebildet, daß Fernand ihr nicht wohlwolle. Sich der neuen Annäherung freuend, hatte sie sogleich ja gesagt.

Jetzt, als sie ihn nächtlich traf, wollte sie unwillkürlich den gewohnten Weg zu dem Weidenbaum einschlagen. Er indes, zu ihrer Verwunderung, wählte einen andern Pfad, hinauf zum Tempel der Philosophie.

Er hatte sich mit ihr verabredet, um seinen großen Vorsatz wahr zu machen, um festzustellen, ob sie um den Mord gewußt hatte. War es so, dann wird er trotz Gilbertens Rat die Verbrecher verfolgen, beide, und wenn er selber darüber zugrunde ging. Das war er dem Meister schuldig – und der Wahrheit.

Sie saßen nieder. Unten, im nächtlichen Licht, lag der See und die Insel der Großen Pappeln. Therese hatte sich danach gesehnt, einen Menschen zu haben, mit dem sie reden könnte über das Furchtbare. Nun durfte sie reden. Sie drängte alles, was sie dumpf spürte, in die schlichtesten Worte zusammen. Noch bevor er mit seinen wohlvorbereiteten Sätzen anfangen konnte, sprach sie. Simpel und wahrhaftig sprach sie aus, was sie in diesen letzten Tagen wieder und wieder gedacht hatte: „Ist es nicht furchtbar?“

Da aber diese einfältigen Worte so ehrlich aus ihr herauskamen, war eigentlich Fernands Sendung schon erledigt. Er spürte, sie hatte nichts mit dem Morde zu tun, sie war davon ebenso grausam überrascht worden wie er selber.

Das nahm ihm eine Last ab und legte ihm eine Last auf. Wie sollte er's jetzt dem Mörder gegenüber halten? Wenn er gegen ihn vorging, dann riß er Therese mit in den Abgrund, eine Therese, die er verführt hatte und die den Meister nicht mehr, eher weniger verraten hatte als er selber.

Wie dumm sie war! Wie glücklich sie lebte in ihrer einfachen Welt infolge ihrer Dummheit!

Mit welch gütiger Verachtung hatte Jean-Jacques ihre Einfältigkeit erkannt und dargestellt. Ja er hatte Worte des Preises dafür gefunden. Gilberte, mit ihrem sichern, praktischen Verstand, hatte recht: Jean-Jacques würde dieser Therese verzeihen, würde sie, gerade um ihrer Dummheit willen, freisprechen von der Schuld.

Aber er, Fernand, war nicht Jean-Jacques, er war kein Heiliger, und wenigstens sagen mußte er ihr, was er von ihr hielt. Leise und finster sprach er's aus: „Und zu denken, daß wir schuld daran sind!“

„Wir?“ fragte sie, ehrlich erstaunt.

Natürlich verstand sie nicht, was er wollte, und es war aussichtslos, es ihr zu erklären. Dumpfe, ohnmächtige Wut faßte ihn. Und dieses Stück Dummheit war die Ursache, daß die Welt ihres größten Lehrmeisters verlustig war! Feindselig schaute er auf sie im unsichern Mondlicht. Unten lag der See und die Insel. Er begriff nicht mehr, was er an ihr hatte finden können.

Sie spürte seine Feindseligkeit. Wieder, wie bei der Beerdigung, war er ihr böse, und sie wußte durchaus nicht, warum. „Sag mir doch ein paar gute Worte!“ bat sie und griff nach seiner Hand.

Er zog die seine zurück. „Hören Sie“, sagte er scharf, „ich verbiete Ihnen, mit diesem Wegwurf zusammenzukommen, mit diesem Mörder. Sie dürfen ihn nicht mehr sehen. Kein einziges Mal!" Jetzt verstand sie seine Wut, und beinahe war sie erfreut. Er hatte sich's also zusammengereimt, daß Nicolas das Furchtbare für sie getan hatte, aus großer Liebe, und er war eifersüchtig, ihr junger Graf.

„Ich verdiene es, daß Sie so zu mir sprechen, Fernand", sagte sie unterwürfig. „Aber als ich mit Monsieur Nicolas anfing, da waren Sie noch nicht da, und ich war sehr einsam und hatte es nicht leicht, das hab ich Ihnen ja schon gesagt. Wenn ich gewußt hätte, daß Sie kommen und mir helfen würden in meiner Einsamkeit, dann wäre ich nicht mit Monsieur Nicolas gegangen. Aber jetzt ist doch dieses Schreckliche passiert, und wenn einer das Schreckliche getan hat, dann hat er es doch für mich getan. Da kann ich nicht hart zu ihm sein, das müssen Sie doch einsehen, Fernand. Ich bin noch ganz durcheinander. Lassen Sie mir Zeit. Ich bin die ganzen Tage her nicht mit ihm zusammengekommen. Ich habe nicht mit ihm gesprochen." Und da er schwieg, wiederholte sie: „Lassen Sie mir Zeit, Fernand." Und schwerfällig neckisch schloß sie: „Jetzt, nachdem Jean-Jacques kaum unter der Erde ist, werden Sie es ja auch nicht gleich mit mir tun wollen."

Unten lag der See und die Insel. Er schaute sie an, voll Ekel. „Es mit Ihnen tun?" fragte er zurück. „Ich will gar nichts mit Ihnen tun. Sie sollen den Toten nicht besudeln. Sie sollen sich nicht bei seinem Grab, einen Steinwurf von seinem Grab, abgeben mit diesem Hund. Das ist alles, was ich von Ihnen will. Und niemals werde ich was anderes von Ihnen wollen. Niemals! Verstehen Sie endlich?"

Sie verstand. Und nun leuchtete in ihren tierhaften Augen ein dumpfer Haß auf. „So einer sind Sie also!" sagte sie. Und mit ihrer dunkeln Stimme, langsam, suchte sie böse Worte und fügte sie zusammen zu ungelenken Sätzen, sie genießend: „Erst schmieren Sie mit mir herum, und dann sagen Sie mir Gemeinheiten. Und so was will ein Graf sein, ein künftiger Seigneur! Jede Minute tut mir ja leid, die ich mit Ihnen herumgeschmiert habe. Schämen sollten Sie sich! Und in seinem Geschreibe haben Sie auch herumgeschlichen, Sie Vornehmer, Sie Aristokrat! Und immer heimlich, immer verdruckt. Wissen Sie, was Sie sind?" Sie suchte das Wort. „Ein Duckmäuser sind Sie, ein Lämmerschwanz! Und Sie wollen mir was befehlen! Sie haben mir gar nichts zu befehlen! Ich mach es mit dem Monsieur Nicolas, wann ich will und wo ich will. Der ist nicht so gemein wie Sie. Der weiß, was man zu tun hat, wenn man eine Frau liebt. Zu dem gehör ich, nicht zu Ihnen!"

Er war aufgestanden. Sie saß noch da in dem unsichern Licht, unbeweglich, die Worte kamen langsam aus ihrem großen Mund, er hatte Zeit, sie genau aufzufassen. Er hatte die „Bekenntnisse" gelesen und faßte sie auf. Sie war dem andern dankbar, weil er ihren Mann umgebracht hatte, ihrethalb. Er begriff, wie der Meister sie begriffen hatte, ihre tief unschuldige Lasterhaftigkeit.

Sie schaute ihm voll ins Gesicht. Er konnte ihren stolzen, verächtlichen Blick nicht ertragen. In seinen Augen war Abwehr, Haß, Ekel, Furcht. Mit jäher Bewegung kehrte er sich ab. Ging.

Alle die Tage her war Nicolas um das Sommerhaus herumgestrichen. Doch hatte es Therese unanständig gefunden, so schnell nach dem Schrecklichen mit ihm zusammenzukommen. Nach dem Streit mit Fernand wich sie Monsieur Nicolas nicht mehr aus.

Sie liebte ihn mit ihrem ganzen Wesen. Ihre Liebe hob sie hinaus über sich selber, und sie erfand für ihn Kosenamen. Nannte ihn: Colas, mein Colas, und schalkhaft: Mein lieber Herr Stupsnas, oder auch: Mein Monsieur Tattersall.

Die gefährliche Wahrheit

Monsieur de Girardin las die „Bekenntnisse". Er war erschreckt, angewidert, angezogen, es gelang ihm nur mit Mühe, den inneren Aufruhr zu zähmen. Der gleiche Mann, der die Neue Héloïse geschrieben hatte, der in Ermenonville still und schwermütig herumgewandelt war, der gleiche sanfte Mann war zerbrannt von diesem trüben Feuer.

Und wenn die „Bekenntnisse“ schon ihn so tief verstörten, wie erst mußten sie auf die Tausende wirken, die sie lauen, kalten oder gar feindseligen Herzens lasen. Wie werden sie herumwühlen, alle diese Dunkelmänner und Feinde, in den Geheimnissen Jean-Jacques', mit schmutzigem Sinn und schmutzigen Sinnen, welche Gemeinheiten werden sie in die Welt hinausschreien! Nein, er durfte diese gefährlichen Wahrheiten nicht dem Pöbel preisgeben.

Aber hatte nicht Jean-Jacques verfügt, daß das Werk nach seinem Tode veröffentlicht werde? Wer war er, Girardin, der Welt gegen den Willen des Meisters die neue, schreckliche und erregende Botschaft vorzuenthalten?

Er ließ Jean-Jacques' Freund Ducis die Manuskripte lesen. Der Dichter erschrak vor dem, was sich da offenbarte, er teilte die Bedenken des Marquis.

Inzwischen aber hatte sich herausgestellt, daß Jean-Jacques auch gewissen Freunden in Genf Abschriften der Manuskripte anvertraut hatte, dem Pastor Moultou und dem Halbamerikaner Dupeyrou, mit der Weisung, sie nach seinem Tode zu veröffentlichen, und so wollten es diese Herren auch halten. Der Marquis suchte sie in beredten Briefen davon abzubringen. Allein Pastor Moultou berief sich auf Jean-Jacques' bedingungslose Wahrhaftigkeit und seine ausdrückliche Willensmeinung, und er drängte darauf, daß die „Bekenntnisse“ sogleich veröffentlicht würden. Nach vielem Hin und Her nahm man einen Vorschlag Ducis' an und beschloß, eine neue, große Gesamtausgabe zu veranstalten, deren letzten Band die hinterlassenen Schriften bilden sollten. Girardin atmete auf: die Kundgabe der gefährlichen Wahrheit war um mindestens drei Jahre verzögert.

Er hatte nicht gerechnet mit Madame Levasseur.

Es wandten sich nämlich mehrere Verleger an Therese, um den literarischen Nachlaß zu erwerben, und Madame Levasseur forderte den Marquis auf, die Manuskripte jetzt zu verkaufen, wo sie wie warme Semmeln abgingen. Monsieur de Girardin setzte ihr auseinander, wie er sich die Veröffentlichung dachte. Sie sah sogleich, daß sie auf solche Art erst nach Jahren zu fetten Honoraren kommen werde, und widersprach. „Aber wenn wir nicht warten", ereiferte sich der Marquis, „gefährden wir Jean-Jacques' Nachruhm; alle seine Freunde denken so." – „Wir beiden Witwen können uns so feine Rücksichten nicht leisten", begehrte Madame Levasseur auf. „Wir brauchen unser Geld. Wir haben lange genug darauf warten müssen durch den Sparren meines Herrn Schwiegersohns. Ich kann es nicht zugeben, daß jetzt noch mehr Philosophie dazwischenkommt."

Der Marquis, verärgert durch den Widerstand der Alten, erwiderte: „Sie zwingen mich, Madame, einen Punkt zu berühren, den ich lieber nicht erörtert hätte. Es finden sich in den Manuskripten Stellen, die der Reputation Ihrer Frau Tochter und der Ihren nicht förderlich sein dürften."

Die Alte war erbittert. Erst hatte Jean-Jacques ihre Therese ein Leben lang behelligt mit seiner unappetitlichen Krankheit, ohne sie wäre er schon vor Jahren verkommen und verwest, dann hatte er ihr die Kinder weggestohlen, und jetzt, zum Dank, beschimpfte er sie noch aus dem Grabe heraus, der Narr, der Philosoph! Aber sie beherrschte sich und meinte sachlich: „Man braucht doch diese unreputierlichen Stellen nicht zu drucken, man kann sie doch einfach weglassen. Mein Herr Schwiegersohn ist tot und merkt's nicht."

Girardin war entrüstet. „Es kann keine Rede davon sein, Madame", erwiderte er scharf, „daß man die Werke Jean-Jacques' beschneidet oder entstellt. Kein Verleger wird sich dazu hergeben. Ich selber werde es niemals dulden, keiner seiner Freunde." – „Schön", meinte gelassen Madame Levasseur, „dann bleibt das Unreputierliche eben stehen. Für einen Haufen Louisdor schluckt unsereins manche Kröte."

Girardin schaute mit wachsendem Ingrimm auf Madame Levasseur. Wenn sie und ihre Tochter bei dem scheußlichen Ausgang Jean-Jacques' nicht gerade mitgeholfen hatten, so waren sie doch die unmittelbare Ursache. Und nun wollte die feiste, raubgierige Greisin dem Toten auch noch den Nachruhm wegstehlen. Aber jetzt wird er deutlich werden. „Ich habe Ihnen bereits mitgeteilt, Madame", sagte er, daß die Finanzverwaltung Seiner Großbritannischen Majestät noch keinen Bescheid erteilt hat auf meine Anfrage, ob die Pension Ihres verstorbenen Schwiegersohns weiterbewilligt wird. Auch Lord Marischal hat sich noch nicht entschieden über die Weiterzahlung der von ihm gewährten Rente. Wenn die Ihnen abträglichen Memoiren erscheinen, dann, Madame, können Sie beide kaum mehr auf Erhalt dieser Beträge rechnen."

Mit Bitterkeit erkannte Madame Levasseur, wie schwer es die kleinen Leute hatten, ihr Recht durchzudrücken gegen einen großen Herrn; das hochgeborene Gesindel hing zusammen. Aber noch gab sie ihre Sache nicht auf. „Jetzt kriegen wir's zu spüren", klagte sie, „wie aufgeschmissen wir sind durch den Verlust unseres lieben Jean-Jacques." Sie richtete ihre kleinen, harten Augen auf den Marquis. „Und wenn man bedenkt", sagte sie langsam, leise und nachdrücklich, „wie leicht dieser Verlust hätte vermieden werden können!"

Sie hatte, wie sie's wollte, Girardin empfindlich getroffen. Mit dem stummen Vorwurf der Alten am Totenbett Jean-Jacques' hatte er sich abgefunden: ihre unverschämten Worte gedachte er nicht hinzunehmen. „Was heißt das?" fragte er scharf. „Erklären Sie sich deutlicher."

Die Alte wich nicht zurück. „Was ist da viel zu erklären?" antwortete sie und ließ den spöttischen, wissenden Blick in ihn eindringen. „Ich bin kein Richter und kein Priester und kein Philosoph, und was geschehen ist, ist geschehen. Aber ich habe rechtzeitig gewarnt, Herr Marquis, das darf ich wohl sagen, und wenn Sie damals gehört hätten auf den Rat einer alten Frau, die freilich keine Person von Stande ist, die aber Welt und Menschen kennt und ihre Augen offen hat, dann wäre manches anders gekommen, Herr Marquis."

Für einen Augenblick war Girardin erfüllt von würgendem Zorn über den niederträchtigen Erpressungsversuch. Aber er hielt an sich. Sie hatte mit einer schnellen Erbschaft gerechnet, sie besaß nichts weiter als die Manuskripte, es war begreiflich, daß einer so vulgären Person in einer solchen Lage die Vernunft durchging und daß sie sich allerlei ungereimtes Zeug zurechtmachte. Vorläufig, das war die Hauptsache, durfte kein Gerede entstehen um die „Bekenntnisse", er mußte ihr den gemeinen Mund mit Geld stopfen, und schließlich handelte er auch im Sinne Jean-Jacques', wenn er für die Weiber sorgte. „Ich sehe Ihre peinliche Situation", sagte er steif, „und verzeihe Ihnen Ihre Übertriebenheiten." Und hochmütig, seine Antipathie kaum verbergend, bot er an: „Ich bin bereit, die Zahlung der erwähnten englischen Pensionen bis auf weiteres auf meine Rechnung zu übernehmen. Betrachten Sie auch das als Darlehn auf die Manuskripte."

Madame Levasseur hatte von Anfang an bezweifelt, daß die englischen Pensionen weitergezahlt werden würden, sie war freudig überrascht vom Angebot des Marquis. Sie sagte: „Verzeihen Sie einer alten Frau, über die viel Unglück gekommen ist, wenn sie manchmal etwas heftig wird. Ich wußte von Anfang an, daß Sie es gut meinen mit uns zwei armen Witwen und uns nicht sitzenlassen." Und sie zog befriedigt ab.

Girardin seinesteils fand, er habe es gut gemacht, er habe gehandelt als treuer Freund Jean-Jacques' und als treuer Hüter seines Werkes.

Er stand vor der Totenmaske Houdons. Ein tiefer, melancholischer Friede lag über dem Antlitz, um so furchtbarer riß die Rille hinein, die Spur der Wunde, die üble Vertiefung, die von der gefalteten Stirn über die ganze rechte Schläfe lief. Deutlich erinnerte sich Girardin des Gespräches, welches er, als er die Maske das erstemal gesehen, mit dem Bildhauer geführt hatte. „Sie können die – Unebenheiten auf der rechten Seite wohl nicht wegretuschieren, Monsieur?" hatte er gefragt, zaghafter als sonst, und: „Nein, Monsieur", hatte schroff Houdon erwidert. Seitdem Girardin mit den „Bekenntnissen" vertraut war, klaffte der Riß noch bedrohlicher. Was alles erst würde die schmähsüchtige Masse ausklügeln, welch unheilvolle Bedeutung würde sie in den Riß hineininterpretieren, wenn sie Gelegenheit hätte, die Lebensgeschichte des Meisters zu durchschnüffeln.

Ausklügeln? Plötzlich, mit Wucht, überkam ihn die Erkenntnis, daß es da nichts auszuklügeln gab. Er hatte sich alle die Zeit her was vorgemacht, er hatte sich die Augen zugehalten, soeben noch, vor kaum einer Stunde noch, hatte er die furchtbaren klaren Worte der Alten als erpresserische Lüge abtun wollen. Jetzt mit einem Male wußte er: das „Geschwätz" sagte die Wahrheit. Dieser Nicolas hat Jean-Jacques – „Sag es heraus", befahl er sich selber: *er* hat ihn erschlagen.

Die Knie wurden ihm weich, er mußte sich setzen. Er trug Schuld, die Alte schob ihm mit Recht Schuld zu. Er hätte nicht so leichtfertig sein inneres Wissen verscheuchen dürfen damals, als er die Unordnung auf seinem geheimen Schlüsselbrett wahrnahm. Und ein zweites Mal war er gewarnt worden, als der Hund vergiftet wurde, und ein drittes Mal, als die Alte in ihrer gemeinen Klugheit forderte, er solle den Kerl verjagen. Er hätte handeln müssen damals, er hätte den Burschen austreiben müssen.

Und dennoch: war er schuldig? Hatte er nicht guten Grund, die Gerüchte um diese Therese für leeres Geschwätz zu halten? Hatte nicht Jean-Jacques selber, die „Bekenntnisse" zeigten es, an Therese geglaubt? Hätte er klüger sein sollen als der Meister?

Ja, genau das hätte er sein sollen. Jean-Jacques durfte glauben. Jean-Jacques' Aufgabe war es, klarsichtig zu sein vor den großen Dingen, nicht vor den kleinen, nicht vor dieser Schlampe Therese. Aber er, Girardin, der den Hof kannte und die Menschen und der eine Armee kommandiert hatte, er hätte nicht dümmer sein dürfen als die alte Levasseur.

Was sollte er jetzt tun? Was konnte er tun? Selbst wenn er, schon als er an der Leiche gestanden war, die Zusammenhänge so deutlich überschaut hätte wie heute, er hätte schweigen und lügen müssen. Nachdem er damals den Burschen behalten hatte, nachdem er's damals falsch gemacht hatte, war ihm aufgegeben, weiter zu schweigen und weiter zu lügen und hundert schnöde, lügnerische Dinge zu tun, um der immer gefährlicheren Wahrheit den Weg zu verlegen.

Den Mörder strafen konnte er nicht. Aber *eines* konnte er: die dunkle Gemeinschaft mit ihm brechen, ihn wegschicken mit Schimpf und Schande.

Er befahl Nicolas zu sich.

Fragte ihn knapp und streng, ob er noch Dienstleistungen für die Damen im Sommerhaus verrichte. Nicolas erwiderte mit dreister Höflichkeit: „Ja, Herr Marquis. Da in den Ställen wenig zu tun ist, widme ich einen Teil meiner Zeit den Damen." Girardin fragte bündig: „Leben Sie in Freundschaft mit der Witwe Rousseau?" – „Die Witwe Rousseau sieht mich nicht ungern", antwortete Nicolas, und sachlich, mit einem kleinen Grinsen, fuhr er fort: „Ich würde mir selber im Lichte stehen, wenn ich diese Freundschaft nicht kultivierte."

„Sie verlassen Ermenonville!" herrschte Girardin ihn an. „Noch heute!"

Nachdem man ihm so lange nicht auf den Leib gerückt war, hatte Nicolas geglaubt, die Geschichte werde ausgehen wie ein herabgebranntes Talglicht, mit einem leisen Gestank, und dann vergessen sein. Wahrscheinlich war es die Alte, die Ragotte, die dem idiotischen Marquis keine Ruhe gelassen hatte. Wie immer, für den Augenblick mußte sich Nicolas geschlagen geben. „Wenn Sie glauben", antwortete er frech, „daß meine Entfernung den Ruhm des Herrn Philosophen erhöht ...", und er zuckte die Achseln. Der Marquis hob den Stock. Nicolas wich nicht zurück. „Die Neigung für die Witwe Rousseau können Sie mir nicht ausprügeln, Herr Marquis", sagte er höflich.

„Mein Amtmann", erklärte militärisch Girardin, „erhält Weisung, Sie einzustecken, wenn Sie sich auf meinem Gebiet betreten lassen." – „Keine Angst, Herr Marquis", sagte Nicolas, „ich kenne die Sehenswürdigkeiten Ermenonvilles zur Genüge."

Nachdem Girardin dieses Stück Schmutz aus seinem Hause

gekehrt hatte, erfüllte ihn die nahe Nähe der Weiber mit beinahe körperlichem Widerwillen. Leider konnte er nicht wohl, ohne Skandal zu erregen, Jean-Jacques' Witwe und ihre Mutter vom Grabe Jean-Jacques' vertreiben; aber wenigstens aus den Augen wollte er sie haben.

Das Chalet Suisse war fertig geworden, das kleine Haus, welches er für Jean-Jacques hatte errichten lassen. Er ließ die Frauen auffordern, dorthin zu übersiedeln.

Ein letztes Mal, süß und wehmütiger Gedanken voll, saß er auf jenem Baumstumpf am Rande des Urwalds, von dem aus seinerzeit Jean-Jacques dem Wachsen seines Hauses zugeschaut hatte. Es war ein Gelächter und eine Schmach, daß nun kein Jean-Jacques, sondern die Weiber das Haus bezogen. Aber hier waren sie aus seiner Sicht.

Sie übersiedelten, und Girardin vermied fortan die Nähe des Chalet Suisse.

Austreibung des Bösen

Girardin überließ Fernand die von dem Toten mit soviel Liebe angelegten Herbarien, sie waren ihm zusammen mit den Manuskripten ausgeliefert worden. Allein die Botanik hatte keinen Reiz mehr für Fernand; er vermochte nicht, wie der Meister, aus den trockenen Pflanzen lebendige Erinnerungen zu ziehen an Menschen und Begebenheiten.

Der Jean-Jacques seines Andenkens wurde immer größer, aber, in seinem Heimlichsten gestand er sich's zu, immer undeutlicher.

Er mühte sich, seinem Kummer um den Meister das Gefühl eigenen Versagens und eigener Schuld fernzuhalten. Da der Vater den Nicolas fortgejagt hatte, war viel Verworrenes ohne sein Zutun entwirrt, und als gar die Frauen ins Chalet Suisse übersiedelten, so daß er sie kaum mehr zu Gesicht bekam, vermochte er auf Stunden, ja auf Tage die üblen Dinge um Therese zu vergessen. Bereitwillig ließ er sich von

Gilbertens klarer Vernunft überzeugen, daß die wüsten Begebenheiten abgelebt und abgetan seien.

Zuweilen freilich, wenn er vor der Totenmaske stand, kehrte ihm das heiße Verlangen zurück, zu sühnen, etwas zu tun. Die Totenmaske mit dem Riß, nicht die feierliche Büste war die Wirklichkeit Jean-Jacques'.

Er merkte, daß sich auch die Dorfleute nicht beruhigten über das Ende Jean-Jacques'. Oft, wenn er in die Nähe kam, brachen sie ein Gespräch ab.

Einmal fragte er den Martin Catrou geradezu: „Was habt ihr? Was tuschelt ihr? Und warum hört ihr auf, wenn ich komme?" Martin grinste. „Kannst du dir das nicht von allein auskalkulieren?" antwortete er mit seiner hellen, scharfen Stimme. „Sie diskutieren natürlich über euern toten Heiligen." – „Was haben sie sich denn ausgetiftelt?" fragte mit schlecht gespielter Ironie Fernand. Martin, die breiten Schultern hebend, meinte: „Ausgetiftelt? Genau das, was sich das ganze Land ausgetiftelt hat." Fernand rötete sich. „Möchtest du nicht ein bißchen deutlicher werden?" forderte er Martin heraus, und da dieser schwieg und ihn nur aus schwarzen, gescheiten, spöttischen Augen betrachtete, befahl er sehr hochmütig: „Ich bitte darum." – „Wenn Sie mir so kommen, Graf Brégy", antwortete Martin, „dann ist es besser, wir machen für heute Schluß mit unserer angenehmen Unterhaltung." Aber: „Red doch, red doch endlich!" beschwor ihn Fernand. „Laß dir doch nicht jedes Wort herausziehen."

Fernand, wiewohl kein Dummkopf, war in manchen Dingen beschränkt, weil er ein Vornehmer war; aber so beschränkt konnte er doch nicht sein, nicht zu wissen, was alle Welt wußte. „Muß ich dir's wirklich erst sagen?" fragte Martin nochmals. Und: „Rede doch, rede!" drängte Fernand. Martin gab ihm achselzuckend Bescheid: „Also dann. Wenn einer auf so gemeine Art abgekratzt ist oder abgekratzt wurde, dann sollte man, meinen die Leute und meine ich und meint die ganze Welt, ein bißchen genauer hineinleuchten, wie das passiert ist. Ihr habt nicht hineingeleuchtet. Erst habt ihr nicht genug von ihm hermachen können, aber dann, wie ihm euer Reitknecht den Schädel eingeschlagen hat, habt ihr ihn einfach eingescharrt und punktum. Das schätzen sie nicht besonders, die Leute." Fernand hatte genau gewußt, was die Leute redeten, aber als es nun in deutlichen Worten an sein Ohr schlug, traf es ihn so, daß sich sein lebendiges Gesicht grausam verzerrte. „Den Schädel eingeschlagen? Unser Reitknecht?" stammelte er töricht. Soviel Dummheit oder Verstellung oder beides zugleich ärgerte den Martin. „Wer denn?" sagte er grob. „Das weiß doch ein jeder, daß die Frau eures Heiligen hitzig war auf den englischen Reitknecht, und der Heilige stand dazwischen. Da wollten sie ihn los sein. Klar wie ein gescheuerter Fußboden."

Fernand starrte mit hilflos zornigen Augen auf Martin. Der, verärgert, daß der andere so kacknaiv war, dabei fast mitleidig und selber ein bißchen hilflos, erläuterte: „Sie war hitzig auf manchen, die Dame."

Fernand erschrak in sein Innerstes. Dieser Martin wußte alles. Alle wußten alles. Sinnlos dachte er: Piget, pudet, poenitet. Es riß ihm die Hände vors Gesicht, so schämte er sich.

Er tat Martin leid. Gleichzeitig aber freute er sich, daß er's ihm gesteckt hatte, dem Vornehmen. Und da er im Zug war, fuhr er fort: „Ich weiß nicht, wie man bei euch über so was denkt, aber wir vom untern Stand finden, es ist ein stinkender Skandal. Erst geht er hin, der englische Reitknecht mit seiner frechen Visage, und bringt diesen Jean-Jacques um, dann treibt er's mit der Frau über seinem Grab, und ihr steht dabei und schaut zu. Da sagen wir halt: Pfui Teufel! Und einmal wird ihn einer abpassen, den Kerl, wenn er von ihr kommt, und ihn braun und blau schlagen."

Fernand starrte den andern an. „Aber er ist doch nicht mehr da, unser Nicolas", sagte er fassungslos. „Der Herr Vater hat ihn doch längst fortgeschickt." Martin war kaum minder erstaunt. „O du mein Weihnachtsengel!" höhnte er. „Natürlich ist er da, der Schuft. Hast du denn keine Augen? Beim Condé ist er. Es ist kein weiter Weg von euch zum Condé."

Es war ungeheuerlich, aber Fernand war überzeugt, es war so. Der Prinz de Condé liebte es, dem Vater Streiche zu spielen.

Er lief im Wald herum, zerbrannt von Wut und Scham. Sogar die Bauern spürten, sie mußten was tun, und er, Fernand, stand da, lahm und stumpf. War er denn aus Holz? Er durfte es nicht dulden, daß sich das verkommene Weibsbild noch weiter mit dem Lumpen mischte, über dem Grab. Und wenn er ihn niederschießen müßte!

Diesmal wird er nicht erst lange mit Gilberte reden und sich von ihr Vernunft und Feigheit predigen lassen.

Er ging geradewegs zu Girardin. Sagte: „Sie haben Ihren englischen Reitknecht aus Ihren Herrschaften ausgewiesen, Herr Vater. Aber unser Freund hat ihn angestellt, der Prinz de Condé. Er treibt sich weiter in der Gegend herum, der Mensch, und kommt zusammen mit Madame Rousseau."

Der Amtmann von Ermenonville hatte in seinem allmorgendlichen Bericht dem Marquis bereits mitgeteilt, der gewisse Nicolas Montretout halte sich noch immer in der Nachbarschaft auf. Der Amtmann hatte weiterreden wollen, aber Girardin war ihm ins Wort gefallen, er hatte gefragt: „Zeigt er sich noch immer in Ermenonville?", und als der Amtmann verneinte, hatte ihm das genügt. Daß jetzt der Sohn ihn zwang, sich von neuem mit der Geschichte zu befassen, verdroß ihn. „Alberne Gerüchte", sagte er, „du machst mich ungehalten." Aber: „Es sind keine Gerüchte", beharrte Fernand. „Der Mensch trifft die Frau nach wie vor. Alle wissen es, alle sagen es. Sie müssen etwas tun, Herr Vater! Ich beschwöre Sie: unternehmen Sie etwas gegen ihn, etwas Endgültiges!"

Die Art, wie sein Sohn zu ihm sprach, dieses Dringliche, Anklägerische, reizte den Marquis. Niemals bisher hatte sich Fernand herausgenommen, Kritik an dem Vater zu üben, und die Freundschaft mit Jean-Jacques genügte nicht, solch unerhörte Dreistigkeit zu erklären. Der Junge mußte stärkere Gründe haben, persönlichere. Und mit einemmal erinnerte sich Girardin, wie sich zuweilen Fernand von der Abendtafel und von Jean-Jacques weggestohlen hatte. So hing es zusammen: auch Fernand hatte sich abgegeben mit dieser Schlampe.

Beinahe erleichtert ließ er seinen Groll an dem Sohn aus. „Wie kommen Sie dazu", fragte er streng, „mir diese Gerüchte zu hinterbringen? Wie kommen Sie dazu, mir Lektionen in der Moral zu erteilen?" Und da Fernand tief überrötet schwieg, schloß Girardin unerbittlich: „Graf Fernand, haben Sie mir etwas zu gestehen?"

Fernand war erbittert. Er hatte sich überwunden, er hatte seine böse Pflicht getan und dem Vater angezeigt, daß sich der Mörder noch immer frech im Lichte spreizte und die Folgen seiner Tat genoß, was eine Schande war für Ermenonville. Und der Seigneur von Ermenonville erwiderte damit, daß er seine, Fernands, Beweggründe verdächtigte. Er schämte sich für den Vater.

Er dachte an die kleinliche Strenge, mit welcher dieser ihn all die Jahre her zu ducken versucht, wie er ihn gehunzt und geschunden hatte. Dachte daran, wie der Vater die Geige zerbrochen hatte. Dachte an die schrecklichen Jahre in der Kriegsakademie, in die der Vater ihn gesteckt hatte. Deutlich auch stand ihm mit einemmal eine lächerliche und schmähliche Episode vor Augen, die lange zurücklag. Da hatte einmal, als er auf der Jagd war, der Vater ihm einen Mann zu Pferde nachgeschickt mit dem Befehl, sogleich zurückzukommen. „Monsieur", hatte ihm der Vater gesagt, „Sie haben vergessen, die Tür Ihres Zimmers zuzumachen. Machen Sie sie zu, dann können Sie zurück zu Ihrer Jagd."

Freilich hatte ihm dann wieder der Vater auf viele Arten seine Liebe gezeigt. Er hatte, wiewohl ihn das sehr behindern mußte, ihn mitgenommen auf die lange Reise durch Italien und die Schweiz. Er hatte ihm bei hundert Anlässen scheue, beinah versteckte Zärtlichkeiten erwiesen.

Bewegt von Zorn und Kritik und gleichzeitig von Liebe, sah Fernand auf den Vater, und er las ihm von dem krampfhaft beherrschten Gesicht schmerzhaft klar ab, in welchen Nöten auch er stak. Gewiß brannte den stolzen, rechtlichen

Mann nicht minder als ihn selber das Verlangen, die Untat zu sühnen. Doch davor stand groß die Sorge um das Prestige von Ermenonville; der Seigneur von Ermenonville durfte nicht zulassen, daß Skandal um das Ende Jean-Jacques' an den Glanz und die Größe seines Hauses rührte.

„Ich warte auf Antwort", sagte Girardin.

Fernand, stockend und tapfer, bekannte: „Ja. Ich habe Schuld auf mich geladen durch Beziehungen zu dieser Frau. Aber", fuhr er mit Leidenschaft fort, „gerade deshalb hängt mir das Herz daran, daß der Mensch, der so unselig mit dem Meister verknüpft ist, ein für allemal verjagt wird. Er darf sich nicht länger hier herumtreiben und sein Andenken besudeln. Ich bin vielleicht sehr frech, Herr Vater, aber ich bitte Sie nochmals und inständig: machen Sie dieser Schande ein Ende! Sie zerdrückt mir das Herz, die Schande." Und wild, das Gesicht verpreßt, schloß er: „Man kann nicht mehr atmen in der Luft von Ermenonville."

Das waren Worte, wie sie dem Marquis noch keiner gesagt hatte. Keiner noch hatte ihn mahnen müssen, seine Ehre zu wahren, und schon gar nicht duldete er solche Mahnung von seinem Sohn. Es riß ihm die Hand hoch, Fernand zu schlagen. Da sah er die Totenmaske. Die Hand sank ihm. Mächtig in ihm hob sich das Bewußtsein der eigenen Schuld.

Aber niemals wird er diese Schuld einem andern zugestehen. Er suchte nach starken Worten, den aufrührerischen Sohn zurechtzuweisen. Fand sie nicht. Mild, trüb und müde sagte er: „Der Schmerz um Jean-Jacques verwirrt dich, mein Sohn."

Auch jetzt verstand Fernand, was in dem Vater vorging. Nach einer langen Weile, leise und höflich, fragte er: „Was haben Sie beschlossen, Herr Vater?" Girardin erwiderte: „Ich fahre nach Paris, zu dem Herrn Polizeipräsidenten."

Monsieur Lenoir, der Polizeipräsident, schien nicht groß erstaunt, als ihm der Marquis die Ausweisung seines früheren Reitknechts John Bally, genannt Nicolas Montretout, nahelegte. Er ließ einen großen Akt bringen und referierte: „Ich sehe, wir hatten schon damals, als Sie den Burschen entließen, daran gedacht, ihn auszuweisen. Aber nachdem Seine Hoheit der Prinz de Condé ihn aufnahm, haben wir davon abgesehen. Was Sie mir mitteilen, mein lieber Herr Marquis, ändert die Sachlage. Wir sind im Krieg mit England, ein so zweideutiger Engländer hat nichts zu suchen auf unserm Boden. Ich werde die Ausweisung verfügen."

Der Marquis war angenehm erstaunt, wie leicht das gegangen war. Aber es verwirrte und bedrückte ihn, daß der Polizeipräsident um die Vorgänge in Ermenonville so genau Bescheid zu wissen schien. Paris hatte sich also nicht täuschen lassen von dem Gutachten der Ärzte und Beamten. Hatte er, Girardin, sich nicht übernommen, als er sich anheischig machte, Jean-Jacques' dunkles Ende der Welt und der Nachwelt zu verheimlichen?

Wie immer, sein nächstes Ziel hatte er erreicht: der Mörder wird verschwinden.

Schon nach wenigen Tagen erhielt denn auch Nicolas eine von dem Polizeipräsidenten selber gezeichnete Order, sich binnen einer Woche hinwegzubegeben aus den Ländern des Allerchristlichsten Königs und sich dort bei harter Strafe nicht mehr betreten zu lassen.

Nicolas spuckte einen gewaltigen Batzen und pfiff durch die Zähne. Er mußte zugeben: was sich da der großkopfige Girardin und die alte Mähre ausgedacht hatten, war nicht dumm. Er mußte sich fügen.

Aber Mister John Bally war nicht der Mann, was er sich einmal in den Kopf gesetzt hatte, so leicht aufzugeben. Er wird außer Landes gehen, vorläufig; aber einmal wird der Krieg zu Ende sein, und dann wird alles vergessen sein, und er wird zurückkommen und sich das Weib holen, und mit dem Weib die Papiere und das Geld.

Fürs erste kam es darauf an, sich Theresens zu vergewissern, ihr seine Marke einzubrennen.

Sowie es Nacht geworden war, ging er ins Chalet. Die Frauen waren im Begriff, das Haus abzuschließen und zu Bett zu gehen. Madame Levasseur, als sie Nicolas eintreten sah, wurde überkommen von panischer Angst; das Chalet lag einsam im Park, weitab vom Schloß, hier hörte keiner, und wenn man noch so grausam um Hilfe schrie.

„Guten Abend, Madame“, sagte höflich Nicolas. „Guten Abend, mein Engel“, wandte er sich an Therese. „Ich habe mit dir zu sprechen.“ Auch Therese hatte Furcht. Es mußte sich Wichtiges ereignet haben, sonst wäre Monsieur Nicolas nicht hergekommen, und zu dieser Stunde; gleichzeitig aber war sie stolz auf den Wagemut, mit dem er sich ihrethalb in Ermenonville zeigte. „Ich habe mit dir allein zu sprechen“, erläuterte Nicolas. Aber die Alte hatte sich wiedergefunden. „Scheren Sie sich fort, Sie Hund“, befahl sie leise und gelassen. „Du siehst, meine Therese“, sagte Nicolas, „auch deine Frau Mutter wünscht, daß unser Gespräch nicht in ihrer Gegenwart stattfindet. Genau das habe ich vorgeschlagen. Komm also, bitte.“

Therese, bei all ihrer Liebe, hatte wahnsinnige Angst vor Nicolas. Bestimmt wollte er von ihr was Bedenkliches. Sie war bereit, alles für ihn zu tun, aber gut war es doch, daß die Mutter da war.

„Du bleibst, Therese“, sagte still die Alte, „und Sie gehen, Sie Lump.“ Nicolas kam etwas näher. Doch Therese trat einen Schritt zu ihrer Mutter hin, und als die Alte sie an der Hand nahm, umschloß sie die Hand der Mutter mit festem Griff.

Nicolas zuckte die Achseln. „Die alte Dame hat Launen“, meinte er. „Einmal will sie, wir sollen draußen reden, dann wieder, hier innen. Ich bin ein Mann von Welt, ich nehme Rücksichten auf das Alter. Bleiben wir also. Freilich wäre ich gerne gerade diese Nacht mit dir ins Heu gegangen, Therese, mein lieber Schatz. Du wirst mich jetzt nämlich eine Zeitlang nicht mehr sehen. Dies ist eine Abschiedsvisite.“

„Du willst fort?“ fragte Therese. Das Herz schlug ihr bis in den Hals. Niemals vorher hatte sie mit so tiefglücklichem Schrecken gespürt, wie sehr sie diesen Mann liebte; wenn das nicht die große Liebe war, von der die Lieder sangen, dann gab es keine. Sie hatte geglaubt, sie liebe den Schlächtergesellen Robert, aber das war gar nichts gewesen, verglichen mit heute. Achtunddreißig Jahre war sie alt geworden, sie hatte ihre Jahre vertan im Dienst und in der Pflege Jean-Jacques', und jetzt war die große Liebe da, und sie könnte sie genießen, keiner stand mehr im Wege, sie hatte sogar Geld: und jetzt wollte er fort!

„Du willst fort?“ äffte er ihr nach. „Ich will gar nicht fort. Ich *muß* fort, und deinethalb. Dein sauberer Galan hat uns das eingebrockt, das Früchtchen, der Aristokrat!“ Plötzlich brach seine ganze Wildheit aus. „Das kommt davon, daß du dich mit ihm eingelassen hast, mit dem Grünschnabel. Jetzt ist er eifersüchtig und hat sich hinter die Polizei gesteckt, der Feigling, der adelige Hasenfuß.“

In Madame Levasseurs Herz sang es Hosianna und Halleluja. Sie hatte es also doch geschafft: der Lump mußte fort, und sie blieb! Ein wenig fester packte sie Therese bei der Hand, sie beschwor sie innerlich, nur jetzt noch ein Restchen Vernunft zu haben, nur ein paar Minuten noch, dann waren sie beide gerettet und das Geld, und es konnte Therese nichts mehr passieren. Sie machte sich stark, die Alte, sie hielt stumme Zwiesprach mit Therese, flehte sie an, beschimpfte sie, redete ihr zu, alles mit dem Druck ihrer Hand. Und sie spürte: Therese, trotz ihrer Geilheit, hatte Angst vor dem Kerl und Vertrauen zu ihr. Sie wird bleiben, Therese, es wird ihm nicht gelingen.

Therese, etwas heiser, fragte: „Wann mußt du denn fort? Und wann kommst du wieder?“ – „Ich gehe morgen“, sagte er, „und wann ich wiederkomme, weiß ich nicht.“ – „Ich warte auf dich“, versprach sie, „oder vielleicht auch komme ich dir nach. Einmal werde ich frei sein.“ Er genoß es ganz aus, wie sie da ihr Innerstes heraussagte: sie hielt sich fest an der Hand ihrer Mutter, dabei wünschte sie ihr den Tod. Er spürte, er hatte sie im Sack. Sie *wird* warten.

„Es wäre natürlich hübsch, wenn wir den Abschied draußen feiern könnten“, lockte er. Ihr ganzer Leib verlangte nach ihm, sie beugte sich ihm entgegen, aber die Hand der Alten gab ihr Vernunft, und sie hielt die Hand. Er zuckte die Achseln.

„Der Krieg wird nicht allzu lange dauern", sagte er, „dann komm ich wieder." Und: „Schau zu", riet er, „daß die alte Dame in der Zwischenzeit nicht zuviel Geld vertut für ihr Nesthäkchen, für unsern Sergeanten aus Amerika. Wieviel Geld ist es eigentlich?" fragte er brutal. „Das möchtest du gerne herauskriegen", höhnte die Alte. „Aber du mußt schon abziehen und weißt nicht, ob es lohnt, zurückzukommen. Wieviel es ist, davon hat sie nämlich keine Ahnung, deine Therese. Und viel oder wenig, es ist so festgelegt, daß mir kein Diebsgelichter herankann." – „Sie unterschätzen meine Liebe, Madame", antwortete Nicolas. „Ich komme wieder. Ich nehme das Risiko auf mich. Ob viel oder wenig, ich und meine Therese gehören zusammen."

„Und auf den jungen Grafen brauchen Sie nicht eifersüchtig zu sein, Monsieur Nicolas", versicherte Therese. „Eine Zeitlang hab ich mir was aus ihm gemacht; was wahr ist, muß man sagen. Aber seitdem Sie" – sie suchte nach dem Wort – „das für mich getan haben, weiß ich, wem mein Herz gehört, und jetzt schau ich keinen andern mehr an." – „Das ist brav", lobte Nicolas. Die Alte hörte seinen ganzen Hohn heraus auf ihre arme Therese.

„Da es mit dem Heu doch nichts wird", meinte er, „mach ich mich wohl besser auf die Socken. Meine Adresse lasse ich dich wissen." – „Ja, schreib mir", bat dringlich Therese, „schreib mir recht oft!" – „Mein geschriebenes Französisch ist miserabel", antwortete er, „und auch wenn es gut ist, kannst du's nicht lesen." – „Ich werde Mittel finden, es herauszukriegen", antwortete demütig Therese. „Das bezweifle ich", meinte er. „Wenn's ein Dritter nicht verstehen soll, muß ich mich verdammt schlau ausdrücken, und du hast leider so gar keinen Grips, mein Schatz." – „Dich werde ich verstehen, mein Colas", versicherte Therese.

„Ich bin kein Graf und kein reicher Mann", sagte er, „aber ich habe dir zum Abschied was mitgebracht." Er trat ganz nah an sie heran. „Gib deine Hand her!“ verlangte er. „Nein!“ gebot die Mutter. „Gib die Hand her!“ befahl er ein zweites Mal. Und jetzt begehrte sie nur *eines*, ihm zu Willen zu sein, und wenn es ihre arme Seele gekostet hätte. Sie löste die Hand und streckte sie ihm hin.

„Ich tu ihr nichts“, höhnte er, gegen die Alte gewandt. „Hier“, sagte er gnädig zu Therese und steckte ihr einen Ring an den Finger. „Das ist ein Verlöbnis, verstehst du. Das ist eine Heirat. Die ist mindestens so gültig wie die mit deinem Verflossenen. Jetzt gehörst du mir“, erklärte er, „und ich gewissermaßen dir.“ – „Ja, mein Colas, mein lieber Colas“, antwortete gehorsam Therese. Sie zitterte am ganzen Leib, vor Glück, vor Stolz, vor Angst. Was hier geschah, war das wichtigste Ereignis ihres Lebens.

Königliche Komödie

König Louis, der Sechzehnte seines Namens, saß in seiner Bibliothek in Versailles und studierte Geheimberichte des Polizeiministers Lenoir. Der vierundzwanzigjährige Monarch las gern und viel, vor allem in Regierungsakten.

Er stieß auf eine Notiz, ein gewisser John Bally, alias Nicolas Montretout, Reitknecht des Prinzen de Condé, vorher Reitknecht des Marquis de Girardin, sei ausgewiesen worden; der gewisse Bally habe mit der Witwe des vor kurzem verstorbenen Schriftstellers Jean-Jacques Rousseau Ärgernis erregende Beziehungen unterhalten und sei überdies Engländer.

Der junge König hatte ein ausgezeichnetes Gedächtnis. Deutlich erinnerte er sich der vertraulichen Berichte, die er über den Tod dieses Rousseau gelesen hatte. Es war bezweifelt worden, daß der Mann in Wahrheit einem Gehirnschlag erlegen sei, von finstern Gerüchten war die Rede gewesen, und damals schon war der Name dieses englischen Reitknechts genannt worden.

Dicklich, in unschöner Haltung, saß Louis an seinem Schreibtisch. Den großen, fetten Kopf mit der schrägen, fliehenden Stirn hatte er in die Hände gestützt, nachdenklich mit den kurzsichtigen, etwas vorquellenden Augen schaute er auf die Porzellanstatuetten der großen, toten Dichter, die seinen Schreibtisch schmückten, der La Fontaine, Boileau, Racine und La Bruyère, er hatte die zierlichen Bildwerke in seiner Manufaktur in Sèvres herstellen lassen. Das waren Schriftsteller nach seinem Herzen. Sie hatten gewirkt im Glauben an Gott und an die von Gott eingesetzte Ordnung. Solche Schriftsteller gab es nicht mehr. Er, Louis, hatte sich herumzuschlagen mit Atheisten und Aufrührern, einem Voltaire, einem Rousseau.

Er gedachte der bösen Saat, welche diese Philosophen gesät hatten und die so reich und übel aufgegangen war. Sie hatten seinen Hof und seine Hauptstadt erfüllt mit Zynismus und Ketzerei. Seine Adligen hatten ihren Spaß an der Rebellion, die überall in der Welt aufkam; sie sägten spielerisch an dem Ast, auf dem sie saßen. Seine Minister hatten ihn überredet, mit den meuternden englischen Provinzen Amerikas einen Allianzvertrag zu schließen gegen seinen Vetter England. Es war der Weg zum Abgrund, auf den er sich hatte treiben lassen, aber er war zu schwach, er konnte dem allgemeinen Willen – dachte er da nicht selber eine Wendung, die Rousseau sich ausgedacht hatte? – nicht widerstehen, ja er wußte, schließlich wird er diesen aufrührerischen Amerikanern auch noch Hilfstruppen schicken müssen gegen ihren von Gott eingesetzten König. Alles das – er sah es, aber nur er – wird sich zuletzt gegen ihn selber kehren.

Es war ein Gnadenbeweis, daß der Allmächtige die beiden rebellischen Philosophen so rasch nacheinander eines schmählichen Todes hatte sterben lassen. Die Leiche Voltaires war nächtlich heimlich in unanständiger Eile fortgeschafft und begraben worden, und es blieb um dieses Begräbnis etwas Anrüchiges, das dem Namen und dem Andenken dieses Voltaire erfreulichen Eintrag tat. Und dann war auch der andere Ketzer eines unrühmlichen Todes gestorben, erschlagen vom Liebhaber seiner Frau.

Er hatte schon gleich nach dem Ende Rousseaus daran gedacht, eine Untersuchung einleiten zu lassen. Aber sein Ministerpräsident hatte Bedenken geäußert: dieser Philosoph werde überall in der Welt hoch gepriesen, sein Ruhm sei ein Ruhm Frankreichs. Und nun also haben sie den vermutlichen Mörder ausgewiesen, um das Andenken des Rebellen fleckenlos zu erhalten. Sollte er, Louis, weiter untätig zuschauen? Hatte nicht er, der Allerchristlichste König, die Pflicht, die Kunde von dem zweideutigen Ende des Ketzers zu verbreiten, um die Wirkung seiner Bücher zu schmälern?

Als ihm der Polizeipräsident Lenoir das nächste Mal Vortrag hielt, meinte der König: „Ich sehe, mein lieber Lenoir, Sie haben da einen Reitknecht ausgewiesen, der es mit der Witwe jenes Rousseau hatte. Sind Sie da nicht ein wenig schnell vorgegangen? Erschwert diese Ausweisung nicht die Untersuchung der Gerüchte um den Tod dieses lästigen Philosophen?“ – „Es liegt“, antwortete Lenoir, „ein einwandfreies Gutachten vor, unterzeichnet von angesehenen Ärzten und Beamten, dem zufolge Monsieur Rousseau an einem Gehirnschlag gestorben ist.“ – „Und haben Sie herausgefunden“, fragte Louis und wischte das Gutachten mit der Hand weg, „welchen Todes er nun wirklich gestorben ist? Was ist es mit diesem Reitknecht, der ihn infolge seiner unsaubern Beziehungen zu der Frau erschlagen haben soll? Ist schlüssig erwiesen, daß er unschuldig ist?“ – „Schlüssige Beweise“, erwiderte vorsichtig Lenoir, „lassen sich kaum erbringen, weder nach der einen noch nach der andern Seite. Und es gibt Leute in Frankreich, gute Patrioten, die das Fehlen solcher Beweise als einen Vorteil für das Reich ansehen.“ – „Justitia fundamentum regnorum“, meinte Louis, „und der Herr Erzbischof von Paris hält es wahrscheinlich für keinen Vorteil. Ich erinnere mich nicht, daß ich Order gegeben hätte, von einem Verfahren abzusehen.“ – „Wenn Sie befehlen, Sire“, sagte nach einem kurzen Schweigen der Polizeipräsident, „schicke ich die Geheimakten dem Herrn Generalstaatsanwalt mit der Bitte, Einsicht zu nehmen und Eurer Majestät Vortrag zu halten, was er über eine Anklageerhebung denkt." – „Ich danke Ihnen, Lenoir", sagte Louis.

Wenige Tage später fand sich in ungewöhnlicher Erregung Doktor Lebègue in Ermenonville ein. Schon nach der ersten Begrüßung erzählte er Girardin, es sei da eine Sache im Anzug, die sie beide angehe, und als Girardin beunruhigt hochsah, erläuterte er: „Seien Sie nicht überrascht, mein lieber Marquis, wenn hier in Ermenonville eine Untersuchungskommission auftaucht im speziellen Auftrag des Herrn Procureur Général. Der König hält es für wünschenswert, den Tod Jean-Jacques' bis ins letzte aufzuklären. Doktor Lassone hat mir davon erzählt, der Leibarzt." – „Aber es *ist* doch alles aufgeklärt", rief erschreckt Girardin. „Das Protokoll liegt doch vor, Ihr Protokoll." Lebègue zuckte die Achseln: „Regis voluntas suprema lex." – „Will denn diese unselige Angelegenheit niemals ein Ende nehmen?" klagte Girardin. „Man kann doch keinen Prozeß anstrengen auf leeres Geschwätz hin." Lebègue, fast gemütlich, erwiderte: „Man pflegt in solchen Fällen die Leiche zu exhumieren."

Die Vorstellung, es könnten Kriminalbeamte über den See fahren zur Insel der Großen Pappeln, das Grabmal mit roher Hand von seiner Stelle rücken, die heilige Erde aufwühlen und die Leiche aus ihrem Sarg reißen, um sie von neuem zu zerstückeln, diese gräßliche Vorstellung warf Girardin in Panik. „Was kann ich tun?" wandte er sich verzweifelt an Lebègue.

„Der König ist langsam", meinte dieser, „es wird eine Weile dauern, ehe er sich entschließt, die Untersuchung anzuordnen. Man müßte die Zeit nützen. Persönlichkeiten, die dem König nahestehen, müßten auf ihn einzuwirken suchen. Jean-Jacques ist Mode, und der Kreis der Königin geht mit der Mode. Sind Sie nicht verwandt mit dem Marquis de Vaudreuil? Die Königin tut, was Vaudreuil will."

Girardin zog ein saures Gesicht. Er und Cousin Vaudreuil liebten sich nicht. Der frivole, überelegante Vaudreuil war Höfling durch und durch, Girardin hielt seine philosophischen und literarischen Neigungen für schiere Affektation. Vaudreuil seinesteils machte sich lustig über die intellektuellen Ambitionen seines Vetters vom Lande. „Ich sehe nicht", sagte Girardin unbehaglich, „wie ich Vaudreuil bestimmen könnte, in ein Kriminalverfahren einzugreifen, an dem der König interessiert ist."

„Es könnte auf Umwegen geschehen", gab Lebègue zu erwägen. „Vaudreuil und der Fliederblaue Klüngel schwärmen für die Neue Héloïse. Die Stätte, wo Jean-Jacques seine letzten Monate verbracht hat, und sein Grab dürften für diese Herren und Damen modisch sentimentale Anziehung haben. Vaudreuil wird kaum nein sagen, wenn Sie ihn einladen, einmal wieder nach Ermenonville zu kommen – mit der Königin."

Girardin sah, wohinaus Lebègue wollte. Vaudreuil stand bei Marie-Antoinette hoch in Gunst, sie nahm seine Vorschläge unbesehen an. Hatte aber einmal die Königin das Grab Jean-Jacques' besucht, dann war es ausgeschlossen, daß man dieses Grab durch Skandal entweihte. Dann hatte Jean-Jacques Frieden für immer. Und auch er, Girardin.

Er fuhr nach Versailles. Vaudreuil gab sich so, wie er's erwartet hatte, ironisch und herablassend. Es war bitter, den geleckten Herrn um eine Gunst ersuchen zu müssen. Girardin bezwang sich, erniedrigte sich, bat. Wie Monsieur le Cousin wisse, sei es von jeher sein untertänig herzlicher Wunsch gewesen, der Königin, der Schöpferin des Trianon, sein Ermenonville zu zeigen; nun Frankreichs größter Denker in der Erde Ermenonvilles begraben sei, habe vielleicht die Königin selber Verlangen, die Gärten zu besuchen.

Vaudreuil sah mit Vergnügen zu, wie sich der Vetter vom Lande höfisch verrenkte. Er durchschaute die Zusammenhänge. Die Idee des dicken Louis, um den toten Jean-Jacques Skandal zu machen, schien ihm geschmacklos, und er fand es reizvoll, ihm einen Streich zu spielen. Wenn er, Vaudreuil, zusammen mit der lachlustigen, eleganten Königin, diesem verspielten Kind, am Grabe Jean-Jacques' steht, so wird das eine pikante Situation sein, ein ironisches Gleichnis. Jetzt schon lächelte er im Innern, wenn er daran dachte, wie ganz Europa von dieser Wallfahrt reden wird. Noch die Lesebücher der Späteren werden sich daran erbauen, wie die junge Königin Marie-Antoinette und ihr Erster Kämmerer das Grab des rebellischen Philosophen mit Feldblumen schmückten.

Er meinte: „Sie haben recht, mein Cousin. Die Untertanen werden der Landesmutter bestimmt dankbar sein, wenn sie den Manen des geliebten Philosophen ihre Verehrung bezeigt. Ich werde also", versprach er gnädig, „Madame Ihre Einladung mit warmer Empfehlung übermitteln, und ich bin so gut wie sicher, Madame wird annehmen. Rechnen Sie damit, mein Cousin, daß wir in allernächster Zeit nach Ermenonville kommen. Madame wird am Grabe Jean-Jacques' verweilen und seiner Witwe ihr Beileid aussprechen."

Ja, diese Beigabe hatte sich Vaudreuil in aller Schnelle ausgedacht. Es wird den Spaß würzen, es wird hohe Komödie sein, königliche Komödie, wenn die Königin von Frankreich der Person, die an dem zweideutigen Ende des naiven Philosophen die Hauptschuld trägt, ihr Beileid ausspricht.

Alles in Girardin empörte sich. Er hätte dem Vetter am liebsten in das glatte, hübsche, süffisante Gesicht geschlagen. Aber wie sich Vaudreuil den Verlauf des königlichen Besuches dachte, das war das Gegebene, das Geziemende; Girardin sah keinen Weg, den Vorschlag abzulehnen. Überdies erwies ihm der Vetter mit seinem teuflischen Einfall unwillentlich noch einen Dienst. Wenn die Majestät gnädig mit der Urheberin des Mordes gesprochen hat, dann wird sie nicht mehr die Urheberin des Mordes sein, dann hat der Mord nicht stattgefunden. „Ich danke Ihnen sehr für Ihre Bereitwilligkeit, Monsieur", sagte Girardin, „und ich erwarte mit eifrigem Respekt weitere Mitteilungen von seiten Ihrer Majestät."

Wirklich fuhr wenige Tage später die Königin am Portal von Ermenonville vor, mit kleinem Gefolge.

Nach dem Frühstück machte sie einen Rundgang durch den Park. Im Turm der Gabrielle gab Girardin ihr ein kleines Konzert; gespielt wurden Lieder Jean-Jacques', vor allem

Unveröffentlichtes. Der strahlend jungen, hochgewachsenen, blonden Dame gefielen die simpeln Weisen ausgezeichnet. Sie sang selber eines der Lieder vom Blatt, sie hatte eine hübsche Stimme.

Nachher begab man sich an den See, und der Marquis ruderte Marie-Antoinette und Vaudreuil zur Insel. Volle drei Minuten standen sie am Grabe, schweigend. Dann schmückte, wie vorgesehen, Frankreichs Königin das schlichte Mal mit Feldblumen.

„Hübsch", sagte sie, „hübsch und stimmungsvoll. Hier kann er gut ruhen. Ich habe mir aus der Neuen Héloïse vorlesen lassen", erzählte sie Girardin. „Ich habe sogar meiner Mutter darüber geschrieben, der Kaiserin; sie war nicht sehr entzückt. Trotzdem wollte ich mir weiter daraus vorlesen lassen. Aber Sie wissen, mein lieber Marquis, wie sehr ich in Anspruch genommen bin, ich komme zu nichts. Jetzt, nachdem ich an diesem Grabe stand, werde ich das Versäumte bestimmt nachholen. Erinnern Sie mich doch bitte daran, mein lieber Vaudreuil."

Unter der Weide dann, anmutig sitzend auf der Rasenbank Jean-Jacques', nahm Marie-Antoinette die Huldigung der Dorfjugend entgegen. Sie war an derlei Dinge gewöhnt, sie hörte mit freundlich beteiligter Miene zu, wie ein weißgekleidetes Mädchen ihr Verse aufsagte, und dachte an anderes.

Nun aber wandte sich Vaudreuil an Girardin, erklärte, man müsse bald die Heimfahrt antreten, und Ihre Majestät wünsche noch den Hinterbliebenen Jean-Jacques' ihr Beileid auszusprechen.

Um die Lippen der Königin war ein kaum merkliches, spitzbübisches Lächeln. Vaudreuil hatte ihr die unselige Ehegeschichte des großen Philosophen erzählt. Der hatte eine armselige Person geheiratet, hatte ihre Kinder am Findelhaus ausgesetzt und war schließlich, weil sie ihn seither haßte, von ihr und ihrem Liebhaber auf dunkle Art beseitigt worden. Man könne das, hatte Vaudreuil ihr erklärt, der Welt nicht mitteilen, Jean-Jacques sei ein Ruhm Frankreichs, aber es sei die Wahrheit und ein interessanter Fall. Das hatte Marie-Antoinette auch gefunden, und vor allem um die fatale Person zu besichtigen, war sie gekommen.

Als die Frauen gehört hatten, die Königin wolle sie sehen, hatten sie es zuerst nicht glauben wollen. Sogar Madame Levasseur, die immer gelassene, war erregt. Therese aber ging es zum erstenmal auf, was es hieß, Witwe Rousseau zu sein.

Und da standen sie, und dies war die Königin.

Interessiert, leicht angeschauert, betrachtete Marie-Antoinette die Frau. Da hatte dieser Jean-Jacques ein so hübsches, rührendes, berühmtes Buch geschrieben, große Damen wetteiferten, Affären mit ihm zu haben, und dann lebte er mit dieser plumpen, vulgären Person und ließ sich von ihrem Liebhaber umbringen. Merkwürdig. Sie hätte die Person gern durch ihr Lorgnon beschaut, ob vielleicht früher einmal etwas Reizvolles an ihr gewesen sein könnte. Aber das schickte sich wohl nicht, so nahe am Grab. Ihrer Mutter durfte sie überhaupt nicht schreiben, daß sie hier gewesen war, sie wird es trotzdem erfahren und ihr den Botschafter schicken, daß er ihr respektvoll und nachdrücklich die Leviten lese; auch ihr guter, dicker Louis wird schmollen. Aber pikant war es, hier mit der Frau zu sprechen, und sie freute sich darauf, ihrer Freundin Yvonne und den andern vom Fliederblauen Klüngel davon zu erzählen.

„Ich war am Grabe Ihres Mannes, meine Liebe“, sagte sie in dem ernsten, freundlichen und doch nicht zu herablassenden Ton, mit dem sie Leuten aus dem Volk Teilnahme zu bezeigen pflegte. Sie hatte von der Mutter gelernt, mit Menschen solcher Art zu sprechen; in der Leutseligkeit waren die Habsburger den andern Monarchen voran. „Ein furchtbares Schicksal, das Sie da getroffen hat“, fuhr sie fort, und leiser, beinahe vertraulich: „Ich habe gehört von den Leiden, die Sie haben durchmachen müssen infolge der ungestümen Philosophie Ihres Herrn Gemahls, der ja wohl bei aller Größe etwas wunderlich war. Ich kann es Ihnen nachfühlen, Madame, was Sie gespürt haben, als Sie Ihre lieben Kleinen verloren.“

Er muß wirklich ein großer Mann gewesen sein, der Narr, dachte Madame Levasseur, sonst würde die Königin nicht so viel Gesumse von ihm machen. Die Papiere sind jetzt bestimmt noch mehr wert; hoffentlich reibt das der Marquis den Verlegern hin. Wenn sich nur die Therese nicht gar so dumm anstellte! Ein bißchen weinen wenigstens könnte sie, die Kuh!

Aber Therese stand stumm da, in glücklicher Benommenheit. Was für eine gnädige große Dame sie ist! dachte sie. Und wie hübsch! Und ihr Kavalier, so was Elegantes, Stattliches! Und die alle kommen zu mir! Welche Ehre! Wie schade, daß Jean-Jacques das nicht erlebt hat! Und welch ein Jammer, daß es Monsieur Nicolas nicht mitansieht! Aber noch immer fand sie keine Worte.

„Ja, Madame", kam schließlich Madame Levasseur der Tochter zu Hilfe, „sie hat viel durchgemacht, meine liebe Therese. Aber er war halt ein großer Philosoph, unser armer Jean-Jacques, und da muß man Velleitäten hinnehmen. Ich habe es meiner Therese immer gesagt: was du leidest, das leidest du zum Ruhme Frankreichs."

Ich muß ein paar freundliche Worte auch für die gräßliche Alte finden, dachte Marie-Antoinette, sonst zieht mich Vaudreuil tagelang auf. „Aber wenigstens haben Sie noch Ihre liebe Mutter", sagte sie zu Therese. „Das ist ein starker Trost, ich weiß es aus eigener Erfahrung. Immer erhebt es mich in schwierigen Lagen, wenn ich an meine Mutter in Wien denke, die Kaiserin." – „Ja, Madame", sagte Therese und küßte ihr die Hand. Und Madame Levasseur versicherte: „Ich werde die Jahre hindurch, die mir noch beschieden sind, für Ihre Majestäten beten, für Sie, Madame, und für die Allerhöchste Frau Mutter."

Damit endete der Besuch Marie-Antoinettes in Ermenonville. Mit ihm hatte die Königin selber das Protokoll Lebègues über den Tod Jean-Jacques' besiegelt, und keine Hoffnung mehr war und keine Furcht, daß der Riß in der Schläfe des Toten und in seiner Maske weiter untersucht werde.

Fernand sieht das Licht

Nachdem er von dem Vater die Austreibung des Mörders erwirkt hatte, glaubte Fernand, er habe nun in der Tat seine Aufgabe erfüllt und die Luft Ermenonvilles sei wieder rein.

Die Komödie am Grabe zeigte ihm, wie gründlich er im Irrtum war. Die Königin Frankreichs reichte der Frau, welche Schuld trug am Tode des Meisters, schwesterlich huldvoll die Hand! Angesichts des holden und tief verruchten Schauspiels erkannte Fernand: wenn der Mord hatte geschehen können, so war es nicht die Schuld des Täters allein, der Mörder hatte sich darauf verlassen, daß man ihm nicht zu Leibe gehe, hatte sich mit Recht darauf verlassen. Die Mächtigen im Lande machten nicht nur ihre Augen zu vor dem krassen Betrug um den Wahrhaftigsten aller Menschen, sie verfälschten sein Sterben, vernebelten sein Ende mit Lügen. Man wollte die Wahrheit nicht, niemand im Lande wollte sie, alle wirkten zusammen, sie unter die Erde zu treten.

Die Erkenntnis kam wie ein Erdbeben über Fernand. Sein ganzes Dasein stürzte ein.

Er hatte sich bisher nicht viele Gedanken über seine Zukunft gemacht; sie war ihm vorgezeichnet. Er wird sich, nach einigen Jahren in der Armee oder im diplomatischen Dienst, aufs Land zurückziehen, nach Ermenonville oder einer der andern Herrschaften, wird an Seite Gilbertens leben, wird seine Güter nach modernen Methoden verwalten, besorgt um das leibliche und geistige Wohl seiner Pächter und Bauern; vor allem aber wird er lesen und denken, vielleicht auch schreiben.

Jetzt sah er, so ging das nicht. Er ertrug es nicht länger hier in Ermenonville. Ertrug den Vater nicht mehr, der das zusammengebrochene Bild Jean-Jacques' mit kleinen Mitteln zu klittern und zu flicken suchte. Ertrug die Gärten nicht mehr, deren arrangiert heiterer Frieden Lügen gestraft wurde durch das Grab des ermordeten Jean-Jacques. Konnte nicht länger leben in dieser Landschaft, die geheiligt war, besessen, beschmutzt, verflucht durch die Erlebnisse Jean-Jacques' und seine eigenen.

Nicht nur Ermenonville, das ganze Philosophieren und Spintisieren aus dem Innern heraus war ihm fragwürdig geworden. Stillhocken und lesen und meditieren über Welt und Leben und über die eigene Seele, das genügte nicht. Niemand hatte es darin weitergebracht als Jean-Jacques, niemand hatte eine so umfassende Schau getan auf die Welt und ihre Zusammenhänge und einen so tiefen Blick in das eigene Herz: aber die Realität, die ihn umgab, hatte er nicht gesehen. Er hatte fliegen können, gehen hatte er nicht können.

Weiter und erschreckender als je tat sich vor Fernand der Widerspruch auf zwischen Jean-Jacques' Leben und seiner Lehre.

Man konnte ohne Philosophie nicht wirken, aber die Philosophie, die Theorie allein schaffte es nicht. Sie mußte gemessen werden, geschliffen werden an der Wirklichkeit ringsum. Man mußte die harte, leibhafte Wirklichkeit betasten, sich an ihr reiben, sich von ihr stoßen und schürfen lassen. Mußte durch eigene bittere und süße Erfahrungen herauskriegen, was bekömmlich war und was nicht.

Jean-Jacques selber lehrte es so. Sein Saint-Preux in seiner tiefsten Verzweiflung bringt sich nicht um, er geht hinaus ins tätige Leben, nimmt teil an der großen Weltumseglung.

Er, Fernand, mußte hinaus in die Welt. Allein, ohne Hofmeister und ohne Begleiter. Die Reisen, die er mit dem Vater hatte machen dürfen, nach England, nach Italien, der Schweiz, diese wohlbehüteten Kunstreisen hatten ihm nicht geholfen. Er mußte die wirkliche Welt sehen, nicht die der alten Bücher. Mußte sie mit seinen eigenen Augen anschauen, mit seinen eigenen Händen begreifen.

Gilberte freilich wird sich nicht freuen, wenn er jetzt für Jahre fortging. Doch sie wird verstehen, sie mußte verstehen.

Schon am nächsten Tage suchte er sie auf. Sprach zu ihr.

Wenn man, erklärte er ihr, die Totenmaske Jean-Jacques' von der linken Seite anschaute, dann war sie edel, erhaben, ruhevoll; sah man sie aber von rechts, dann war da der tiefe Riß, und es war aus mit dem Frieden. Der Riß ging nicht nur durch die Schläfe Jean-Jacques', er ging durch das ganze Frankreich. Die eine Wahrheit und die andere Wahrheit stimmten nicht zusammen. Ein jeder mußte es spüren: das, was sein sollte, und das, was war, hatten nichts mehr miteinander zu tun.

Er lief auf und ab, seine Worte überstürzten sich, es war so vieles, was er gefunden hatte und ihr sagen mußte, und er wollte alles auf einmal sagen.

Gilberte mühte sich, ihn zu verstehen. „Du glaubst also nicht mehr an Jean-Jacques?" fragte sie, sachlich resümierend. Fernand erschrak, daß er sich so schlecht ausgedrückt hatte. „Aber gewiß glaube ich an ihn!" rief er. „Tiefer als je! Nur: seine Lehren sind Worte geblieben. Man redet sie ihm nach, man zerredet und zerkaut sie, aber keiner handelt nach ihnen. Auch ich hatte den Weg nicht gefunden von den Worten zur Wirklichkeit. Ich habe mich nur grausig verirrt."

Gilberte begriff immer noch nicht, wohinaus er wollte. Sie fragte geradezu: „Und jetzt hast du den Weg gefunden?"

Blitzhell und blitzschnell kam Fernand die Erkenntnis. Einfach in die Welt hinauslaufen, das genügte nicht. Ein Teil der Welt, ein bestimmter, rief ihn. „Es gibt Leute", erklärte er glühend entschlossen, „die nach Jean-Jacques' Lehren handeln. Nicht hier: drüben überm Meer. Zu denen will ich. Zu denen geh ich."

Was hatte er sich da wieder ausgedacht! Gilberte schaute ihn an, schweigend, brütend. Für die amerikanischen Rebellen und für ihren Washington und Franklin mochte so ein Krieg in der Wildnis das Richtige sein, aber doch nicht für einen Grafen Brégy und künftigen Seigneur von Ermenonville. Man konnte den Amerikanern von Herzen den Sieg wünschen, aber man brauchte doch nicht gleich mittun und so ungeheure Strapazen auf sich nehmen und Schmutz und Lebensgefahr. Fast gegen ihren Willen schüttelte sie den Kopf.

Fernand, glücklich, stürmte weiter. „Siehst du, jetzt hat es Sinn gehabt, daß ich die beiden bösen Jahre in der Kriegsakademie durchmachen mußte. Es gibt eine Vorsehung, auch damit hat Jean-Jacques recht, und zuletzt hat sogar das Böse und Dumme seinen Sinn." Und da er ihren Unglauben und ihren Widerstand merkte, arbeitete er sich ab: „Versteh mich doch, Gilberte! Diese frivolen Gecken von Versailles, diese Königin mit ihrem koketten Trianon, dieser verlogene Hof mit den schalen Parfüms der abgelebten großen Jahrhunderte, das ist doch kein Leben. Was sich dort herumtreibt, ist zu nichts gut als zum Drechseln von Bonmots, zu Gavotten und zu Schäferspielen. Das ist doch alles tot und schon halb verwest. Von diesen Herren und Damen hat keiner eine Ahnung, was Volk ist, daß es überhaupt Volk gibt. Es war richtig, daß ich mich immer gesträubt habe, da mitzutun." Und knabenhaft trotzig schloß er: „Jetzt weiß ich, wohin ich gehöre. Jetzt weiß ich, was ich tun muß!"

Ça y est – Da haben wir's, dachte Gilberte. So pflegte ihre Mutter zu sagen, wenn sie, was häufig vorkam, in eine üble Situation geraten war; es war eine der ersten Redewendungen, welche die kleine Gilberte aufgeschnappt hatte. Aus hellem Himmel fallen einem immer neue Sorgen, dachte sie. Aber so was mußte ja herauskommen bei seiner Schwärmerei für den alten, bösen, närrischen Mann. Und leider ist es bei ihm kein bloßes Gerede, er ist nun einmal hartköpfig und verschwärmt.

„Und was soll aus mir werden?" fragte sie still, bitter und zornig. „Gehöre auch ich zu dem ‚Toten, Halbverwesten'?"

Für einen Augenblick war Fernand bestürzt. Dann, gemacht entschieden, erklärte er: „Du kommst natürlich mit."

Gilberte hielt Fernand für ungewöhnlich gescheit, doch für nicht eben praktisch; daß er aber so wirklichkeitsfremd war, hatte sie nicht vermutet. „Hast du dir ausgedacht, wie wir das machen sollen?" fragte sie, bemüht, ihren Ärger zu verbergen. „Drüben ist Wildnis und Krieg. Ich kann mir nicht vorstellen, daß sie mich da brauchen können. Du sagst, es ist ein weiter Weg von dem, was dein Jean-Jacques gelehrt hat, zur Wirklichkeit. Vielleicht ist es eine neue Verirrung, wenn du hinübergehst zu denen da."

Es traf ihn, daß sie sagte: „Zu denen da". Mehr noch traf ihn, daß sie sagte: „*dein* Jean-Jacques". Sie trennte sich ab von ihm. Bei alledem hatte sie nicht ganz unrecht: es *wird* sehr schwer sein, sein Vorhaben durchzuführen.

Nach einer Weile sagte er etwas lahm: „Wenn das Richtige erkannt und fest gewollt ist, dann läßt sich alles andere einrichten."

Dieses vage, allgemeine Gerede brachte Gilberte vollends auf. „Und wenn ich mir's nicht einrichten kann?" fragte sie. „Wenn ich hierbleibe, gehst du dann trotzdem?" Es klang streitbarer, als sie wollte. Sie hatte Angst davor, daß er sagen werde: Ich bleibe, und Angst davor, daß er sagen werde: Ich gehe.

Fernand sagte nachdenklich, etwas linkisch, und er glaubte es: „Sowie mir der Entschluß kam, war es mir selbstverständlich, daß wir zusammen hinüberfahren."

Sie merkte, es werde zum Streit kommen, wenn sie weiterredeten. „Überdenk es, Fernand", sagte sie. „Überdenk es in Ruhe. Auch ich werde es überdenken."

In dieser Nacht lag Fernand schlaflos.

Er suchte in seinem Gedächtnis nach Äußerungen Jean-Jacques', ihn in seinem Plane zu bekräftigen, Äußerungen über Amerika und die Freiheitskämpfer. Er fand keine. Der Meister hatte bei Tisch über vieles gesprochen, doch kaum je über die großen Zeitereignisse. Wohl lehrte er: „Alles ist von der Wurzel her mit Politik verknüpft." Aber während die ganze Welt voll war von dem Kampf der amerikanischen Rebellen, hatte er dieses Kampfes kaum je gedacht. Was den Meister im Innern anging – betreten mußte Fernand sich's zugestehen –, war immer nur die Theorie gewesen, der Aufriß seines Baues; wie der Bau in der Wirklichkeit durchgeführt werden sollte, kümmerte ihn nicht.

War es nicht Lästerung, was er da dachte? Hatte man Jean-Jacques nicht genug Unrecht getan? Mußte auch er noch ihn verraten und seine Lehren anzweifeln?

Er stand auf, stahl sich aus dem Haus, lief an den See.

Ruderte hinüber zur Insel der Großen Pappeln. Kniete am Grab. Suchte Erleuchtung bei dem Toten.

Vitam impendere vero – Das Leben der Wahrheit widmen, den harten, stolzen Spruch des Juvenal hatte Jean-Jacques über seine „Bekenntnisse" geschrieben. Gerade als treuer Schüler Jean-Jacques' mußte Fernand sich zu seiner eigenen Wahrheit bekennen.

Er erhob sich. Die großen Entscheidungen hatte man allein zu treffen, da half einem kein Meister und keine Philosophie. Wenn es hart auf hart ging, dann war man auf die eigene Vernunft gestellt, aufs eigene Herz, auf sich allein. Keiner half keinem.

Er kehrte zurück. Er brauchte keines Menschen Rat, keines toten und keines lebendigen. Auch Gilberte sollte ihm nichts einreden. Er wird durchführen, was er sich vorgenommen hatte.

Bisher war er gelebt worden, fortan wird er leben.

Sowie er morgen früh den Vater sieht und noch bevor er ein nächstes Mal mit Gilberte zusammenkommt, wird er ihm seinen Entschluß mitteilen, seinen endgültigen Entschluß.

Er fand den Vater in ruhiger, fast heiterer Laune. Die üble Komödie, die zu inszenieren er hatte helfen müssen, lag hinter ihm, von nun an durfte er sich ungestört dem Kulte Jean-Jacques' widmen. In solcher Stimmung also, erhöht, betrübt, gerührt, festlich melancholisch, fand Fernand den Vater.

In bündigen Worten sagte er ihm, er habe sich entschlossen, die Sache der Schüler Jean-Jacques', der amerikanischen Freiheitskämpfer, zu seiner eigenen zu machen. Er wolle hinübergehen und in die Armee General Washingtons eintreten. Er bitte um den Segen des Herrn Vaters und um seine Hilfe.

Der Marquis, aus seiner friedlich holden Melancholie so peinlich herausgerissen, entschied sich, das Verlangen des Sohnes als einen jugendlich übertriebenen Einfall zu nehmen. Er antwortete schlicht, beinahe erheitert: „Du bist verrückt geworden, mein lieber Graf."

Fernand bezwang sich. „Ist einer verrückt", fragte er, „der

die Grundsätze Jean-Jacques' ins Leben zu übertragen sucht?" Monsieur de Girardin zuckte die Achseln. „Die Prinzipien Jean-Jacques' ", belehrte er den Sohn, „lassen sich nicht ohne weiteres ins Leben übertragen. Jean-Jacques beschäftigte sich wenig mit der groben Realität; ihn kümmerte der Sinn, der hinter den Dingen steckt."

Gerade daß ihm der Vater entgegenhielt, was er selber bestürzt empfunden hatte, erbitterte Fernand. „Sollen also Jean-Jacques' Lehren nichts sein als Nebel und Gefühl?" lehnte er sich auf. „Soll seine Weisheit nur schöne Dekoration bleiben?"

Girardin dachte daran, wie Fernand von ihm die Entfernung des Nicolas verlangt hatte. Damals war er vor dem Jungen gestanden wie ein schlechter Schüler, der seine Aufgabe verpatzt hatte. Beinahe war er froh, daß jetzt er den Sohn über einer heillosen Dummheit ertappte. „Ich sehe, mein Junge", wies er, immer noch sanftmütig, ihn zurecht, „du hast das Wesen der Philosophie nicht begriffen. Die Philosophie wirft Probleme auf, weiter geht ihr Amt nicht; die Probleme zu lösen, ist Sache des *einzelnen.* Richtig wird die Lösung nur dann, wenn sich der Schüler mit Liebe, Ehrfurcht und" – er hob ein wenig die Stimme – „mit Disziplin in die Lehren des Meisters versenkt."

„Genauso hab ich es gehalten, Herr Vater", sagte nicht laut, doch entschlossen Fernand. „Ich habe aus Jean-Jacques' Lehren die Schlüsse gezogen, die mir gemäß sind. Es sind folgerichtige Schlüsse. Die Unabhängigkeitserklärung der Vereinigten Staaten ist aufgebaut auf den Doktrinen Jean-Jacques'. Die Forderungen des ‚Gesellschaftsvertrags' sind in der amerikanischen Republik besser erfüllt als irgendwo sonst auf Erden. Wenn ich auf bescheidene Art mitwirke an dem, was dort drüben getan wird, dann lebe ich gemäß der Weisheit Jean-Jacques'." Mit steigender Hitze schloß er: „So zu leben haben Sie mich gelehrt, Herr Vater."

Was der Sohn da sagte, war Aufruhr. Aber noch wollte ihm Girardin nicht mit väterlicher Strenge kommen; er bezähmte sich, schwieg und dachte nach, wie er ihn mit praktischen Gründen zur Räson bringen könnte. Nachdem die Allianz mit den Vereinigten Staaten abgeschlossen war, wird wohl auch eine französische Armee übers Meer geschickt werden, freilich wird es noch seine Weile dauern. Sollte Fernand in diese Armee eintreten wollen, so ließ sich darüber reden.

Allein bevor er sich das zurechtgelegt hatte, bevor er zu sprechen begann, verlor Fernand die mühsam bewahrte Ruhe. „Ich bitte Sie, Herr Vater, mich nicht als Grünschnabel abzutun“, brach er los. „Gewiß, ich bin jung. Aber junge Menschen verstehen Jean-Jacques besser als die andern. Nur junge Menschen können ihn ganz verstehen, so hat er selber einmal erklärt.“

Jetzt aber war es zu Ende auch mit Girardins Geduld. „Wirfst du mir vor“, herrschte er Fernand an, „ich begreife Jean-Jacques nicht? Spielst du dich als seinen befugten Interpreten auf? Du glaubst wohl, du habest ihn für dich gepachtet, weil auch du mit diesem Weibsbild, seiner Frau, geliebelt hast. Du bist dreist geworden, mein Junge, mehr als dreist.“ Er straffte sich, er richtete den Stock gegen den ungeratenen Sohn. „Und nun genug! Ich verbiete dir, hörst du, ich verbiete dir ein für allemal, dich mit derlei albernen, unreifen Plänen zu befassen!“

„Ich danke Ihnen für diese Unterredung, Herr Vater“, sagte Fernand. „Ich kenne nun Ihre Meinung.“ Er verneigte sich. Ging.

Fernand handelt

Auch Gilberte hatte in dieser Nacht nicht einschlafen können; sie überdachte, was Fernand ihr gesagt hatte.

Tot und halb verwest sollte hier das Leben sein. Gewiß, vieles war leer und affektiert, und mitten im Wirbel, in Paris und in Saint-Vigor, hatte sie manchmal gespürt, warum sich Fernand gegen Hof und Stadt auflehnte. Aber die meiste Zeit hatte sie das Leben dort von Herzen genossen. Jahraus, jahrein dieses Treiben mitzumachen, wäre schwer erträglich, da hatte Fernand recht. Aber es stand ja fest, daß man den größten Teil des Jahres auf dem Lande sein wird, und sie war gern auf dem Lande, mit Fernand.

Er hatte leicht reden, er war oben geboren, er wußte nicht, was es hieß, immerfort auf der Hut zu sein, immerfort zu kämpfen. Er machte sich lustig über den Bittgang, den er und sie in Versailles werden tun müssen, um die Zustimmung des Königs und seiner Familie zu ihrer Heirat einzuholen. Sie aber dachte mit glücklicher Erwartung an diesen Bittgang; wenn er zu Ende sein wird, dann wird sie ihren Bastardadel los sein, dann wird die Last abfallen, dann wird sie die Rechte haben, die das Leben leicht machen. Sie rief sich zurück, durch welche Not und Erniedrigung ihre Mutter hatte gehen müssen, weil sie nicht zu den Privilegierten gehörte, wie kläglich sie selber sich gefühlt hatte, vor kurzem, im Findelhaus, und sie hätte weinen können vor Freude, wenn sie bedachte, wie leicht und frei sich der Weg vor ihren Kindern auftun wird.

Schön war es freilich, daß Fernand so kühne Ideen hatte, und für diese Ideen liebte sie ihn. Bei ihm waren sie nicht blaues Gerede, an ihm war alles echt, das Böse und das Gute. Mit ihm, wenn sie erst einmal mit ihm zusammenlebte, wird sie freimütig über alles reden können, auch über das Letzte, Heimlichste, über Vorstellungen und Gelüste, die sie sich selber kaum einzubekennen wagte. Nein, sie brauchte kein Amerika und keine Abenteuer. Wenn sie erst zusammen sind, dann wird sie ein reiches, sinnvolles Leben haben.

Und wenn Fernand das Leben hier so sinn- und seelenlos fand, konnte er nicht versuchen, Sinn hineinzubringen? Konnte er nicht versuchen, hier zu reformieren? Zum Beispiel dafür zu sorgen, daß Männer wie sein Jean-Jacques ihre Kinder nicht ins Findelhaus zu bringen brauchten?

Plötzlich, ohne daß sie's wollte, war in ihr jene Weise Jean-Jacques': „Der Liebste, der mich glücklich machte, ging fort in ein anderes Land. Für die Schätze der Neuen Welt läßt er die Liebe und trotzt er dem Tod. Warum sucht er überm Ozean das Glück, das er hier schon hat?“ Eine tiefe Wut erfaßte sie gegen Jean-Jacques. Allen hatte er Unglück gebracht. Er sollte nicht noch aus dem Grab heraus in ihr Leben greifen, der tote Narr.

Sie verstand Fernand. Verstand, daß er immer aufs Ganze ging und auf dem geradesten Weg. Aber wenn sie ihn hundertmal verstand, alles in ihr empörte sich gegen seinen Plan. Sie liebte ihn, wie nur ein Mensch einen andern lieben konnte, und er lief davon, ging freiwillig in Krieg und Wildnis für die Ideen eines alten, verrückten Mannes. Und was sollte aus ihr werden? Wird sie es ertragen, hier allein zu sitzen und auf ihn zu warten? Und wenn er... Und wenn ihm was zustieß?

Sie wütete und sie weinte, sie überlegte hin und her und wog und grübelte und kam zu keinem Ende und grübelte sich in Schlaf.

Fernand, als er am Tage darauf nach Latour ritt, war voll von entschlossener Fröhlichkeit. Nun er das Unwiderrufliche getan und mit dem Vater gesprochen hatte, wird alles klar und leicht sein. Begleiten können wird Gilberte ihn wohl nicht, damit hatte sie recht. Aber sie wird ihn begreifen, sie wird mit ihrem klaren Verstand und ihrem mutigen Herzen den Aufschub hinnehmen, wie er ihn hinnahm.

Gilberte, als er ihr von der Unterredung mit dem Vater erzählte, wurde blaß vor Empörung. Fernand hatte gehandelt und sich festgelegt, als ob sie nicht in der Welt wäre. Sie war ins Herz hinein gekränkt.

Mühsam sagte sie: „Und wie stellst du dir das Weitere vor?" Er, auf diese Frage gerüstet, antwortete: „Ich habe mein mütterliches Erbteil. Ich werde in Paris Geld darauf leihen. Ich bereite meine Abreise vor. In längstens vier Wochen bin ich auf See."

Gilberte fragte, wie sie es gestern getan hatte: „Und ich?" – „Wir heiraten natürlich vorher", erklärte er. Sie, jetzt sehr ruhig, fragte weiter: „Und wird der König seine Zustimmung geben, wenn dein Vater sie nicht gibt?" – „Dann heiraten wir eben ohne Konsens", antwortete schnellfertig Fernand, „und ich verzichte auf Ermenonville. Ich denke nicht daran, Jean-

Jacques' Philosophie zu verraten und die meine." Gilberte fragte weiter: „Und was, glaubst du, wird mein Großvater sagen? Oder willst du auch auf mein Erbteil verzichten?" Sie sprach mit Bitterkeit. Mußte sie ihn erst darauf stoßen, was für Opfer er von ihr verlangte? Sie wollte es nicht mehr wahrhaben, daß er eigentlich schon gewählt hatte. Er sollte von neuem wählen, in ihrer Gegenwart. Aber sie hatte Angst vor seiner Entscheidung, sie wollte sie hinausschieben, sie wollte Hilfe haben. Noch bevor er antworten konnte, fuhr sie fort: „Zunächst einmal müssen wir mit Großvater reden." Er zögerte. „Hat das Zweck?" meinte er. „Monsieur Robinet hat bestimmt nur Hohn für meine Ideen." – „Großvater liebt mich", erwiderte Gilberte, „und weiß, was du mir bist. Wenn einer uns helfen kann, dann er." Fernand, immer noch zögernd, stimmte zu.

Monsieur Robinet, als ihm Gilberte von Fernands Vorhaben erzählte, sah sich vor einem stacheligen Problem. Er wußte, daß Gilberte, je weiter sie in die Welt trat, um so mehr Demütigungen zu kosten haben werde, weil sie der niedrigsten Adelsstufe, der Noblesse Bâtarde, zugehörte, und es war ihm lieb, wenn sie sich durch die Heirat mit einem Girardin aus diesen Nöten befreite. Auch war ihm Fernand persönlich als Mann seiner Enkelin nicht unwillkommen. Vor allem gefiel ihm, daß sich der junge Girardin angewidert zeigte vom Leben und den Formen der Aristokratie; denn so hoch er den praktischen Wert der Privilegien des Adels schätzte, so gründlich, robust und jovial verachtete er die Träger dieser Privilegien.

Wenn also Fernand Gilberte heiratete, war es ihm lieb. Aber wenn er nach Amerika ging und lange Zeit dort blieb, war es ihm noch lieber; sein Herz hing an dem Mädchen, und er konnte sich nicht vorstellen, wie er ohne sie sollte leben können. Anderteils wußte er, was seiner Gilberte die Trennung bedeutete.

Vorsichtig fragte er: „Wenn dein junger Graf wirklich nach Amerika geht, was würdest du dazu sagen?" – „Er will, daß wir vorher heiraten", sagte ohne Schwung Gilberte, und, hilflos und stürmisch: „Ich bitte um Ihren Rat und Ihre Hilfe, Großvater."

Monsieur Robinet saß da, breit, stämmig, verlässig. Ja es war jetzt fast etwas wie ein Lächeln auf seinem roten, viereckigen Gesicht. Gilberte hatte ihm von dem Zusammenstoß Fernands mit seinem Vater erzählt, und Robinet, im stillen, weidete sich an den Sorgen des Marquis. Das hatte er nun davon, dieser Girardin, daß er sich so weit auf die Verstiegenheiten seines Philosophen eingelassen hatte. Er wird allerlei logische Purzelbäume machen müssen, der Apostel der Freiheit, um seinem Sohn die Freiheit zu versalzen. Aber Robinet war sicher, der Marquis werde die Purzelbäume machen und alles tun, um den Jungen von seinem Streiche zurückzuhalten. „Ich denke, mein Mädchen", tröstete er, „wir werden dem jungen Herrn schon Vernunft beibringen."

Fernand wurde für den andern Tag nach Schloß Latour zum Mittagessen eingeladen.

„Bevor ich mich zu meinem Schläfchen zurückziehe, lieber Herr Graf", meinte nach dem Mahle Robinet, „möchte ich Sie um einige Auskünfte bitten. Ich höre, Sie wollen uns verlassen, Sie wollen nach Amerika, zu den Rebellen. Was versprechen Sie sich davon?" Die trockene Höflichkeit des Alten brachte Fernand aus der Fassung. Er besann sich und erwiderte: „Ich möchte dazu beitragen, daß die großen Prinzipien Jean-Jacques' ihrer Verwirklichung näherkommen." Robinet gab zu bedenken: „Jean-Jacques selber ist, als er flüchten zu müssen glaubte, nicht ins Land der Freiheit gegangen, sondern zu Ihrem Herrn Vater nach Ermenonville." – „Den Amerikanern", antwortete ohne Zögern Fernand, „brauchte er seine Ideen nicht mehr zu predigen, sie hatten sie begriffen. Sein Amt war es, die Freiheit zu verkündigen, uns ist aufgetragen, sie zu erwirken." – „Sie debattieren ausgezeichnet, Monsieur", anerkannte Robinet. „Aber über die Situation in Amerika sind Sie nicht gut informiert. Ich habe in Westindien geschäftliche Interessen und einen guten Agenten in Philadelphia, ich weiß aus zuverlässigen Berichten, was Amerika braucht. Es braucht keine Freiwilligen, es braucht Geld. Sie helfen Amerika und der Freiheit besser, Herr Graf, wenn Sie den Rebellen ein paar tausend Livres überweisen, als wenn Sie in Person hingehen."

Fernand erinnerte sich dessen, was ihm der Sergeant erzählt hatte, der laute Sohn der Madame Levasseur; es war wohl leider eine kleine Wahrheit in den Worten Monsieur Robinets. Dieser, seine Wirkung spürend, fuhr fort: „Sie werden mir entgegenhalten, daß es Eindruck machen wird, wenn ein Herr Ihres Standes, der Erbe von Ermenonville, zu den Rebellen stößt. Sie werden hinweisen auf den Prestigegewinn, den die Amerikaner hatten durch die kühne Tat Monsieur de Lafayettes. Aber wenn Monsieur de Lafayettes Wagnis damals Sinn hatte, jetzt wäre es überflüssig; denn in absehbarer Zeit wird ja der König den Amerikanern eine wohltrainierte, gutgerüstete Hilfsarmee schicken müssen. Warten Sie wenigstens, bis es soweit ist, und treten Sie dann in diese Armee ein! Soviel ist gewiß, Herr Graf, Sie helfen der Freiheit sehr wenig, wenn Sie jetzt in den Urwald gehen. Sie bereiten nur unserer Gilberte Herzeleid."

Versperrten Gesichtes hörte Fernand zu. Was Monsieur Robinet vorbrachte, war Vernunft, jene kalte, dürre Vernunft der Grimm und Diderot, der Feinde Jean-Jacques', und er, Fernand, hatte dieser Vernunft nichts entgegenzusetzen als den Befehl seines Herzens. Aber auf diesen Befehl kam es an, auf nichts sonst, und Gilberte wird ihn verstehen.

„Ich bin Ihrer Logik nicht gewachsen, Monsieur", sagte er freimütig. „Aber ich bitte Sie: versuchen Sie, mich zu begreifen. Was sich hier in Ermenonville ereignet hat, der gräßliche Tod Jean-Jacques' und alles um diesen Tod, zuletzt noch der Besuch der Königin, hat mich tief verwirrt. Ich weiß, das, was da geschehen ist und noch geschieht, das ist alles fürchterlich falsch. Es stimmt nicht. Nichts stimmt mehr in diesem Lande. Dies *eine* spüre ich über alle andere Gewißheit hinaus: die Philosophie Jean-Jacques' ist nicht nur für den Sonntag da, ich muß versuchen, nach seinen Lehren zu leben. Gegen dieses mein Gefühl mit Gründen vorzugehen, nützt nichts. Ich muß etwas tun. Es ist auch um meinetwillen, daß ich hinüber will. Ich kann nicht länger mehr nur tändeln mit ironischem Gerede über die Verkehrtheit unserer Gesellschaft. Ich verkomme, wenn ich so länger lebe. Ich muß handeln. Ich muß kämpfen. Ich *muß* es tun, begreifen Sie mich doch!" bat er, beinahe verzweifelt. Er sprach zu Robinet, aber er redete für Gilberte.

Sie spürte seine innere Not, aber sie dachte: Immer redet er nur von sich. Und ich? Und was wird aus mir?

Monsieur Robinet hatte sein Bestes getan. Er sah, man kam mit Gründen gegen das kindische Gerede Fernands nicht auf.

Sachlich fragte er: „Wann beabsichtigen Sie Frankreich zu verlassen, Monsieur?" – „So bald wie möglich", erwiderte Fernand, „in längstens vier Wochen." – „Und wie beabsichtigen Sie es mit unserer Gilberte zu halten, Herr Graf?" fragte Robinet. „Ich hatte Ihre Beziehungen zu meiner Enkelin als eine Art Verlobung aufgefaßt. Wie soll das werden, wenn Sie auf unbestimmte Zeit außer Landes gehen?" – „Ich dachte mir's so", antwortete Fernand, „Gilberte und ich heiraten vorher." – „Sie reiten gestreckten Galopp, Herr Graf", meinte Robinet. „Und wie dann weiter? Gesetzt den Fall, diese Ehe käme zustande, gedenken Sie sie zu konsumieren, bevor Sie für die Freiheit kämpfen?"

Gilberte errötete, als der Großvater so überdeutlich wurde. Aber sie war ihm dankbar, daß er Fernand klarmachte, worum es ging. Sie liebte Fernand, sie gehörte Fernand. Und Fernand gehörte ihr. Er gehörte ihr!

„Einem Manne, der in den Krieg geht", führte Robinet aus, „kann schließlich auch was Menschliches zustoßen. Haben Sie bedacht, Herr Graf, daß dann Gilberte dasitzen würde, eine Witwe von neunzehn oder zwanzig Jahren?"

Schon daß der derbe alte Mann mit rohen Worten sich und ihnen vorgestellt hatte, wie Fernand mit Gilberte im Bett liegen werde, hatte diesen erfüllt mit Zorn und Scham. Jetzt brach er aus: „Es ist nicht höflich, Monsieur, mich zu begraben, bevor ich tot bin."

Monsieur Robinet blieb gelassen. „Ich wäre meiner Gilberte ein schlechter Beschützer", meinte er, „wenn ich sie im Stich ließe, aus Höflichkeit." Er straffte sich und sprach geschäftlich: „Klar und bündig, Herr Graf. Ich habe meiner Enkelin Erlaubnis gegeben, Sie zu heiraten, und ich stehe zu meinem Wort. Aber Voraussetzung war, daß die Erbin meiner Ländereien und meines Vermögens den künftigen Seigneur von Ermenonville heiratet. Eine Heirat ohne den Konsens des Königs kommt nicht in Frage. Ich will nicht, daß Sie einmal meiner Gilberte vorwerfen: Deinethalb habe ich auf Ermenonville verzichtet."

Fernand überlegte. Selbst im günstigsten Falle würde es drei oder vier Monate dauern, ehe er den Konsens des Königs erhielt. „Wenn Sie es so sehen, Monsieur", meinte er verbissen, „dann müssen wir wohl mit der Heirat bis nach meiner Rückkehr warten." Robinet wischte die Worte Fernands mit der Hand weg. „Das werden Sie Gilberte nicht im Ernst zumuten wollen, Herr Graf", sagte er. „Ich fasse zusammen: wenn Sie Gilberte jetzt heiraten, mit dem Konsens des Königs, dann haben Sie meine Einwilligung. Wenn Sie nach Amerika gehen, ohne Gilberte geheiratet zu haben, dann ist das Verlöbnis aufgehoben."

Fernand schluckte, er war sehr blaß. Es war klar, Robinet wollte ihn zwingen, zu wählen zwischen Amerika und Gilberte.

„Bedenken Sie bitte, was ich Ihnen auseinandergesetzt habe", schloß, wieder sehr höflich, Robinet, „und lassen Sie uns, sagen wir binnen drei Tagen, Ihre Entscheidung wissen."

Auch Gilberte war erblaßt. Fernand schaute in ihr großes, offenes Gesicht. Mühsam, heiser brachte er hervor: „Monsieur Robinet sagte: ‚Lassen Sie *uns* Ihre Antwort wissen.' Spricht Monsieur Robinet auch für dich, Gilberte?"

Jetzt muß er sich entscheiden, dachte sie, bitter, triumphierend und voll Angst. Oder muß ich mich entscheiden? Nein:

er, er, er. Großvater hat recht. Was er da machen will, ist heller Wahnsinn und Narretei. „Ja, Fernand“, sagte sie, „Großvater spricht auch für mich.“

Fernand verneigte sich vor Robinet. „Ich darf Ihnen meinen Bescheid schon heute geben, Monsieur“, sagte er. „Ich kann Ihre Ratschläge nicht befolgen. Ich kann es nicht.“ Er sprach verbissen, hilflos, zornig, die Worte kamen ihm hart aus dem Mund, eines getrennt vom andern. „Adieu, Gilberte“, sagte er und verließ jäh das Zimmer.

Drei Tage später ging er nach Paris. Trieb unter Schwierigkeiten Geld auf. Verschaffte sich unter Schwierigkeiten Passage. Schiffte sich ein nach Amerika.

Dritter Teil

Jean-Jacques und die Erben

Alles ist von der Wurzel her
mit Politik verknüpft.

Jean-Jacques Rousseau

Gehen Sie mir mit dem „Schicksal"!
Die Politik ist das Schicksal.

Napoleon

Wallfahrt zum Grabe
Dorf Ermenonville und der Gesellschaftsvertrag
Exit Madame Levasseur
Gilberte in Versailles
Rückkehr des Freiers
Vater und Sohn
Die andere Gilberte
Wem gehört Jean-Jacques?
Die Beschwerden der Stadt Senlis
Die Jeans und die Jacques
Flieg über die Welt, Trikolore!
Treu sein – aber wem?

Wallfahrt zum Grabe

Monsieur de Girardin, um sich nicht überwältigen zu lassen von Grimm und Trübsal über die Fahnenflucht Fernands, stürzte sich mit aller Kraft in den Kult des toten Jean-Jacques.

Er gab in Paris ein Grabmal in Auftrag, welches das provisorische Mal ersetzen sollte; der Bildhauer Lesueur sollte es ausführen nach einem Entwurf des Malers Hubert Robert. Sein Ermenonville aber begann Monsieur de Girardin umzugestalten zum Rahmen und Hintergrund des Grabes. Von neuem wurden Erderhöhungen abgetragen und kleine Hügel aufgeschichtet, wurde gepflanzt, gejätet, gefällt. Worte Voltaires wurden ausgemetzt, Worte Jean-Jacques' an ihre Stelle gemeißelt. Die Lieblingsplätze Jean-Jacques' wurden unauffällig, doch unverkennbar bezeichnet, und alles führte hin zu dem Heiligtum, dem Grabe Jean-Jacques' auf der Insel der Großen Pappeln.

Noch dringlicher als die Neugestaltung der Gärten war die Herausgabe der Werke Jean-Jacques'. Girardin besaß gründliche Kenntnisse des Nachlasses und authentische Kommentare des Meisters zu dunkeln, scheinbar widerspruchsvollen Stellen; er fühlte sich berufen, ein gewichtiges Wort mitzureden. Allein die andern Herausgeber, die Genfer Herren, bequemten sich keineswegs immer zu seiner Ansicht; Pastor Moultou besonders zeigte sich streitbar. Eine persönliche Aussprache erwies sich als notwendig; der Pastor versprach, bald einmal nach Ermenonville zu kommen.

Trotz aller Arbeit konnte Girardin dem drückenden Gefühl seiner Einsamkeit nicht immer entfliehen; er entbehrte bitter den aufrührerischen Fernand. Und nicht einmal ein Monsieur Robinet war da, mit dem er sich hätte herumstreiten können. Robinet war mit seiner Enkelin auf längere Zeit ins Ausland gegangen; wahrscheinlich verwand Mademoiselle de Latour nur schwer die Trennung von Fernand.

Oft, im Geiste, haderte der Marquis mit Fernand und wiederholte sich, Wort für Wort, jene letzte, entscheidende Unterredung. Er hatte hundertmal recht gehabt. Hätte er klein beigeben sollen vor dem grünen Jungen? Aber es war ihm leid, daß er sich nur im Geiste mit ihm auseinandersetzen konnte, und er bat den Grafen Vergennes, den Außenminister, er möge den französischen Gesandten in Philadelphia anweisen, ein Aug auf Fernand zu haben.

Einer war da, dem der Marquis von seinen Sorgen sprechen konnte: Monsieur Gerber. Er selber hatte dem erstaunten Girardin den Vorschlag gemacht, in Ermenonville zu bleiben und ihm bei der Redaktion der Werke Jean-Jacques' zu helfen. Es wäre dem begabten jungen Manne wohl leichtgefallen, eine reizvolle Stellung zu bekommen, aber er zog es vor, die ländliche Einsamkeit des alternden Girardin zu teilen. Er wünsche sich, erklärte er ihm, nichts Besseres, als den Rest seines Lebens den Manen Jean-Jacques' und dem Studium seiner Lehren zu weihen, und wo gebe es hierfür eine geeignetere, würdigere Stätte? Er wisse durch Jean-Jacques klar und für immer, wie die Welt sein solle; ihre Wirklichkeit weiter zu erforschen, lohne nicht mehr der Mühe. Girardin nahm das Anerbieten gerne an.

Er teilte die Mahlzeiten mit Monsieur Gerber. Tauschte mit ihm Erinnerungen an Fernand, beredete die Veränderung der Gärten, die Redigierung der Gesamtausgabe. Zu seiner Verwunderung äußerte der junge Mann trotz seiner Schüchternheit entschiedene Meinungen. Auch er kannte seinen Jean-Jacques, auch er hatte Deutungen dunkler Stellen aus Jean-Jacques' eigenem Munde gehört, und manchmal stellte er dem

„autòs épha“ des Marquis sein eigenes „autòs épha“ entgegen. Girardin machte dann wohl ein strenges Gesicht oder antwortete gekränkt und mit Ironie.

Einmal meinte er, Monsieur Gerbers Sprache sei kaum recht angebracht gegenüber einem Mann, unter dessen Tisch er seine Beine stecke. Daraufhin blieb Monsieur Gerber der nächsten Mahlzeit fern, auch den folgenden. Am dritten Tag suchte der Marquis ihn auf; es war nicht schwer, ihn zu finden, er saß unter dem Weidenbaum und spielte Violine. Monsieur de Girardin erklärte, er sei vielleicht in der Verteidigung seiner Lesart etwas heftig geworden, doch habe auch Monsieur Gerber einen Mangel an Sanftmut an den Tag gelegt, wie er einem Schüler Jean-Jacques' nicht anstehe. „Seien wir also wieder friedlich“, schlug er vor, nahm seinen Stock in die andere Hand und hielt Monsieur Gerber die Rechte hin. Der legte sorglich die Geige auf die Rasenbank und nahm Girardins Hand.

Pastor Moultou aus Genf machte seinen angekündigten Besuch. Paul-Claude Moultou war im gleichen Alter wie der Marquis, ein Herr von ruhigem Wesen und langsamer, eindringlicher Beredsamkeit. Er brachte seine Handschrift der „Bekenntnisse“ mit, auch Briefe Jean-Jacques', die der Aufklärung dieser oder jener Stelle dienen mochten. Wichen die beiden Manuskripte voneinander ab, dann zog der Marquis immer jene Lesart vor, die dem Ansehen Jean-Jacques' in den Augen des Lesers mehr förderlich sein konnte. Der strenge Pastor Moultou aber erklärte, Jean-Jacques' Wahlspruch, er wolle sein Leben der Wahrheit weihen, sei kein leerer Schwatz gewesen, und die Freunde des Toten dürften ihn nicht Lügen strafen. Monsieur Gerber hielt gewöhnlich zu Moultou. Girardin war erbost auf die beiden Grenzfranzosen, den Schweizer und den Elsässer, aber er mußte sich wohl fügen, insbesondere auch, da zu seinem Verdruß Moultou auf lange, sehr freundschaftliche Briefe Jean-Jacques' hinweisen konnte.

Noch während der Anwesenheit Moultous fand in Ermenonville ein Ereignis statt, nach welchem sich Girardin lange gesehnt hatte. Das Grabmal war fertig geworden. Es war ein antiker Altar, sich anpassend der Insel und den Gärten, schlicht und würdig, geschmückt mit Reliefs, die an Werke Jean-Jacques' erinnerten, an den „Émile" vor allem. Da waren, voll von dankbarer Freude, Frauen und Kinder, die Jean-Jacques aus dem Zwang törichter Vorurteile befreit hatte, da war die nackte Wahrheit mit der Fackel der Aufklärung, da war die Natur in Gestalt einer Mutter, die ihre Kinder säugt. Der einen Seite des Altars war die Inschrift eingemeißelt: „Ici repose l'homme de la nature et de la vérité – Hier ruht der Mann der Natur und der Wahrheit", der andern die Devise Jean-Jacques': „Vitam impendere vero". Im stillen hatte Girardin die närrische Hoffnung gehegt, Fernand werde zur Einweihung des Grabmals zurückkommen; er hatte ihn auf dem Umweg über den französischen Gesandten in Philadelphia vom Fortgang der Arbeiten an dem Mal unterrichtet, ja er hatte die ersehnte Aufstellung hinausgezögert. Fernand hatte nichts von sich hören lassen.

Es kamen zur Einweihung die Künstler Hubert Robert und Lesueur, die das Grabmal geschaffen hatten, auch der Bildhauer Houdon, des weiteren Lebègue und Ducis. Sonst waren da Moultou und Gerber, und Girardin hatte wohl nicht umhinkönnen, die Frauen einzuladen.

Inmitten der schlanken, hohen Pappeln hob sich das kleine Denkmal, sanft und edel schmiegte es sich der Landschaft an, Immergrün und Immerschön umrankten es, Pervenche, die Lieblingspflanze des Toten; Therese, als sie das blühende Grün erblickte, schneuzte und schnupfte hoch.

Girardin und Ducis sprachen. Sie mühten sich, kurz und schlicht zu sein. Auch Moultou, der große Kanzelredner, begnügte sich mit zwei einfachen Sätzen.

Wenige Tage später machte er sich auf die Rückreise nach Genf. Als er sich verabschiedete, konnte sich der Marquis nicht enthalten zu fragen: „Sie haben wohl von den Gerüchten gehört um das Ende unseres Freundes?" – „Ja", sagte Moultou. „Es ist natürlich alles barer Unsinn", meinte

Girardin. Moultou schwieg. „Ich habe trotzdem jenen Reitknecht weggeschickt", fuhr Girardin fort, „um den Gerüchten die Nahrung zu entziehen." Auch darauf antwortete Moultou nicht.

Der berühmte Jean-Michel Moreau, Chef des Königlichen Kupferstichkabinetts, schuf Stiche des Grabmals, ebenso taten andere Zeichner. Bald wurde die Insel der Großen Pappeln mit Jean-Jacques' Grabstätte überall in der Welt bekannt, und die Pappel galt fortan als Baum der Freiheit.

Daß ein privater Gönner und nicht die Schweiz oder Frankreich dem größten Schriftsteller französischer Zunge das Grab bereitete und schmückte, war manchem ein Gleichnis von der Schande der Zeiten. Ein deutscher Dichter, der soeben durch eine aufrührerische Tragödie Ruhm gewonnen hatte, Friedrich Schiller war sein Name, besang das Grabmal in rebellischen Versen. Monsieur Gerber brachte das Gedicht dem Marquis. Der dachte an Fernand und meinte, die Verse, an sich löblich, entbehrten der Mäßigung.

Wallfahrer zum Grabe kamen in Scharen. „Alle Religionen", schrieb eine Pariser Zeitung, „haben ihre Weihestätte; nun hat auch die Philosophie ihr Heiligtum, das Grab Jean-Jacques'. Halb Frankreich schon ist nach Ermenonville gepilgert, und viele haben ein Gelübde abgelegt, diese Wallfahrt zum Mekka Galliens jährlich zu wiederholen."

Es kamen die Königlichen Prinzen, es kam der Fürst de Ligne, es kam Gustav der Dritte, König von Schweden, es kam mit seinem Enkel der Botschafter der Vereinigten Staaten, Benjamin Franklin, l'ambassadeur électrique.

Unter den zahllosen Besuchern gab es welche, deren Verehrung so stürmisch war, daß die Gärten darunter litten. Niemand wollte die Insel ohne ein Andenken verlassen, die Blumen um das Grabmal wurden geplündert, die Pappeln ihrer untern Zweige beraubt, von dem Altar selber ein Stückchen herausgebrochen. Der Marquis verordnete, daß Besucher sich von seinen Gärtnern begleiten lassen müßten. Wer zur Insel hinüber wollte, bedurfte einer schriftlichen Erlaubnis. Ein

Engländer, der diese Erlaubnis nicht erhielt, durchschwamm den See in den Kleidern, um die Toteninsel wenigstens zu berühren.

Die sehr junge, strahlend schöne Schauspielerin Eugénie Maillart, die im Théâtre Français durch ihre hinreißende Heiterkeit Triumphe errang, verlor am Grabe jegliche Fassung. Ihr helles Antlitz verdunkelte sich, sie brach in Tränen aus und bat Girardin, sich oft an dieser Stätte Trost und Kraft holen zu dürfen für ihren Beruf; denn Heiterkeit um sich zu verbreiten, koste Kampf, Leid, Erschöpfung. Auch bat sie Monsieur de Girardin, auf ihrem Besitz in der Normandie, auf der Roche Saint-Quentin, ein Grabmal errichten zu dürfen wie dieses.

Zwei junge Leute, der Abbé Gabriel Brizard und Jean-Baptiste de Cloots, Baron du Val-de-Grâce, wandelten tagelang verzückt in den Gärten umher, Werke Jean-Jacques' lesend, daraus rezitierend. Girardin, von ihrer Andacht beeindruckt, erbot sich, die beiden selber zu der Insel zu rudern. Ermutigt von soviel Freundlichkeit, baten sie, am Grabe ein Opfer des Hasses und der Liebe darbringen zu dürfen, und erläuterten, sie wollten dort jene Schmähschrift verbrennen, die der abscheuliche Verräter Diderot dem toten Freunde nachgeschickt hatte, den „Essai über Seneca". Der Marquis stimmte zu.

Früh am nächsten Morgen fuhren sie zur Insel, zu vieren, die beiden jungen Pilger, der Marquis und Monsieur Gerber. Der Abbé und der Baron küßten den Altar mehrere Male. Sprachen ein stilles Gebet. Streuten Blumen auf das Grab. Knieten nieder. Während der eine Feuer aus dem Stein schlug, riß der andere die Seiten, die auf Jean-Jacques Bezug hatten, aus Diderots Buch. Sie lohten hoch auf, und nun warf wiederum der erste, was von dem Buch geblieben war, in die Flammen. Dunkler Rauch kletterte das Grabmal hinauf. „So zerwehe das Andenken aller Bosheit und Verleumdung!" riefen sie voll brünstigen Ingrimms.

Bald darauf sagte sich in Ermenonville ein Besucher an,

höheren Ranges als alle bisherigen Gäste. Zwar nannte er sich schlicht Graf Falkenstein; doch dieser Graf, ein jeder wußte es, war der älteste Bruder der Königin, der Römische Kaiser Joseph der Zweite.

Girardin sah in Joseph den fortschrittlichsten Monarchen, den seit dem Kaiser Mark Aurel die Erde getragen hatte, er bewunderte ihn von Herzen und empfing ihn tiefbewegt.

Des Kaisers Gehabe entsprach seinem Ruf. Er unterhielt sich mit Girardin, ein Gleicher mit einem Gleichen, hörte mit Interesse zu, wenn ihm Girardin Aussprüche Jean-Jacques' mitteilte, tauschte mit ihm Gedanken aus über den „Gesellschaftsvertrag" und erwies sich, obwohl Royalist von Beruf, noch fortschrittlicher als Girardin.

Nach dem Mittagessen bat der Kaiser seinen Gastfreund mit herzgewinnender Aufrichtigkeit, ihn auf dem Spaziergang, den er vorhabe, allein zu lassen, er wolle die Einsamkeit Jean-Jacques' genießen. Girardin wies besorgt auf schwere Gewitterwolken hin, aber Graf Falkenstein meinte, er sei von Klettertouren in seinen Alpen allerlei gewöhnt, und ließ sich nicht abhalten. Nach etwa einer Stunde ging denn auch ein Wolkenbruch nieder. Girardin war geschüttelt von Zweifeln, ob er seinem erlauchten Gast Hilfe schicken solle, gab Befehl, widerrief ihn. Nach einer weiteren Stunde erschien Graf Falkenstein, lächelnd und durchnäßt, und erzählte, er habe während des schlimmsten Wetters in einer Grotte Unterstand gefunden. Er ließ sich von dem Marquis Kleider geben, und man trennte sich überaus befriedigt.

Der Marquis aber nannte die kleine Grotte fortan „Josephs-Grotte" und versah sie mit der Inschrift:

Wandrer, sieh und halte ein.
Diese Grotte, rauh und klein,
Durfte der gekrönten Tugend
Zuflucht sein.

Dorf Ermenonville und der Gesellschaftsvertrag

Der Freude Monsieur de Girardins über Josephs Besuch war ein bitterer Tropfen beigemischt. Joseph hatte es abgelehnt, im Schlosse zu übernachten, er hatte das Feldbett, das er auf seinen Reisen mit sich führte, in der Wirtschaft des Gevatters Maurice aufstellen lassen.

Dem Kaiser gefiel das einfache Haus; ein Teil des Daches war mit Stroh gedeckt, das gemahnte ihn an die Hütte des Philemon und der Baucis. Gevatter Maurice seinesteils war, als Graf Falkenstein ankam, hin und her gerissen von widerstreitenden Gefühlen. Es war eine ungeheure Ehre, daß die Römische Majestät geruhte, unter seinem Dache zu schlafen, aber die Philosophie Jean-Jacques' hatte ihn bürgerstolz gemacht, und er wollte auch diesem Gaste nicht mehr Beflissenheit zeigen als jedem andern. Da indes der Kaiser seiner kleinen Tochter die Wangen tätschelte und sie freundlich nach ihrem Namen fragte, konnte Maurice nicht länger an sich halten. „Welche Ehre, welche Ehre!" stammelte er, und: „Wie hätte sich der verewigte Jean-Jacques über solche Leutseligkeit gefreut!"

Nach dem Abendessen fragte ihn Joseph aus nach seinen Erlebnissen mit Jean-Jacques, und als der Gastwirt erzählte, er habe alle Werke des Meisters siebenmal gelesen, erkundigte er sich nach seiner Meinung über den „Gesellschaftsvertrag", hörte aufmerksam zu und äußerte manchmal: „Das läßt sich hören, guter Mann", oder auch: „Gar nicht so dumm."

Hatte der Marquis an seiner Grotte eine stolze Inschrift angebracht, so wollte sich Gevatter Maurice nicht lumpen lassen. Er bat Monsieur Milliet, den Poeten von Senlis, um ein zweckdienliches Gedicht. Monsieur Milliet willfahrte, und es wurde in die Mauer der Gastwirtschaft eine Tafel eingelassen mit Versen, die den Besuch Josephs feierten. Sie begannen: „Der dem Palaste eine simple Hütte / Du vorzogst, philosophscher Fürst", sie endeten: „Der Herr und Vater glücklicher Germanen", und bald kannten die Bewohner von Ermenonville die Verse auswendig.

Die sehr auffällige Tafel verdroß den Marquis. Ständig verursachte ihm dieser Maurice Ärger. Die Wirtschaft hatte seit urdenklichen Zeiten „Zu den Kastanien" geheißen, jetzt verkündete ein Schild, auf dem man einen bunten Jean-Jacques spazierengehen sah: „Auberge Jean-Jacques". Die Dorfleute, auf Betreiben des Gevatters Maurice, erzählten den Fremden, wie oft und wie gerne Jean-Jacques im Garten dieser Auberge gesessen habe, sehr viele der Wallfahrer besichtigten die Erinnerungsstätte, und das Gästebuch, welches der anmaßende Gevatter anlegte, wies bald viele der besten Namen des Reiches auf.

Maurice pflegte sich zu seinen Gästen zu setzen und mit ihnen zu schwatzen. Gab Aussprüche wieder, die Jean Jacques getan haben sollte, berichtete kleine, rührselige, spaßhafte Anekdoten, wisperte den Fremden Bösartiges zu über den Tod seines großen Freundes. Sie lauschten gerührt und angeschauert und fütterten die Enten und Fische, die Jean-Jacques gefüttert hatte; der Fürst de Ligne gab dem Gevatter Geld, daß er dieses Getier nicht für seine Gäste zubereite, sondern eines natürlichen Todes sterben lasse.

Nicht nur der Marquis, auch Madame Levasseur fand das bösartige Geflüster des Maurice unnützlich. Tatkräftig, wie sie war, ging sie daran, seinen Umtrieben ein Ende zu machen.

Schwarz und würdig saß sie, von Licht und Schatten gesprenkelt, unter den Kastanien des Gärtchens. Aß eine Omelette, trank von dem gelben Wein, fütterte die Fische. Gevatter Maurice strich unsicher um sie herum. „Kommen Sie her, Monsieur", befahl Madame Levasseur, „setzen Sie sich zu mir. Ich höre, Sie machen keine schlechten Geschäfte dank dem Ableben meines Herrn Schwiegersohnes." – „Ich darf behaupten", antwortete der Gevatter, „ich war in meinen bescheidenen Grenzen sein Freund. Das weiß man, das schätzt man, darum kommt man zu mir." Und da Madame Levasseur schwieg, forderte er sie heraus: „Es hat mich in meinem tiefsten Herzen erschüttert, daß mein Freund Jean-Jacques ein so schroffes Ende nahm, wo er gerade vorher noch so wohlbefindlich mit mir geschwatzt hatte.“ – „Ein schroffes Ende, sagen Sie“, entgegnete Madame Levasseur, sie fütterte noch immer die Fische, doch der Flaum ihrer Oberlippe bebte leise unter ihrem starken Atem. „Ein schroffes Ende, und andere sagen vielleicht: ein bedenklich schroffes Ende. Die Leute von Ermenonville reden manches, wenn der Tag lang ist. Vielleicht erleben Sie es noch, Monsieur, daß die Leute flüstern, Sie selber seien in dieses schroffe Ende verwickelt, da es doch Ihnen zugute kommt.“

Der Gevatter schaute sie verblüfft an. „Aber es weiß doch ein jeder ...!“ empörte er sich. „Es weiß auch ein jeder“, fiel ihm Madame Levasseur ins Wort, „wie sehr mich und meine Tochter dieser furchtbare Schlag getroffen hat, am Herzen und an der Geldkatze, und trotzdem wetzt sich manche Zunge an uns schutzlosen Witwen.“

Maurice schwitzte und schwieg. Madame Levasseur aber, sehr freundlich, rückte ihm in ihrer ganzen Fülle näher und redete ihm zu: „Sie sollten uns helfen, Monsieur, Sie können es. Unter Ihren schönen Kastanien sitzen viele und schwatzen; ein guter Gastwirt erfährt mehr als die Polizei. Schauen Sie doch herauszubringen, wer das müßige Gerede aufbringt, und dann zünden Sie mir ein Kerzlein an. Ich möchte diesen Maulaffen den Amtmann des Seigneurs auf den Leib schicken. Sie schulden uns den Dienst, Gevatter Maurice, Sie waren ein Freund meines lieben Schwiegersohns. Meine Therese hat auch schon lange daran gedacht, Ihnen ein kleines Andenken aus seinem Besitz zu verehren.“ Ihre harten, kleinen Augen schauten ihn ernst, traurig und heischend an.

„Sie sind sehr gütig, Madame“, sagte Maurice. „Aber wo wir jetzt so als Mensch zu Mensch miteinander reden“, fuhr er fort, sich stark machend, „gestatten Sie mir ein offenes Wort. Ganz katholisch ging es doch nicht zu bei dem Tode des Verewigten; das müssen Sie doch selber sagen, Madame.“ –

„Das mag sein und das mag nicht sein“, gab freimütig Madame Levasseur zu. „Mein Herr Schwiegersohn hat immer über seine philosophischen Feinde geklagt, das wissen Sie ja auch, und ich habe mir selber meine Gedanken gemacht bei seinem plötzlichen Absterben. Aber schließlich war niemand dabei, und die Gerichtsherren haben entschieden, daß es ein natürlicher Tod war, ein Gehirnschlag, und Ihre Majestät die Königin hat es gewissermaßen in Person bekräftigt durch den Allerhöchsten Kondolenzbesuch, den sie mir und meiner Tochter abzustatten geruht hat. Und nachdem die Gerichte und die Königin gesprochen haben, tun ein Gevatter Maurice und eine Madame Levasseur wahrscheinlich besser, das Maul gut versperrt zu halten.“

Sie unterbrach sich. „Ich muß nach Hause“, sagte sie. „Wieviel schulde ich Ihnen, Monsieur?“ – „Nichts, Madame“, antwortete der Gevatter Maurice, „es war mir eine Ehre. Und wenn Sie das ernst gemeint haben mit dem kleinen Andenken, so werde ich mir das Vergnügen machen, Ihnen und der Frau Tochter meinen Besuch abzustatten. Ich habe mir lange gewünscht, das Chalet zu sehen, auf welches sich der unselige Selige so gefreut hatte.“

Schon zwei Tage später stellte sich Maurice im Chalet Suisse ein. Man unterhielt sich gerührt, getragen und gleichwohl gemütlich über Jean-Jacques. „Daß er dieses Haus nicht mehr hat erleben dürfen!“ bedauerte ein über das andere Mal Gevatter Maurice.

Als er wegging, nahm er mit sich den Schlafrock des Toten, seine Tabaksdose, seinen Stock, seine ausgetretenen, mit Schafleder gefütterten Strohschuhe.

Fortan zeigte Maurice bevorzugten Gästen die Andenken an den Freund und Meister. Scheuer Hand und bewegten Herzens berührten sie die Reliquien, wollten wohl auch dies oder jenes kaufen. Aber Gevatter Maurice ließ sich von hohen Angeboten nicht locken. Er war nicht jener Villette, der Mann der Adoptivtochter Voltaires, der das großmütigste Herz, das jemals in Frankreich geschlagen, das Herz des toten Voltaire, einem englischen Sammler verkauft hatte, mitsamt der Urne und für dreihundert Louisdor.

Als indes Gevatter Maurice sah, wie enttäuscht die Pilger waren, fragte er sich, ob er's vor dem toten Jean-Jacques verantworten könne, seine Bewunderer so tief zu kränken. Er beschaffte sich ähnliche Dosen und Schuhe und verkaufte sie, befriedigt, daß die echten Reliquien in seiner treuen Hand verblieben.

Verschonte jetzt der Gastwirt die Frauen, so verfolgte er um so bösartiger den Marquis, und ganz Ermenonville schwatzte sein Geschwatz nach.

Denn die Bauern des Marquis de Girardin liebten ihren Herrn nicht. Wohl erließ ihnen der aufgeklärte Seigneur viele Lasten, Fronden und Abgaben, aber dann wieder zeigte er sich in kleinen Dingen ungerecht und eigensinnig, ja gewalttätig, und seitdem Jean-Jacques nicht mehr da war, kehrte er mehr und mehr den Vater Klopfstock heraus. Das machte seine Bauern aufsässig. Und daß er seine Mainmortables, seine Leibeigenen, zwar gut behandelte, aber nicht freigab, verdroß seine Pächter und freien Bauern ebenso wie die Leibeigenen selber.

Was ihn an seinen Gerechtsamen festhalten ließ, war nicht Profitgier, sondern patriarchalische Gewissenhaftigkeit. Ohne väterlich strenge Leitung begingen diese dummen, halb tierischen Wesen die schlimmsten Verbrechen gegen sich selber. Es erbitterte ihn, daß es ihm nicht gelang, den Störrischen die liebevolle Verehrung beizubringen, die sie ihm schuldeten, und daß das albern böswillige Gerede über seine Mitverantwortung am Tode Jean-Jacques' kein Ende nahm.

Nun hatte einer seiner Leibeigenen, der Kätner Trouelle, ihn gebeten, seine Tochter Pauline mit einem freien Bauern verheiraten zu dürfen, mit einem Burschen überdies, der nicht auf einem seiner Güter, sondern auf einer Besitzung des verhaßten Nachbarn, des Prinzen de Condé, beheimatet war. Girardin schwankte lange. Überwand sich. Wollte es einmal mit mildester Milde versuchen. Entschloß sich, nicht nur die

Heirat der Pauline Trouelle zu gestatten, sondern seine Mainmortables ein für allemal freizugeben.

Er beorderte eine Delegation seiner Bauern ins Schloß, ihnen die edelmütige Entschließung zu eröffnen.

Als sie in seinem großen Saale standen, erklärte er zunächst, daß er, nicht leichten Herzens, in die Heirat der Pauline Trouelle mit ihrem Josèphe Carteret willige. Dann setzte er an zu der großen Rede, die er vorbereitet hatte.

Da aber, ungelenk und das schöne spiegelnde Parkett mit plumpen Holzschuhen schürfend, trat der Bauer Michel Desportes aus dem Haufen vor und tat das Maul auf. Der Seigneur, meinte er, habe oft den Armen und Niedrigen ein freundliches Herz gezeigt, und er habe ja auch dem Monsieur Jean-Jacques, dem Freund aller Menschen, Zuflucht gewährt. Und viele andere, und an der Spitze der Allerchristlichste König selber, hätten doch ihre Mainmortables freigegeben und den andern Menschen gleichgemacht und auf diesen Teil ihrer Privilegien verzichtet. Und gerade diese Gerechtsame des hohen und mächtigen Seigneurs schneide ihnen allen arg ins Herz. Und wie es denn nun sei? Ob sich nicht auch Monseigneur einen Stoß geben wolle und sagen: Fort damit?

Girardin war einen Schritt zurückgetreten. Es verdroß ihn, daß er auf Anstoß geben sollte, was er aus gütigem Herzen hatte geben wollen. Er erwiderte nichts.

Da begann der alte Bauer Antoine Monnier zu sprechen, genannt „Großvater Antoine“. Seitdem Monsieur Jean-Jacques unter ihnen gewesen sei, sagte er mit seiner alten, wackeligen Stimme, säßen sie manchmal zusammen, und einer, der lesen könne, der Lehrer Harlet oder der Gevatter Maurice, lese aus Jean-Jacques' Schriften vor und erkläre ihnen alles. Und sie hätten sich nicht das Herz gefaßt, den Seigneur untertänigst anzutreten, wenn nicht geschrieben stünde in den Büchern Jean-Jacques' – und er zitierte, wie er wohl die Bibel zitierte –: „Es kommt darauf an, die gegenseitigen Rechte des Gebietenden und der Gehorchenden nach Gebühr abzugrenzen, und ebenso die Pflichten, die den Gehorchenden obliegen, abzugrenzen von den natürlichen Rechten, deren sie als Menschen genießen."

Nun verfinsterte sich Girardin vollends. Erst hatte sein Sohn die Lehren Jean-Jacques' rebellisch mißdeutet, und jetzt erdreisteten sich seine Bauern, ihm hinzureiben, was er nach den Lehren Jean-Jacques' zu tun habe. Das kam davon, daß er sie so verhätschelte. Aber er wird ihnen Bescheid sagen. Quos ego! dachte er. Dann indes stellte er sich vor, wie Monsieur Robinet, wie Vetter Vaudreuil spötteln würden, wenn er nun die Philosophie seiner Bauern grob abtäte, und er bezwang sich.

„Ganz so, meine Lieben", belehrte er mit einem etwas verzerrten Lächeln die Delegierten, „ganz so, wie der Gevatter Maurice euch das ausdeutet, hat es unser Jean-Jacques nicht gemeint. Seht ihr, das Buch vom Gesellschaftsvertrag beruht auf der Idee, daß die einzelnen Teile des Staates sich ineinanderfügen sollen wie die Organe des menschlichen Körpers. Unser Jean-Jacques hat da an eine Episode aus der römischen Geschichte gedacht. Die Römer waren ein großes und tugendhaftes Volk des Altertums. Da rebelliert also der Dritte Stand, und einer aus dem Ersten Stand, ein gewisser Menenius Agrippa, weist die Rebellierenden hin auf die Funktionen der einzelnen Glieder. Der eine Stand muß das Hirn sein, ein anderer der Bauch. Nun werdet ihr doch wohl kaum behaupten, daß ihr das Hirn vorstellt." Es widerstrebte ihm, mit dem Pack zu rechten, aber er konnte nicht verhindern, daß seine Stimme höhnisch klang.

Wer erwiderte, war wieder der Michel Desportes. „Nein", sagte er plump und gemütlich, „wir sind der Bauch, das wissen wir schon." Und gutmütig spaßhaft fügte er hinzu: „Wenn er nur voller wäre, der Bauch." Sie lachten.

Der Marquis lachte nicht. Was hinter dem Lachen stak, klang nicht angenehm, es klang bösartig, gefährlich. Und mit einem Male sah er die Gesichter seiner Bauern, wie sie wirklich waren, und wenn sie dumm waren, dann war ein Gutteil dieser Dummheit gespielt, und dahinter war Feindseligkeit, Bauernschlauheit, Gefahr.

„Nichts für ungut, Monseigneur", beschwichtigte jetzt wieder Großvater Antoine. „Wir sind vielleicht frech, und wir haben keine Philosophie, nur unsere eigene. Aber" – und seine alte Stimme meckerte – „wie wir mit unserem ungewaschenen Maul sagen: der eigene Mist riecht besser als die Rosen des Nachbarn."

Girardin war nun fest entschlossen, sich nicht abtrotzen zu lassen, was freiwillig zu geben er willens gewesen war. Man trennte sich verstimmt.

Tagelang, im stillen, wütete Girardin. Sie taten, seine Bauern, als wäre Jean-Jacques bei ihnen zu Gast gewesen, nicht bei ihm. Schließlich war der „Gesellschaftsvertrag" nicht für Bauerntölpel geschrieben, sondern für diejenigen, denen das Wohl des Ganzen anvertraut war.

Einer, den der Marquis im Verdacht hatte, Jean-Jacques' Lehren besonders bösartig zu mißdeuten, war Martin Catrou. Der hinterhältige Junge mit dem frechen Gesicht und den flinken Augen war ihm nie recht sympathisch gewesen, und er hatte es nicht gerne gesehen, daß sich sein Fernand gerade ihn zum Kameraden erwählt hatte.

Den Martin seinesteils hatte es nachdenklich gemacht, daß sich Fernand, offenbar unter dem Einfluß des toten Jean-Jacques, nun doch aufgerafft hatte und zu den Freiheitsmännern übers Meer gegangen war. Gründlich, wie Martin war, arbeitete er sich jetzt noch tiefer hinein in die Bücher Jean-Jacques' und fand neben Verranntem und Hirnrissigem immer mehr Neues, Merkwürdiges, Umstoßendes. Unbegreiflich, daß die Aristokraten diesen Mann unter sich geduldet, ja ihn verehrt hatten; ihn, Martin, bestärkten seine Bücher in dem feindseligen Mißtrauen gegen die Vornehmen. Auch wenn sie gutwillig waren, diese Girardins, ging es schlecht aus; denn sie waren schwach. Alles Gute kam von unten, aus dem Dritten Stand, aus dem Volk, das war es, was Jean-Jacques lehrte, und die Großkopfigen mußten zum Guten gezwungen werden.

Es wurde dem Martin immer enger in Ermenonville. Er machte sich an den Schulmeister Harlet heran und bearbeitete ihn so lange, bis er dem Marquis nahelegte, dem geweckten Jungen eine Schreiberstellung in der Stadt zu verschaffen, am besten in Paris. Nun erinnerte der Anblick Martins den Marquis peinvoll an Fernand, und er wäre ihn gern los gewesen. Aber hatte er nicht erst jetzt wieder an seiner Bauerndelegation erlebt, wie leicht Philosophie denen vom untern Stand die Köpfe verdrehte? Und der junge Catrou gehörte von Natur zu den Vorlauten. Girardin sagte also nicht ja und nicht nein.

Ein kleines Ereignis half ihm, sich zu entschließen. Eine Gerechtsame, auf die er besonders streng hielt, waren die uralten Fischrechte seiner Besitzungen. Er erlaubte seinen Leuten, in seinen Gewässern zu fischen, behielt sich aber vor, einen Teil des Fanges für seine Küche zu kaufen. Nun stellte sich heraus, daß die Witwe Catrou in ihrem Kramladen Fische verkauft hatte, die nicht vorher seinem Personal gezeigt worden waren. Daß sie Flausen und Ausreden machte, erzürnte den unmutigen Marquis noch mehr, und da die Pacht ihres Ladens abgelaufen war, überließ er sie einem andern Anwärter. Das machte das harte Leben der Frau und ihres Sohnes noch härter, und die Dorfleute maulten und knurrten.

Girardin war unzufrieden. Er hatte die Mainmorte abschaffen wollen, und die dummen Bauern hatten ihn gezwungen, sie beizubehalten. Jetzt zwang ihn diese unvernünftige Witwe, ihr den Kramladen wegzunehmen. Er war der gütigste Herr, aber der Schein war gegen ihn, und seine Leute murrten. Und der Hauptgrund war, daß sie sich mit Jean-Jacques abgaben und diesen, den Klarsten und Weisesten der Menschen, immerzu mißverstanden.

Es widersprach seinen Prinzipien, eine einmal getroffene Maßnahme zurückzunehmen. Aber es war ihm leid, daß er die Witwe Catrou so hart hatte strafen müssen. Kurz entschlossen sprach er mit Maître Bouvier, seinem Pariser Anwalt, und dieser erklärte sich bereit, Martin in sein Büro zu nehmen.

Martin Catrou übersiedelte mit seiner Mutter nach Paris.

Exit Madame Levasseur

Therese besuchte oft das Grab ihres toten Mannes. Sie fürchtete, es ärgere den Toten, daß sie sich von Nicolas, der ihn unter die Erde gebracht hatte, vor der Natur hatte heiraten lassen. Sie entschuldigte sich bei Jean-Jacques und suchte ihm klarzumachen, daß das nicht böse gemeint oder gegen ihn gerichtet war.

Als sie am Jahrestag seines Todes unter dem Weidenbaum saß, gedankenlos nach dem Grab hinüberschauend, sah sie Girardin kommen und bei ihrem Anblick wieder umkehren.

Es war ein Skandal, wie schlecht der Marquis sie behandelte. Wenigstens am Tage, da sich der Tod Jean-Jacques' jährte, hätte er seiner Witwe mehr Höflichkeit bezeigen sollen. „Wenn wir der Königin fein genug sind", empörte sie sich vor ihrer Mutter, „dann braucht er nicht seine dünne Nase zu rümpfen. Hauen wir endlich ab und lassen wir ihn allein in seinem langweiligen Kasten."

Madame Levasseur seufzte über den Bockmist, den ihre Therese wieder einmal daherredete. „Und wenn der Marquis dich noch so deutlich hinausekeln will", wurde sie nicht müde, ihr zu erklären, „die Witwe Rousseau gehört nun einmal nach Ermenonville, in die Nähe des Grabes. Wenn du nicht mehr trauernde Witwe bist", hämmerte sie ihr ein, „dann bist du ein Stück Dreck. Dann gibt dir kein König von England und kein Lord Marischal keinen Sou und keinen Penny. Das Grab ist deine Krippe, du Kuh."

Mürrische Laune wie jetzt nach dem kränkenden Verhalten des Marquis zeigte im übrigen Therese selten. Gewöhnlich war sie still und lässig und schien zufrieden mit dem Leben in dem einsamen Chalet. Madame Levasseur sah zu ihrer Genugtuung, daß sie sich mit keinem Mann verplemperte.

Dabei hätte sie leicht Männer haben können. Die Witwe Rousseau war eine interessante Persönlichkeit, viele zeigten den Wunsch, es mit ihr zu treiben, und auch sie verspürte manchmal Lust, ins Heu zu gehen. Aber sie bezwang sich. Sie wartete auf ihren Colas.

Zweimal in diesen Jahren schickte er ihr geheime Botschaft. Ließ sie wissen, daß er bestimmt wiederkommen werde. Befahl ihr herrisch, zu warten und nichts anzustellen.

Sie gehorchte.

Rechtfertigte sie sich doch auch gewissermaßen vor dem toten Jean-Jacques, indem sie sich brav und anständig hielt. Zwar war sie eigentlich ganz und gar unschuldig an seinem vorzeitigen Ende, aber Monsieur Nicolas hatte es ihrethalb getan, und so mochte Jean-Jacques es ihr vielleicht doch nachtragen. Schaden konnte es bestimmt nicht, wenn sie sich mühte, ihn zu versöhnen. Nicht nur besuchte sie ihn häufig, sie betreute auch sorgfältig seine Kanarienvögel, wechselte oft das Wasser in ihren Näpfchen und pflückte ihnen täglich jenes kleine, rötliche Gepflanze, Mouron, ihr Lieblingsfutter.

Monate vergingen, Jahre, und Madame Levasseur spürte, daß ihr Ende nahe kam.

Sie nahm ihre Kraft zusammen und fuhr zu Maître Gibert nach Senlis, letzte Verfügungen zu treffen. Der Anwalt war ein Geier, aber er verstand seine Sache, und sie legte ihm ihre Sorgen und ihre Absichten offen dar. Sie wollte noch aus dem Grab heraus Sohn und Tochter betreuen; die beiden, wiewohl bei Jahren, bräuchten das. Er solle ihr ein Testament aufsetzen, verlangte sie, demzufolge François jährlich bis zu zwanzig Louis erhalten solle, doch nicht mehr. Vor allem aber möge Maître Gibert durch gesetzliche Mittel und auch durch persönliche Vorstellung und Überredung verhüten, daß Therese ein zweites Mal heirate; sie müsse Witwe Rousseau bleiben, lebend und abhängig von den Renten der Witwe Rousseau. Dafür solle der Anwalt sorgen mit allen Mitteln, und er solle es ihr geloben durch einen heiligen Schwur bei Gott und dem heiligen Yves, dem Patron der Advokaten. Sie sei auch bereit, anständig dafür zu zahlen.

Auf Maître Gibert machten die starken Worte und der harte Wille der feisten, schnaufenden, gebrechlichen Alten

Eindruck, er fand ihre Absichten mütterlich klug, auch schätzte er die Bücher Jean-Jacques'. Gesetzliche Mittel freilich, die Witwe bei der Stange zu halten, gab es kaum; aber er war entschlossen, sein Bestes zu tun, gegen eine Gebühr von fünf Louis per Jahr.

Zurück in Ermenonville, legte sich Madame Levasseur hin, um zu sterben.

Der Sergeant François kam und weinte hemmungslos, als er die Mutter sah. „Es ist für dich gesorgt, mein guter, tapferer Sohn", tröstete sie ihn, „du kriegst einen jährlichen Zuschuß. Und wenn ich erst, hoffentlich bald, aus dem Fegfeuer heraus bin, dann gehe ich bei allen Heiligen herum und gebe keine Ruhe, bis sie dir helfen, deine guten Ideen durchzuführen."

Als ihr das Sprechen schon schwerfiel, hatte sie eine letzte Unterredung mit Therese. Sie hämmerte ihr ein, sie solle nicht nach Paris gehen, auch wenn François noch so aussichtsreiche Projekte habe. Und sie solle nicht heiraten, unter keinen Umständen, auch nicht, wenn ihr Kerl, der Sauhund, zurückkommen sollte. Und ein letztes Mal erklärte sie ihr: „Geld hast du nur, solange du Witwe Rousseau bist. Und wenn er merkt, daß du kein Geld mehr hast, dann wirst du kein gutes Leben haben, mein Kind, und vielleicht auch kein langes. Bleib beim Grabe!" befahl sie. „Bleib Witwe Rousseau!" Dann begann der Todeskampf.

Der Sergeant François selber meldete dem Marquis das Absterben seiner Mutter. Er regte an, die Greisin an der Seite Jean-Jacques' zu bestatten, für den sie so treulich gesorgt habe. „Das denn doch nicht!" entfuhr es dem Marquis.

Die Hochnäsigkeit des Aristokraten empörte den Sergeanten. Er ließ es sich was kosten und bestellte für die Mutter eine Beerdigung erster Klasse; die ganze Geistlichkeit von Dammartin nahm teil. Der Gevatter Maurice ließ es sich nicht nehmen, der Schwiegermutter Jean-Jacques' eine Totenrede zu halten. Er beklagte ihr tragisches Schicksal; die Feinde Jean-Jacques' hätten die treue Greisin, die sich in seiner Pflege aufrieb, verleumdet und mit ihm zu entzweien versucht. Die Leute von Ermenonville waren gerührt. Der Marquis, der der Beerdigung beiwohnte, hörte unbewegten Gesichtes zu.

Im Chalet Suisse sprachen die Geschwister sich aus. François erklärte Therese, er wolle sie zu sich nach Paris nehmen. Sie antwortete, die Mutter habe ihr aufgetragen, beim Grabe Jean-Jacques' zu bleiben. François meinte, das Gesetz gebe ihm wohl Vollmacht, ihren Wohnsitz zu bestimmen; denn er sei das Haupt der Familie. Therese, immer mit der gleichen, stillen Hartnäckigkeit, erwiderte, sie werde dennoch bleiben, dann eben gegen das Gesetz. Wenn sie das tue, gab François zu bedenken, werde er sie sehr knapphalten müssen; zweifellos hätten sie gemeinsam das Vermögen geerbt, und er als Haupt der Familie habe Verfügungsrecht. Therese entgegnete gelassen, darüber würden sie wohl von Maître Gibert mehr hören. François sah, daß er gegen sie nicht aufkam. „Wir werden es noch erleben", prophezeite er düster und gekränkt, „wie du eines Tages nach Paris kommst, abgerissen und verdreckt, und mich um Hilfe anflehst. Ich werde dir ein Obdach und einen Teller Suppe nicht verweigern; denn ich bin Soldat und großmütig. Aber ganz verzeihen werde ich dir dein Mißtrauen niemals. Und jetzt gib mir zwei Écus für die Rückreise." Damit ging er.

Sie blieb in Ermenonville. Das gehörte sich so, das war ihre Pflicht. Sie war überzeugt, Nicolas werde sie hier suchen.

Behaglich fühlte sie sich nicht im Chalet Suisse. Gespenster gingen um, der Geist Jean-Jacques', der Geist ihrer Mutter. Beide waren sie unzufrieden, daß sie vorhatte, mit Nicolas zusammenzuleben; vor allem die Mutter schimpfte und drohte. Therese zeigte ihr immer wieder den Ring, den Nicolas ihr gegeben hatte. War sie ihm nicht anvermählt durch den Ring? Aber die Mutter gab sich nicht zufrieden.

Wieder kam jener Unbekannte und brachte ihr Botschaft. Monsieur Nicolas werde bald zurückkehren. Sie solle warten, wo sie sei. Und sie solle keine Dummheiten machen. Das sei strenger Befehl.

Therese war glücklich. Manchmal zog sie sich sorgfältig an. Sie wollte nicht in vernachlässigtem Zustand von ihrem lieben Manne überrascht werden. Dann saß sie wohl da, stundenlang, festlich angezogen, und beschaute den Ring, leer und träumerisch lächelnd.

Gilberte in Versailles

Die Genfer Herren wollten mit der Veröffentlichung der „Bekenntnisse" nicht länger warten. Girardin, trotz seiner Befürchtung, es werde nun Jean-Jacques aufs neue wüst angegriffen werden, mußte sich fügen.

Die „Bekenntnisse" erschienen.

Der Eindruck war anders, als Girardin erwartet hatte. Daß Jean-Jacques das eigene Leben und die eigene Seele so schonungslos bloßlegte, rührte die Leser auf; sie bewunderten seinen fanatischen Wahrheitswillen. Sie fanden in den „Bekenntnissen" die innerste Quelle ihrer eigenen Gefühle aufgedeckt und vieler Gedanken, die ihnen selber bisher unerklärlich gewesen waren. Der Mann, der sich hier darstellte, verband edelste Empfindungen mit einer bis zum Wahnsinn reizbaren Persönlichkeit. Jene erregten Verehrung und Liebe, diese Mitgefühl. Von nun an, fanden sie, war es erlaubt, Gedanken laut werden zu lassen, die man bis jetzt nicht einmal sich selber klarzumachen gewagt hatte, Gesinnungen zu äußern, die man kaum sich selber hatte gestehen dürfen. Die „Bekenntnisse" erhöhten Jean-Jacques' Ruhm zum Himmel.

Gilberte de Latour war in Paris, als das Buch erschien. Monsieur Robinet brachte es ihr. Sie hätte an diesem Abend auf den Ball der Marquise de Saint-Chamond gehen sollen. Sie sagte ab, zog sich gleich nach dem Essen zurück und las.

Sie lag zu Bett in ihrem hübschen Schlafzimmer; die Kerzen flackerten über die Buchstaben, welche das Leben dieses Mannes Jean-Jacques offenbarten.

Sie las schnell und gierig. Zuweilen aber ließ sie das Buch sinken und schloß die Augen. Dann hörte sie Fernand erzählen von den Menschen und Dingen, die in dem Buche waren. Deutlich war seine Stimme im Raum, seine Worte und die Worte des Buches gingen ineinander über.

Sie fand die „Bekenntnisse" widerwärtiger von Seite zu Seite. Sie hatte, als sie Jean-Jacques in der Halle von Ermenonville zum erstenmal erblickte, den rechten Eindruck gehabt. Hier verkündete er's selber einem jeden, der hören wollte: er war ein Jämmerling, lächerlich, obszön, ein armseliger, kranker, unappetitlicher Mensch.

Und vor dem lagen alle auf den Knien! Waren sie blind? Den „Mann der Wahrheit" nannten sie ihn. Merkten sie nicht, daß jedes Wort verlogen war? Die einzelne Seite, las man sie für sich, klang überzeugend, doch schon die nächste besagte das Gegenteil. Er konnte einfach die Wahrheit nicht sagen, dieser Jean-Jacques. Die Ereignisse verloren ihm ihre Wirklichkeit, schon während sie sich ereigneten. Er war hin und her gejagt von seinen Gefühlen, alles schillerte, flirrte. War solches Geflirre, war solche Schwachsichtigkeit Philosophie? Sie dankte für solche Philosophie. Es war fauler Zauber.

Sie schlug das Buch zu, löschte die Kerzen, versuchte zu schlafen. In ihrem Innern war das Lied: „Der Liebste, der mich glücklich machte, ging fort in ein anderes Land."

Da dachte sie schon wieder an Fernand, und überdies in der dummen Melodie von Jean-Jacques. Hundertmal hatte sie sich geschworen, nicht mehr an ihn zu denken. Er war Vergangenheit, war abgelebt. Er hatte sich dem falschen Propheten mit Haut und Haaren verschrieben, hatte sich seinethalb das Leben verpfuscht. Er sollte nicht auch noch das ihre verpfuschen. Es war aus.

Es war natürlich nicht aus, und sie sollte sich nichts vormachen. Auf der langen Reise mit dem Großvater durch die Schweiz und durch Italien hatte sie vor jedem Berg und jedem See und jeder Stadt denken müssen, was wohl Fernand dazu sagen würde. Und warum war sie auf einmal so interessiert an der Neuen Welt? Warum las sie die vielen Bücher über Amerika?

Es war niederträchtig von Fernand, daß er so gar nichts von sich hören ließ. Seinem Vater wenigstens hätte er mehr und häufiger schreiben können. Wenn sie Monsieur de Girardin trafen, erkundigte sich der Großvater jedesmal höflich nach Fernand; aber der Marquis konnte wenig mitteilen, sein Sohn sandte spärliche Nachricht. Als dann das französische Hilfskorps unter General Rochambeau in Amerika eingetroffen war, hatten sie alle gehofft, Fernand werde in diese Armee versetzt werden; aber der störrische Junge war bei den Truppen des Generals Washington geblieben und war, als ihm der Marquis briefliche Vorstellungen machte, noch schweigsamer geworden.

Sie hätte doch auf den Ball der Marquise de Saint-Chamond gehen sollen. Sie pflegte sich bei solchen Gelegenheiten wunderbar zu amüsieren. Und durfte man das vielleicht nicht? Hatte Fernand recht, daß man ein leeres Geschöpf war, wenn man Freude hatte am Umgang mit gewandten, gepflegten, eleganten Menschen?

Bestimmt wird auch Mathieu auf dem Ball sein, bestimmt wird er sie vermissen. Sie sollte freundlicher zu ihm sein, sollte ihn nicht so zappeln lassen. Es war jetzt ein gutes Jahr her, daß sein Vater gestorben war und Mathieu die vielen Titel und Würden geerbt hatte, die beiden baufälligen Schlösser und die Schulden. Er könnte seine Sorgen loswerden, wenn er einen der großen Posten annähme, die ihm, dem Haut et Puissant Seigneur Messire Mathieu-Marie Comte de Courcelles, in der Armee und in der Diplomatie offenstanden. Wenn er eine solche Stelle nicht annahm, dann nur ihrethalb. Er wollte nicht als General in eine Provinzstadt gehen oder als Gesandter an einen fremden Hof. Er wollte in Versailles bleiben, in ihrer Nähe. Er tat den Mund nicht auf, er trug ihr seine Hand nicht an, er war verdammt stolz, aber sie wußte: er wartete nur auf ein Zeichen, daß er sprechen dürfe.

Wie lange wollte sie ihn noch warten lassen? Wenn er um

sie warb, dann bestimmt nicht, um seine Güter mit ihrem Gelde zu düngen. Er hatte, sie wußte es von Monsieur Robinet, andere reiche Erbinnen ausgeschlagen.

Eine kleine Zeit wird er trotzdem noch warten müssen. Der Waffenstillstand mit England war abgeschlossen, Fernand hatte in Amerika nichts mehr zu suchen. Nicht als ob seine Rückkehr was hätte ändern können; aber auf eine letzte Aussprache hatte er Anrecht.

Als Monsieur de Girardin das nächste Mal nach Schloß Latour kam, erzählte er, sein Sohn werde nicht, wie er's erwartet habe, mit der französischen Armee zurückkehren, er sei vielmehr nach Westindien gegangen, nach Saint-Domingue, um sich dort anzusiedeln. Wahrscheinlich hatte der Marquis das nicht erzählen wollen, aber sein Herz war voll und der Mund ging ihm über.

Gilberte preßte die Lippen zusammen und sagte nichts.

In dieser Nacht überdachte sie, zum zehntenmal, wie ein Leben mit Mathieu wohl verlaufen würde. Wahrscheinlich würde er seine Karriere verfolgen wollen. Sie aber war keineswegs willens, in der Provinz zu leben oder im Ausland. Ein paar Monate im Jahr mochte man in Paris verbringen und in Versailles, und sie war bereit, sich während dieser Monate, wie er's bestimmt wünschte, dem umständlichen Zeremoniell des Hofes einzufügen; aber die meiste Zeit wollte sie auf dem Lande sein, in Saint-Vigor oder in Latour oder auf einem seiner baufälligen Schlösser. Sie müßte ihm das sehr deutlich machen.

Sie furchte die Stirn. Fernand hätte sie dergleichen nicht deutlich machen müssen.

Den Tag darauf sprach sie mit Monsieur Robinet. Sie habe Mathieu de Courcelles nun Jahre hindurch hingehalten, die meisten ihrer Altersgenossinnen seien verheiratet. Sie glaube, sie liebe Monsieur de Courcelles. Ob der Großvater ihr zurate, ihn zu heiraten.

Robinet hatte Mühe, sein rotes, viereckiges Gesicht ruhig zu halten. Er sah sich vor einem ähnlichen Problem wie damals, da sie ihm von Fernands Plan erzählte, nach Amerika zu gehen. Er hatte nichts einzuwenden gegen eine Verbindung Gilbertens mit Mathieu, aber jetzt noch weniger als damals konnte er sich vorstellen, wie er ohne sie leben sollte.

In seinem üblichen, etwas ironischen Ton meinte er: „Dich in dieser Sache zu beraten, mein Mädchen, fällt mir nicht ganz leicht; ich würde dich sehr ungern verlieren. Du siehst, ich bin Partei." – „Aber daß ich ohne Sie leben sollte, Großvater", entgegnete sie stürmisch, „kommt doch nicht in Frage. Wir würden natürlich bei Ihnen sein, oder Sie bei uns." In seinem Innern lächelte Robinet. Bei aller gegenseitigen Höflichkeit verstand er sich mit dem sehr aristokratischen Mathieu nicht eben gut. „Ich glaube kaum", antwortete Robinet, „daß der Regierende Graf Courcelles Wert darauf legt, mit mir unter einem Dache zu leben." – Da muß ich dem Mathieu also noch etwas deutlich machen, dachte Gilberte.

Sie sagte: „Wenn Sie wirklich nichts einzuwenden haben, Großvater, dann wird Ihr Urenkel Monsieur de Courcelles heißen." Es war aber auf ihrem Gesicht jenes winzige, harte Lächeln, welches Monsieur Robinet damals bei der Grablegung Jean-Jacques' wahrgenommen hatte.

Eine kleine Weile zögerte Monsieur Robinet. Dann sagte er: „Dein Sohn wird dann auch Monsieur de Saint-Vigor heißen, mein Mädchen. Saint-Vigor hat einmal den Courcelles gehört, und wenn es an einen Courcelles zurückfällt, fällt der Titel mit zurück." Gilberte wurde rot vor Vergnügen und ein wenig auch vor Verlegenheit; Saint-Vigor war eine Herrschaft mit mehreren Dörfern, das Brautgeschenk Monsieur Robinets war kostbar. „Danke, Großvater", sagte sie.

Als sie Mathieu das nächste Mal traf, fragte sie: „Was halten Sie eigentlich von meinem Großvater?" Er, etwas zurückhaltend, erwiderte: „Monsieur Robinet ist ein sehr gescheiter und erfolgreicher Geschäftsmann, das weiß ganz Frankreich." – „Ich liebe meinen Großvater", erklärte warm und mit ungewöhnlicher Heftigkeit Gilberte. „Ich würde mich niemals von ihm trennen, unter keinen Umständen. Verstehen Sie, Graf

Courcelles?“ Mathieus hübsches, längliches Gesicht wurde verwundert, nachdenklich, betrübt. „Ich verstehe“, antwortete er und verneigte sich.

Sie fuhr fort: „Des weiteren würde ich von meinem Mann, wer immer er sei, verlangen, daß er mindestens das halbe Jahr auf dem Lande lebt. Ist das zuviel verlangt, Graf Courcelles?“ – „Es ist sehr viel verlangt“, antwortete Mathieu, doch da er ihr Gesicht sah, ergänzte er schnell: „Aber nicht zuviel.“ – „Sie zum Beispiel wären mit einer solchen Regelung einverstanden?“ fragte Gilberte. Wiederum dachte Mathieu eine kleine Weile nach, dann sagte er feierlich und bestimmt: „Ich wäre es.“ – „Danke“, sagte Gilberte.

Mathieu – er wagte nicht zu begreifen – sah sie an, ein wenig dümmlich. Sah ihr gutes, frisches, tapferes, vernünftiges, jetzt beinah verlegen lächelndes Gesicht. Da belebte er sich, wie es Gilberte nie für möglich gehalten hätte. Packte sie. Küßte sie. Er konnte küssen. Es überlief sie.

War sie glücklich? Sie *war* glücklich. Diesmal hatte sie gewählt, aus freiem Willen, nicht ohne Vernunft, doch auch nicht ohne Herz.

Zwischen dem Generalsteuerpächter Robinet und dem Grafen Courcelles fand eine Unterredung statt über die Ordnung der finanziellen Dinge Gilbertens. Es war ein langes, peinliches Gespräch; Mathieu sträubte sich, die Gelder anzunehmen, die Monsieur Robinet als notwendig erachtete für ein sorgenloses Leben des künftigen Paares. Seufzend erzählte Robinet seiner Enkelin: „Er ist Aristokrat besten Schlages, dein Mathieu, sehr anständig und nach Gebühr beschränkt.“

Da Mathieu zur Noblesse de Parage gehörte und sechsunddreißig Quartiers aufweisen konnte, Gilberte aber als Mitglied der Noblesse Bâtarde nur ein einziges Quartier, erforderte ihre Verbindung, wenn die Kinder die Privilegien des Vaters nicht verlieren sollten, den Konsens der Königlichen Familie und der Minister. Eingaben und Gesuche mußten gemacht werden, damit Graf Courcelles und Mademoiselle de

Latour in Versailles erscheinen könnten, um die notwendigen Unterschriften zu erhalten.

Oftmals in den Wochen ihrer Bemühungen erinnerte sich Gilberte, wie sich Fernand lustig gemacht hatte über diese Formalitäten, vor allem über den Rund- und Bittgang durch Versailles, der sie abschließen sollte. Er lebte in Wolken, Fernand, er hatte bitter unrecht. Wenn der König und der Hof Gilberte in Gnaden aufnehmen, so wird das keine lächerliche Farce, es wird ein Triumph sein. Dieser Besuch in Versailles wird sie aus der Menge der Niedrigen, mit Pflichten und Diensten Belasteten in den Kreis der Freien emporheben, der Privilegierten, sie und ihre Kinder, für alle Zeiten. Sie ließ sich diesen Tag nicht vergällen, durch keines Menschen Hohn, keines nahen und keines fernen. Sie freute sich auf diesen Tag, auf diesen 18. März.

Monsieur de Ségur, der Kriegsminister, ein Verwandter Mathieus, hatte es übernommen, dem König den Heiratsvertrag zur Unterschrift vorzulegen. Zwei tödlich lange Stunden wartete man im Vorzimmer, zwischen zahllosen Menschen, anläßlich des Levers. Dann endlich stieß der dicke Schweizer seine Hellebarde auf und rief: „Le contrat!“ Und nun war es soweit: Mathieu, Gilberte und Monsieur Robinet konnten, geführt von Monsieur de Ségur, in das Schlafzimmer der Allerchristlichsten Majestät eintreten.

Mit einem schnellen, halben Blick schaute Gilberte auf Mathieu. Der sah schön und vornehm aus und fand die vielen Zeremonien, denen er sich unterziehen mußte, bestimmt nicht lächerlich.

Der König saß vor seinem Toilettentisch, in fauler, unschöner Haltung, und ließ sich pudern und frisieren. Der prunkvolle Raum war voll von Menschen. Monsieur de Ségur führte Gilberte an den Fingerspitzen vor den König, Mathieu und Monsieur Robinet folgten. „Sire“, sagte der Minister, „dies ist Mademoiselle de Latour, künftige Gräfin Courcelles, wenn Sie geruhen, dem Heiratskontrakt Ihre Unterschrift beizufügen.“ Der König betrachtete Gilberte lässig, aus vorquellenden, schläfrigen Augen. „Sie sind also Mademoiselle de Latour", sagte er. „Na schön, na gut." Der Kriegsminister reichte ihm den Kontrakt, der dazu bestimmte Kammerherr die Feder. Gilberte, aus tiefer Reverenz auftauchend, schaute gierig zu, wie die weiße, fette Hand schrieb: Ça y est, dachte es in ihr. Freude war in ihr, nichts als Freude, eine unbändige Freude.

Louis hatte unterschrieben. „Na schön, na gut", sagte er, ein Gähnen kaum unterdrückend, „und jetzt wären Sie also Gräfin Courcelles. Meine Gratulation."

Man begab sich in die Gemächer der Königin. Marie-Antoinette musterte sachverständig die Galarobe der Braut und sah sogleich, daß sie von Mademoiselle Bertin angefertigt war, von ihrer, der Königin, Modistin. Sie meinte lächelnd: „Das muß Sie ein Stück Geld gekostet haben, meine Teure", und unterschrieb.

Durch viele Säle, über viele Treppen und endlose Korridore, vorbei an wachehaltenden Schweizern, an Kammerherren, an weltlichen und geistlichen Würdenträgern, begab man sich zu den Brüdern des Königs, dem Grafen Provence und dem Grafen Artois. Dann zu Mesdames, den drei Tanten des Königs. Dann zu dem Herzog von Angoulême. Dieser Prinz saß auf einem Schaukelpferd, mit geschultertem Säbel, er war vier Jahre alt. Er unterzeichnete langsam, beflissen, und Monsieur Robinet meinte: „Er ist in der ganzen Königlichen Familie der einzige, der eine leserliche Klaue schreibt."

Das verrichtet, begab sich die kleine, feierliche Prozession zu dem Justizminister und Großsiegelbewahrer, Monsieur de Miromesnil. Dieser fügte dem Dokument das Königliche Siegel und seine eigene Unterschrift bei.

Festgelegt war nun rechtsgültig und für alle Zeiten, daß Graf Mathieu de Courcelles berechtigt war, Mademoiselle de Latour, Inhaberin nur *eines* Quartiers, zu ehelichen, ohne seiner Titel, Würden und Privilegien verlustig zu gehen. Gilberte de Latour aber war nach vollzogener Ehe Inhaberin dreier Quartiers, und ihr erstgeborener Sohn hatte das Recht, die Würden und Privilegien des Vaters zu erben.

Rückkehr des Freiers

Tief in der Nacht riß ein scharfes Klopfen Therese aus dem Schlaf. Sie fuhr hoch und wußte mit seligem Schrecken: es war er.

Er war es. Grinsend stand er da. „Da wären wir wieder, mein Schatz“, quäkte er, als wäre er nur einen Tag lang fort gewesen. Warmes Strahlen überm ganzen Gesicht, sog sie seinen Anblick ein. Etwas fülliger war er, aber mager noch immer, und seine Augen zwinkerten noch ebenso lustig über seiner Stupsnase.

Er ließ sich ihre Umhalsung gefallen und klopfte ihr gnädig den Hintern. Sie spürte seinen sehnigen Körper, roch seinen männlichen Geruch, die Jahre der Trennung waren ausgelöscht.

Sie lief hin und her, bloßfüßig, aufgeregt. „Soll ich dir was zu essen machen?“ fragte sie und war ganz seine gute, alte, dumme Therese. „Später vielleicht“, antwortete er. „Aber wenn du was zu trinken hast, sag ich nicht nein.“ Ja, sie hatte was, den guten Himbeergeist, den Gevatter Maurice ihr verehrt hatte, als sie ihm Jean-Jacques' Schreibzeug überließ.

Er saß in dem breiten Sessel, dem Lieblingssitz des Verflossenen, und beschaute die wohlbekannten Möbel. „Es ist angenehm, wieder da zu sein“, meinte er und setzte sich noch bequemer zurecht, Besitz ergreifend.

Sich ins Chalet zu stehlen, hatte Vorsicht gekostet. Im übrigen war seine Rückkehr kein großes Wagnis gewesen. Nach dem Friedensschluß hatten die französische und die englische Regierung eine Amnestie verkündet, die sich wohl auch auf seine Ausweisung erstreckte. Es war, hatte er gefunden, an der Zeit, daß er sich wieder bei seiner lieben Braut sehen ließ. Die alte Mähre war verreckt und konnte nicht mehr ausschlagen, die Papiere, welche sie noch so zäh verteidigt hatte, gehörten jetzt Therese, gehörten eigentlich ihm. Er war also über den Kanal gefahren, der Prinz de Condé hatte ihn ohne weiteres wieder eingestellt, er wohnte nahebei, und da war er.

Es machte ihm Spaß, sich im Sessel seines Vorgängers zu rekeln. Er hatte in London gehört von den „Bekenntnissen“, er hatte die englische Übersetzung gelesen. Er hatte laut und herzlich lachen müssen über die Narrenweisheit des Herrn Philosophen. Was der alles wußte über ihrer beider Therese! Jedenfalls, hier saß er, John Bally, auch genannt Nicolas Montretout, kein Philosoph, doch lustig und lebendig, und der andere lag in seinem kühlen Grab, berühmt und tot.

Er nahm die Seligkeit wahr, mit welcher sich Therese um ihn beschäftigte; seine Abwesenheit hatte ihre Verbindung nur fester geknüpft. Er trank und aß und war sich schmunzelnd bewußt, daß er alle Sieben Weisen der Welt in die Tasche stecken konnte. Für den Herrn Philosophen hatte der dumme Marquis das Chalet gebaut; aber wer drin schaltete, war er, Nicolas. Huldreich saß er da und ließ sich Theresens Liebkosungen gefallen. „Alles Sachliche später“, sagte er, „erst wollen wir uns einer am andern freuen“, und ging mit ihr zu Bett.

Hernach ließ er sich von ihr Bericht erstatten. Sie hatte kein Kapital, wohl aber Renten, die der Marquis ihr auszahlte. Das schien ihm nicht geheuer. Wieso hatte sie kein Bargeld für die Manuskripte bekommen? Und was hatte der Marquis damit zu schaffen? „Du bist doch mündig“, maulte er, „du brauchst doch keinen Vormund. Und wenn du einen brauchst, so bin jetzt ich da. Wie ist es, Alte?“ fragte er gemütlich. „Heiraten wir? Du hast freilich nur Renten, aber ich nehme dich.“

Ihr schweres Herz hüpfte vor Freude und vor Angst. So lange hatte sie auf diesen Augenblick gewartet. Gerne war sie bereit, auf ihre große Reputation als Witwe Rousseau zu verzichten und eine einfache Madame Montretout zu sein, auch wenn dann keine Königin mehr kommen wird, sie zu trösten; da Nicolas ihrethalb so ungeheuer viel riskiert hatte, sein liebes, junges Leben, so gehörte es sich, daß auch sie für ihn Opfer brachte. Allein sie spürte die Geister Jean-Jacques' und der Mutter, sie standen zu seiten des Bettes, schattenhaft und doch leiblich, und die Mutter warnte: „Wenn er zu spät erfährt, daß du kein Geld mehr hast, dann haut er auch dich auf den Kopf."

Sie richtete sich halb hoch. „Soweit es auf mich ankommt, lieber heut als morgen", sagte sie, und da sie im Dunkeln lagen, konnte er nicht sehen, daß sie scheu und schalkhaft lächelte wie ein kleines Mädchen. Er wartete im Dunkeln. „Aber", fuhr sie fort und rückte furchtsam ein wenig von ihm weg, „aber vielleicht werden Sie mich nicht mehr nehmen wollen, Monsieur Nicolas, wenn Sie erst alles wissen." – „Was alles? Was ist das für Unsinn!" sagte er mit seiner alten, gefürchteten und geliebten Barschheit, und: „Mach Licht!" sagte er böse. Als sie gehorsam Licht gemacht hatte, schaute er sie streng an und befahl: „Und nun rede! Ich verstehe nicht." – „Ich verstehe auch nicht genau", klagte sie, „das ist es ja eben. Ich habe meinen armen Verstand, und Sie werden bestimmt viel besser begreifen, warum und wieso. Wenn ich heirate, hab ich kein Geld mehr, heißt es. Gehen wir doch zu Maître Gibert, der weiß es genau."

„Da scheint wieder einmal jemand eine kolossale Dummheit gemacht zu haben", schimpfte Nicolas. Er stand auf und zog sich an. „Sei nicht böse, Colas", bat sie demütig. „Ich mache ja alles, wie du es willst."

Sie gingen zu Maître Gibert. Der Notar verbarg nicht sein Mißtrauen und seine Abneigung gegen Nicolas. „Wünschen Sie wirklich, Madame", fragte er, „daß ich Monsieur Montretout über Ihre verwickelte Vermögenslage informiere?" Er sprach so amtlich, daß Therese Angst bekam. Es war ihr klar, daß Jean-Jacques, ihre selige Mutter und der liebe Gott nicht einverstanden waren mit dem, was sie da machte. Aber sie nahm all ihren Mut zusammen und sagte gepreßten Atems: „Ja, Monsieur."

Maître Gibert erinnerte sich des eidlichen Versprechens, das er der dicken Alten gegeben hatte, und war entschlossen, es dem dummen, geilen Weibsbild so schwer wie möglich zu machen. „Ich brauche von Ihnen eine schriftliche Order", sagte er strenge, „die mich meines Berufsgeheimnisses entbindet." Auch das vermochte Therese nicht abzuschrecken. Sie unterzeichnete die umständliche Erklärung des Anwalts, und nun mußte Maître Gibert wohl sprechen.

Es stellte sich heraus, daß die Renten der englischen Gönner über Monsieur de Girardin bezahlt wurden und daß sie gebunden waren an persönliche Empfangnahme durch die Witwe Rousseau. Auch die Zahlungen für die Rechte aus den Werken Jean-Jacques' waren aufgeteilt in Annuitäten, die zu treuen Händen Monsieur de Girardins gingen.

Die Unterredung war langwierig und peinlich, da Maître Gibert viele Fachausdrücke gebrauchte und Nicolas nicht abließ, ehe er bis ins kleinste verstanden hatte. Schließlich fragte er frech und geradezu: „Und wie ist es, wenn sich Madame Rousseau wieder verheiratet?" – „Davon würde ich meiner Klientin dringlich abraten", sagte Maître Gibert und schaute Therese streng an. „Die Zahlung der englischen Renten würde in diesem Falle bestimmt aufhören, und es ist auch mehr als fraglich, ob die Verleger weiterzahlen würden."

Nun aber wurde Nicolas energisch. „Ja gibt es denn kein Recht und Gesetz mehr in Frankreich?" empörte er sich. „Eben weil es Recht und Gesetz in Frankreich gibt, mein guter Mann", belehrte ihn überlegen der Notar, „rate ich meiner Klientin ab, eine neue Ehe einzugehen. Der Erbschaftsanspruch Madame Rousseaus ist nämlich zweifelhaft und wird von einem Neffen des Toten angestritten. Ich muß da einen heikeln Punkt berühren. Monsieur Rousseau hat Madame nach seinem eigenen Zeugnis ‚vor der Natur' geheiratet. Wieweit eine solche Eheschließung Rechte verleiht, ist zumindest fraglich. Bisher hat nur das Wort und das hohe Ansehen Monsieur de Girardins die Gerichte davon abgehalten, die Ehe Madame Rousseaus für ungültig zu erklären."

Nicolas erinnerte sich gewisser Stellen in dem Buche Jean-Jacques', und mit seinem flinken Verstand erkannte er, welche Tragweite die närrischen „Bekenntnisse" des närrischen Toten hatten.

Therese ihresteils, beinahe triumphierend, sagte: „Da siehst du es, Colas. Ich hab dir's gleich gesagt." Nicolas schaute sie wütend an, dankte dem Notar frostig für seine Auskunft, und sie zogen ab.

Nicolas' Nacht war voll von Überlegungen und Plänen. Da kam ihm also die Alte, das Schandweib, noch während sie verweste, in die Quere. Aber sie sollte sich verrechnet haben. Wenn sie einen fuchsigen Advokaten gefunden hatte, so wird er einen noch fuchsigeren auftreiben. Er spuckte einen dicken Batzen.

Mit einer Empfehlung des Prinzen de Condé fuhr er nach Paris zu dessen Anwalt Maître Labouret. Dieser wußte Rat. Nicolas solle sich von Therese zu ihrem Homme d'Affaires, ihrem Homme de Confiance, zu ihrem Vertrauensmann bestellen lassen. Die eine oder andere der Renten werde man wahrscheinlich kapitalisieren können, und beleihen ließen sich die Renten bestimmt.

Nicolas war mit diesen Auskünften nicht unzufrieden. Er setzte Therese auseinander, leider habe Maître Gibert recht; sie müsse in Ermenonville bleiben und als respektable Witwe Rousseau das Grab Jean-Jacques' betreuen. Mit der schönen Hochzeit sei es also Essig. Aber wenn nicht ihr Gatte, so könne er doch ihr Homme de Confiance werden, das sei auch eine nahe Verbindung. Therese hörte es gerne. Sie wird also ihrem lieben Toten nichts zu Schimpf tun und sich gleichwohl ihres lieben Colas erfreuen, wenn auch nicht vor der Welt. „Dann bleibt also alles, wie es ist", resümierte sie.

„Nicht ganz so, mein Schatz", erklärte er ihr. „Auch du wirst nicht wollen, daß dein Mann – denn das bin ich nun einmal, wenn auch nicht vor deinem Maître Gibert – verzichten soll auf das wunderbare Pferdegeschäft, das uns beiden das herrlichste Leben sichert. Dazu muß ich aber in Paris leben." – „Kann ich nicht mit, Colas?" fragte zaghaft Therese. „Man spricht wirklich wie gegen eine Wand", schimpfte Nicolas. „Die ganze Zeit her erklär ich dir, daß du hier bleiben mußt." Da er aber ihr erloschenes Gesicht sah, tröstete er: „Laß dir's nicht so tief gehen, mein Schatz. Natürlich komme ich zuweilen hierher, und wir freuen uns unserer Liebe."

Später sagte er: „Übrigens gehen wir erst einmal zusammen nach Paris. Wir machen dort die Urkunden fertig, es ist so gut wie eine Heirat, es wird sehr feierlich und großartig."

In der Tat fuhren sie in der nächsten Woche nach Paris, freilich in großer Heimlichkeit. Auch durfte Therese nicht im gleichen Logis wohnen wie Nicolas, er brachte sie bei einer Madame Beccari unter in der Ruelle Louis, einem Gäßchen des Sprengels Madeleine.

Den Tag darauf begaben sie sich zu Maître Labouret, und es wurden mehrere Urkunden signiert und gesiegelt.

Es war eine umständliche, feierliche Handlung, und Therese erinnerte sich deutlich, wie sie und die Mutter seinerzeit bei Maître Gibert hatten unterschreiben müssen. Dieses Mal war es sogar noch feierlicher; denn Maître Labouret trug die Simarre, einen altertümlichen Umhang, der ihn wie einen hohen Geistlichen aussehen ließ. Alle Gefühle, deren Therese fähig war, gingen ihr durcheinander. Sie war Gott dankbar, der es gefügt hatte, daß sie das Verbot der Mutter nicht eigentlich übertrat und dennoch ihren Colas bekam. Sie bewunderte ihren Liebsten, wie schlau der alles gedreht hatte, daß er gewissermaßen ihr Mann war und sie trotzdem die Witwe Rousseau blieb. Aber in all ihrem Stolz und Glück spürte sie Angst vor der Mutter, und durch das Singen der Kerzenflammen, in denen das Wachs erweicht wurde, hörte sie ihre leise, marklose, eindringliche Stimme.

Dann unterzeichnete sie. Dieses Mal hatte sie viele Unterschriften zu leisten, aber sie wußte ja noch von jener Zeremonie bei Maître Gibert, wie sie es zu machen hatte, und sie malte oft und brav: „Therese Levasseur Witwe Rousseau".

Nicolas, nachdem er sie in ihr Chalet zurückgeschickt hatte, warf sich mit Liebe und Eifer ins Geschäft. Es gelang ihm, gute Pferde preiswert zu beschaffen, die Empfehlung des Prinzen de Condé brachte ihm Kunden. Die Zeit war seinem Unternehmen günstig, man schwärmte in Paris für alles Englische. Seine sachverständige, dreiste und unterwürfige Art gefiel den großen Herren. Die Dinge ließen sich vortrefflich an.

Ein überraschender Besucher stellte sich ein, der Sergeant François Renoux. Laut und überschwenglich begrüßte er Nicolas, umarmte ihn, bewunderte Stall und Reitbahn. Nicolas betrachtete ihn mit Mißtrauen. Bald machte denn auch der Sergeant Andeutungen über Monsieur Nicolas' unerwarteten Glanz. „Mein kleiner Finger sagt mir", meinte er schalkhaft, „da ist Geld der Familie Levasseur investiert, und ich denke, als Haupt dieser Familie habe ich ein Anrecht, zu erfahren, aus was für Sous und Écus diese wunderbaren Pferde gewachsen sind."

Nicolas wollte sich von dem Lumpen nichts abpressen lassen, doch mochte ein Streit mit dem Bruder Theresens peinliche Folgen haben. Der Inhaber des Reitunternehmens Montretout fand einen Ausweg: er stellte den stattlichen Mann an. François war faul, er blieb oft unter irgendeinem Vorwand weg, aber er war nicht unbrauchbar, sein Schwatz und Schwall gefiel den Kunden. Im übrigen hielt ihn Nicolas knapp.

Er war nicht kleinlich, aber er mußte sparen. Seine laufenden Ausgaben waren hoch, seine Einnahmen standen zumeist auf dem Papier. Seine besten Kunden, junge Herren aus großem Hause, waren langsam im Zahlen, und wenn er seine Rechnung dringlich präsentierte, wurden sie und ihre mächtigen Freunde unangenehm.

Er sah, wie sehr er auf die nicht beliehenen und nicht beleihbaren Renten Theresens angewiesen war. Er ging denn auch manchmal nach Ermenonville. Gewöhnlich kam er spät in der Nacht, heimlich und unangemeldet, aber er fand immer eine Therese, die auf ihn wartete und bei seinem Anblick festlich aufstrahlte.

Er trachtete, seine Besuche in Ermenonville geheimzuhalten. Trotzdem wurden sie ruchbar. Der Amtmann machte Girardin Mitteilung, daß jener Bursche Montretout ab und zu mit der Witwe Rousseau nächtlicherweise im Chalet Suisse beisammen war.

Der Marquis hielt es nicht länger für ratsam, öffentlich gegen den Lumpen vorzugehen. Wohl aber hatte er jetzt den lang ersehnten Grund, sich der widerwärtigen Therese zu entledigen. Trocken schrieb er ihr, er sei es dem Andenken seines Freundes Jean-Jacques schuldig, zu verhindern, daß in der Nähe seiner Ruhestätte unwürdige Vorgänge stattfänden, an denen die Witwe Jean-Jacques' beteiligt sei. Er müsse sie bitten, sich Wohnung außerhalb Ermenonvilles zu suchen.

Panik faßte Therese. Die Mutter hatte ihr befohlen, beim Grabe Jean-Jacques' zu bleiben; auch Nicolas wünschte es so. Wenn sie wegging, beleidigte sie blutig ihre Toten, und was Nicolas sagen wird, daran wollte sie gar nicht denken. Sicher wird sie ihr Geld verlieren, diese unverständlichen, geheimnisvollen Renten, und mit dem Geld, die Mutter hatte es vorausgesagt, die Liebe ihres Colas. Wie sollte sie dann weiterleben?

Das beste war, ihm alles zu sagen, sogleich. Sie fuhr nach Paris, das Schreiben des Marquis in der Tasche. Rannte nach dem Geschäft des Nicolas. Sie mußte sich durchfragen, sie war niemals in seinem Tattersall gewesen. Wer sie dort empfing, war ihr Bruder François. Da er die Verzweiflung sah, die ihr im Gesicht geschrieben stand, begrüßte er sie laut und großartig: „Hab ich's nicht gewußt, daß der Tag kommen wird, wo du abgerissen und im Elend zu deinem Bruder rennst? Hab ich's dir nicht vorausgesagt?"

Nicolas, als er ihrer ansichtig wurde, verbarg nicht seine zornige Überraschung. Was wollte die dicke, alte Vogelscheuche in seinem eleganten Geschäft? Sie vertrieb ihm nur die Kunden. Er drängte sie in einen Winkel, und als sie anfangen wollte zu erzählen, befahl er ihr scharf, das Maul zu halten und ihn nicht weiter zu behelligen. Sie solle zu Madame Beccari gehen in die Ruelle Louis, dort werde er sie abends aufsuchen, dann könnten sie reden. Und jetzt solle sie abhauen, aber plötzlich. Seine Strenge erinnerte sie an ihre selige Mutter, schon fühlte sie sich halb getröstet.

Als sie ihm des Abends erzählte, was vorgefallen war, und

ihm das Schreiben des Marquis zeigte, versank er in finsteres Nachdenken. Dann setzte er Therese auseinander, hier in Paris könne er sie unter keinen Umständen brauchen. Und sie müsse in der Nähe des Grabes bleiben; denn vorläufig könnten sie es sich noch nicht leisten, auf ihre Renten zu verzichten. Und da sie kläglich fragte, wo sie denn hin solle, antwortete er, er werde ihr Wohnung schaffen in dem Dorfe Plessis; Plessis war Ermenonville benachbart und gehörte zu den Besitzungen seines Gönners, des Prinzen de Condé.

„Plessis", sagte sie mutlos, „Plessis." – „Von dort aus", erklärte er ihr, „kannst du das Grab mühelos besuchen, ein- oder zweimal in der Woche. Und von dem Grabe wird dich der Herr Marquis wohl nicht wegreißen", meinte er grimmig. „Plessis", wiederholte sie nochmals. „Dort wirst du noch seltener zu mir kommen."

Er aber war jetzt einem Gedanken auf der Spur, der ihm Spaß machte, er heiterte sich auf, und gnädig tröstete er sie: „Jammere nicht, mein Schatz. In einem Jahr, vielleicht schon in einem halben, blüht mein Tattersall und wirft so viel ab, daß deine Rente ein Furz sein wird. Dann hol ich dich nach Paris, es beginnt das große, fette Leben, wir machen Hochzeit, wir verzichten auf die Brosamen vom Tische der Großkopfigen und zeigen unsere Liebe in aller Sonne."

Was ihn vergnügt machte, war die Aussicht, ja die Gewißheit, nun doch noch die Papiere in die Hand zu kriegen, um welche die Ragotte ihn gebracht hatte. Die Gemeinheit dieses Girardin war ein guter Grund, ihm die Papiere zu entreißen.

„Zuerst einmal", beschloß er, „geben wir dem Herrn Antwort auf seinen arroganten Brief, eine Antwort, die sich gewaschen hat, ich selber werde sie dir diktieren. Die Papiere des Seligen gehören dir, das ist keine Frage, und die soll er dir erst einmal zurückgeben, der großmäulige Dieb. Du rührst dich nicht fort von Ermenonville, bevor du dein Eigentum zurück hast!"

Nicolas konnte nicht französisch schreiben und wußte, daß Therese nur nach dem Gehör schrieb, so daß das Niedergeschriebene schwer verständlich wurde. Aber gerade das wird ihren Brief saftig machen, urwüchsig gekränkt, und es wird den großkopfigen Marquis schwer ärgern, daß er die kostbaren Papiere einer solchen Schreiberin zurückgeben muß.

Nicolas hätte des andern Morgens früh im Geschäft sein sollen, aber er nahm sich Zeit, Therese den Brief zu diktieren. Mit wollüstiger Rachsucht wählte er die Worte, und sie malte sie hin, langsam, mühsam, in ihrer plumpen Orthographie. „Das habe ich nicht erwartet", schrieb sie, „daß Monsieur de Girardin die Witwe von Jean-Jacques so verleumdet. Ich bin unwürdig, schimpfen Sie, und Sie quatschen von Ihrer Freundschaft für meinen Mann. Sie haben ihn immer nur im Mund gehabt, ich habe ihn im Herzen. Ich sagte, *Sie* sind unwürdig. Sie haben mir die Papiere genommen. Wollen Sie sie mir gefälligst zurückgeben, alle Papiere und auch die Musik, und auch die ‚Bekenntnisse', sie gehören Ihnen nicht. Gut, ich gehe fort aus Ihrem Haus, ich nehme nichts mit, was Ihnen gehört, aber ich gehe nicht, vor ich kriege, was mir gehört. Ich bin und bleibe mit allem Respekt, Monsieur, und wenn Sie noch so schimpfen, Ihre ergebene Witwe von Jean-Jacques für mein ganzes Leben."

Nicolas, während er diktierte, und Therese, während sie schrieb, hatten ihre helle Freude. Wenn er diesen Brief liest, der hochnäsige Marquis, wird er sich seine hohe Nase zerbrechen.

Nicolas schärfte ihr nochmals ein, Ermenonville unter keinen Umständen ohne die Papiere zu verlassen. Dann fuhr Therese zurück, gab ihr Schreiben im Schloß ab, setzte sich ins Chalet und wartete.

Der Marquis, als er das unflätige Schriftstück bekam, wütete. Zwar waren die Manuskripte gedruckt und aufs sorgfältigste kopiert, aber sein Herz hing an den Handschriften. Allein was konnte er tun? Wenn er keinen langen, skandalösen Prozeß am Halse haben wollte, mußte er sich wohl von den Manuskripten trennen. Noch einmal nahm er sie vor, betrachtete sie bewegt, strich mit zärtlicher Hand über sie, verschnürte sie, nahm Abschied von ihnen, schickte sie der Unwürdigen.

Therese beschaute mißtrauischen Auges die dicken Bündel Geschriebenes, ob das auch sicher alles sei. Dann hüllte sie für den Umzug die „Bekenntnisse" in einen ihrer Unterröcke, die „Dialoge" in einen andern, in einen dritten die Noten jener Lieder, welche Jean-Jacques in seinen letzten Tagen geschrieben hatte, die „Tröstungen". Und nun mußte sie wohl übersiedeln.

Nicolas hatte für sie in Plessis das Haus eines Bekannten gemietet, eines Sieur Bessat. Das Dorf Plessis war reizlos, das Haus strohgedeckt und sehr einfach. Das störte Therese nicht, das Wichtigste war, daß sie von diesem Haus bis zum Grab nur eine kleine Stunde zu gehen hatte. Auch war die Miete billig, achtzig Livres im Jahr, die Abnützungsgebühr einbegriffen.

Der Gevatter Maurice und Sieur Bessat halfen ihr beim Umzug. Dies oder jenes wertlose, doch ihm und wohl auch andern wertvolle Andenken ließ sich der Gevatter für seine Mühewaltung geben. Aber der größere Teil des Hausrats, die einfachen Holzstühle mit den Strohsitzen, das Klavier mit dem immer versagenden B, die Betten mit den blauweißen Decken standen jetzt im Hause Bessat am Friedhofsgäßchen von Plessis. Auch die Stiche hingen an den Wänden, der Wald von Montmorency, der Lahme Bettler, der von den Kindern gespeist wird. Es fehlte nicht das Bauer mit den Kanarienvögeln. Und das Geschriebene lag wieder in seiner Truhe.

Nicolas kam. Sah sich um. Es war der gleiche Hausrat, trotzdem sah es hier ein bißchen schäbig aus. Andernteils war man hier im Hause sein eigener Herr, kein Marquis hatte einem einzureden. Und da stand die Truhe, und sie war nicht mehr leer. Mit Genugtuung schloß er sie auf, betastete die Papiere, legte sie wieder zurück. Keine Ragotte stand mehr davor und kein Marquis; ihm gehörten sie, trotz allem. Sie mochten ein wenig abgebraucht sein, die Papiere, sie hatten sich in Pferde verwandelt, in schönes englisches Vollblut;

aber er hatte das sichere Gefühl, wenn einmal ein besonders scharfer Wind blasen sollte, würden sie ein Schutz sein.

Er hatte Grund, dergleichen zu erwägen. Sein Geschäft konnte über Nacht zusammenbrechen. Die jungen Herren mit den großen Namen, seine Schuldner, vertrösteten ihn auf die Zeit, da ihre Väter tot sein würden, und es war nicht geraten, sich an die Gerichte zu wenden. Auf die Renten, die man noch nicht beliehen oder kapitalisiert hatte, war kein Sou zu bekommen, und der Prinz de Condé, sein Gönner, half ihm mit allem, nur nicht mit Geld.

Nicolas war ein Mann von Einfällen, von unbändiger Energie, von granitener Rücksichtslosigkeit, von jener erfinderischen Selbstsucht, die gemeinhin große Gewinne verbürgt, aber er hatte kein Glück. Und nun versetzte ihm die Dame Unglück einen Schlag, der ihn vollends niedertrat. Der Hengst Lucky Strike warf ihn so unglücklich, daß er sich das Becken brach. Es war aus mit seiner Karriere als bester Reitlehrer von Paris.

Der Sergeant François versuchte eine Zeitlang, den Tattersall als Beauftragter des Nicolas weiterzuführen. Aber die Gläubiger drängten, kein Maître Labouret, kein Prinz de Condé half, der Sergeant François ließ sich überdies in eine Prügelei ein mit einem der jungen verschuldeten Herren, eine üble Zeitungsnachricht erschien, Nicolas mußte sein Geschäft aufgeben.

Er zog sich zurück nach Plessis zu seiner Freundin Therese. Da hockte er und beschaute seinen einzigen Besitz, die Truhe mit den Papieren.

Er wohnte fortan mit Therese in Plessis, im Haus des Sieur Bessat, in den Möbeln Jean-Jacques', in der Nähe des Grabes. Er war ein Krüppel, bissig, großmäulig auch in der fremden Sprache.

Wieder hatte Therese einen Mann zu verpflegen. Sie tat es mit einer Hingabe ohne Grenzen. Sie bewunderte ihren Colas. Alles war groß an ihm, auch sein Unglück.

Vater und Sohn

In sparsamen Worten teilte Fernand dem Marquis mit, er werde, wenn er dem Herrn Vater willkommen sei, in etwa drei Wochen in Ermenonville eintreffen.

Girardin hielt den Brief in zitternden Händen. Fernand in England, vielleicht schon in Frankreich! Fernand in drei Wochen hier! Monsieur Girardin fühlte sich mit einem Male alt und schwach und glücklich und unglücklich und der übergroßen Freude nicht gewachsen und nicht den schweren Entschlüssen, die er jetzt treffen mußte.

Sieben lange Jahre hindurch, zweitausendfünfhundert Tage und Nächte hindurch hatte er auf diesen Brief gewartet. Als der Waffenstillstand mit England abgeschlossen war, hatte er gehofft, jetzt werde Fernand zurückkehren; weitere Monate hindurch hatte er gehofft, das Verlangen nach dieser Gilberte werde ihn zurücktreiben, und noch, als er zerrissenen Herzens auf Gilbertens Hochzeit gewesen war, hatte er gegen alle Vernunft weitergehofft, die Erinnerung an Jean-Jacques, die Sehnsucht nach Ermenonville und vielleicht ein bißchen auch die Liebe zu ihm, dem Vater, werde ihn heimlocken. Dann hatte er erfahren müssen, Fernand habe sich in Westindien angekauft, in Saint-Domingue, er habe einen großen Teil seines mütterlichen Erbes vertan für überseeische Ländereien und habe sich obendrein in eine Mademoiselle de Traversay verschaut, eine Hochadelige zwar, aber geboren auf den Inseln, eine Kreolin also: und trotzdem hatte er sein törichtes Herz nicht dahin bringen können, die Hoffnung aufzugeben.

Und nun hielt er diesen Brief in Händen und starrte auf die kurzen Zeilen und auf die Unterschrift: „Ihr Sie liebender und verehrender Sohn Fernand de Brégy“, und strömendes Glück und gekränkter Stolz rissen ihn hin und her. Fernand fand es nicht einmal der Mühe wert, ihm mitzuteilen, ob er allein komme oder vielleicht mit dieser Familie de Traversay, den Kreolen. Konnte er, der Vater, Soldat und Erzieher, solche Rücksichtslosigkeit ohne Rüge hinnehmen? Wenn er aber rügte, wird dann nicht vielleicht der halsstarrige Junge seinen Entschluß rückgängig machen?

Er setzte eine Antwort auf, in welcher er den Sohn willkommen hieß, aber auch tadelte. Fand die Antwort nicht geschickt, dachte daran, ihm durch Monsieur Gerber schreiben zu lassen, verwarf den Einfall, schrieb schließlich selber, fand den Brief viel zuwenig zurückhaltend, viel zu liebevoll, auch dreimal zu lang, und sandte ihn ab.

Die folgenden Wochen hindurch legte er sich zurecht, wie er's halten sollte mit dem Aufrührer, dem Rebellen, dem Abtrünnigen, der sich zur Kaufmannsgilde geschlagen hatte, hinuntergestiegen war in die Klasse eines Robinet, mit dem verlorenen Sohn. Dabei war er nicht einmal ein verlorener Sohn. Er kehrte zurück nicht ohne soldatischen Ruhm und nicht ohne neuen Reichtum; seine westindischen Plantagen waren im Werte gestiegen. Wie also sollte er ihn empfangen? Ihm ein Kalb schlachten oder ihm väterliche Strenge zeigen?

Und dann meldete ein fassungsloser, gerührter Majordomus: „Der Herr Graf Brégy sind angelangt." Und Girardin stürzte in die Halle und sah Fernand, den Fernand, den er kannte, und einen ganz andern, gebräunten, gehärteten, männlichen, und war das sein Junge, der gestern noch weiche Wangen gehabt hatte? Und Girardin vergaß alle Vorsätze und umarmte den Sohn, drückte ihn, küßte ihn ab und stammelte: „Fernand!" und: „Bist du's wirklich?" und: „Fernand, mein Fernand, mein Sohn Fernand!"

Fernand seinesteils hatte wieder und wieder bedacht, wie er's mit dem Vater halten sollte. Der Vater war von Kopf zu Fuß ein Mann von gestern, er, Fernand, war von heute, ja von morgen, sehr erwachsen, und der Vater war ihm ein geliebtes, störrisches Kind, das ihm immerzu einreden wollte. Er hatte sich vorgenommen, nachsichtig zu sein, aber die lose Bindung nicht zu eng werden zu lassen. Allein jetzt in dem vertrauten Raum von Ermenonville, als er den Vater sah, der noch viel älter war, als er geglaubt hatte, und als er auf seinem gerührten, glücklichen Gesicht den eingefurchten Gram der sieben Jahre wahrnahm, konnte auch er sich nicht helfen, er spürte nichts als Liebe.

Girardin begleitete ihn selber in sein Zimmer. Auf dem Wege merkte er, daß Fernand hinkte, ein wenig nur, aber immerhin hinkte. Auf seine erschreckte Frage erzählte Fernand, er sei verwundet worden, schon sehr bald nach seinem Eintritt in die Armee, es habe zuerst nicht gut ausgesehen, und er habe verhütet, daß der Vater davon erfahre. Girardin, ergriffen von soviel Rücksicht, schämte sich, daß er einmal an der Liebe des Sohnes gezweifelt habe.

Nun sie beisammen waren, hoffte er, Fernand werde sich ihm ganz auftun. Der aber erzählte nur von den Ereignissen seiner letzten Tage. Er hatte sich, wie es der Brauch forderte, in Paris und in Versailles zurückgemeldet, die Minister hatten ihn sehr liebenswürdig empfangen. Monsieur de Ségur, der Kriegsminister, hatte ihm sogar in Aussicht gestellt, man werde sein amerikanisches Oberstenpatent durch ein französisches ergänzen.

Da Fernand vorläufig nicht mehr berichtete, fing Girardin zu erzählen an. Vom Besuch Kaiser Josephs, von den vielen Wallfahrern, und er drängte darauf, Fernand die Veränderungen zu zeigen, die er in den Gärten vorgenommen hatte.

Fernand ging neben dem beredten, begeisterten Vater her. Es fiel ihm nicht leicht, den erwarteten Enthusiasmus zu zeigen. Ja, das war die Landschaft der Neuen Héloïse, die Natur Jean-Jacques'. Sie war rührend, sie regte an, zu träumen und zu schwärmen, aber war sie nicht auch ein wenig lächerlich? Der Fernand, der die endlosen Wälder, Ebenen, Ströme der Neuen Welt erlebt hatte, war diesen Gärten entwachsen, sie kamen ihm vor wie Spielzeug, wie die Marionetten seiner Knabenzeit.

Er war froh, als ihn am Grabe Jean-Jacques' der Vater allein ließ.

Während des harten Feldzugs und in dem Auf und Ab der Jahre auf den Westindischen Inseln hatte sich Fernand oft vorgestellt, mit welchen Empfindungen er an diesem Grabe stehen werde. Nun blieb er stumpf, keine Erschütterung ging aus von dieser Stätte.

Viel tiefer ergriff ihn das Wiedersehen mit Monsieur Gerber. Der magere Mann sah älter aus als seine Jahre, er war noch dünner und schwächlicher geworden, seine Haare noch schütterer, seine Augen blinzelten noch mehr. Das Wiedersehen mit seinem Schüler bewegte ihn über die Maßen. Schüchtern fragte er: „Darf ich Sie umarmen, Fernand?" und lächelte und blinzelte und mußte an sich halten, nicht zu weinen. „Wer hätte das gedacht?" sagte er mehrmals auf deutsch und konnte sich an ihm nicht satt sehen.

Fernand war betroffen, wie ähnlich Monsieur Gerber seinem Jean-Jacques geworden war. Sichtlich hatte er ihn sich ganz und gar zum Vorbild genommen, wie wohl ein jeder einem Vorbild nachlebt, und hatte sich, vielleicht unbewußt, ihm angeähnelt.

„Ja, liebster Fernand", sagte Monsieur Gerber, „nun haben Sie, was Platon die Lehr- und Wanderjahre nennt, hinter sich. Wie männlich Sie geworden sind!" staunte er. „Freilich, es sind sieben Jahre." Und: „Ihre Philosophie hat sich wohl auch vermännlicht in der wirklichen Welt?" fragte er, es sollte schalkhaft klingen, aber es klang streitbar.

Auch Fernand erinnerte sich sehr deutlich jener Unterredung, da Gerber ihn beschworen hatte, nicht an dem Meister zu zweifeln. Gerber hatte recht gehabt und doch auch nicht recht, und statt zu antworten, forderte er seinesteils seinen früheren Lehrer heraus: „Haben die ‚Bekenntnisse' nicht auch Sie sehr getroffen, mein lieber Monsieur Gerber?"

Es war merkwürdig, daß die beiden nach sieben Jahren ihr großes Gespräch da fortsetzten, wo sie es abgebrochen hatten. „Ich hatte mir niemals vorgestellt", verteidigte sich Gerber, „daß es im Innern eines so großen Mannes so still und friedlich aussehen würde wie in Ermenonville. Die ‚Bekenntnisse' haben meine demütige Verehrung vertieft. Die granitenen Worte des Eingangs sind echt. Es gibt in der Geschichte der Menschheit kein zweites Werk von so ungeheurer Wahrhaftigkeit."

Fernand war verblüfft. Gerber mußte doch wissen von der Kluft zwischen den Tatsachen und der Darstellung Jean-Jacques'. „Hat es Sie nicht überrascht", fragte er vorsichtig, „daß Jean-Jacques seine Frau und Gefährtin so anders gesehen hat, als sie ist?" Monsieur Gerber, ohne Zögern, antwortete: „Jean-Jacques war wahr; ob die Wirklichkeit wahr ist, weiß ich nicht. Er hatte das Recht, sich die Welt nach seinen Erkenntnissen zurechtzuzimmern. Sein Werk ist echt, und seine Welt ist wahr." Er wiederholte den Satz auf deutsch, sich freuend am Klange der Worte. „Jean-Jacques' Welt ist wirklicher, zwingender, bleibender als die sogenannte wirkliche Welt. Die Wirklichkeit wird sich ändern müssen."

Der tiefe, unerschütterliche Glaube Monsieur Gerbers rührte Fernand. Er bedachte, als er allein war, die Worte des Elsässers: „Sein Werk ist echt, und seine Welt ist wahr"; er maß den Satz an seinen eigenen Erlebnissen. Seine Erfahrungen in Amerika waren hart gewesen, der großen Stunden nicht viele, aber viele der zermürbenden Tage widerwärtigen Kleinkrams. Er hatte Weniges sich erfüllen sehen und zahllose Enttäuschungen erlebt. Der edle Wilde Jean-Jacques' hatte sich als ein Traumbild erwiesen, ein wenig mehr Freiheit war erreicht worden, aber von Gleichheit und Brüderlichkeit war nichts zu spüren gewesen.

Einmal, als er – es war freilich in einer mutlosen Stunde gewesen – das Fazit seiner amerikanischen Erlebnisse zog, hatte er sogar gefunden: so gut wie nichts war erreicht. Es war in den Vereinigten Staaten der leichtfertige, verspielte, verschwenderische Dünkel der Aristokraten ersetzt durch bürgerliche Habsucht und Heuchelei. So war, mit ungeheuren Opfern, der Traum Jean-Jacques' in Amerika verwirklicht.

Und trotzdem war der Jean-Jacques Monsieur Gerbers nicht weniger wahr als sein eigener. Wenn schon der lebendige Jean-

Jacques jedem ein anderer gewesen war, wie sehr erst mußte es der Tote sein. Und sogar übers Persönliche hinaus hatte Monsieur Gerber recht. Man mußte nur das Ewige an Jean-Jacques scheiden vom Alltäglichen. Durfte nicht verweilen bei dem, was ihn zu uns hinunterzog, sondern mußte als Eigentum festhalten, was uns zwang, in seine Höhe aufzuschauen. Die großen Sätze der großen Bücher Jean-Jacques' leuchteten ewig wie die Sterne. Jean-Jacques' Blindheit in den Dingen des Alltags war schicksalhaft gewesen; ohne sie hätte er nicht so klar sehen können in den großen Dingen. Jean-Jacques' Blindheit hatte nur ihm geschadet, seine Sicht kam allen zugute.

Einmal traf Fernand im Park eine dicke, alte, schwarzgekleidete Frau, die offenbar vom Grabe Jean-Jacques' kam. Sie sah ihn an wie eine, die er hätte kennen müssen, machte Anstalt, ihn anzusprechen, ging aber dann weiter. Erst später fiel ihm ein, daß es Therese gewesen war. Er schüttelte den Kopf über sich selber, begriff nicht mehr, wie er sich in sie so maßlos hatte verlieben können. Er hatte jahrelang kaum an sie gedacht. Was er mit ihr erlebt hatte, war abgetan, es ging ihn nichts mehr an.

Auch als er hörte, daß sie in Plessis mit jenem Nicolas zusammenlebte, ließ ihn das seltsam gleichgültig. Er suchte sich aufzustacheln gegen den Mörder Jean-Jacques', sagte sich, daß ohne diesen Menschen der größte Denker und Schriftsteller französischer Zunge noch heute am Leben wäre. Aber er war in ihm gegen den Menschen nichts als leiser Ekel.

Wenige Tage später hatte Fernand eine erste ernsthafte Unterredung mit dem Vater über seine persönlichen Dinge. Seit Fernands Ankunft war das Glück des Marquis beschattet gewesen von der Sorge: wie lange wird der Sohn bleiben? Wird er bleiben? Was ist es mit dieser Kreolin? Jetzt endlich faßte sich Monsieur de Girardin ein Herz und fragte: „Du bist ja ziemlich lang auf unsern westindischen Inseln gewesen, nicht? Möchtest du mir nicht davon erzählen?"

Fernand hatte sich vorgenommen, dem Vater von seinen Erfahrungen in Saint-Domingue zu sprechen, aber es verdroß ihn, daß der Vater nicht wartete, bis er selber davon begann. In Philadelphia, erklärte er, habe man viel von der Abschaffung der Sklaverei geredet; leider sei es beim Reden geblieben. Er habe sich nun mit eigenen Augen überzeugen wollen, wie sich die französische Sklavengesetzgebung, der Code Noir, in Westindien auswirke. „Im Grunde, Herr Vater", fügte er lächelnd hinzu, „waren Sie es, der mich nach Saint-Domingue geschickt hat. Sie haben mich seinerzeit veranlaßt, Raynals Werk über unser Indien zu studieren."

Girardin wäre es lieber gewesen, wenn Fernand Persönliches erzählt hätte, aber der verbreitete sich über diesen ihm geläufigen allgemeinen Gegenstand. Im ganzen, meinte er, gingen die westindischen Pflanzer menschlicher mit ihren Sklaven um als diejenigen des südlichen Festlands, und der Cercle des Philadelphes in Cap Français stifte viel Gutes. Er, Fernand, sei im Vorstand dieser Vereinigung der Menschenfreunde, und auf der sehr großen Pflanzung, die er auf Saint-Domingue erworben habe, versuche er zu zeigen, daß man gerade bei milder Behandlung mehr aus den Farbigen herausholen könne.

Der Marquis, nicht recht bei der Sache, meinte: „Du hast natürlich gehört, daß ich unsere Mainmortables freigegeben habe. Ich trage mich mit dem Gedanken, sogar auf die Fischrechte zu verzichten." Noch immer wartete er darauf, daß Fernand nun endlich von jener Mademoiselle de Traversay erzählen werde, der Kreolin, und von seinen Absichten. Er wartete vergeblich. Fernand sprach weiter über den Code Noir.

Es lockte Fernand, Hortense de Traversay nach Frankreich herüberzuholen und zu heiraten. Aber er sprach nicht von ihr. Er war sich nicht schlüssig, was er tun sollte, er wollte keine voreilige Entscheidung treffen, und um alles in Ruhe und allein zu erwägen, war er nach Frankreich zurückgekehrt.

Die andere Gilberte

Gilbertens Ehe bewährte sich.

Mathieu gefiel ihr, sie spürte, daß er sie liebte, mit den Sinnen und von Herzen, es lebte sich gut in dieser Gewißheit. Nicht angenehm war, wie pedantisch er darauf sah, daß sie beide ihre mannigfachen Verpflichtungen bei Hofe erfüllten. Dafür hielt er gewissenhaft und ohne den leisesten Einwand die Versprechungen, die er ihr gegeben hatte.

Trotzdem war sie nicht so oft mit dem Großvater zusammen, wie sie gerne wollte. Doch lag das nicht an Mathieu, es lag an Monsieur Robinet. Der schätzte ebenso wie Gilberte die Aufrichtigkeit und Verlässigkeit Mathieus; gerade darum wollte er ihm seine Gegenwart nicht aufdrängen. „Nun, mein Kind, bist du glücklich mit deinem Grafen?“ fragte er wohl die Enkelin, und sie erwiderte: „Gewiß, warum nicht?“

Als Monsieur Robinet eine Veränderung an ihr wahrnahm, fragte er, ob sie nicht bis zu ihrer Entbindung in Latour bleiben wolle; Gilberte wußte, ihm lag daran, daß sie ihr Kind in seiner Nähe zur Welt bringe. Aber sie konnte ihm diesen Wunsch nicht erfüllen. Sie hatte Mathieu versprochen, um die Zeit der Entbindung in Saint-Vigor zu sein, in der Nähe Versailles'. Dem Brauch zufolge zog dann wohl die Königin Erkundigungen ein nach dem Befinden von Mutter und Kind und entsandte eine persönliche Vertreterin zur Taufe.

Alles ging, wie es sollte, das Kind kam in Saint-Vigor zur Welt, sieben Pfund schwer und schon an seinem ersten Tage eine Gräfin Courcelles mit elf Quartiers, die, bei Hofe vorgestellt, das Recht des Zutritts haben wird ins Schlafzimmer der Königin.

Die kleine Gräfin wurde getauft auf den ungewöhnlichen Namen Marie-Sidonia, der altherkömmlich war in der Familie Courcelles. Die Königin, welche die frische Gilberte auf ihre Art gern hatte, war selber zur Taufe herübergefahren; sie schenkte außer den üblichen Gaben ein winziges Pekineser

Hündlein, von ihrem eigenen Schoßhündchen soeben geworfen. Mathieu war stolz auf die Auszeichnung. Gilberte gab zu, daß das Hündchen Pompon drollig sei und sich auf ihrem Schoß und als Spielzeug der Kleinen gut ausnehmen werde, aber der Gedanke, wie sich Fernand darüber lustig machen würde, vergällte ihr die Freude, sie mochte das Hündchen nicht.

Die Courcelles hielten sich in Saint-Vigor auf, als Fernands Rückkehr bekannt wurde. Sie hoffte leise, er werde sie aufsuchen, und war enttäuscht, als er nach Ermenonville fuhr, ohne sie gesehen zu haben.

Beabsichtigt war, daß sie mit Mathieu in drei Wochen für kurze Zeit nach Latour gehen sollte. Sie erklärte, der Großvater habe Sehnsucht nach der kleinen Marie-Sidonia, und sie wolle schon jetzt hinfahren. Die Zeit ihres Dienstes bei Hofe war noch nicht abgelaufen, Mathieu hatte Bedenken. Da sie bestand, antwortete er, sich verneigend, sie möge, bitte, mit dem Kind nach Latour gehen, er werde in Versailles bleiben, seinen Dienst zu Ende zu tun. So hatte sich's Gilberte gewünscht.

Robinet kannte seine Enkelin bis in die innerste Falte, er wußte, warum sie diesmal früher kam. Beiläufig erzählte er, Graf Brégy sei zurück, und eigentlich hätte ihm der Junge trotz jenem Zerwürfnis seinen Besuch machen können. Bald darauf, da Fernand nicht kam, meinte er, man könnte eigentlich einmal hinüber nach Ermenonville fahren.

Fernand, als ihm der Marquis erzählt hatte, er komme häufig mit Monsieur Robinet zusammen, hatte sich bezwungen und nicht nach Gilberte gefragt. Auch als ihm der Vater mitteilte, Gilberte sei in Latour, sagte er nichts. Aber er rötete sich. Er hatte in den sieben Jahren nicht gelernt, sein Gesicht zu beherrschen.

Was er von den Gründen erzählt hatte, die ihn damals nach Westindien führten, war nur ein Teil der Wahrheit. Philosophie war nur einer der Gründe gewesen, die Anwesenheit Hortense de Traversays nur ein anderer, ein dritter Grund, stärker als diese beiden, hatte ihn auf die Inseln getrieben. Er hatte die Heimkehr nach Frankreich verzögern wollen, hatte

Gilberte auf die Probe stellen, sie warten lassen wollen; wenn sie genügend lang wartete, dann, so hatte er beschlossen, wird er ihr verzeihen. Jetzt, da er hörte, daß Gilberte in so naher Nähe war, wurde ihm schmerzhaft klar: er hatte ein freventliches Spiel getrieben und es zu Recht verloren.

Wie immer, klein beigeben wird er nicht. Zu ihr fahren wird er nicht, nach allem, was man ihm in Latour angetan hatte.

Dann ereignete sich, was er fürchtete und vielleicht auch hoffte: er fand, von einem Spaziergang heimkehrend, zwei Besucher im Gespräch mit seinem Vater, Monsieur Robinet und Gilberte.

Er wurde plötzlich zum Knaben, die Zeit hatte sich zurückgedreht, kein Jean-Jacques war in Ermenonville gewesen, kein Fernand war nach Amerika gegangen, keine Gilberte hatte geheiratet. Die Gilberte von gestern und von vor einer Woche und von je war zu Besuch gekommen, mit ihrem Großvater, ohne lange Anmeldung und Formalität wie immer, und sie gaben sich, Gilberte und Fernand, einen Wink mit den Augen wie immer und von je und wußten, jetzt werden sie aufstehen und die beiden Herren allein lassen.

Und sie standen auf und ließen die beiden Herren allein. Und gingen durch die Gärten.

Vermutlich hatten sie im Hause Konversation gemacht, belangloses Zeug redend, vermutlich redeten sie auch jetzt Übliches, Belangloses, sie wußten es nicht. Die ersten Worte, die Gilberte wissend sprach und Fernand wissend hörte, waren: „Was haben Sie denn mit Ihrem Fuß angestellt, Fernand? Es ist doch nichts Ernstliches?“ Es war aber in ihrer Stimme so viel Angst und Zärtlichkeit, daß er dem Engländer oder Hessen dankbar war, dessen Kugel ihn damals getroffen hatte.

Er blieb wortkarg. Die sprach, war Gilberte. „Sie sind furchtbar erwachsen, Fernand“, meinte sie. „Das hab ich mir natürlich gedacht, aber es überrascht mich doch.“ Und: „Alles hat sich verändert und doch nicht verändert“, sagte sie, und das war auch belangloses Zeug, oder hatte es seinen besondern Sinn?

„Ich hatte mich mit vielen Problemen herumzuschlagen", sagte schließlich Fernand. Er sprach mit Mühe, er wollte sich nicht vom Gefühl des Augenblicks überrumpeln lassen. Sie hatte damals seine Probleme nicht verstanden, sie hatte ihn niemals verstanden und verstehen wollen, und darauf mußte er sie hinweisen. „Ja, nun haben Sie sich an der Welt gerieben", antwortete Gilberte, und es ärgerte ihn und schmeichelte ihm, daß sie die Worte gebrauchte, die er ihr damals gesagt hatte. „Und Sie haben viele Abenteuer erlebt", fuhr sie fort, und niemand, vermutlich sie selber nicht, hätte sagen können, wie weit sie scherzte, wie weit es ihr ernst war.

„Ja, ich habe viel Merkwürdiges erlebt", erwiderte Fernand sachlich. „In Wirklichkeit nehmen sich die Probleme sehr anders aus als in den Büchern." Und nun hatte er sein Thema und war glücklich. Er sprach von dem Problem, das zu studieren er nach Westindien gegangen war, von der Sklaverei, und was Franklin darüber gesagt hatte, und was Washington und Jefferson, und wie die Dinge so ganz anders lagen auf den französischen Inseln als auf dem amerikanischen Festland, leichter und doch schwerer, und er sprach von dem, was sein sollte, und von dem, was war, und er erregte sich und war ganz der alte Fernand, sehr jünglinghaft, und er hinkte ein wenig, und er war ein wunderbarer und furchtbarer Mensch.

Solange Gilberte gegenwärtig war, hatte Fernand alle die früheren Gefühle für sie gespürt; wieder allein, fand er zurück zur Vernunft und zu seiner Philosophie. Offenbar nahm sie das Vergangene hin als abgelebt, freute sich, daß sie wieder zusammen waren, und genoß ganz die glückliche Stunde. Ihm war so bedenkenloses Glück versagt. Er konnte es nicht vergessen, daß sie sich nun jenem frivolen, gefährlichen Kreise, aus dem er entflohen war, noch enger verknüpft hatte. Sie hatte heute genausowenig Sinn für ihn und seine Welt wie damals; kein einziges Wort der Reue und des Nachdenkens hatte sie gesprochen. Er hatte sich heiß geredet, ihr das harte Problem der Sklaverei klarzumachen, sie hatte nichts zurückgefragt und keine Teilnahme gezeigt. Er glaubte sogar, ein kleines Lächeln um ihren Mund entdeckt zu haben, ein hartes, ungutes Lächeln, und je mehr er sich mühte, sich dieses Lächeln zurückzurufen, so bösartiger wurde es.

Jetzt wußte er, was er zu tun hatte. Er wird nach Saint-Domingue zurückkehren, und sogleich. Er freute sich auf seine Arbeit dort, er sehnte sich nach Hortense. Sie stand vor ihm, Hortense Traversay, wie er sie das erstemal gesehen hatte. Es war im Ballsaal des Gouverneurs gewesen, lang und schmal schwebte sie herein, sehr jung, das längliche, mattfarbene Gesicht leuchtete dunkel unter dem weißgepuderten Haar, die Schultern kamen zart aus dem bronzefarbenen Kleid. Die Art, wie sie ihn mit großen, sehr hellen Augen unbefangen angeschaut und durch ihn durchgeschaut hatte, wie sie mit ihrer hohen, spöttischen Stimme nach seinem Meister Jean-Jacques gefragt hatte, alles hatte ihn gepackt und erregt. Gewiß, sie war, diese Tochter uralten französischen und kastilischen Adels, hochmütig bis zum Wahnsinn, aber es gab Stunden, in denen sie ihn aus ihrem Gefühl heraus verstand, da sie seine Julie wurde, und diese großen, seligen Stunden wogen zehnmal das Leid und den fressenden Ärger auf, den sie ihm zuweilen bereitete. Herrlich wird es sein, wenn er sie nach Frankreich bringt, wenn er ihr dieses wunderbare Land zeigt, dem trotz seiner Verkommenheit die Zukunft gehört, wenn er sie erzieht in seinem und Jean-Jacques' Sinne. Er wird nicht der Narr sein, auch diese seine Hortense zu verlieren, indem er sie „auf die Probe stellt" und sie sinnlos warten läßt. Er wird nach Saint-Domingue zurückkehren. Morgen schon, spätestens übermorgen wird er dem Herrn Vater ankündigen, daß er nach Westindien gehen und sich die Braut holen wird.

Auch nach Latour wird er morgen gehen, Gilberte seinen Entschluß anzukündigen. Er fürchtete sich nicht davor, ihr ins Gesicht zu sagen, was er plante, und daß es ein Abschluß und ein Abschied war für immer.

Er machte den Weg nach Latour nicht zu Pferde, sondern im Wagen, in Uniform. Es war nicht Fernand, der zu Gilberte kam: der Graf Brégy stattete Madame de Courcelles eine formelle Abschiedsvisite ab. Das Ganze wird nicht ohne Peinlichkeit ablaufen; vielleicht sogar wird er genötigt sein, Gilbertens Kind zu besichtigen und einige bewundernde Worte zu sagen.

Er fand eine ländlich gekleidete Gilberte, eine frische, natürliche, liebenswerte. „Ich hoffe, Fernand", scherzte sie, „ich muß mich Ihrethalb nicht umkleiden", und er kam sich lächerlich vor in seiner prächtigen Uniform und mit seinem Degen. Sie schwatzte weiter, wie sie seinerzeit in den Tagen ihrer nächsten Nähe geschwatzt hatte, und wie war er nur auf die Idee gekommen, sie habe sich verändert? Wenn sie lächelte, war es kein hartes, böses, es war das Lächeln der Neuen Héloïse, und er war ein Narr gewesen, geblendet von närrischen Gesichten.

Sie erzählte von der Freundschaft zwischen ihrem Großvater und dem Marquis. Immer lag dieser dem Großvater in den Ohren, er solle doch die Gärten von Latour umgestalten nach den Prinzipien Jean-Jacques' und dem Vorbild von Ermenonville. Aber Monsieur Robinet weigerte sich entschieden; wenn er Natur wollte, dann mußte es richtige Natur sein, und wenn er einen Park wollte, dann mußten es Taxus und Buchsbaum sein und Fontänen und schöne Beete, und mit einer nachgemachten Natur könne ihm Monsieur de Girardin gestohlen werden. Ewig hänselten sie sich, die beiden alten Herren, dabei konnten sie einer ohne den andern nicht auskommen. Gilberte erzählte scherzhaft, fröhlich, und doch mit Anteil.

Sie sprach ihm nicht von ihrem Mathieu und ihrer kleinen Marie-Sidonia, nicht von der Königin und von dem Hündchen Pompon. Fragte ihn auch nicht nach seiner Kreolin, von der sie natürlich gehört hatte. Auch der vergangenen Zwistigkeiten gedachte sie nicht.

Er hörte ihr zu, wie sie schwatzte, er nahm weniger den Sinn als den Klang ihrer Worte auf. Einmal aber sagte sie: „Ist nicht Monsieur Robinet ein großartiger Mann?", und das erfaßte er und begriff es sogleich; auf so zarte Art warf sie ihm vor, daß er sie damals verlassen hatte, und konnte man sanfter klagen und tadeln? Das Herz wurde ihm schwer und leicht, denn sein Herz war klüger geworden. Es wäre in der Tat besser gewesen für sie beide, wenn er damals, dem Rate Robinets folgend, gewartet hätte, bis das französische Hilfskorps zur Abfahrt bereit war.

Das war natürlich Unsinn. Er hatte damals so handeln müssen. Aber er konnte sich nicht losmachen von der Vorstellung, wie anders alles wäre, wenn er sich damals besonnener gezeigt hätte. Gilberte und Hortense verschwammen ihm in *eines*. Er ritt mit Gilberte herum in seinen westindischen Besitzungen, sie bewunderte, wie weitläufig seine Ländereien waren, schier ohne Grenzen, sie ließ sich von ihm erklären, wie und warum er das so gemacht hatte und jenes so, sie lächelte, anerkennend, zärtlich und ein klein wenig ironisch über seinen Eifer.

Als sie sich trennten, waren sie einander sehr nahe.

Er sprach dem Vater nicht von Abreise. Statt dessen schrieb er Hortense, die Verhältnisse in Frankreich zwängen ihn, vorläufig hierzubleiben; es könne Jahre dauern, ehe er nach Saint-Domingue zurückkehre. Er schrieb herzlich, sachlich, mit viel Freundschaft und wenig Zärtlichkeit.

Als er das nächste Mal nach Latour kam, empfing ihn Gilberte nicht allein. Mathieu war gekommen.

Gilberte, unbefangen, behandelte Fernand als ihren liebsten und vertrautesten Freund; auch Mathieu nahm ihn auf als einen nahen Freund des Hauses. Fernand indes, trotz aller Mühe, gab sich steif und verärgert.

Als gar das Kind hereingebracht wurde, die kleine Sidonia, mit dem Hündchen Pompon, wurde ihm Gilberte eine völlig fremde Dame, eine der Damen von Versailles.

Er verließ Latour in tiefer Verwirrung. Hatte er geträumt, als er das letztemal hier gewesen war? Hart wiederum überfiel ihn die Erkenntnis, wie sehr das Bild des gleichen Menschen in ihm schwankte. In ihm war eine frühe Gilberte und eine neue, andere, und wieder eine neue, wieder andere, und es gelang ihm nicht, diese Bilder zu vereinigen.

Er versuchte, Gilberte zu vermeiden, aber er konnte nicht verhindern, daß er oft mit ihr zusammentraf. Die meisten

Male gab er sich verlegen und zurückhaltend. Dann wieder überkamen ihn alle Spürungen seiner Jugend, er vergaß, daß Mathieu in der Welt war, und mußte sich mit Gewalt zurückrufen, was alles zwischen ihnen stand.

Sie fand, er sei der gleiche geblieben, und wenn er sich auch sträubte, sie nahe an sich heranzulassen, so hatte er doch offenbar mit seiner Kreolin gebrochen, ihrethalb.

Einmal, da sie mit ihm allein war, kam das Kind herein. Marie-Sidonia war, dem Brauch zufolge, sehr erwachsen angezogen, schwer und feierlich; auch ihr Gehabe war puppenhaft feierlich und erwachsen. Gilberte merkte, wie Fernand die Kleine nachdenklich betrachtete, und sagte, sie würde das Kind lieber laut und natürlich aufbringen, so wie sie selber und Fernand erzogen worden seien. Aber Mathieu und auch der Großvater bestünden darauf, daß sie erzogen werde, wie es sich gehöre; inmitten der einreißenden Unordnung sei das doppelt notwendig. Fernand schaute sie an, schaute das Kind an und schwieg. Sie aber merkte, wie sehr er sie mißbilligte, und auf ihrem Gesicht war jenes winzige, harte Lächeln.

Wem gehört Jean-Jacques?

Seit der Rückkehr Fernands war das Haus des Marquis gastlich wie früher. Es kamen Philosophen, Schriftsteller, fortschrittliche Aristokraten, auch die meisten der „Amerikaner", Männer, die sich seinerzeit für die Sache der Freiheitskämpfer in den englischen Kolonien eingesetzt hatten; mehrmals auch kam der amerikanische Gesandte, Thomas Jefferson.

Die Gespräche in Ermenonville drehten sich vornehmlich um die Innenpolitik. Es stand schlecht um die öffentlichen Finanzen Frankreichs. Die beiden privilegierten Stände, Adel und Klerus, waren nicht nur steuerfrei, sie zogen auch in Form von allerlei Feudallasten einen großen Teil der Steuern für sich selber ein, und die Mehrzahl der Bevölkerung des reichen Landes lebte kärglich, ja im Elend. Schon zündeten bald hier, bald dort Unruhen auf. Gründliche Änderung tat not, eine Reform des Reiches an Haupt und Gliedern, eine Umwälzung.

Auch die freidenkenden Herren um Monsieur de Girardin hielten eine Revolution für unvermeidlich. Aber sie glaubten, es werde eine friedliche Revolution sein. Überall bereits sahen sie Zeichen des Fortschritts. Aufgeklärte Minister arbeiteten daran, die Vorrechte der privilegierten Stände abzubauen, eine segensreiche Entwicklung war im Gange. Die Revolution wird von Philosophen gelenkt sein, von Staatswissenschaftlern, sie wird von oben kommen. Der König selber war wohlmeinend, liberale Ratgeber werden ihn schließlich dazu vermögen, eine Konstitution zu verkünden, gleiche Rechte für alle.

Fernand glaubte das nicht. Praktische Erfahrungen hatten ihn gelehrt, daß man mit lahmen Verordnungen und vorsichtigen Verfügungen gegen den zähen Widerstand einer entschlossenen herrschenden Schicht nicht aufkam. Gutgemeinte Maßnahmen einzelner großer Herren halfen wenig, nicht einmal der liberale Kaiser Joseph konnte viel ausrichten. Das Feudalsystem des Reiches mußte von Grund auf beseitigt werden, und das konnte geschehen nur durch diejenigen, die an ihrer Wirtschaft und ihrem Leibe unter dem System litten. Die große Änderung konnte nur von unten kommen, von den Massen, vom Volk.

Jahrhundertelang hatten die Untern ihr drückendes Elend fatalistisch hingenommen als etwas Unveränderliches. Nun aber war Jean-Jacques gekommen und hatte gezeigt, daß eine andere Ordnung sehr wohl möglich war. Sie hatten davon gehört, die Untern, sie kannten den Namen Jean-Jacques, wußten dunkel um seine Lehren. Sie begannen aufzuwachen, sie rieben sich die Augen, und wenn sie vollends aufgewacht sind, dann werden sie sich rühren, selber ihrem Elend abzuhelfen. Der Staat Jean-Jacques' wird kommen: aber philosophisch wird es bei seiner Errichtung nicht zugehen.

Wenn Fernand so sprach, dann stieß er auf erstaunte, ungläubige Gesichter. Redete er im Ernst? Glaubte er an eine blutige Revolution, wie sie das England des vorigen Jahrhunderts erlebt hatte? Nein, in diesem unserm aufgeklärten Frankreich sind dergleichen Dinge unmöglich. Wir werden die nötige Umwälzung friedlich durchführen und sie in der rechten Bahn halten.

Es geschah, daß Fernand und sein Vater in Paris einer Gesellschaft der Madame de Beauvau, der Marschallin, beiwohnten. Mitglieder der Akademie waren da, Herren und Damen des Hofes, und man sprach wieder einmal davon, wie weit sich die Lehren Voltaires und Jean-Jacques' bereits verwirklicht hätten. Überall sei Fortschritt, der Anbruch des Zeitalters der Vernunft stehe bevor. „Wir alle", rief einer, „werden diese glückliche Umwälzung noch erleben!"

Unter den Gästen war ein älterer, gutaussehender Herr, Monsieur Cazotte, ein angesehener Schriftsteller, Autor liebenswürdiger Verserzählungen. Monsieur Cazotte war Mystiker, er hielt dafür, es gebe Menschen, die die Zukunft voraussehen könnten, und er sei einer von ihnen. Er hatte dem Gerede eine Weile schweigend zugehört. „Gewiß, meine Herren und Damen", mischte er sich jetzt ein, „erleben werden Sie sie, Ihre große, herrliche Revolution, aber nicht überleben. Die meisten von Ihnen werden an ihr zugrunde gehen, und auf schauerliche Art." Man lachte: „Wie stellen Sie sich das vor unter der Herrschaft der Philosophie und der Vernunft?" – „Gerade im Namen der Philosophie und auf den Altären der Vernunft wird man Sie opfern!" antwortete er, und mit erschreckenden Details verkündete er, wie der und jener aus der Gesellschaft umkommen werde. „Ja werden denn Türken und Tartaren in Frankreich herrschen?" fragte man. „Keineswegs", erwiderte Monsieur Cazotte.. „Die Philosophen werden herrschen. Die Richter, die Ihr Urteil sprechen, werden die gleichen Maximen im Munde führen, die Sie seit einer Stunde verzapfen. Man wird Sie mit Zitaten von Voltaire, Diderot und Rousseau in den Tod schicken." – „Nun aber genug mit diesen trübseligen Späßen!" verlangte die Marschallin. „Nur *eines* noch", bat einer der Herren, und: „Wie wird's Ihnen selber gehen, Herr Abbé?" wandte er sich an Monsieur Cazotte. Der antwortete: „Sie haben alle Ihren Josephus gelesen. Da erinnern Sie sich bestimmt der Episode von dem Mann, der während der Belagerung Jerusalems klagend auf den Wällen herumgeht. Tage hindurch klagt er: ‚Weh, Jerusalem! Weh mir selber!‘, bis ihn ein Geschoß der Belagerer niederstreckt.“ Er verbeugte sich und verließ die Gesellschaft.

Die Prophezeiungen Monsieur Cazottes wurden in Paris und in Versailles viel beredet und viel belacht. Fernand lachte nicht. Waren sie denn alle blind, seine Freunde? Nicht als ob er an Prophezeiungen und dergleichen geglaubt hätte; er war wie die andern allem Aberglauben und aller Mystik abhold. Aber die Worte Monsieur Cazottes hatten ihn und die ganze Gesellschaft unheimlich angerührt; sie entsprangen nicht nur dem Glauben des Verkünders an seine Sehergabe, eine tiefe Wissenschaft um die Lage des Landes hatte sich Monsieur Cazotte ins Gemüt gesenkt. Seine Worte hätten die Hörer dahinbringen sollen, zumindest einmal zu überlegen, ob man nicht doch vielleicht falsch denke. Sie waren so gescheit, seine Freunde, sie hatten ihre Philosophen studiert und ihre Geschichtsschreiber, die antiken und die modernen, die Argumente kamen ihnen beredt und geschliffen und mit Überzeugung aus dem Munde: aber sahen sie denn das Nächste nicht? Sahen sie wohl die großen Zusammenhänge, aber nicht das, was unmittelbar um sie war: die Elenden, die Unterdrückten, die zu denken anfingen und im Begriff waren zuzuschlagen?

Fernand glaubte nicht, er wußte: was da kommen wird, wird sich nicht lenken lassen wie die Wässerchen in Ermenonville; es wird eine große Flut sein, und sie wird manchen in den Untergang schwemmen, vielleicht ihn selber. Aber er war gewillt, die große Umwälzung hinzunehmen, in welcher Gestalt immer sie kam, und er wollte helfen, sie herbeizuführen.

Es hatte keinen Sinn, über die Lehren Jean-Jacques' mit den Gebildeten zu debattieren; sie kannten sie ohnehin. Es kam darauf an, diese Lehren zu vereinfachen, sie dem Volke verständlich zu machen, das Volk danach handeln zu machen.

Aber dazu mußte man selber die Eigenschaften des Volkes

haben. Man mußte *eins* sein mit der Menge, mit dem Volk. Er, Fernand, hatte niemals zum Volke gehört. Wenn er jetzt zurückschaute auf die bittern Jahre in der Kriegsakademie, dann begriff er, was die anderen gegen ihn aufgebracht hatte. Es war in ihm immer noch zuviel eingeborener aristokratischer Hochmut gewesen. Und wenn er sich noch so kameradschaftlich unter die Dorfjungen gemischt hatte, er war, wie sehr er sich auch anstrengte, immer der Graf Brégy geblieben, der künftige Herr. Nie waren er und Martin Catrou ganz zueinander gekommen.

Nur in Amerika, in der Armee, war es anders gewesen. Dort, in den harten Jahren des Feldzugs, im Kampf, in der Gefahr, war echte Kameradschaft gewesen zwischen ihm und den andern.

Daß er ein Fremder war in seiner engsten Heimat, wurde ihm schmerzhaft bewußt, als eine Überschwemmung das Gebiet der Ile de France heimsuchte. Das sanfte Flüßchen Nonette wurde zum Strom, die Gärten von Ermenonville wurden überflutet, auf allen Besitzungen des Marquis gefährdete das Wasser die Ernten der Bauern und Pächter. Der Marquis organisierte, kommandierte, gönnte sich keinen Schlaf, half den Bauern mit Menschen, Werkzeugen, Geld. Fernand nahm mit Staunen wahr, daß man es dem Vater nicht dankte. Die Leute wollten es nicht sehen, daß er sich für sie beinahe über die Kraft abmühte. Sie blieben mißtrauisch, sie empfanden den Seigneur und seinen Sohn als Fremde.

Ach, wenn es ihm, Fernand, gelänge, die Mauern niederzubrechen, die zwischen ihm standen und den andern! Es verlangte ihn nach Reibung mit den andern, nach Freundschaften, Feindschaften.

Er kannte das Volk aus Büchern, aus unverbindlichen Gesprächen, aus gemeinsamer Gefahr, aus undeutlichen Spürungen. Er kannte es nicht. Immer reagierten die Leute aus dem Volk anders, als er's vermutete. Brüderlichkeit! Er mußte sich den andern angleichen, mußte werden wie sie, wenn er in Wahrheit ihr Bruder sein wollte.

Zunächst galt es, sie kennenzulernen.

Es traf sich gut, daß die Stadt Senlis einen Konsultanten suchte. Dieser sollte nicht nur die Stadt in ihren vielen Händeln mit den vorgesetzten Behörden vertreten, sondern auch die einzelnen Bürger und die Bauern der nächsten Umgebung beraten. Fernand erbot sich, das Amt zu übernehmen.

Der Marquis machte leise Andeutungen, Fernand täte vielleicht besser, in den Dienst des Finanzministeriums oder des Kriegsministeriums zu treten, wo ihm eine schnelle und sichere Karriere offenstehe. Aber da Fernand nicht darauf hörte, drängte Monsieur de Girardin nicht weiter. Er zeigte vielmehr, daß er die Motive des Sohnes verstand. Er rühmte vor den Freunden seinen Sohn, der, ein echter Schüler Jean-Jacques', das Volk aufsuchte und die bescheidenen Geschäfte der kleinen, biederen Stadt Senlis den glänzenden Ämtern des Hofes vorzog.

Fernand nahm seine neue Stellung so ernst, daß er nach Senlis übersiedelte. Dort wohnte er nicht in einem der vielen leeren Adelspaläste, sondern in einem alten, schlichten Landhaus am Rande der Stadt.

Die Würdenträger von Senlis, Bischof, Präsident des Kreisgerichts, Bürgermeister, fühlten sich geschmeichelt, den künftigen Seigneur von Ermenonville zu ihren Mitbürgern zu zählen. Die Schöngeister der Stadt, ihr Geschichtsschreiber, ihr Poet, ihr Publizist, hofften, ihn in ihren Gesellschaften zu sehen. Aber sein selbstgewählter Beruf füllte ihn ganz aus. Er verkehrte nur mit kleinen Handwerkern, die seinen Rat brauchten, mit Bauern, Krämern, Schreibern. Denen suchte er nicht nur in ihren Rechtsangelegenheiten zu helfen, sondern auch in den Problemen ihres Alltags. Er kämpfte demütig und entschlossen um die Freundschaft der kleinen Leute.

In Senlis auch geschah es, daß er seinen Jugendkameraden wiedertraf, Martin Catrou.

Martin hatte in Paris bei Maître Bouvier viel gelernt. Das Anwaltsdiplom freilich hatte er nicht erwerben können, er war für den langwierigen Studiengang nicht jung genug gewesen, und wenn man genau hinsah, war er nichts als ein gehobener Schreiber, der in Rechtsgeschäften Bescheid wußte. Aber seine Kenntnis der Werke Jean-Jacques' erlaubte ihm, seine Argumente in wirksame Philosophie einzukleiden, und er hatte Erfolg in Fällen, in denen diplomierte Juristen versagten.

Bald hieß es von ihm, er sei einer, der dem guten Mann zum Recht verhelfe gegen das schlechte Gesetz.

Er pflegte seine Argumente scharf vorzubringen, unverbindlich, mit heller, schneidender Stimme. Sein barsches Geradezu, die Starrheit, mit der er, sich auf die Stärke seiner Beweisführung verlassend, Kompromisse verschmähte, schuf ihm Freunde und Anhänger.

Unter diesen war eine gewisse Jeanne Maupetit. Jeannes Vater, ein eigensinniger Mann, ein Pariser Bürger, hatte sich mit einem großen Herrn in eine Streitsache eingelassen, war unterlegen und im Gefängnis gestorben. Jeanne war nicht eben schön, doch tüchtig und gescheit; das Schicksal ihres Vaters hatte ihr Philosophie beigebracht. Sie sah in Martin einen Mann, der die Lehren Jean-Jacques' nicht nur im Munde führte, sondern sie lebte. Sie wurde seine Jüngerin. Ihr fanatischer Glaube machte sie ihm schön. Er heiratete sie.

Jeanne hatte aus dem Zusammenbruch des Vaters etwas Geld gerettet. Martin konnte sich's leisten, Unterdrückten für geringe Entlohnung oder auch unentgeltlich beizustehen in Rechtsfällen gegen Privilegierte.

Ein Sieur Vieillard, Bürger von Senlis, den er mit Erfolg beraten hatte, lag ihm an, er müsse nach Senlis übersiedeln. Martin ließ sich überreden. Es lockte ihn, in der kleinen Stadt zu arbeiten, die ihm vertraut war und die ihn so lange verkannt und als einen der Geringsten angesehen hatte. Schnell schuf er sich auch hier respektvolle Freunde. Man wählte ihn in den Stadtrat.

Dort also, im Stadthaus von Senlis, traf Fernand seinen Freund Martin wieder.

Daß sich der in der Zwischenzeit verändert haben mußte, hatte sich Fernand natürlich klargemacht; aber er war verblüfft, was für ein erwachsener, breiter, raumfüllender, sicherer, erfahrener Martin ihm da gegenüberstand. Er selber wurde wieder zum Halbwüchsigen. Er starrte den andern an und: „Bist du das, Martin?" fragte er blöd. „Ich glaube, ja", antwortete Martin. Grinsend, mit seinen schwarzen, gescheiten, spöttischen Augen musterte er Fernand. Nahm wahr sein kühnes Gesicht mit der Furche über der Nase, seine Verlegenheit.

Beide waren sie freundschaftlich erfreut, doch argwöhnisch einer vor dem andern. Von der ersten Minute an waren die alten Beziehungen wieder da, die alte Freundfeindschaft.

Auch Fernand hatte mittlerweile den andern gemustert. Der war nach wie vor betont nachlässig gekleidet. Das Haar, das ihm in die breite Stirne wuchs, trug er noch tiefer heruntergestrichen. Der ganze Mensch hatte etwas Streitbares, Aufsässiges.

„Es ist eigentlich merkwürdig", meinte mit etwas erzwungener Munterkeit Fernand, „daß wir uns nicht schon lange getroffen haben." – „Finden Sie das auch, Graf Brégy?" antwortete mit seiner hellen, schneidenden Stimme der andere. „Was soll das, Martin?" warf ihm Fernand freundschaftlich vor. „Warum sagst du nicht du zu mir?" Da er auf ihn zutrat, nahm Martin wahr, daß er leicht hinkte. „Ja", sagte er, „ich weiß. Du hast dich ja mittlerweile verdient gemacht um uns kleine Leute." Aber es klang Wärme durch seine spöttischen Worte.

„Du mußt zu mir kommen", bat Fernand. „Wir haben einander viel zu erzählen. Komm doch zum Abendessen." – „Darf ich dich zu mir einladen?" fragte Martin zurück. „Meine Frau würde sich bestimmt freuen. Auch meine Mutter würde dich sicher gern wiedersehen." Fernand, der von der Streitsache seines Vaters mit der Witwe Catrou gehört hatte, zögerte ein winziges, dann sagte er: „Gewiß komme ich zu dir, wenn's dir so lieber ist." – „Also schön", schloß Martin, „dann bin ich heute abend bei dir."

Martin hatte, solange Fernand in Amerika war, begierig

mitangehört, was immer man über ihn berichtete, und hatte sich gefreut, wenn es Rühmliches war. Aber seitdem Fernand wieder im Lande war, ärgerte er sich über ihn. Alles, was er machte, bewies, daß er in Amerika genauso dumm geblieben war wie vorher, und was er hier in Senlis anstellte, war dilettantisches Gewerkel, reine Afferei. Aber Fernand war nun einmal als Aristokrat geboren, er, Martin, hatte es leichter, gescheit zu sein, er mußte dem Jugendkameraden manches nachsehen. Auf dem Wege zu Fernand nahm er sich vor, sich stachelige Anmerkungen zu verbeißen.

Zunächst ging alles gut. Dann aber sprach Fernand von den Händeln seiner kleinen Leute und von ihren häuslichen Dingen, er sprach mit Wärme, er tat, als gehöre er zu den Untern, und das brachte Martin auf. Da war dieser Fernand in Amerika gewesen, und es war ihm immer noch nicht aufgegangen, daß er in die Welt der kleinen Leute hineinpaßte wie eine Kuh in die Akademie. Der Großvater Popaule und der Gevatter Michel, mit denen er sich dick machte, die rechneten nun einmal in Sous, und er selber rechnete in Louisdor. Wer als Aristokrat geboren war, sollte sich dem Volk nicht aufdrängen.

„Du hast es hübsch hier", sagte Martin, „und es ist gar nicht protzig. Offen gestanden", meinte er tückisch, „ich habe mich gewundert, daß du nicht das Palais Lévis bezogen hast." Es war aber dieses Palais das Stammschloß des uralten Geschlechtes der Herzöge von Lévis, und die Lévis waren mit den Girardins befreundet. „Was hätte ich im Palais Lévis zu suchen?" antwortete Fernand, mehr amüsiert als geärgert. „Nun ja", entgegnete Martin, „schon die Kapelle müßte doch einem großen Herrn seine tägliche Freude machen." Es enthielt aber die Kapelle ein Altarbild aus dem dreizehnten Jahrhundert, darstellend den damaligen Seigneur de Lévis, der sein Geschlecht zurückführte auf Levi, den dritten Sohn des Patriarchen Jakob; der Seigneur de Lévis kniete vor der Heiligen Jungfrau, diese aber, freundlich und mittels Spruchbands, forderte ihn auf: „Couvrez-vous, mon cousin."

Fernand lachte gutmütig. „Ich bin mit Gaston de Lévis befreundet“, antwortete er. „Ich kann dir sagen, er lacht über dieses Altarbild genau wie du und ich.“ Er wurde ernst, legte dem andern den Arm um die Schulter, hielt ihm vor: „Warum kommst du mir mit diesem dummen Zeug? Warum ‚gibst‘ du's mir immerzu? Was hab ich dir getan?“ – „Nur Gutes“, höhnte Martin, bemüht, die schneidende Stimme ruhig zu halten, doch bekam er rote Flecken auf der Stirn. „Ihr habt mir nur Gutes getan, Mildtätiges. Erst hat dein Herr Vater meiner Mutter gezeigt, daß er der Herr ist, aber dann war er menschenfreundlich, gnädig und hat mich nach Paris in die Lehre geschickt. Wenn ich heute wer und was bin, dann darf der Seigneur sagen, er hat mich dazu gemacht. Er teilt Gnaden aus, der Seigneur, er läßt sein Angesicht leuchten auch über mich. Ich will keine Gnaden!“ brach er aus, mit greller Stimme. „Ich will mein Recht, das eingeborene Recht, von dem euer Jean-Jacques soviel hermacht.“ Und da Fernand schwieg, fuhr er fort: „Er ist nicht euer Jean-Jacques. Er hat nichts zu tun mit euern Gnaden. Er hat zu tun mit unserm Recht. Er gehört uns, Jean-Jacques!“

Nun rötete sich auch Fernand. Am liebsten hätte er mit Martin zu raufen angefangen wie in früheren Tagen. Aber er wollte nicht hitzköpfig sein wie der Vater, der der Witwe Catrou den Kramladen weggenommen hatte. „Hast du dir schon einmal klargemacht“, antwortete er ruhig, „daß du viel eingebildeter darauf bist, zum Volk zu gehören, als unsereiner auf seine Geburt?“

Martin ging darauf nicht ein. „Ich habe Jean-Jacques für einen Narren gehalten“, gab er zu, „ich habe über ihn gelacht, und wenn ich daran denke, wie er in Ermenonville herumgewandelt ist als heiliger Franziskus, dann lächert es mich noch heute. Und die Neue Héloïse *ist* ein Schmarren. Die und seine ganze ‚Natur‘, die könnt ihr Girardins geschenkt haben, und der Jean-Jacques, der das gemacht hat, der gehört schon euch. Aber die ‚Ungleichheit‘ und der ‚Gesellschaftsvertrag‘ – davon kapiert ihr keinen Strich, und wenn ihr noch soviel darüber deklamiert. Diesen Jean-Jacques kapiert einer nur, wenn er von unten kommt. Und darum, siehst du, mein Lieber, darum ist er *unser* Jean-Jacques."

Martin ärgerte sich über sich selber. Gewiß, er hatte recht: so wenig er die Gefühlsduselei der Neuen Héloïse mitmachen konnte, so wenig konnte der andere die harten Wahrheiten des „Gesellschaftsvertrags" kapieren, weil eben er immer hungrig und der andre zeitlebens satt gewesen war. Aber das konnte er Fernand nicht klarmachen, und darum hätte er sich in diese Debatte nicht einlassen dürfen. „Erzähl mir von Amerika", lenkte er ab. „Es heißt, daß dort der ganze Spiritus verdampft ist und die Privilegien nur andere Namen haben. Erzähle, bitte."

Fernand erzählte gern. Man durfte, was in Amerika geschehen war, nicht mit europäischen Maßen messen. Es gab dort kein Paris, es gab keine großen Städte, die Menschen hatten sich mit keinem Seigneur, sie hatten sich mit den Naturelementen herumzuschlagen und mit Indianern. Übrigens waren diejenigen, die ernstlich die Revolution wollten, zumindest in den ersten Jahren sehr in der Minderheit gewesen, und unter den Privilegierten hatte es drüben weniger Aufgeklärte gegeben als hier. Um so höher anzuschlagen war der Sieg. Und daß die großen Gefühle nicht wenig vorhielten, daß Habsucht und kleinliche Eifersüchte sich wieder regten, war menschlich, war natürlich.

„Du bist also enttäuscht?" resümierte sachlich Martin. Einen Augenblick zögerte Fernand. Dann sagte er: „Sehr vieles ist erreicht. Und es bleibt ein großes Beispiel."

Als sie sich trennten, hatten sie sich warm geredet und freuten sich auf die nächste Zusammenkunft.

Aber wiewohl sie sich vornahmen, Geduld zu üben, hatten sie immer wieder Streit in Angelegenheiten der Stadt Senlis und einzelner Bürger, und jeder der beiden brauchte Worte, die dem andern weh tun mußten.

Sie blieben befreundet, aber auch die Leute von Senlis spürten ihren innern Zwist. Die Anhänger Martins waren mißtrauisch vor Fernand, die Anhänger Fernands mißtrauisch vor Martin.

Fernand mühte sich demütig und unablässig um seine kleinen Leute. Er durfte sich sagen, daß viele ihn nicht als einen launischen Schützer ansahen, sondern als ehrlichen Freund. Aber jene Worte Martins hatten sich in ihm festgehakt, es war in ihnen ein Körnchen Wahrheit, ein Korn Wahrheit. Ein Teil Jean-Jacques' war ihm verschlossen, ein Teil Jean-Jacques' gehörte „den andern", dem Volke.

Die Beschwerden der Stadt Senlis

Eine große Bewegung ging durch das Land: die Reichstände waren einberufen worden, die États Généraux, das war seit hundertfünfundsiebzig Jahren nicht mehr geschehen. Die Finanzschwierigkeiten der Regierung waren so groß geworden, daß sie's nicht mehr wagte, ein Budget aufzustellen ohne die Zustimmung des Volkes.

Die Reichstände waren zusammengesetzt aus Abgeordneten der beiden privilegierten Klassen, des Adels und der Geistlichkeit, und solchen des nichtprivilegierten Dritten Standes, des Bürgertums. Diesem Dritten Stande wurde, und das war eine wichtige fortschrittliche Neuerung, eine ebenso zahlreiche Vertretung zuerkannt wie den beiden privilegierten Ständen zusammen. Zudem sollte ein jeder Franzose, der älter als fünfundzwanzig Jahre war und Steuern zahlte, Wahlrecht haben. Zum erstenmal, seitdem die Republik Rom den Cäsaren hatte weichen müssen, seit beinahe zweitausend Jahren zum erstenmal, sollte auf dem Kontinent ein Volk, und überdies das größte Volk Europas, selber wählen und bestimmen, wie gewirtschaftet werden sollte.

Stürmische Hoffnung wehte durchs Reich.

Den Gemeinden war das Recht zugesprochen, den Deputierten Instruktionen mitzugeben, Aufträge, „Cahiers", Listen ihrer Wünsche und Beschwerden.

Der Magistrat von Senlis beauftragte mit der Abfassung seiner Cahiers den Grafen Fernand Brégy und den Sieur Martin Catrou.

Die beiden fingen sogleich scharf zu debattieren an. Fernand glaubte, aus seinen Erfahrungen in Senlis gelernt zu haben, und wollte das Hauptgewicht legen auf klare Darstellung einzelner Mißstände. Er wollte in scharfen Sätzen fordern die Eindämmung des Flusses Nonette, die Abschaffung bestimmter Wegerechte und Wegezölle, vor allem die Beschränkung der Jagdrechte der Königlichen Familie.

Martin lächelte; er kannte den ewigen Hader der Girardins mit den Königlichen Capitainerien um das Jagdrecht des Prinzen de Condé.

Er selber, Martin, setzte wenig Hoffnung auf die groß angekündigte Tagung der Reichstände. Er nahm an, man werde den Volksvertretern die Beistimmung zu neuen, schweren Steuern durch Zugeständnisse in geringfügigen Nebendingen abkaufen und sie dann nach Hause schicken. Das Ganze werde eine feierliche Posse sein, und die beiden privilegierten Stände würden dem Dritten hernach genauso schwer auf dem Buckel hocken wie früher. Allein gerade darum durfte man sich bei Kleinigkeiten nicht aufhalten, sondern mußte das Wesentliche verlangen, die Trennung von Verwaltung und Gesetzgebung, die Verantwortlichkeit der Minister vor dem Volk, kurz eine bindende Konstitution. Da man einmal Gelegenheit hatte, zum Land und zur Welt zu sprechen, mußten alle, gerade auch die kleinen Gemeinden, den Ton auf diese Grundforderung legen.

Nach vielem Hin und Her einigten sich Martin und Fernand auf einen Text, der im Hauptteil die Konstitution verlangte, aber nicht verabsäumte, mit anklägerischer Wucht die Abstellung der einzelnen Mißstände zu fordern.

Die Stadträte von Senlis hatten respektvolle Worte für die Logik und Beredsamkeit des Memorandums. Sie hatten auch keine Einwände gegen die Schärfe, mit welcher die Konstitution gefordert wurde; aber die aggressive Diktion, mit welcher die Übergriffe der Königlichen Capitainerien dargestellt waren, machte, daß sie sich hinterm Ohr kratzten. Eine solche Sprache konnte den Prinzen de Condé zu Schikanen, ja zu Strafmaßnahmen gegen die Stadt aufreizen. Fernand indes bestand auf seinem Wortlaut, und Martin, der gute Freund, unterstützte ihn. Die Stadträte verlangten schließlich, daß die beiden Herren persönlich als Verfasser der Cahiers zeichnen sollten, und sie waren beruhigter, als das Dokument die Signatur auch des künftigen Seigneurs von Ermenonville aufwies.

Die Tagung der Reichstände wurde mit einer prunkvollen Zeremonie eingeleitet. Es war ein schöner Maientag, und die Pariser waren zu vielen Tausenden nach Versailles gekommen, um das historische Schauspiel mitzuerleben. In langer Prozession begaben sich der Hof und die zwölfhundert Delegierten durch die festlich geschmückte Stadt zum Gottesdienst nach der Kirche Saint-Louis. Reaktionäre Hofbeamte hatten sich eine kleinliche Schikane ausgedacht, um den Abstand zu betonen zwischen den Privilegierten und dem Bürgertum: die Delegierten hatten in der alten Tracht der Stände zu erscheinen wie bei der letzten Tagung vor hundertfünfundsiebzig Jahren. Da schritten also Adlige und Prälaten einher in altertümlichen Kostümen von Gold, Seide und Brokat, die Bürger in einfachster Tracht, mit schwarzen Mänteln. Allein unter den gewählten Vertretern des Hochadels sah man viele bekannte Liberale, manche „Amerikaner" auch, Lafayette und welche von seinen Freunden, und sogar unter den Delegierten des Dritten Standes fanden sich Angehörige des Hochadels, Graf Mirabeau zum Beispiel, die, indem sie sich zu Vertretern des gemeinen Volkes hatten wählen lassen, aller Welt ihre Opposition gegen den Hof bekundeten.

Die Zuschauer nahmen diese Angleichung der Stände als ein großes Symbol der Einheitlichkeit der Nation freudig wahr. Zuversicht, Hoffnung war in Versailles an diesem wunderbaren Frühlingstage, da der König selber und der Erzbischof von Paris, die Hostie tragend, im Zuge mitschritten, um der zu vollziehenden Umwandlung des Reiches an Haupt und Gliedern die Weihe zu geben.

Monsieur de Girardin war geschwellt von frohem Stolz. Es war, wie er's immer gehofft und vorausgesagt hatte: nicht ein wüster, krampfiger Aufruhr des Pöbels führte die neue Zeit herbei, es waren die Adeligen Frankreichs, Männer seinesgleichen, welche die Lehren Jean-Jacques' verwirklichten.

Fernand sah mit Unmut, wie man den Abgeordneten des Bürgertums ihre „Niedrigkeit" schon durch die Kleidervorschriften zum Bewußtsein brachte. Die skeptischen Reden Martins gingen ihm nicht aus dem Sinn, wie die Privilegierten das Volk durch Mätzchen und Schliche um sein Recht bringen wollten. Er schämte sich seiner prächtigen Galatracht und sah mit Grimm, wie im Gefolge der Königin seine Gilberte im schmuckstarrenden Kostüm der Hofdame einherfuhr, bunt wie eine beblümte Frühlingswiese.

Allmählich aber, als er spürte, wie das große Schauspiel der Einheitlichkeit die zweifelsüchtigen Pariser mitriß und selbst die hochmütigen Adeligen bewegte, schmolzen auch ihm die Zweifel. Und als dann gar in der Kirche Saint-Louis der fortschrittliche Bischof von Nancy die Festrede hielt, glaubte Fernand fest, das große Werk werde glücken. Der Bischof, in Gegenwart des Königs, klagte das herrschende System an, wies hin auf das zum Himmel schreiende Elend des Volkes, zitierte das Prophetenwort: „Du wirst neue Völker schaffen, und das Antlitz der Erde wird sich verändern." Und die ganze große Versammlung – es geschah das erstemal in der Geschichte Frankreichs – applaudierte und jubelte an heiliger Stätte, in Gegenwart der Hostie und in Gegenwart der Krone.

Die Ereignisse der nächsten Woche schienen Fernand recht zu geben und Martins Skepsis zu widerlegen. Die Abgeordneten des Bürgertums, als die Privilegierten sie mit juristischen Ränken zu knebeln suchten, leisteten Widerstand, und als der König sie auffordern ließ, auseinanderzugehen, verbanden sie sich durch feierlichen Eid, nicht zu weichen. Sie erklärten sich zur Nationalversammlung. Der Hof und die beiden privilegierten Stände mußten sich fügen.

Fernand jubelte.

Sehr bald indes sollte er am eigenen Leibe erfahren, wie stark sich die Gegner noch fühlten.

Es waren nämlich mittlerweile die Bitt- und Beschwerdehefte der Gemeinden überprüft worden, und die freche, drohende Sprache, in der die Stadt Senlis sich gegen die „Übergriffe" der Jagdhüter des Prinzen de Condé wandte, hatte diesen aufgebracht. Daß der widerwärtige junge Girardin seine Unterschrift unter das Dokument gesetzt hatte, schürte seinen Zorn. Beim Kartenspiel erzählte er seinem Vetter, dem König, von dem Affront. Louis teilte den Ärger des Condé. Dieser junge Girardin hatte ihn schon mehrmals die Stirne runzeln machen. Er schwatzte ohne Hemmungen die meuterischen Lehren des libertinen Jean-Jacques nach, er war, kaum erwachsen, „Amerikaner" geworden und seinem Vater durchgebrannt. Daß er jetzt ein unverschämtes Schriftstück aufsässiger Bürger unterzeichnet, vielleicht sogar selber verfaßt hatte, war Verrat an der eigenen Kaste, Beschmutzung des eigenen Nestes. Zudem war Louis selber leidenschaftlicher Jäger, und wohin käme man, wenn man neben so vielen anderen Prärogativen der Krone auch noch deren Jagdrechte schmälern ließe? Er wird dem jungen Herrn Gelegenheit geben, eine Zeitlang über seine Naseweisheit nachzudenken. Er wird den Meuterer durch Brief und Siegel, durch eine Lettre de Cachet, einen Königlichen Spezialbefehl, verhaften und in die Bastille verbringen lassen.

Zwei Tage später kamen Monsieur Robinet und die Seinen nach Ermenonville. Der alte Herr, der überall Vertrauensleute hatte, teilte den Girardins mit, der König, auf Betreiben des Condé, habe einen Verhaftbefehl gegen Fernand ausgehen lassen, doch habe dieser wohl noch einige Stunden, sich in Sicherheit zu bringen.

Vor Fernand aufstieg grau und finster die Bastille mit ihren dicken Mauern und Türmen, und wenn Gefahr und Strapazen ihn nicht schreckten, so hatte er doch Angst vor dem hilflosen Leben in diesen dumpfen, von uralten Leiden erfüllten Gelassen. Auch an Martin dachte er, wie der voll Bedauern und Hohn sein Gesicht verziehen werde.

Alle schwiegen, schauten auf Fernand, warteten.

Der Marquis war tief erschrocken. Wie gerne hätte er anspannen lassen und den Sohn selber über die Grenze gebracht. Aber er kannte den Eigensinn seines Fernand, er wußte, Bitten und guter Rat halfen da nicht. Er bezwang sich, schwieg.

Wohl aber fing von neuem Monsieur Robinet zu reden an. „Erlauben Sie einem alten Mann, Ihnen zu raten", sagte er. „Nehmen Sie Ihr bestes Pferd und reiten Sie los! Sie nützen keinem, wenn Sie bleiben, Sie tun nur sich selber was zuleide. Es kann noch lange dauern, ehe die Freiheit hergestellt ist, und es ist nicht angenehm, in der Bastille darauf zu warten."

Fernand dachte daran, wie schon einmal Monsieur Robinet ihm geraten hatte. Er hatte recht gehabt und doch nicht recht gehabt. So war es auch jetzt.

„Ich an Ihrer Stelle", redete überraschenderweise auch Mathieu ihm zu, „würde den Rat Monsieur Robinets nicht in den Wind schlagen." Man sah, welche Mühe es ihn kostete, so zu reden; es bedeutete was, wenn der tapfere, in Ehrendingen so genaue Graf Courcelles einem zur Flucht riet.

Gilberte sagte nichts, sie schaute ihn nur unverwandt an. Er wußte, sie hielt es für töricht, wenn er blieb, aber sie wäre bestimmt enttäuscht, wenn er sich davonmachte. Und ähnlich wird Martin denken. Martin wird höhnen, wenn er bleibt, und noch viel mehr, wenn er geht. Und war Martin nicht in ebensolcher Gefahr wie er? Wahrscheinlich war Martin schon auf dem Weg in die Sicherheit. Aber er wird grinsen und sagen: „Was einem Martin Catrou erlaubt ist, ist einem Grafen Brégy nicht erlaubt."

Fernand dankte den Freunden für ihre Teilnahme und sagte, er werde alles überdenken.

Eine Stunde später kam zu ihm erregt und schüchtern Monsieur Gerber. Nachdem er einige Male hilflos angesetzt hatte, meinte er, er wisse, daß sich sein lieber Schüler Fernand immer nur von seinem Herzen raten lasse. Aber er möchte ihm doch zu bedenken geben, daß Jean-Jacques ihn bestimmt ermahnt hätte, sich dem Zugriff der Willkür zu entziehen. Jean-Jacques selber sei mehrmals in der gleichen Lage gewesen wie jetzt Fernand, und er habe Flucht und Exil für genug des Martyriums gehalten. Fernand drückte seinem Lehrer, welcher, der sonst so beredte, dieses Mal nur stockend sprach, herzlich die Hand.

Er blieb in Ermenonville, wartete auf die Gerichtsdiener und auf den Verhaftsbefehl, die Lettre de Cachet.

Die Jeans und die Jacques

Die Lettre de Cachet vom zehnten Juli, in welcher die Verhaftung Fernand de Girardins verfügt wurde, war der letzte Geheimbefehl solcher Art, den König Louis schrieb und siegelte, und er wurde nicht ausgeführt. Denn die Bastille, in welche diesem Befehl zufolge Fernand verbracht werden sollte, wurde am vierzehnten Juli vom Volk von Paris gestürmt.

Der ungeheure Jubel, der durchs Land schallte und durch die ganze Welt!

Girardin ging ans Grab seines Jean-Jacques. Leise, überwältigt von Gefühl, verkündete er ihm das große Ereignis: „Du hast gesiegt, Jean-Jacques! Die Zwingburg der Tyrannei ist gefallen. Der Allgemeine Wille, deine Volonté Générale, hat die tausendjährigen Ketten gebrochen. Das Volk hat sein Schicksal selber in die Hand genommen, wie du es gelehrt und vorausgesagt hast, mein Freund und Meister."

Die Brüder des Königs, der Prinz de Condé, die reaktionären Adeligen, zahlreiche Prälaten, die konservativen Minister flohen über die Grenze. Ein Tedeum wurde gesungen in der Kirche Notre-Dame. Dem Weiß der Königlichen Lilien, der alten Farbe des Landes, wurde auf den Rat Lafayettes das Blau und Rot der Stadt Paris zugefügt, und die blauweiß-rote Kokarde wurde zum Wahrzeichen des neuen, fortschrittlichen Frankreich. Der König mußte der dringlichen Forderung des Volkes nachgeben, von seinem Schlosse Versailles in die Hauptstadt fahren und sich, den Hut mit dieser dreifarbigen Kokarde geschmückt, auf dem Balkon des Rathauses den jubelnden Parisern zeigen.

Ein einziges, gewaltiges Gefühl verband jetzt das ganze Land, das stürmische Gefühl Jean-Jacques'.

In der Stadt Senlis holte ein Fackelzug Fernand, den die Befreiung des Landes auch aus persönlicher Not befreit hatte, von seinem Hause. Ein anderer Fackelzug holte Martin. Auf dem Platz vor der Kathedrale hatte man eine kleine Bühne aufgeschlagen. Dort hielt der Poet der Stadt, Monsieur Milliet, eine Ansprache. „Du, Abkömmling eines uralten Adelshauses", rief er, „hast dich mit ganzem Herzen und ganzem Vermögen uns verbunden, dem Volke", und, indem er ihm die dreifarbige Kokarde überreichte: „Schüler und Freund Jean-Jacques', deine Tugend und deine Liebe zum Vaterland machen dich würdig, sie zu tragen." Man holte Martin auf die Bühne, feierte auch ihn, und unter den Ovationen des Volkes mußten sich die beiden umarmen.

Die Ereignisse jagten voran. In feierlicher Sitzung proklamierte die Nationalversammlung die Menschenrechte als das Fundament des neuen Frankreich. Das Feudalsystem wurde abgeschafft. Die Klöster wurden aufgehoben, das kirchliche Eigentum verweltlicht. Die Nationalgarde, entstanden am Tag vor der Erstürmung der Bastille, wurde organisiert; Lafayette übernahm das Kommando. Der König wurde gezwungen, sein Schloß Versailles für immer zu verlassen und mit seiner Familie in Paris zu residieren.

Aufschwung war, Zuversicht im ganzen Lande, und man vergaß nicht die geistigen Väter der Revolution. Sahen die Encyclopédisten in Voltaire den Paten dessen, was jetzt geschah, so feierte das Volk seinen Jean-Jacques. Von den Millionen, die ihn als ihren Schutzheiligen verehrten, hatten viele keine Seite seiner Bücher gelesen; was die Gemüter bewegte, waren die großen Schlagworte, die er geprägt hatte, und die simple und hinreißende Legende seines Lebens und seines Werkes.

Eine neue Wallfahrt nach Ermenonville setzte ein. Es erschien wiederum jener Student aus Arras, der gewisse Maximilian Robespierre. Er hatte nach glanzvoll abgeschlossenem Studium in seiner Heimatstadt gewirkt, diese hatte ihn, da er durch seine politischen und literarischen Arbeiten aufgefallen war, in ihre Akademie gewählt, die Provinz Artois hatte ihn als ihren Abgeordneten in die Nationalversammlung geschickt. Da stand er nun, die Brust gespannt von einem ungeheuern: Ich will, am Grabe des abgöttisch verehrten Lehrers und versprach ihm, seine Prinzipien zu verwirklichen. „Bis ins letzte", gelobte er, „bis ins letzte."

Es erschien in Ermenonville, um das Grab zu besuchen, auch Baron Grimm. Der Marquis konnte sich's nicht versagen, ihn freundlich zu hänseln. Da hatten Monsieur de Grimm und die Encyclopédisten das Werk Jean-Jacques' verworren und widerspruchsvoll gescholten, und nun hatte dieses „unvernünftige Werk" Gewaltigeres geschaffen als jemals das eines Philosophen. „Ich bin der letzte", antwortete Monsieur de Grimm, „das geschichtliche Verdienst unseres toten Freundes anzustreiten. Aber ist es nicht gerade die Inkonsequenz seiner Prinzipien, welche die Menschen anzieht? Seine unzusammenhängende Darstellung der Fehler und Mißverhältnisse der bürgerlichen Gesellschaft wirkt aufs Gemüt; die schwerbewegliche Masse ist leichter ins Rollen zu bringen, wenn sie beim Gefühl gepackt wird als bei der Vernunft. Ich hoffe nur", schloß er ernst und kämpferisch, „daß man sich rechtzeitig Voltaires erinnert. Einzig und allein die Nachfolge Voltaires kann verhindern, daß Überschwang der Gefühle die Freiheit, die Jean-Jacques meint, in Anarchie verwandelt."

Es war, als teilten die Deputierten der Nationalversammlung die Ansichten Monsieur de Grimms. Nachdem vor nunmehr dreizehn Jahren das alte Regime dem toten Voltaire die Beerdigung in Paris verweigert hatte, beschloß jetzt die

Nationalversammlung, die Leiche des großen Mannes aus dem fernen Winkel zu holen, in dem sie eingegraben war, und sie ins Pantheon zu überführen, den Tempel ewigen Ruhmes.

Girardin erfuhr von diesem Entschluß mit gespaltenem Gefühl. Gewiß war es erfreulich, daß jetzt die Schändung des toten Voltaire gutgemacht werden sollte, aber er ließ es nicht zu, daß solche Ehrung eines andern den Ruhm seines Jean-Jacques überschattete. Er beschaffte sich Quadern aus den Trümmern der Bastille, ließ einem der Steine ein Relief des Meisters einformen, dazu die Inschrift: „Der Schöpfer des befreiten Frankreich", und schenkte das Bildwerk der Nationalversammlung. Es war ihm Genugtuung, daß man dem Steinbild Jean-Jacques' den Platz über der Rednertribüne anwies, den besten im Sitzungssaal.

Im übrigen vermochten Monsieur de Grimms saure Warnungen den stolzen Jubel Girardins nicht zu beeinträchtigen. Mit ganzem Herzen bekannte er sich zur Herrschaft der Freiheit und Gleichheit. Es focht ihn nicht an, daß er lieb gewordene Rechte aufgeben mußte. Eigenhändig strich er, als der Adel abgeschafft wurde, aus dem amtlichen Register seine Titel und Würden, und er gab darum ein, auch seine adeligen Vornamen René-Louis ablegen und ersetzen zu dürfen durch den Vornamen Émile; so hieß der revolutionäre Erziehungsroman seines großen Freundes.

Es war also nicht mehr der Marquis René-Louis, es war der Bürger Émile Girardin, der fortan, gefolgt von Intendanten und Gärtnern, den Rundgang durch seinen Park machte, und es war nicht mehr der Seigneur, es war der Bürger Girardin, Besitzer und Landwirt, der seinen Bürgern Pächtern Ratschläge gab. Freilich klangen diese Ratschläge noch immer wie Kommandos und wurden auch zuweilen durch befehlshaberische Gesten mit dem langen, biegsamen Rohrstock unterstrichen.

Im übrigen hielt sich jetzt Girardin viel weniger in Ermenonville auf, er ging oft nach Paris. Dort, in seinem Stadthause, sammelte er seine Freunde um sich. Auch vielen Sitzungen der großen politischen Klubs wohnte er bei. Am häufigsten sah man ihn in der Rue Honoré, wo ein solcher Klub in der alten Kirche der Dominikaner tagte, die Jakobiner, wie man sie gemeinhin nannte.

Auf Vorschlag Girardins wurde im Hofe dieses Jakobinerklubs eine Pappel vom Grabe Jean-Jacques' eingepflanzt, ein Baum der Freiheit.

Der Jakobinerklub wurde bald die einflußreichste politische Gesellschaft der Stadt Paris, und hier deutete Girardin den neuen Staatsmännern die Lehren aus, die ihm Jean-Jacques mit eigenem Munde anvertraut und erklärt hatte. Stramm aufgerichtet stand er auf der Tribüne vor der Büste Jean-Jacques' und der dreifarbigen Fahne. Autoritär sprach er; er war der Repräsentant Jean-Jacques', der Praeceptor Galliae.

Neben vielen kürzeren hielt er zwei große Reden. Die erste befaßte sich mit der Neuorganisation der Armee. Er hatte Mühe gehabt, für seine fachmännischen Ausführungen passende Zitate Jean-Jacques' zu finden, aber nun war es auch eine Rede geworden, die sich hören lassen konnte, die Rede eines Sachverständigen, Philosophen und Revolutionärs. Und so empfanden es die Jakobiner. Sie applaudierten lebhaft; mehr als das: sie beschlossen, die Rede allen Départements, Munizipalitäten und patriotischen Vereinigungen zur Weiterverbreitung zu übersenden.

Dadurch ermutigt, arbeitete Girardin die zweite Rede mit noch größerer Sorgfalt aus. Sie befaßte sich mit der Volonté Générale, dem Allgemeinen Willen. Girardin legte dar, daß der Allgemeine Wille das Grundprinzip der Staatslehre Jean-Jacques' sei, und er verlangte, daß jedes Gesetz dem Volke unterbreitet werden und erst Geltung haben solle, nachdem es durch ein Referendum gebilligt worden sei. Es war eine wohlfundierte, wohlformulierte Rede, im ganzen und im einzelnen schlüssig belegt mit Äußerungen Jean-Jacques'. Allein dieses Mal blieben die Jakobiner kühl. Was der Bürger

Girardin zur Neuordnung der Armee vorgebracht hatte, war praktisch gewesen, es hatte Hand und Fuß gehabt; dieses Mal waren seine Ausführungen blasse Theorie, und wenn man die Prinzipien Jean-Jacques' so vertiftelte, dann war es aus mit der Revolution. Man hörte den Redner höflich an und ging zur Tagesordnung über.

Girardin war bekümmert. Er hatte schon seit einiger Zeit wahrnehmen müssen, daß die Deputierten von den Lehren Jean-Jacques' abwichen. Es war nötig, sie an die großen Prinzipien des Meisters zu erinnern, und wenn einer, dann war er dazu berufen. Sie aber hatten ihn angehört, als spräche ein Dupont oder Durant.

Und immer weiter entfernten sich die Gesetzgeber von der reinen Lehre. Ausdrücklich hatte Jean-Jacques erklärt, man dürfe an dem Bestehenden nichts ohne Notwendigkeit ändern, nichts abschaffen, nichts hinzufügen ohne Notwendigkeit. Sie aber, die Deputierten, kehrten mit wildem Eifer und ohne Not das Oberste zuunterst.

Gramvoll saß Girardin unter dem Weidenbaum, schaute hinüber auf das Grab. Was konnte er tun? Zur Menge zu sprechen, hatte keinen Zweck, das war ihm klargeworden. Wohl aber wandte er sich an die *einzelnen*, an die Führer, mahnte zur Mäßigung, erinnerte an den Allgemeinen Willen. Man erwiderte vag, keiner kümmerte sich um seine Ratschläge. Er kam sich vor wie ein lästiger Schulmeister, man schenkte ihm um früherer Verdienste willen Gehör, aber man nahm ihn nicht ernst.

Er zog sich von den Klubs und öffentlichen Versammlungen zurück. Arbeitete daran, seine Rede zu einem umständlichen Lehrbuch zu erweitern: „Über die Notwendigkeit der Ratifizierung der Gesetze durch den Allgemeinen Willen". Erging sich vor seinem Monsieur Gerber in bitteren Anklagen gegen die Jakobiner. Versenkte sich immer tiefer in das Studium Jean-Jacques'.

Vereinsamte.

Flieg über die Welt, Trikolore!

Fernand, anders als sein Vater, fand die Maßnahmen der Nationalversammlung keineswegs radikal. Ihm schienen die Abgeordneten des Volkes zaghaft, sie gingen ihm nicht rasch und energisch genug vor.

Warum ließ man die Gesetze von den Tuilerien aus verkünden durch den König? Warum ließ man dem König noch immer soviel reale Macht? Dabei wußte jedermann, daß, wenn nicht Louis selber, so doch die Königin und ihre Räte mit den ausländischen Höfen gegen die Nationalversammlung konspirierten.

Und warum führten die Volksvertreter keine ernsthaften Reformen in den Kolonien durch? Warum begnügten sie sich mit allgemeinen Sympathiekundgebungen für die Eingeborenen beider Indien?

Wieder und wieder inmitten der großen Pariser Ereignisse dachte Fernand an sein Saint-Domingue. Es geschah das nicht nur aus Philosophie, auch nicht aus gemeiner Sorge um die Ländereien, die er dort besaß. Deutlicher vielmehr als seit langem, heiß und mächtig, stieg ihm die Erinnerung auf an Hortense. Ihr Vater und die Ihren werden mit Haß und Hohn von dem sprechen, was hier in Paris geschah. Wird sich Hortense zurechtfinden? Wird sie an ihn denken und an seine Gespräche mit ihr? Wird nicht auch sie ihn für lächerlich halten?

Vielleicht *war* er lächerlich mit seinen Hoffnungen und Träumen von den glücklichen Folgen, welche die Umwälzung auch für seine geliebte Insel Saint-Domingue haben werde. Als die Nationalversammlung feierlich die Menschenrechte proklamierte, war er sicher gewesen, nun werde die Trikolore auch über Französisch-Amerika fliegen, und die Farbigen, die den weitaus größten Teil der Bevölkerung von Saint-Domingue bildeten, jene edeln Wilden, die Naturnahen, denen Jean-Jacques' Liebe und Sorge vor allen andern galt, würden nun befreit werden aus ihrer Entrechtung und Versklavung. Doch nichts war geschehen.

Wohl hatte sich in Paris eine Gesellschaft für die Emanzipation der Farbigen gebildet, die Société des Amis des Noirs, und viele Männer von Bedeutung und Einfluß hatten sich ihr angeschlossen. Allein die Inhaber der großen Pflanzungen und andere reiche Herren, die in Saint-Domingue Besitz hatten, unterhielten in Paris eine überaus rege Agentur, und diese, das Comité Colonial, erwies sich als geschickt und erfolgreich. Die Männer des Comités warnten vor radikalen Verordnungen, sie lagen den Deputierten ständig in den Ohren, Emanzipation der Farbigen würde die Schwarzen zu den Herren von Saint-Domingue machen, die Spanier und Engländer würden das nicht dulden und die ganze Insel annektieren. Diese Argumente, geschickt und überzeugend vorgebracht, machten Eindruck. Die Nationalversammlung, vollauf beschäftigt mit Reformen im Mutterland, erklärte zwar in vagen Worten die Menschenrechte als verbindlich für alle, gab aber dem Gouverneur und dem Intendanten von Saint-Domingue auf ihre Anfrage über den Status der Farbigen so zweideutige Weisungen, daß alles beim alten blieb.

Den Fernand kratzte und kränkte diese Halbheit.

Er hatte sich angefreundet mit Louis-Michel Lepeletier, früherem Marquis de Saint-Fargeau, der dem Präsidium der Nationalversammlung angehörte. Lepeletier war nur wenig älter als Fernand, er war mit einem Jahreseinkommen von über sechshunderttausend Livres einer der reichsten Männer des Landes. Trotzdem bekannte er sich mit dem Herzen und mit dem Munde zur Trikolore. Er selber hatte das Gesetz über die Abschaffung des Adels eingebracht, er war hervorragend beteiligt an der Einführung der vom Vatikan aufs heftigste befehdeten Zivilkonstitution des Klerus, er befürwortete alle radikalen Reformen.

Michel Lepeletier war schmächtig von Gestalt und hatte ein unvergeßliches Gesicht: eine sehr schräge Stirn, einen breiten, scharfen Mund und über einer gewaltigen, höckerigen

Nase große, leuchtend blaue Augen. Er war aufgeschlossen allem Neuen, empfänglich für die Künste und in den Wissenschaften zu Hause. Schon in jungen Jahren ein ausgezeichneter Jurist und Präsident des Tribunals seiner Provinz, vermochte er komplizierte Gesetze und Verordnungen scharf und logisch zu formulieren wie kein zweiter.

In seiner Lebenshaltung blieb er ganz und gar ein großer Herr. Führte ein üppiges Haus mit viel Dienerschaft, legte Wert auf elegante Kleidung und erlesene Küche, ließ sich auf der Privatbühne seines Stadtpalais anspruchsvolle Stücke vorspielen. Gemeinhin nahm das Volk den Aristokraten, den „Ci-Devants – den Ehemaligen" dergleichen Attitüden gewaltig übel; ihren Lepeletier aber liebten die Pariser, und wenn er in seinem prächtigen Wagen in die Nationalversammlung fuhr, jubelten sie ihm zu.

Seltsamerweise gefiel auch dem Fernand an Michel Lepeletier das aristokratische Gehabe, das ihn an andern abstieß. Freilich verband Michel die elegante, leicht ironische Geistigkeit des Hochadels mit einem fanatischen Glauben an den Fortschritt und mit dem unbändigen Drang, die revolutionären Ideen in Taten umzusetzen.

Der ganze Kreis Lepeletiers fesselte Fernand, vor allem fesselte ihn Lepeletiers Freundin, die Schauspielerin Eugénie Maillart, sie, die damals an Jean-Jacques' Grab Tränen vergossen hatte. Sie war nach wie vor eine überzeugte Anhängerin Jean-Jacques' und der neuen Ordnung. Doch mochte Mademoiselle Maillart, deren hinreißende Heiterkeit ein Ruhm des Théâtre Français war, das Gerede von Tugend, Kargheit und Kahlheit nicht leiden, und die vielen feierlich nüchternen, trübselig schäbigen Tribunen der Nationalversammlung waren ihr zuwider. Sie begriff die Revolution in Gestalt ihres Michel Lepeletier, der mit der demokratischen Glut des neuen Regimes die geistige Anmut und verfeinerte Eleganz des alten vereinte.

Fernand hatte vorübergehende Liebschaften mit hübschen Frauen. Was ihn zu Eugénie Maillart zog, war mehr als flüchtige Laune; allein er wußte, sie liebte mit ganzem Herzen ihren gescheiten, häßlichen, lebendigen, liebenswerten Lepeletier.

Zu seinem Freunde Michel also kam Fernand auch mit seinen Nöten um Westindien.

Michel setzte ihm auseinander, es habe keinen Sinn, ein eindeutiges Gesetz über die Emanzipation der Farbigen zu erlassen, durchführen könne man ein solches Gesetz nur mit Gewalt, und die Truppen, die man habe, benötige man im Mutterland. „Also muß man die Sache der Kolonien verraten!" sagte finster Fernand. Michel legte ihm die Hand auf die Schulter. „Nicht so ungestüm", bat er. „Ich habe oft erwogen, ob man, wenn nicht den Negern, so doch den Mischblütigen, den Mulatten, Gleichberechtigung zugestehen könnte. Bis jetzt freilich ziehen die Bürger Gesetzgeber nicht recht. Monsieur Robinet und sein Comité Colonial sind zu mächtig." Er hatte eine Idee. „Sind Sie nicht ein naher Bekannter Monsieur Robinets?" meinte er. „Wenn *er* seinen Widerstand aufgibt, dann bringen wir das Gesetz durch. Gehen Sie zu ihm. Stellen Sie ihm vor, daß er die Befreiung der Farbigen auf die Dauer doch nicht wird verhindern können. Versprechen Sie ihm in meinem Namen: wenn er sich unserm Gesetz über die Mischblütigen nicht in den Weg stellt, dann lassen wir ihm lange Zeit Ruhe, und er kann seine Schwarzen für den Rest seines Lebens ausbeuten. Er ist nicht mehr jung."

Dem Fernand mißfiel der Opportunismus seines Freundes, und mit Monsieur Robinet zu verhandeln, war ihm zuwider.

Seltsamerweise hatte Robinet, der doch infolge seines Reichtums zu den großen Herren gehörte, der Revolution zugestimmt. Die Umwälzung, hatte er vielwortig Fernand erklärt, mache nur eine Wirklichkeit sichtbar, welche schon seit langem bestand. Seit langem schon regierte das Großbürgertum. Wohl hatten die Adeligen ihre Privilegien und spreizten sich vorne mit ihren großen Titeln; in Wahrheit aber bestimmten vom Hintergrund her die durch ihre Begabung reich gewordenen Bürger die Geschicke des Staates, und die entscheidenden Ämter waren besetzt mit Männern aus der bürgerlichen Intelligenz. Jetzt waren die Privilegierten davongejagt, und die Bürger hatten auch dem Namen nach die Macht übernommen, das war alles.

Fernand war angewidert von dieser einseitig zynischen Ausdeutung des großen Geschehens. Aber Lepeletier kannte die Menschen, er hatte immerzu mit Leuten wie Robinet zu tun, sein Ratschlag war gut. So schwer dem Fernand der Gang zu Robinet fiel, er mußte sich wohl dazu bequemen.

Monsieur Robinet hatte sein imposantes Palais in Paris zugesperrt und eine Etagenwohnung in einem unscheinbaren Haus bezogen. Von hier aus betrieb er umfangreiche, schwer übersichtliche Geschäfte. Erwarb Liegenschaften des Klerus und des emigrierten Adels, die konfisziert worden waren, schloß mit den Intendanten der immer wachsenden Armee des neuen Frankreich Verträge über Lieferungen von Lebensmitteln, Uniformen und Waffen.

In der Stadtwohnung Monsieur Robinets also, in seinem einfachen Büro, verhandelten der Sohn eines der ältesten Adelsgeschlechter Frankreichs und einer der reichsten Bürger des Landes über das Schicksal der Farbigen von Saint-Domingue.

Monsieur Robinet hörte Fernand aufmerksam an. Dann, ihm mit dem Finger drohend, sagte er: „Sie sind mir ein Schlauer, mein lieber Herr Graf. Aber diesmal wird die Ziege den Wolf nicht fangen. ‚Wir wollen ja nur ein ganz kleines Zugeständnis', sagen Sie, ‚wir wollen ja nur Bürgerrecht für die paar tausend Mulatten.' Aber Sie wissen ganz genau: wer Milchkaffee einschenkt, muß auch schwarzen servieren, und wenn wir heute die Mischblütigen emanzipieren, dann kommen uns morgen die Neger. Nein, mein lieber Graf, daraus wird nichts. Wenn wir da nur einen Zoll nachgeben, dann können wir den Laden zumachen, und Frankreich hat seine Kolonien gesehen."

Fernand schwieg finster. „Jetzt halten Sie mich natürlich für verbohrt und rückständig", fuhr Monsieur Robinet fort. „Aber Sie tun mir unrecht. Ich bin bereit zu Kompromissen. Ich bin nicht rückständiger als Ihre vielgerühmten Freiheitsmänner vom Kongreß in Philadelphia. Auch wir wollen den Farbigen Rechte zugestehen, aber genau wie die Herren in Englisch-Amerika erst zur Jahrhundertwende, erst im nächsten Jahrhundert. Eile mit Weile! Das hat Reim und Vernunft." Er wurde nachdenklich und sah auf einmal trotz seinem frischen, roten Gesicht sehr alt und weise aus. „Ja, ja, die Menschenrechte", sagte er träumerisch. „Ich bin auch für die Menschenrechte, aber in Saint-Domingue müssen sie warten. Übrigens", fuhr er fort und belebte sich, „schon der Silberstreif am Horizont, ich meine die Aussicht auf die Menschenrechte im nächsten Jahrhundert, macht Besitz in Westindien zu einer bedenklichen Kapitalsanlage. Ich bin im Begriff, meine Plantagen abzustoßen. Sie würden gut daran tun, Herr Graf, es ebenso zu machen. Ich bin Ihnen gerne behilflich, wenn Sie es wünschen." Fernand dankte trocken, feindselig und ging.

Es traf in Paris eine Abordnung der Mulatten von Saint-Domingue ein, um vor der Nationalversammlung für die Sache der Mischblütigen zu plädieren. Geführt wurde die Deputation von dem Advokaten Vincent Ogé, der selber ein Mischblütiger war. Fernand kannte Ogé vom Cap Français her, vom Cercle des Philadelphes, als einen intelligenten, gebildeten, energischen Mann.

Die Société des Amis des Noirs unterstützte Ogé nach Kräften. Aber von den Volksvertretern wurden er und seine Leute mit Redensarten und Versprechungen abgespeist, und es geschah nichts.

Lepeletier, auf Anregung Fernands, lud Ogé zu Tische. Es waren nur Michel da, Fernand und Mademoiselle Maillart. Lepeletier forderte Ogé auf herauszusagen, was er auf dem Herzen habe, und es war seltsam, wie der naive, etwas ungelenke Mulatte dem eleganten, verwöhnten Herrn und der schönen, anmutig gekleideten Schauspielerin leidenschaftlich seine demokratischen Forderungen vortrug, während geschulte Lakaien mit traditionellem Zeremoniell erlesene Gerichte servierten.

Lepeletier legte der Versammlung ein Gesetz vor, welches zwar nicht den Schwarzen, wohl aber den Mulatten in klaren Worten Gleichberechtigung zugestand. Er tat es, wie er Fernand erklärte, schweren Herzens; denn er fürchtete, auch diese Reform werde Blutvergießen zur Folge haben. Das Gesetz wurde angenommen.

Der Marquis von Traversay beschwor Fernand in einem dringlichen Briefe, er möge den Mulatten Ogé in Paris zurückhalten. Sollte dieser nach Cap Français zurückkehren und sollten er und seine Mulatten versuchen, sich unter Berufung auf die unsinnige „Gleichberechtigung“ an den Wahlen zu beteiligen, so werde sich die weiße Bevölkerung blutig wehren.

Ogé selber hatte Drohbriefe erhalten. Aber er war entschlossen zurückzukehren, er freute sich auf den Kampf.

Fernand brachte ihn ans Schiff. Ogé nahm eine Fahne mit den Farben des neuen Frankreich mit, ein Geschenk der Gesellschaft der Freunde der Schwarzen. „Ich bringe sie hinüber, die Trikolore“, sagte er. „Und wenn das weiße Gesindel sie mir zerschießt und verbrennt, und mich dazu: ich sah sie fliegen.“

Fernand wartete voll Hoffnung und Besorgnis auf Meldungen aus Saint-Domingue. Es kam nicht, wie er's hoffte, es kam, wie Robinet es vorausgesagt und Lepeletier es gefürchtet hatte. Überall auf der Insel fielen am Wahltage die Weißen über die Mulatten her, sie erschlugen Tausende. Ogé rettete sich in die Berge und organisierte einen bewaffneten Aufstand der Farbigen. Die wohltrainierte weiße Miliz schlug seine Leute. Ogé selber flüchtete in den spanischen Teil der Insel.

Es kam schlimmer. Die spanischen Behörden lieferten auf Grund eines alten Vertrages Ogé den französischen Pflanzern aus. Diese stellten ihn unter Beschimpfungen und grauenvollen Mißhandlungen vor ein sogenanntes Kriegsgericht, das ihn zum Tode verurteilte. Seine Hinrichtung wurde zu einem Volksfest. Von überallher kamen die Weißen, Männer, Frauen und Kinder, und sahen jubelnd den grausam erklügelten, ausgedehnten Torturen zu, mit denen man den Mulatten „zur Abschreckung der Farbigen" aufs Rad flocht. Einer aus dem Cercle des Philadelphes schrieb nach Paris: „Seit der Exekution jenes Damiens, der den Fünfzehnten Louis hatte ermorden wollen, haben Franzosen der Welt kein so wüstes Schauspiel geboten."

Fernand war in Ermenonville, als er die Nachricht erhielt. In hilfloser Wut ritt er nach Latour. Fand Robinet in Gesellschaft Gilbertens und Mathieus. „Da haben Sie es", klagte er ihn an, „was Ihr Comité Colonial erreicht hat."

Monsieur Robinet blieb kühl. Schuld an den blutigen Vorgängen war die Nationalversammlung, die trotz den Warnungen des Comités die närrischen Verordnungen erlassen hatte. „Ich fürchte nur", meinte er, „man wird jetzt in Paris noch mehr Unsinn machen und das Gesetz verschärfen, statt es zu widerrufen. Dann geht drüben alles vollends in die Brüche. Sie hätten rechtzeitig verkaufen sollen, mein lieber Graf. Jetzt, fürchte ich, haben wir beide in Westindien nichts mehr zu bestellen."

„Sie sind der letzte, der mich verhöhnen dürfte", sagte wild Fernand. Monsieur Robinet zuckte die Achseln. „Ich habe heute nach Cap Français geschrieben", antwortete er, „und Mäßigung dringend empfohlen. Aber Briefe machen keinen Eindruck. Sie haben nahe und mächtige Freunde auf der Insel, mein lieber Graf, Sie haben Einfluß. Gehen Sie doch hinüber. Suchen Sie persönlich was auszurichten." Und mit spöttischer Herausforderung schloß er: „Ich sehe jetzt schwarz für unsere Freunde."

Der schale Hohn Monsieur Robinets traf Fernand. Mehrmals hatte er erwogen, ob er nicht nach Saint-Domingue gehen solle. Er hatte einen Brief Hortensens erhalten. In ihren kindlichen Buchstaben schrieb sie, es sei ihr leid, daß sie nicht mit ihm reden könne über die wüsten Dinge, die sich jetzt auf der Insel ereigneten; jeder denke verschieden, sie kenne sich nicht mehr aus, sie habe Angst, es verlange sie sehr nach seiner Nähe. Die Worte Monsieur Robinets erregten ihm eine neue, gewalttätige Lust, zu Hortense zurückzukehren. Gewiß, was über die in Saint-Domingue hereinbrach, war die Folge ihrer eigenen, dummen Verstocktheit: aber durfte er Hortense in Gefahr lassen, weil ihr Vater ein halsstarriger Aristokrat war?

Gilberte betrachtete ihn aufmerksam; er glaubte auf ihrem Gesicht jenes winzige Lächeln wahrzunehmen. „Sie haben recht, Monsieur", sagte er und richtete sich höher. „Ich gehe nach Saint-Domingue."

Robinet war betroffen. So hatte er's nicht gemeint. Der Narr war imstande, wirklich in die Hölle hinüberzufahren, und was für Tänze wird dann er, Robinet, mit seiner Gilberte haben! „Ich habe natürlich nur einen dummen Witz gemacht", sagte er eilig. „Sie werden dort nicht das geringste ausrichten. Sie gefährden nur sich selber und verwirren die Dinge noch mehr. Bleiben Sie im Lande. Reden Sie Lepeletier und den andern von der Nationalversammlung zu, daß sie nicht noch mehr Unsinn anstellen. Das ist das Beste, was Sie für Ihre Freunde in Saint-Domingue tun können."

In Paris sah Fernand mit grimmiger Genugtuung, daß, was der lebende Ogé nicht erreicht hatte, dem toten zufiel. Die Ereignisse in Westindien rüttelten Paris auf. Die Amis des Noirs hielten große Versammlungen ab, Bilder des Märtyrers Ogé und seines scheußlichen Ausgangs wurden überall gezeigt, auch auf der Bühne wurde sein edles Leben und sein schmählicher Tod vorgeführt.

Lepeletier, ohne daß ihn Fernand lange hätte bitten müssen, erwirkte ein Gesetz, welches die Rechte der Farbigen erheblich erweiterte.

Fernand wünschte sehnlich, die Nationalversammlung möge ihn nach Westindien schicken, das Gesetz durchzuführen. Aber als er Lepeletier davon sprach, lehnte dieser sogleich und unumwunden ab. Das Gesetz, erläuterte er, sei lediglich eine Warnung an die aristokratischen Pflanzer, es sei rein akademisch, es lasse sich ohne eine Armee nicht durchführen.

„Schicken Sie mich hinüber, Michel!“ bat Fernand dringlich, unvernünftig. „Ich denke nicht daran“, antwortete Lepeletier. „Ich lasse Sie nicht in Ihren Tod rennen. Ein Mann wie Sie hat uns drüben gerade noch gefehlt. Was wir dort brauchen, ist ein harter Politiker, kein Philosoph.“

Daß der Freund ihn nach allem, was er erlebt hatte, noch immer als Träumer und Knaben ansah, traf Fernand wie ein Schlag. „Und Sie“, sagte er bitter, „haben in der Nationalversammlung das Los der Farbigen geschildert mit einer Empfindung, die Jean-Jacques’ würdig war.“ – „Ich wollte erreichen“, erklärte geduldig Lepeletier, „daß das Gesetz erlassen wird. Daß es durchgeführt werden könnte, habe ich nie geglaubt.“

„Ich gehe nach Saint-Domingue, dann eben ohne Amt!“ bestand knabenhaft verstockt Fernand.

„Seien Sie vernünftig!“ bat freundschaftlich Lepeletier. „Sie wissen doch selber, es ist nicht nur der Schmerz um Ogé, der Sie hinübertreibt, und nicht nur Philosophie, es ist der Gedanke an jenes Mädchen, mit dem Sie drüben galante Reden ausgetauscht haben. Machen Sie keine leeren Kavaliersgesten! Fahren Sie nicht Tausende von Meilen, bringen Sie sich nicht in unnötige Gefahr, um einer Dame beizustehen, die höchstwahrscheinlich längst in Sicherheit ist und die sich bestimmt ohne Ihre ‚Hilfe‘ besser retten kann. Seien Sie nicht so sehr ein Ci-Devant, Fernand!“ schloß er, jedes Wort betonend.

Fernand fühlte sich verhöhnt, aber er spürte auch, daß Michel recht hatte, in einem viel tieferen Sinne recht als Monsieur Robinet. Trotzdem empörte sich sein ganzes Gefühl gegen die „Feigheit“, die ihm zugemutet wurde.

Mademoiselle Maillart war eingetreten. „Unser Freund ist unglücklich“, informierte Michel sie, „weil ich nicht zugeben will, daß er sich in Westindien totschlagen läßt.“ Er merkte, wie empfindlich seine Worte Fernand verletzt hatten, und entschloß sich, ihm jetzt schon mitzuteilen, was er ihm erst später hatte sagen wollen. „Sie werden bald Gelegenheit haben, Fernand“, tröstete er ihn, „von hier aus viel entscheidender in das Schicksal der Kolonie einzugreifen, als Sie es drüben könnten."

Fernand machte ein törichtes Gesicht. „Er versteht nicht", sagte lächelnd Michel zu Mademoiselle Maillart. „Er ist zu bescheiden." Und: „Es werden doch", erklärte er ihm, „bald Neuwahlen erfolgen, und Eugénie möchte, daß in der neuen Gesetzgebenden Versammlung nicht lauter tugendhafte Bürger sitzen, sondern auch einige ‚Ehemalige', welche die neuen Ideale im Herzen haben, aber im Hirn und im Munde die alte gute Logik und Grammatik und in den Gliedern die alten guten Manieren." Und da Fernand aufgestanden war, hilflos und bewegt, fuhr Michel fort: „Ja, wir haben, meine Freunde und ich, vorgeschlagen, Sie als Kandidaten aufzustellen, und ich bin sicher, mein lieber Bürger Girardin, man wird Sie zum Deputierten wählen."

Fernand hatte sich in glücklichem Schreck tief gerötet. Daß Michel ihn trotz allem für fähig hielt zum Gesetzgeber, machte ihn stolz. Tiefer aber bewegte ihn ein anderes. Michel hätte ihn nicht vorgeschlagen, wenn er nicht sicher wäre, daß er, Fernand, den Wählern genehm war, daß seine Tätigkeit in Senlis ihm ihr Vertrauen erworben hatte. Keine schönere Bestätigung konnte sich Fernand denken. Das Volk stieß ihn nicht zurück, das Volk anerkannte ihn als Bruder.

„Was meinen Sie, Eugénie?" fragte Lepeletier die Schauspielerin. „Wird nicht unser Fernand ein guter Gesetzgeber sein?" – „Ein ausgezeichneter", antwortete lächelnd Mademoiselle Maillart. „Unter lauter Brutussen und Lykurgen ein Mensch von Fleisch und Blut."

Treu sein – aber wem?

Aufregende Nachrichten gingen durchs Land. Der König hatte zu fliehen versucht, unter falschem Namen und mit falschen Pässen, er und seine Familie. Er hatte die nordöstliche Grenze erreichen wollen, um von dort an der Spitze fremder

Truppen im Triumph nach Paris zurückzukehren und die Nationalversammlung davonzujagen. Aber die Flucht war jämmerlich mißglückt. Der patriotische Postmeister eines winzigen Ortes hatte den König erkannt, an seinen Bildern auf den Banknoten, und schnell entschlossen, mit Hilfe ein paar anderer wackerer Bürger, den Reisewagen aufgehalten. Patriotische Tugend hatte die Ränke der Ehemaligen vereitelt. Louis war nach Paris zurückgebracht worden, und jetzt wurden er und die Seinen in den Tuilerien im Wortsinn gefangengehalten. Wachen waren aufgestellt überall im Schloß, auch vor den Schlafzimmern des Königs und der Königin.

Das ungeheure Ereignis erweiterte die Spaltung zwischen den Bürgern des alten und denen des neuen Frankreich. Die vielen Unentschiedenen mußten sich jetzt erklären: galt ihre Treue der Nation oder galt sie dem König, der aus selbstischen Gründen dem Feind die Grenzen des Landes hatte öffnen wollen?

Vor dieses stachelige Problem sah sich auch der ehemalige Graf Courcelles gestellt. Mathieu war fortschrittlich, er hatte die Einberufung der Reichstände und die Erstürmung der Bastille mit ehrlicher Freude begrüßt, er hatte das Verhalten seiner Standesgenossen, die über die Grenze gegangen waren, verurteilt. Sie verrieten ihr Land, sie ließen ihren König im Stich. Als indes der König gezwungen war, immer neue Handlungen, die er offenbar mißbilligte, gutzuheißen oder gar selber zu begehen, begann Mathieu die Emigranten zu begreifen. Sie waren im Recht: der König *war* vergewaltigt worden, und nicht das Volk hatte die Regierung Frankreichs übernommen, sondern ein Pack ehrgeiziger Mißvergnügter. Alle Höfe Europas leisteten den Emigranten, die sich an der Grenze, auf der deutschen Seite des Rheins, in Koblenz, sammelten, tatkräftige Hilfe; eine große Armee wurde gerüstet, welche die Wiederherstellung der absoluten Monarchie in Frankreich erzwingen sollte.

Und nun also hatte sich der König an die Spitze der Emigranten stellen wollen, er hatte sie und ihre Bestrebungen jedem sichtbar sanktioniert. Mathieus ruhiges Blut wallte auf, wenn er bedachte, daß der Wille des Allerchristlichsten Königs gescheitert war an dem eines kleinen Postmeisters. Einer aus der Canaille hatte den Herrscher des ältesten Königreiches der Welt zwingen dürfen zu schmählicher Umkehr!

Klägliche Einzelheiten wurden bekannt über die Rückfahrt des Königs. Er und die Seinen mußten langsam durch die furchtbare Hitze über staubige Straßen fahren, sehr langsam, noch langsamer, und weither kamen alle herbei, den König, der sein Volk hatte verraten wollen, zu besichtigen. Paris hatte Kommissare geschickt, ihn zu begleiten, sie saßen in seiner Kutsche, der Raum wurde eng in der Kutsche, es war schwül, König und Königin mußten den Staub der Straßen schlucken, den Schweiß ihrer Wärter und Beschützer atmen, die Beschimpfungen der Neugierigen anhören. In Paris erwartete den König eine ungeheure Menge. Nationalgarden bildeten Spalier, strammstehend, die Gewehrläufe nach unten wie bei einer Beerdigung. Ein ungeheures Schweigen war; denn es war verkündet worden: wer dem König Hoch ruft, kommt an den Pranger, wer ihn beschimpft, ins Gefängnis.

Mathieu stellte sich vor, wie die schöne, stolze Königin unter diesen Demütigungen hatte leiden müssen. Es hieß, ihr Haar sei weiß geworden in den vier Tagen der kläglichen Rückfahrt.

Was sollte Mathieu tun? Persönlich war er als Gatte Gilbertens, der Enkelin des einflußreichen, bei den Abgeordneten wohlangesehenen Monsieur Robinet, wohl kaum gefährdet, wenn er im Lande blieb. Wenn er indes Frankreich verließ, dann war er ein Bettler; das Gesetz schrieb vor, daß dann seine und Gilbertens Güter konfisziert wurden, und es gingen bitterliche Geschichten um über das bettelstolze Dasein der Emigranten. Auch durfte er, war er einmal über der Grenze, bei Todesstrafe nicht ins Land zurück.

Aber durfte er bleiben? Hatte er nicht seinem König Treue geschworen? War es nicht seine Pflicht, zu der Armee der

Emigranten zu stoßen, die sich rüstete, den König in seine Rechte wiedereinzusetzen?

Es war schon bisher schwierig gewesen, über die Grenze zu kommen, nun waren die Wachen verstärkt, und die Flucht mit Gilberte und dem Kind war keineswegs ohne Gefahr. Mathieu schwankte. Vor Gilberte aber schwieg er von seinen Zweifeln und Bedenken; er trug sie in sich selber aus.

Monsieur Robinet jedoch durchschaute ihn.

Er selber dachte nicht daran, über die Grenze zu gehen. Er fühlte sich sicher, und es wäre ein Jammer gewesen, seine blühenden Geschäfte im Stich zu lassen. Andernteils hatte die vereitelte Flucht des Königs bewiesen, daß nicht etwa nur Paris, sondern daß ganz Frankreich auf seiten der Revolutionäre stand, das mußten jetzt auch die Könige Europas erkennen, sie mußten Vorkehrungen treffen, sich vor dem Schicksal ihres Vetters Louis zu hüten, ein Krieg zwischen dem demokratischen Frankreich und den absoluten Monarchen Europas war somit unvermeidlich, und Monsieur Robinet wollte in diesem Kriege sichergehen. Deshalb wünschte er, daß sich Mathieu auf die Seite der Emigranten schlage. Monsieur Robinet hatte sich dann im Fall eines Sieges der Revolutionäre durch sein treues Aushalten im Lande salviert; im Fall eines Sieges der Royalisten konnte er sich darauf berufen, daß der Mann seiner Enkelin diesen Sieg miterfochten hatte.

Vor Gilberte ließ er natürlich nichts von diesen Überlegungen verlauten. Wohl aber erklärte er ihr, nach den letzten Ereignissen könnte er's verstehen, wenn sich Mathieu zu seinen Freunden ins Ausland begäbe.

Auch Gilberte hatte gemerkt, daß sich Mathieu mit einem solchen Plane trug.

Sie hatte sich redlich bemüht, sich in den Begebenheiten dieser letzten zwei Jahre zurechtzufinden. Von vielem war sie abgestoßen worden; dann wieder hatte die Gewalt der Ereignisse und wohl auch die leidenschaftliche Anteilnahme Fernands sie mitgerissen. Wenn sie, nicht oft, mit Mathieu über die öffentlichen Dinge sprach, merkte sie, wie tief ihr trotz allem Spott die Philosophie Jean-Jacques' gegangen war. Überdies kam sie von unten, sie hatte erfahren, wie schwer man es hatte, als ein Nichtprivilegierter zu leben, es tat ihr in der Seele wohl, daß nun die künstlichen Mauern zwischen den Ständen eingerissen waren und es nur mehr *ein* Volk gab. Zuweilen freilich kam sie sich lächerlich vor. Da hatte sie auf ihre schönste Hoffnung verzichtet und sich auf diese bedenkliche Ehe eingelassen, damit sie und ihr Kind zu den Privilegierten gehörten, und kaum hatte sie es geschafft, da war es Essig mit den Privilegien, und die kleine Marie-Sidonia war eine Bürgerin wie jede andere. Es war merkwürdig, daß die Vorsehung ihr diese Nase gedreht hatte und daß am Ende die närrische Weisheit des alten Jean-Jacques recht behielt. Die letzten Ereignisse, die Flucht und die Gefangenschaft des Königs, hatten sie sehr erregt. Sie hatte eine leicht spöttische Zuneigung verspürt für den langsamen, gutmütigen König und für die hübsche, liebenswürdige Marie-Antoinette, die alle die Eigenschaften besaß, welche Fernand verabscheute. Und wenn schon der König und die Königin vom Volke so gemein behandelt wurden, welche Gefahren dann liefen Mathieu, ihr Kind und sie selber. Nicht nur hatte sie ihre Privilegien verloren, sie gehörte schon wieder zu den Entrechteten.

Sie hatte hin und her überlegt. Wiewohl nicht furchtsam, wollte sie Mathieu und das Kind keiner unnötigen Bedrängnis aussetzen. Andernteils käme es sie hart an, das Land zu verlassen und vor dem Schwung der Ereignisse davonzulaufen. Fernand würde sie, und mit Recht, für lahm und lau halten.

So zog sie denn, als jetzt Monsieur Robinet zur Flucht riet, die Antwort hinaus. „Wenn Mathieu vorschlagen sollte zu emigrieren", meinte sie schließlich, „würden Sie doch selbstverständlich mit uns kommen, Großvater?"

So hatte sich's nun Monsieur Robinet keineswegs vorgestellt: er hatte davon geträumt, Gilberte und das Kind für sich zu haben, ohne den unbehaglichen Mathieu. „Ich habe nicht von mir gesprochen, mein Mädchen", sagte er, „auch nicht von dir und Marie-Sidonia."

„Ich denke nicht daran, Mathieu allein gehen zu lassen", antwortete jetzt ohne Zögern und streitbar Gilberte.

„Ich würde daran denken, mein Mädchen", antwortete freundlich Monsieur Robinet. „Wenn Mathieu geht, dann geht er nämlich in den Krieg, darüber mußt du dir klar sein, und es ist nicht mehr Sitte und auch nicht ratsam, daß die Frauen ihre Männer in die Schlacht begleiten." Er faßte seine Meinung zusammen: „Wenn ihn sein Herz treibt, über den Rhein zu gehen, dann würde ich ihm an deiner Stelle kein Hindernis in den Weg legen, ich würde ihm aber auch nicht anbieten mitzukommen." – „Ich soll ihn allein gehen lassen?" wiederholte ungläubig Gilberte. „Er selber wird dir's anders kaum zumuten", antwortete Robinet. „Es ist eine harte Aufgabe und ziemlich gefährlich, über die Grenze zu gehen mit einer Frau und einem kleinen Kind."

Als kurz darauf Mathieu ihr in der Tat vorschlug, Frankreich zu verlassen, war, obgleich sie sich doch darauf gefaßt gemacht hatte, die sonst so klare, entschlossene Gilberte tief verwirrt. Marie-Sidonia war im Zimmer; artig, sehr erwachsen angezogen ging sie auf und ab, ein Spielzeugschäfchen nach sich ziehend. „Ich kann es verstehen, Mathieu", sagte nach einer Weile Gilberte, „daß du zur Armee willst. Aber was soll aus uns werden, aus mir und dem Kind?" Und da er sie verständnislos anschaute – er hatte nie daran gedacht, daß sie ihn könnte allein gehen lassen –, fügte sie hinzu: „Dürfen wir das Kind den Gefahren des Grenzüberganges aussetzen?"

Ihre Worte klangen unsicher, und Mathieu wußte: was sie da sagte, war nur eine halbe Wahrheit. Er schaute sie an, in seinem Blick war mehr Trauer als Vorwurf. Er hatte erkannt, es war ihm bei aller Liebe und treuen Ergebenheit nicht geglückt, sie zu gewinnen.

Sie spürte unter seinem Blick einen würgenden Schmerz. Gleichzeitig, mit trüber Ironie, dachte sie: Es heißt ihn ja niemand gehen. Wenn ihm mehr an diesem jämmerlichen König liegt als an mir, dann soll er nur gehen. Ich halt ihn nicht. Ich hab auch den andern nicht gehalten, dachte sie bitter, herausfordernd. Aber der Schmerz ließ nicht nach, und die Vorwürfe, die er ihr nicht machte, machte sie sich selber. Sie hatte nicht Kraft genug, zu lieben, diesen nicht, nicht einmal den andern.

Mathieu hatte zurückgefunden in den Schutz seiner guten Manieren. „Was ist Ihre Meinung, Madame?" fragte er. „Raten Sie mir zu gehen?" Mit Überwindung setzte er hinzu: „Allein?"

Gilberte, stockend, antwortete: „Wenn du gehen mußt, Mathieu . . ."

Wenige Tage später brach Mathieu auf, in einfachster Kleidung, mit einem gefälschten Paß.

Vierter Teil

Jean-Jacques und das Volk

Besser ein junger Mensch niedrigen Ursprungs, der Verstand hat, als ein alter, närrischer König, der nicht weiß, wie er sich helfen soll. Denn durch eine Rebellion kann der junge Mensch zur Herrschaft kommen, auch wenn er niedrig geboren ist in seinem Lande. Ich habe es erlebt, daß alles Volk einem solchen jungen Menschen zulief und daß er an des alten Königs Stelle gesetzt wurde.

Prediger Salomonis

Die Soldaten der französischen Republik hatten das Gefühl, daß allein sie vernünftige Wesen seien. Die Bewohner des übrigen Europa, die sich schlugen, um sich ihre Ketten zu erhalten, waren in den Augen dieser Franzosen nichts als traurige Schwachköpfe oder Lumpen, die sich von den Despoten bezahlen ließen.

Stendhal

Die Lauen werden wir ausspeien
Die Witwe Rousseau
Nicolas reitet wieder
Die Verschwörung der Könige
Ein bitteres Glück
Finstere Gäste
Eine Jungfernrede
Keine falsche Humanität!
La Terreur! La Terreur!
Die Verdächtigen

Die Lauen werden wir ausspeien

Gleich vielen anderen Städten hatte, nach dem Vorbild von Paris, auch die Gemeinde Senlis ihren Jakobinerklub. Hier wurde die Politik des Bezirks gemacht. Präsident des Klubs war Martin Catrou.

Sooft er's konnte, ging er nach Paris, sich Rat und Kraft zu holen. Dort gab es einen Mann, der die Lehre des Meisters, die scheinbar widersprüchliche, in allen ihren Verzweigungen erfaßt hatte und sie in lebendige Politik umsetzte. Dieser Mann war Mitglied der Nationalversammlung, aber er lehrte und wirkte vom Jakobinerklub aus, und daß der Klub nun fast so mächtig war wie die Nationalversammlung, dankte er ihm. Es war jener Maximilien Robespierre aus Arras, der Jean-Jacques kurz vor seinem Tode aufgesucht hatte. Wenn die gläserne, schneidende Stimme dieses Robespierre ertönte, wenn der nicht große, mit peinlicher Sorgfalt gekleidete Herr eine seiner von kalter Logik brennenden Reden hielt, dann wurde dem Martin die kahle, häßliche Kirche in der Rue Honoré, wo die Jakobiner tagten, zum Herzen und Heiligtum Frankreichs.

Der Bewunderte hatte wenig persönliche Freunde, er zeigte seinen Anhängern nichts als unbeteiligte Höflichkeit. Trotzdem sahen, nun Jean-Jacques auf der Insel der Großen Pappeln begraben lag, viele gerade der glühendsten Patrioten, sah auch Martin in ihm den Verkünder der reinen Lehre, ihren Hohenpriester, ihren Erfüller. Jean-Jacques selber, wenn er zu den Jakobinern spräche, hätte nicht hinreißender seine Prinzipien verkünden und sie auf die politischen Probleme des Tages anwenden können.

Martin versuchte, seine Jakobiner von Senlis vertraut zu machen mit den Prinzipien Maximilien Robespierres. Wie dieser vereinigte er fanatischen Glauben an die Lehre Jean-Jacques' mit kalter, ihre Schlüsse zu Ende denkender Vernunft. Wie dieser verachtete er alles Halbe und Laue, und er teilte Robespierres ewig waches Mißtrauen gegen die Ehemaligen. Er lehrte seine Leute in Senlis, daß es außer der Armee, welche die geflohenen Aristokraten gegen das französische Volk sammelten, im Lande selber noch zahllose Feinde gab. Solange man das Alte nicht mit der Wurzel ausriß, konnte man die Ziele der Revolution nicht erreichen.

Er trug indes seine Lehren nicht vor mit der eisigen Eleganz des großen Jakobiners von Paris, sondern in saftigen, volkstümlichen Wendungen, er interpretierte die Argumente Jean-Jacques' mit brutalem Elan, er sprach mit seinen Patrioten von Senlis ihre eigene Sprache.

Fernand, der sich zuweilen im Klub von Senlis sehen ließ, fand Martins Reden bedenklich. Wohl gebrauchte dieser Worte und Wendungen Jean-Jacques', doch unterlegte er ihnen einen gefährlichen Sinn. Ohnedies wollten viele, denen die neue Ordnung zu Kopf gestiegen war, nicht begreifen, daß es noch immer Recht und Gesetz gab und sie nicht ohne weiteres tun und lassen konnten, was sie wollten. Martins Reden trieben sie weiter voran auf dem Wege der Willkür.

Einmal, nachdem Martin eine besonders radikale Rede gehalten hatte, fragte er Fernand: „Du findest das alles natürlich ganz falsch?" – „Ja", antwortete Fernand, „ich habe Bedenken, aber sie lassen sich nicht in zwei Worte fassen. Es ist schade, daß wir uns in letzter Zeit so selten gesehen haben", fügte er höflich hinzu. Martin, leicht bösartig, erwiderte: „Du hast ja deinen Lepeletier." Den Fernand freute es, daß Martin auf Michel eifersüchtig war. „Nichts wäre mir lieber", antwortete er herzlich, „als ein paar gute

Stunden mit dir zusammen zu sein.“ Martin lud ihn zum Abendessen.

Die Wohnung der Catrous war dürftig; Martin lebte und arbeitete in drei Räumen, zusammen mit Mutter, Frau und kleinem Kind. Es roch nach Speisen und Menschen, das Kind schrie. Die Gerichte waren ohne Liebe und ohne Kunst zubereitet. „Sie müssen vorliebnehmen, Bürger Girardin“, sagte Frau Jeanne, „mit dem, was kleine Leute bieten.“

Martin aß hastig, unbeteiligt, unmanierlich. „Du kannst offen reden“, forderte er Fernand auf. „Jeanne weiß um unsere alte Kameradschaft.“ – „Ja“, sagte Jeanne und wandte Fernand ihr hartes, ausdrucksvolles Gesicht zu, nicht eben freundlich.

Nun war Fernands Herz voll von Sorgen. Aus Saint-Domingue waren schlimme Nachrichten eingetroffen. Die Weißen wollten die Beschlüsse der Nationalversammlung nicht anerkennen, Neger und Mulatten hatten sich verbündet, Aufstand und Empörung war in Saint-Domingue. Die Pflanzungen im Norden der Insel, wo die Güter der Traversays lagen, waren geplündert, verwüstet, niedergebrannt, viele von den Weißen waren erschlagen. Es hieß, Hortense und der Marquis hätten sich auf spanisches Gebiet gerettet, aber die Meldungen klangen vag, und daß von den Traversays selber so lange keine Nachricht kam, war kein gutes Zeichen.

Von diesen drückenden Dingen also sprach Fernand. Zu spät, meinte er bitter, sei die Nationalversammlung energisch geworden, und statt jetzt wenigstens Truppen zu schicken und durchzugreifen, denke man sogar daran, das Kolonialgesetz zu widerrufen, so daß die Farbigen ihre Rechte wieder verlören. „Ich bin nicht vertraut mit den Verhältnissen in Saint-Domingue“, sagte Martin. „Wenige sind es. Warum gehst eigentlich nicht du hin, Ordnung zu schaffen?“ forderte er ihn heraus. „Du bist dort bekannt. Und es kann dir nicht schwerfallen, auf dem Weg über deinen Freund Lepeletier Vollmachten zu erhalten.“

Fernands lebendiges Gesicht zuckte. Martin hielt also seine

Tätigkeit hier im Lande für überflüssig. „Mein Freund Lepeletier", antwortete er empfindlich und triumphierend, „glaubt, daß ich der Revolution besser diene, wenn ich hierbleibe. Er wünscht, daß ich für die neue Nationalversammlung kandidiere."

Lepeletier stand auch bei den Jakobinern in Achtung, und was Fernand berichtete, überraschte Martin, es erregte ihn, seine Stirn fleckte sich. Sogar die Frauen schauten hoch. Ein kleines Schweigen war. Dann, statt einer Antwort, sagte Martin: „Es ist gut, wenn die alte Versammlung auseinandergeht. Sie hat wenig zustande gebracht." – „Immerhin wird sie", antwortete Fernand, „wenn sie auseinandergeht, eine Verfassung geschaffen haben, basierend auf den Menschenrechten." – „Das wenige, was daran gut ist", sagte Martin, „haben vier oder fünf Männer erreicht gegen den Widerstand der zwölfhundert andern." – „Bist du nicht sehr hart gegen die zwölfhundert?" fragte Fernand. „Zwölfhundert Jeans und Jacques machen keinen Jean-Jacques", höhnte Martin, „das wirst du mir zugeben."

Die Witwe Catrou schaute bewundernd auf ihren Sohn Martin, der es dem Vornehmen gab, und aus ihrem alten, zahnlosen, eingeschnurrten Mund kam ein leises Gemecker. Auch Jeanne schaute vergnügt und voll Verehrung auf ihren Mann. „Darf ich Ihnen noch Wein eingießen, Bürger Girardin?" fragte sie mit ihrer harten Stimme; Fernand aber las Mißtrauen und Feindseligkeit in ihren heftigen Augen.

Martin fuhr fort zu essen. „Nichts gegen dich und nichts gegen Lepeletier", sagte er kauend. „Aber es sitzen zu viele Ehemalige in der Nationalversammlung, das wirst du selber nicht bestreiten, solche, die bei allem guten Willen Sklaven ihrer Geburt bleiben, ihres Geldes, ihrer großen Titel. Wenn sie sich mit ‚Bürger' anreden, klingt es wie ein anderes Wort für Graf oder Marquis. Wir haben es ja erlebt, wie dein Lafayette mit seinen Ehemaligen techtelt, und wenn sich das Volk die Menschenrechte holen will, dann läßt er schießen."

Frau Jeanne und die Alte machten sich daran, das Geschirr zu spülen, Martin und Fernand blieben beim Weine sitzen.

„Ich sage dir", nahm Martin das Gespräch wieder auf, „kein einziges von den Gesetzen dieser Nationalversammlung hat Zähne. Die Despotie hat Jahr für Jahr vierhunderttausend Menschen eingesperrt, um ein Haar hätten auch du und ich daran glauben müssen, und sie hat fünfzehntausend gehängt, Jahr um Jahr. Diese Nationalversammlung hat die Todesstrafe abgeschafft und alle ihre Feinde über die Grenze flitzen lassen, beinahe den König selber."

Jeanne, beim Geschirrwaschen, drehte den Kopf, spöttisch darauf wartend, was Fernand erwidern werde. „Ich bin nicht Mitglied der Nationalversammlung", sagte, halb im Spaß, Fernand.

„Niemand hat von dir gesprochen", erwiderte Martin, „und meine Stimme hast du für deine Kandidatur. Nur mach dir nichts vor. Auch die neue Versammlung wird nicht reinen Tisch machen und keine wirkliche Revolution. Die muß anderswo herkommen, von unten her. Die muß im Volk gemacht werden, in den Klubs. Und dort wird sie gemacht."

In Debatten mit seinen gemäßigten Freunden redete Fernand genauso; dem Martin widersprach er. „ ‚Nichts Bestehendes stürzen, wenn es nicht notwendig ist', das hat Jean-Jacques geschrieben, wenn es dich interessiert", sagte er und ärgerte sich, daß seine Worte klangen, als spräche sie der Herr Vater. „Aber es *ist* eben notwendig", antwortete zornig Martin. „Und ich kenne einen, und du kennst ihn auch, der dir gut beweisen kann, warum, und mit Worten Jean-Jacques'." Fernand zuckte die Achseln.

Martin bedauerte, daß er so schroff gewesen war. Immer benahm er sich zu diesem Fernand wie ein dummer Junge, der den andern zu einer Rauferei herausfordert. Dabei hatte er Fernand gern und achtete ihn; es war allerhand, daß einer, der als der künftige Seigneur von Ermenonville geboren war, so tapfer und ehrlich für die kleinen Leute eintrat.

Martin begleitete Fernand nach Hause und mühte sich,

ihm auf seine etwas plumpe Art zu zeigen, daß er ihn gern hatte. Und diese wenigen Minuten ungelenker Freundschaft bewirkten, daß Fernand hinter dem Jakobiner-Präsidenten Catrou wieder den alten Martin sah, den Jugendkameraden, der ihm zugetan war.

Aber das nahm den Worten Martins nichts von ihrer scharfen Wahrheit. Martin hatte für alle gesprochen, nicht für sich allein. Die Flucht des Königs hatte im ganzen Volk neuen Argwohn geweckt gegen die Ehemaligen, die Feindseligkeit der Bürgerin Catrou war nicht die einer einzigen Jeanne, es war die aller Jeannes. Er, Fernand, blieb ein Fremder. Niemals wird ihn das Volk als Bruder annehmen.

Wütend und betrübt mußte er's erleben, daß wirklich die Nationalversammlung noch kurz vor ihrer Auflösung Lepeletiers Gesetz der Sklavenbefreiung widerrief und es durch schwächliche Vorschriften ersetzte, welche die Farbigen von neuem entrechteten. Ein brennendes Verlangen faßte ihn, diese Schmach gutzumachen. Er wird, sollte er in der Tat gewählt werden, den eigenen glühenden Wunsch nach Gerechtigkeit wachrufen in den andern Gesetzgebern.

Aber immer weniger glaubte er an seine Wahl.

Lepeletier versuchte seine Zuversicht aufzurichten. War nicht er, Michel, durch sein Gehabe, durch sein ganzes äußeres Leben viel weiter von den Jakobinern getrennt als Fernand, und anerkannte ihn nicht die Masse trotzdem als einen der Ihren? Mündliche und schriftliche Kundgebungen aus dem Département de l'Oise bewiesen Lepeletier, daß man dort ehrliches Vertrauen setzte in Fernand.

Allein Martins Zweifel wirkten stärker als Lepeletiers Glaube; Fernand blieb mutlos.

Um so heller war sein Jubel, als er gewählt wurde. Die scharfäugigen kleinen Bürger der Stadt Senlis und der Dörfer und Weiler ringsum hatten ihn als echt befunden! Aus zwanzig andern wählten sie ihn! Martin hatte unrecht: das Volk nahm ihn als Bruder an!

Die Witwe Rousseau

Nicolas und Therese hatten all die Zeit her in Plessis gelebt.

Nicolas, in jenen letzten Jahren des alten Regimes, hockte in den Wirtschaften von Plessis und Dammartin herum und führte bittere, großspurige Reden. Er kannte die Welt, und seine Zechkumpane hörten sich sein lustiges, grimmiges Geschwätz gerne an. Wenn Therese ihre Rente erhielt, verschwand er auf zwei oder drei Tage nach Paris; länger hielt das Almosen nicht vor, mit dem die undankbare Welt die Gefährtin ihres größten Philosophen abspeiste.

Die Leute von Plessis, soweit sie nicht mit Nicolas tranken, liebten die neuen Mitbürger nicht. Sie mißbilligten es, daß Therese mit dem Kerl zusammenlebte, der ihren Mann um die Ecke gebracht hatte. Die Frauen, wenn sie ihr begegneten, riefen ihre Kinder zu sich. Nicolas schimpfte und drohte. Therese blieb gleichgültig. Sie fand die Welt wohleingerichtet, nun sie ihren Nicolas als Homme de Confiance unter ihrem Dach hatte.

Jeden Monat ging sie auf den Friedhof von Ermenonville, die Mutter zu besuchen, und jede Woche zum Grab auf der kleinen Insel, ihrem Manne Blumen zu bringen. Auch pflegte sie gewissenhaft seine Kanarienvögel, suchte für sie Mouron, und als sie verendeten, kaufte sie neue.

Auch die von Ermenonville schimpften. Allmählich aber gewöhnten sie sich an den Anblick der Alternden, die still und träg ihre Toten aufsuchte und dann wohl noch in der Auberge Jean-Jacques vorsprach, um eine Omelette zu essen und ein wenig dunkelgelben Wein zu trinken, das Getier fütternd, wie der Selige es getan hatte, und mit dem Gevatter Maurice ein langsames Gespräch führend.

Einmal, als Nicolas in Paris war, kam der Pfarrer von Plessis zu Therese und machte ihr Vorhaltungen über ihr von der Kirche nicht gesegnetes, ärgerliches Zusammenleben mit

Monsieur Montretout. Sie erschrak, und als Nicolas seinen Pariser Rausch ausgeschlafen hatte, machte sie eine zaghafte Andeutung, man solle heiraten. Er wurde furchtbar zornig und schlug sie mit seiner Krücke.

Zwei Tage später waren die Kanarienvögel verschwunden. Sie dachte an die Hündin Lady, und wie arg sich damals Jean-Jacques aufgeregt hatte, und wie gut es war, daß er sich jetzt nicht mehr aufregen mußte. Später fragte sie Nicolas, ob sie neue Kanarienvögel kaufen dürfe. Er entschied bissig: „Es genügt, wenn du dem Seligen Blumen bringst."

Daß das dumme Volk die Bastille stürmte, erregte des Nicolas höchstes Mißvergnügen. Er fühlte aristokratisch. Er hatte sich mit den großen Herren immer verstanden, viel besser als mit der Canaille, und es erbitterte ihn, daß nun sein mächtiger Gönner, der Prinz de Condé, eine Auslandsreise hatte antreten müssen. Freilich wird diese Reise nicht lange dauern. Die Herrschaft des Pöbels wird keinen Bestand haben, die Lumpen werden ihre Dummheit bald bereuen, man wird die Rädelsführer, ihrer Tausende, hängen und vierteilen. „Keine Gnade dem Gesindel!" verlangte er.

Als indes die Rückkehr der Emigranten auf sich warten ließ, verbat man sich im Wirtshaus von Plessis seine Reden. Die Esel dort plärrten das Gefasel von den Menschenrechten nach und schimpften ihn einen Herrenknecht. Die Welt wurde immer dümmer, trüber, langweiliger, das verfluchte, verpöbelte Frankreich kotzte ihn an. Er wäre gern nach London zurückgekehrt, aber wie sollte er, Invalid der Reitkunst, sich dort durchfretten? Hier trafen wenigstens noch die Renten aus Genf ein.

Immer noch ging er zuweilen nach Paris. Dort, in der Nähe des Palais Royal, in halbversteckten Kneipen, hockte er zusammen mit Ähnlichgesinnten, mit Lakaien und Friseuren der Ehemaligen, Kellnern der vornehmen Restaurants, die infolge der neuen Ordnung ihre Stellung verloren hatten. Paris war auf den Hund gekommen. Man lief auf Rollschuhen, statt zu reiten, und statt an den raffinierten, lasterhaften

Vergnügungen der großen Zeit ergötzte man sich an dem Kinderspiel Jou-Jou.

Therese, wenn er in Paris war, saß allein herum in dem kleinen, dürftigen Hause des Sieur Bessat. In dem schadhaften Strohdach raschelte der Wind der immer windigen Ebene von Plessis. Da hockte sie, müßig, fleischig, sie sah älter aus als ihre Jahre. Stark atmend saß sie, mit riesigen Brüsten; eine Lourdaude, eine schwerfällige, tölpische Person, nannten sie die Leute. Sie döste, die Backen sackten herunter, der Mund stand halb offen, die schweren Lider zogen sich über die Augen. Dann machte der Wind sie aus ihrem Halbschlaf auffahren. Sie fror an den Händen, sie holte sich einen Muff. Sie hätte gern ein Feuer angezündet, aber sie scheute die Verschwendung und fürchtete sich vor dem Geschimpf ihres Nicolas.

Leicht seufzend stand sie auf, wieder einmal abzustauben; denn der Wind bedeckte den armseligen Hausrat mit einer immer neuen Schicht Staubes. Sie musterte ihre Kleider, das tat sie oft und gerne. Da hingen und lagen sie, kurze Überröcke, Röcke aus Vaucluse-Leinen, ein schwarzer Taftmantel, ein Paar Handschuhe aus Seide, ein Paar aus gewöhnlichem Stoff, vor allem aber viele Hauben aus Leinen, aus Spitzen, aus Musselin, mit und ohne Bänder, alle von starken Farben. Sie beschaute zärtlich die Kleider, sie besaß sie seit langem, sie hatte sie mit Liebe und Bedacht gewählt, viele Männer hatten ihr mit begehrlichen Blicken nachgeschaut, als sie sie trug. Jetzt wurden sie ihr zu eng, aber es war an Stoff nicht gespart, sie ließen sich weiter machen und noch weiter. Sie nahm ein Kleid heraus und nähte daran. Und sie dachte an die Stoffe, die jetzt modern waren, gestreiftes Florence, einfarbiges Pékin, Sicilienne, Nankin, und an die hübschen, auf Taille gearbeiteten Mantelkleider à la Zulime, die mit einem Gilet à la Turque geschlossen wurden. Sie überlegte, was sie jetzt tun könnte. Sollte sie sich die bequemen, warmgefütterten Hausschuhe holen, die sie sich nach dem Vorbild ihres dahingegangenen Jean-Jacques angeschafft hatte? Oder aber sollte sie sich richtig anziehen, damit sie, wenn ihr Colas zurückkam, nicht so verschlampt aussah?

Sie zog sich richtig an, langsam, sorgfältig, schminkte sich auch ein wenig. Dann rückte sie sich einen der Strohstühle zum Tisch; den breiten, bequemen Sessel Jean-Jacques' wagte sie nicht zu benutzen, der war ihrem Colas vorbehalten. Sie setzte sich, stützte den Kopf in die Hände und wartete. Sie hatte gelernt zu warten, sie hatte einen großen Teil ihres Lebens gewartet, es war nicht unangenehm, zu warten; sie hatte erfahren, am Ende kommt der Erwartete und das Erwartete.

Um sie war der vertraute Hausrat. Da waren die Betten mit den blauweißen Decken. Auch das Klavier war noch da, Nicolas hatte es verkaufen wollen, aber es war nur ein sehr niedriger Preis geboten worden, und deshalb, und weil er sie so liebte, hatte er es schließlich behalten. Die Kanarienvögel waren nicht mehr da, aber das Bauer, und auch die Stiche hingen an den Wänden, der Lahme Bettler und der Wald von Montmorency, den sie so gut kannte; der Ort Montmorency freilich hieß jetzt Émile, ihrem Jean-Jacques zu Ehren. Auch die Truhe war da, und das Geschriebene lag darin; ein Dokument hatte sie zugefügt, einen Brief, in welchem der Prinz de Condé seinem lieben Nicolas Montretout versicherte, was für ein vorzüglicher Reiter er sei.

Sie hockte am Tisch, wartete, döste, wartete. Die Dinge flossen ihr ineinander, es war immer der gleiche Hausrat gewesen, und sie wußte nicht mehr, ob sie in Paris war in der Rue Plâtrière, oder in Ermenonville im Sommerhaus, oder in Plessis im Haus des Sieur Bessat. Einmal schrak sie leicht auf, weil sie glaubte, ihre Mutter rufen zu hören, aber es war wohl nur der Wind. Dann überlegte sie, ob sie ihrem Manne nicht die Sonde einführen müsse, und Jean-Jacques und Nicolas verschwammen ihr in *einen,* und sie wußte nicht mehr, ob sie ihm den Rücken einreiben sollte oder die Sonde einführen, sie hatte ihr Leben lang einen gepflegt, es war eine liebe Gewohnheit, und sie hätte es entbehrt, wenn sie es nicht zu tun hätte.

Sie konnte sich nichts anschaffen von den hübschen, neuen Stoffen. Nicolas würde schimpfen und fluchen und sie verprügeln, wenn sie auch nur eine Andeutung machte. Aber sie brauchte kein neues Kleid. Alle hießen sie immer eine Lourdaude und sagten, sie sei strohdumm, und sie war es wohl auch, aber es war ihr nicht schlecht bekommen. Sie, die Lourdaude, hatte sich die beiden berühmtesten Männer von Frankreich gefischt, Jean-Jacques, von dem sie jetzt noch mehr hermachten als zu seinen Lebenszeiten, und ihren Nicolas, der das schönste Pferdegeschäft in Frankreich gehabt hatte, seinen berühmten Tattersall, und dem die großen Herren genauso nachliefen wie dem Jean-Jacques. Ganz Frankreich riß sich um ihre Männer, aber sie hatte sie gehabt, und die beiden Männer liebten sie, und einer hatte den andern erschlagen ihrethalb, und auch große Herren hatte sie gehabt, und es war ein gutes Leben, und sie wartete. Und sie wartete niemals vergeblich, er kam immer zurück. Und sie lächelte, schlau, glücklich und dümmlich, und alle und alles verschwamm ihr, und sie wartete, und das Stroh des Daches raschelte im Wind.

Nicolas reitet wieder

Nicolas und Therese erhielten den Besuch eines Mannes, der sich jahrelang nicht hatte blicken lassen. Es kam zu ihnen der Bürger François Renoux, früherer Sergeant, Theresens Halbbruder.

Er war recht klapperig geworden, es fiel ihm nicht leicht, das alte, laute, fröhliche, selbstsichere Wesen an den Tag zu legen, aber er legte es an den Tag.

Er sprach von den Zeitläuften, er war sehr mit ihnen einverstanden, er war von ganzem Herzen Revolutionär. Er hatte immer die Ideale seines lieben Schwagers Jean-Jacques hochgehalten, er hatte ja auch als einer der ersten dafür gekämpft, drüben in Wäldern Amerikas, gegen die Söldner des Tyrannen von England und die von ihnen gekauften wilden Indianer.

Während er so daherredete, schaute er sich um in dem dürftigen Haus und sah mit Befriedigung, daß immerhin die bekannten Möbel noch da waren, vor allem die bekannte Truhe. „Ist noch was drin?" konnte er sich nicht enthalten zu fragen. „Ja", antwortete höhnisch Nicolas, „ein Brief des Prinzen de Condé an meine Wenigkeit." Therese aber, da sie die Enttäuschung des François sah, versicherte stolz: „Alles ist noch da, alles Geschriebene. Der Marquis, der Ehemalige, hat es uns klauen wollen, aber Nicolas hat es ihm versalzen." – „Ich hab es immer gesagt", anerkannte François, „unser Nicolas ist ein Köpfchen." – „Bist du gekommen, mir das zu erzählen, alter Lump?" erkundigte sich Nicolas.

Da aber richtete sich François stramm auf und hielt ihnen diese Rede: „Ihr habt euch mir gegenüber nicht sehr gut benommen, meine Lieben, weder du, meine leibliche Schwester, noch du, mein sozusagen Schwager. Aber ich bin nicht nachträgerisch, ich fühle mich als Haupt der Familie, und ich habe es unserer seligen Mutter an ihrem Sterbebett versprochen, für euch zu sorgen. Ich war auch soeben am Grabe der lieben Mama, und ich durfte ihr sagen: es ist Verlaß auf den Sergeanten François Renoux; er hält sein Versprechen bei Sonnenschein und bei Regen."

„Laß die lange Sauce weg", forderte unwirsch Nicolas, „und sag in des Königs Französisch, was für eine gefälschte Karte du im Ärmel hast."

François, ihn mit einem schrägen, würdevoll verächtlichen Blick abtuend, fuhr fort: „Ich bin gut bekannt mit dem Abgeordneten Chaplaine, ich darf mich rühmen, sein Freund zu sein. Das ist ein Mann! Ein treuer Priester der Natur und der Vernunft, ein echter Schüler unseres Jean-Jacques. Die Berg-Partei ist stolz darauf, ihn zu ihren Führern zu zählen. Er war Kapuziner, das wißt ihr ja wohl, er war Generalvikar des Bischofs von Blois, aber er hat die alten Vorurteile abgestreift wie eine Schlange ihre Haut, und heute philosophiert er wie nur einer. Er liebt die schöne Literatur, er glüht für Jean-Jacques, und er würde sich freuen, die Witwe Jean-

Jacques' kennenzulernen, von deren Schlichtheit, Treue und Tugend er in den „Bekenntnissen" gelesen hat und von der ich ihm viel Rühmendes erzählt habe."

Nicolas grinste. „Wie du mich hier siehst", sagte er, „war ich befreundet mit vielen großen Herren, sogar mit Prinzen von Geblüt und habe ihnen in den Sattel geholfen. Glaubst du, ich reiße mich um einen lausigen Abgeordneten aus der Canaille? Um einen Kapuziner? Alle Kapuziner stinken."

„Ich an deiner Stelle", meinte François, „würde das Maul nicht so voll nehmen, lieber Schwager. Für ehemalige königliche Prinzen gibt heute kein Jud keinen Sou, aber der ehemalige Kapuziner kann Taler springen machen mit dem kleinen Finger. Es sieht hier nicht aus, als ob euch die Taler ins Haus schneiten. Ein Schneefall könnte kommen, wenn die Witwe Rousseau dem Gesetzgeber Chaplaine das Kinn krault."

„Ich sehe", sagte verächtlich Nicolas, „du willst aus deinem Chaplaine ein Trinkgeld herausquetschen für die Verkuppelung meiner Therese, und ich soll dasitzen und mir allein meinen armen Arsch einreiben. Daraus wird nichts."

„Welch unwürdiges Mißtrauen!" wies François ihn zurück. „Ich kenne dich, und ich habe dich natürlich dem Gesetzgeber Chaplaine in so vorteilhaften Farben geschildert, wie mein Gewissen mir's erlaubte. Der Bürger Chaplaine erwartet also nicht nur die Witwe Jean-Jacques', sondern auch ihren braven Homme de Confiance."

So fuhren denn Therese und Nicolas auf Kosten des Sergeanten François nach Paris, um dem Gesetzgeber Chaplaine vorgestellt zu werden.

Dieser erwies sich als ein fetter, schmutziger, fröhlicher Mann. Aus dem weit offenen Hemd kam ein dicker Hals mit einem gewaltigen Nacken, die wuchtigen Beine staken nackt in einer grobstoffigen Hose. Von seinem Vater, der Küchenchef eines reichen Abtes gewesen war, hatte Chaplaine den Geschmack an guten Speisen geerbt. Überhaupt liebte er ein üppiges Leben. Er umgab sich mit prächtigen Gegenständen, sein Haus war voll von schönen Gemälden guter Meister, von edeln Trinkgefäßen und allerlei geschmackvollem Zierat; die Reliquien, die er in früher Jugend zu verehren gelernt hatte, ersetzte er jetzt durch erlesene Kuriositäten, vor allem durch literarische Reliquien, durch Manuskripte und kostbare alte Bücher. Er war gierig auf Leben, er fraß Wissen, Kunst, Frauen, leckere Gerichte. Er hatte eine wild wuchernde Phantasie und war immer auf Abenteuer aus. Er hatte ein Komplott emigrierter Adeliger entdeckt, ihre Agenten versammelten sich heimlich in Schloß Bagatelle, er hatte sie aufheben lassen und vor Gericht gebracht. Er selber war einmal überfallen worden von Meuchelmördern, welche der Graf von Artois und andere Ehemalige gedungen hatten; sie hatten ihn verwundet, doch glücklicherweise nicht schwer, und seit dem Attentat war er beim Volk noch beliebter.

Das Paris jener Jahre war nicht arm an guten Rednern, Chaplaine war einer der besten. Seine Beredsamkeit mischte die Monumentalität der Antike und den Fanatismus der Kreuzzugsprediger mit der gefühlsgetränkten Volkstümlichkeit Jean-Jacques'. Die Massen hingen an seinem Munde.

Alles, was Jean-Jacques anging, war seines brennenden Interesses gewiß. Seine Augen leuchteten auf, als ihm Nicolas und Therese die dicken Packen schönen Papiers zeigten, die beschrieben waren mit den starken, zierlichen Schriftzeichen des Meisters. Zärtlich, mit den fleischigen Händen, liebkoste er die Seiten.

Therese selber war ihm als eine Art lebendiger Reliquie willkommen. Daß sie eine Lourdaude war, schwerfällig von Leib und von Geist, rührte ihn. Er bewog die schlichte, verwitternde Gefährtin Jean-Jacques', mit ihrem Homme de Confiance und ihren Manuskripten in Paris zu bleiben, in seiner Nähe und auf seine Kosten.

Der befriedigte Nicolas spuckte einen dicken Batzen. War es nicht ein wunderbarer Einfall gewesen, daß er seinerzeit die Manuskripte von dem Marquis zurückverlangt hatte? Er klopfte sich selber die Schulter. Immer hatte er die rechte

Witterung; noch aus dem widrigsten, feindseligsten Begebnis zog er Gewinn. Jeder andere hätte die abgenutzten Papiere liegenlassen wie eine ausgesogene Frucht. Er hatte sich darum bemüht, er hatte sie mittels eines kunstreichen Briefes zurückerobert, und jetzt wuchs aus der alten, verbrauchten Erde neuer, fetter Segen.

Therese ihresteils sah dumpf erstaunt und glücklich, wie inbrünstig das neue Paris ihren seligen Jean-Jacques verehrte. Der Bürger Chaplaine, der schließlich ein geistlicher Herr gewesen war und es wissen mußte, sprach von ihrem lieben Verblichenen wie von einem Heiligen. Alle Leute redeten so von ihm. Überall standen seine Büsten, sein Bild hing in allen Schaufenstern. In der Rue de Grenelle, in der Rue Plâtrière waren an den Häusern, wo sie früher mit ihm gewohnt hatte, Denktafeln angebracht. Und wenn einer zuerst gleichgültig auf sie schaute oder sogar hochnäsig, so veränderte sich sein Gesicht, sowie er erfuhr, daß sie die Witwe Jean-Jacques' war, und wurde ehrfurchtsvoll wie in der Kirche.

Viele Zeitungsartikel über Therese wurden veröffentlicht, auch ein Buch. Sie wurde gemalt und gezeichnet. Da war vor allem ein Stich; auf ihm sieht man Therese wandeln am Ufer des Sees von Ermenonville vor einer herbstlichen kahlen Landschaft. Klein im Hintergrund hebt sich die Insel mit den Pappeln und mit dem Grabmal, sie aber, Therese, schreitet groß und melancholisch einher in ihrer Haube, die Hände im Muff, eine edle, alternde Frau mit leichtem Doppelkinn. „Die Gefährtin Jean-Jacques'" war der Stich betitelt, er wurde überall verkauft. Therese, als sie ihn sah, war ergriffen. Das also war sie, Therese! Alle hatten sie beschimpft und sie eine Lourdaude genannt, einen Tölpel, und nun stellte sich heraus, daß sie eine Dame von Reputation war. Welch ein Jammer, daß Jean-Jacques nicht miterlebte, wie man seine treue Gefährtin ehrte, und welch ein Glück, daß Colas es mitansah!

Den Fernand brachte der Kult Theresens auf. Seine Sache mit ihr war vergessen und abgetan; was ihn kratzte, war die groteske Schändung des Meisters. Nach einigem Zögern fragte er seinen Freund Lepeletier, ob er nichts unternehmen solle. Der zynische Lepeletier riet ab. Ihm schien die Angelegenheit spaßhaft. „Jean-Jacques selber“, meinte er, „wäre sicher damit einverstanden, daß man Therese das Leben leicht macht. Im übrigen: ein toter Mund grinst, aber er schweigt. Und wenn Sie reden und aufzeigen, daß die rührenden Geschichten um diese Therese Lügen sind, dann gefährden Sie nur Jean-Jacques' Andenken und sich selber. Beweisen Sie einem Gläubigen, seine Reliquie ist eine Fälschung: er wendet sich nicht gegen die Reliquie, er wendet sich gegen Sie.“

So ging denn, gefördert von Chaplaine, der Kult Theresens weiter. Ein Freund des Abgeordneten, der bekannte Theaterdichter Bouillie, machte sich daran, ein Stück zu schreiben: „Jean-Jacques und seine Gefährtin“. Er ging zu Therese, um sich von ihrem Leben mit dem Meister erzählen zu lassen, und da sie sich als schwer von Wort erwies, wandte er sich an Nicolas. Dieser erzählte ihm auch mancherlei kleine, ans Herz greifende Anekdoten aus Theresens und seinem vertrauten Umgang mit Jean-Jacques. Das Stück wurde aufgeführt in dem früheren Théâtre Italien, das jetzt Théâtre de l'Égalité hieß. Die Zuschauer schwammen in Tränen, Therese mußte eine Büste Jean-Jacques' umarmen und küssen, die Menge jubelte ihr zu, es war ein ungeheurer Erfolg.

In den Gesprächen des Nicolas mit dem Dramatiker Bouillie war viel die Rede gewesen von den Kindern Theresens, die Jean-Jacques ins Findelhaus gebracht hatte. Zwar war das Vorgehen Jean-Jacques' durch die Ungleichheit, Unfreiheit und Unbrüderlichkeit des alten Regimes in einem gewissen Maße entschuldigt, aber ein Schatten blieb auf seinem strahlenden Bilde. Nicolas beschloß, daß Therese, das Leid vergessend, welches Jean-Jacques ihr zugefügt, sich selber auslöschend und aufopfernd, jene umstrittene Tat Jean-Jacques' wiedergutmachen sollte. Sie ließ die Lieder Jean-Jacques', jene „Tröstungen“, in der Urhandschrift versteigern und überwies den Ertrag dem Findelhaus. Die Insassen dieser Anstalt, sie hießen jetzt „Enfants de France“, kamen in ihren schlichten Uniformen, die Trikolore auf den Hüten, um Therese zu danken. Auch bei diesem Anlaß flossen viele Tränen.

Nun aber plante Nicolas seinen ganz großen Streich. Zählend auf die Dankbarkeit des Abgeordneten Chaplaine, wies er Therese an, diesem ihr Manuskript der Neuen Héloïse zu schenken. An seinem fünfunddreißigsten Geburtstag überreichte ihm Therese die Handschrift

Vier Manuskripte der Neuen Héloïse hatte Jean-Jacques hergestellt, alle mit Sorgfalt. Dieses hatte er mit besonderer Liebe geschrieben für eine seiner aristokratischen Geliebten, aber er hatte sich mit ihr zerstritten, und so hatte er die Handschrift in seiner Truhe verwahrt. Jetzt also gab Therese sie dem Chaplaine.

Ihr fleischiges Gesicht zuckte, als sie die gelblichweißen, mit zierlichen Zeilen bedeckten Blätter in seine Hände legte. Sie war dabei gesessen, als Jean-Jacques diese Blätter beschrieb. Sie erinnerte sich genau, die Mutter hatte geschimpft, was für Arbeit es mache, ihm die blaue Tinte zu beschaffen, das viele goldgeränderte Papier und den feinen Streusand, und wieviel Geld es koste. Bestimmt auch hatte er ihr daraus vorgelesen; er hatte ihr ja alles vorgelesen. Dann hatte es Streit gegeben um die Papiere, Nicolas hatte rechtzeitig gewarnt, aber die Mutter hatte sie ihm nicht gegeben, und dann hatte der niederträchtige Girardin, der Ehemalige, sie gestohlen, aber ihr schlauer, tüchtiger Nicolas hatte sie zurückgeholt. Und jetzt also gab sie die Blätter dem braven Gesetzgeber. Nicolas wünschte es so, und Nicolas wußte, was er wollte.

Chaplaine dankte sichtlich erfreut. Allein, betastete er die Blätter, las darin gerührt und begeistert und legte sie dann behutsam zärtlich in einen wunderbaren, elfenbeinernen Behälter, der dazu gedient hatte, angebrannte Knochen des heiligen Lazarus zu umschließen, und der bei der Sequestrierung von Kirchengütern an ihn gefallen war.

Nicolas hatte richtig kalkuliert. Der Abgeordnete Chaplaine beschränkte seine Dankbarkeit nicht auf schöne Worte.

Er war Vertreter der Nation und setzte es durch, daß die Nation der Witwe Jean-Jacques' ein Gegengeschenk gab.

In einer winterlichen Abendsitzung der Nationalversammlung erschien Therese Levasseur, vor der Natur die Frau des Jean-Jacques Rousseau. Die Schranken, welche das Publikum von den Abgeordneten trennten, taten sich auf, die Repräsentanten erhoben sich von den Sitzen, Therese wurde zum Ehrenplatz geführt.

Der Abgeordnete Chaplaine erstieg die Rednertribüne. Er feierte Jean-Jacques als den Vater der Revolution. Er feierte Therese als die treue Schaffnerin und Gefährtin Jean-Jacques', als seine Eurykleia und seine Martha.

Dann beantragte er, ihr eine ansehnliche Pension auszusetzen.

So wurde beschlossen.

Die Verschwörung der Könige

Fernand fühlte Stolz, der neuen Gesetzgebenden Versammlung anzugehören. Sie zählte zu ihren Mitgliedern Männer, die berühmt waren um ihrer wissenschaftlichen Leistungen willen, brillante Redner, von Ehrgeiz und Tatendrang glühende Reformatoren. Überdies waren die meisten der neuen Gesetzgeber jung, kaum älter als Fernand selber. Wann je seit den Zeiten des Perikleischen Athen und des Scipionischen Rom hatte eine Gruppe so ehrlicher und begabter Männer einen Staat geleitet!

Die neue Versammlung ging denn auch sogleich daran, jene lauen, allgemeinen Beschlüsse, welche die vorhergehende Nationalversammlung gefaßt hatte, der Nation in der Form klarer Verordnungen aufzuzwingen. In schneller Folge erließ sie Gesetze, denen selbst ein Martin Catrou zugestehen mußte, daß sie Zähne hatten. Sperrte ins Gefängnis alle Geistlichen, die der neuen Ordnung den Treueid verweigerten. Konfiszierte das gesamte Eigentum der entflohenen Adeligen und bedrohte mit Todesstrafe diejenigen, die nicht binnen fünfundvierzig Tagen zurückkehrten.

Bitter indes in Fernands Genugtuung über soviel Energie mischte sich die Erkenntnis, daß sich nicht einmal diese aufgeklärten, entschlossenen Männer stark genug fühlten, die Menschenrechte auch in den Kolonien zur Geltung zu bringen. Die Nachrichten aus Westindien waren spärlich, aber soviel war gewiß, daß ein großer Teil der weißen Bevölkerung umgekommen war, und da weder Robinet noch er selber vom Geschicke Hortensens und ihres Vaters Meldung hatten, stand das Schlimmste zu befürchten. Um so heißer wünschte Fernand, daß so viele Opfer nicht umsonst gebracht seien und daß die Sklavenbefreiung in Westindien endlich Tat werde. Er forderte, seine Kollegen sollten Lepeletiers Gesetze wiederherstellen und den Farbigen der Kolonien völlige Emanzipation gewähren, ihn selber aber nach Cap Français schikken mit der Vollmacht, diese Verordnungen durchzuführen. Allein man wollte davon nichts wissen. „Lieber Freund", hieß es, „erst einmal müssen wir die Revolution hier im Lande festigen. Wir brauchen den Krieg nicht überm Meer zu suchen, wir haben ihn an unsern eigenen Grenzen."

So war es. Die Emigranten hatten die Stadt Koblenz zum Hauptquartier der Gegenrevolution gemacht. Dort, auf deutschem Gebiet, unmittelbar an der Grenze Frankreichs, sammelten sie militärische Kräfte, und Österreich und Preußen unterstützten sie mit allen Mitteln. Die Führer des neuen Frankreich glaubten nicht ohne Grund, der König selber konspiriere mit diesen Emigranten und mit den fremden Höfen und dränge sie zu einem Überfall auf die befreite Nation.

Viele von den Abgeordneten fanden, man müsse ein Ultimatum stellen, ehe die Könige des reaktionären Europa vereint über Frankreich herfielen; sie verlangten den Präventivkrieg. Fernand war ein glühender Anhänger dieser Theorie. „Lassen wir es Europa wissen", rief er in der Nationalversammlung, „daß zehn Millionen Franzosen, gerüstet mit der Kraft des Schwertes, der Vernunft, der Rede, wenn man sie weiter herausfordert, imstande sind, das Antlitz der Erde zu verwandeln und alle Throne umzustürzen."

Mehrmals sandte die Versammlung Deputationen an den König, ihn aufzufordern zum Krieg gegen jene Fürsten, die sich gegen das neue Frankreich verschworen hätten.

Einmal führte Fernand eine solche Delegation.

Das alte Hofzeremoniell war schäbig und lückenhaft geworden. Immerhin gab es auch in den Tuilerien lange Korridore und weite Vorsäle und wachehaltende Schweizer und feierlich sich verneigende Kammerherren. Fernand folgte der Vorschrift, er küßte dem König die fette Hand. Louis saß schlaff da, die schweren Lider über den vorquellenden Augen blinzelten, man sah ihm an, wie widerwärtig es ihm war, mit diesen Aufrührern zu verhandeln, statt sie in die Bastille sperren zu lassen.

Fernand, während er in wohlgesetzter, ehrerbietiger und drohender Rede das Verlangen der Gesetzgebenden Körperschaft vorbrachte, schaute dem König in das dicke, müde, angestrengte Gesicht und wußte, was hinter der schrägen Stirn vorging. Dieser Louis von Bourbon liebte sein Land und sein Volk und fühlte sich verpflichtet, alles für sein Frankreich zu tun. Aber er war auch König, Abkömmling einer langen Reihe von Königen, und fühlte sich verpflichtet, alles zu tun für die Wiederherstellung des gottgewollten, absoluten Königtums. Er hatte Pflichten sowohl den Lilien wie der Trikolore gegenüber, er zögerte hier und er zögerte dort, und er war ein armer, trauriger, beklagenswerter und sehr gefährlicher Mann.

Louis seinesteils beschaute sich Fernand, den naseweisen Sohn des alten Narren, der seinerzeit dem Jean-Jacques komfortabeln Unterschlupf gegeben hatte aus Philosophie. Sie hatten ihm, diesem jungen Girardin, schon bei den amerikanischen Rebellen den Fuß zerschossen, aber er hatte keine Lehre daraus gezogen, sondern erdreistete sich, vor ihn, seinen König, herzuhinken mit der Forderung, er solle seinen Brüdern, den Königen Europas, den Krieg erklären. Er hatte es leicht, der junge Girardin. Er war Meuterer und Verräter von Natur und von Beruf, so hatte ihn Gott geschaffen. Er wird in der Hölle büßen, aber auf Erden wußte er genau, was er zu tun hatte, der Glückliche. Ihm selber, Louis, hatte es die Vorsehung nicht so leicht gemacht. Er wird jetzt wieder gegen sein inneres Gefühl diesem Gesindel halbe Zusicherungen geben müssen.

In langsamer, zögernder Rede versprach er, die Vorschläge seiner treuen Nationalversammlung wohlwollend zu überlegen. Ein Trost war ihm, daß er gerade in dieser Woche noch heimliche Botschaft gesandt hatte an seine Vettern, an den Römischen Kaiser und an die Könige von Preußen, Spanien und Schweden, sie sollten mit vereinten Heereskräften den Aufruhr in Frankreich niederschlagen und verhüten, daß sich das Übel der Anarchie über ganz Europa ausbreite.

Auf die Dauer indes ließen sich die Volksvertreter nicht mit zweideutigem Bescheid abspeisen, und als Österreich und Preußen eine gegen das neue Frankreich gerichtete Allianz schlossen, zwangen sie dem König die Zustimmung zu einer bewaffneten Auseinandersetzung ab. In wildem, lärmendem Enthusiasmus, mit allen Stimmen gegen sieben, beschloß die Nationalversammlung den Krieg.

Die Begeisterung der Gesetzgeber packte das ganze Volk. Die Könige Europas hatten sich verschworen, dem Lande seine glücklich erkämpfte Freiheit zu stehlen. Frankreich wird die frechen Räuber aufs Haupt schlagen. Kaum je in ihrer tausendjährigen Geschichte war die Nation mit solcher Überzeugung von ihrem Recht in einen Krieg gegangen. Zahllose Freiwillige meldeten sich zur Fahne, zur dreifarbigen Fahne des freien Frankreich.

Auch der Bürger Girardin, der ehemalige Marquis, war in heller Begeisterung. Die Flucht Louis' hatte ihn erschüttert, sie hatte das Band zwischen Krone und Volk zerrissen. Aber daß jetzt Louis seinem Lande zum Nutzen und sich selber zum Leide den langjährigen Pakt mit Österreich brach und der Heimat seiner Gattin, dem Neffen seiner Gattin, den Krieg erklärte, machte alle seine früheren Fehler und

Schwächen gut und schuf eine neue, unzerstörbare Einheit von König und Volk. Der großherzige, erleuchtete König stellte die Sache des Volkes höher als die Interessen seines Hauses, er fügte sich der Volonté Générale, dem Allgemeinen Willen. Ein neuer, weiter Schritt war getan auf dem Wege Jean-Jacques'.

Der Bürger Girardin sprach vor bei den Heerführern der französischen Armeen, den Generalen Lafayette, Rochambeau und Luckner. Wies darauf hin, daß er sich mit dem Herzog von Braunschweig, dem Oberstkommandierenden der feindlichen Heere, schon einmal siegreich gemessen habe, im Siebenjährigen Krieg, in der Schlacht von Hastenbeck, und bot an, sich auch an diesem Feldzug zu beteiligen. Lafayette indes lehnte sein Angebot ab; es waren schon zu viele Ehemalige in der Heeresleitung. Girardin war tief gedemütigt. Doch verschloß er die Kränkung in seinem Herzen; nicht einmal seinem Sohne sprach er davon.

Er mußte sich darauf beschränken, andere durch den eigenen Enthusiasmus anzufeuern, und bewirkte auch, daß sein Département besonders viele Freiwillige stellte. Er spendete einem jeden, der sich meldete, fünfundzwanzig Livres für Reisekosten und für die Erwerbung von Schuhzeug und gab, als er ein größeres Kontingent von Freiwilligen aufgebracht hatte, ein Fest in seinem Schlosse. Er hielt eine zündende Rede: wenn er mit Soldaten, die despotischem Drill unterworfen waren, diesen Herzog von Braunschweig habe zurücktreiben können, wieviel glorreicher werde ihn eine Armee begeisterter Freiwilliger besiegen.

In seinem Herzen war Girardin dieses Sieges keineswegs sicher. Seit Beginn der Revolution hatte die Oberste Heeresleitung mehrmals gewechselt, viele der erprobten höheren Offiziere waren emigriert. Wird die neue, improvisierte, schlecht disziplinierte Armee fähig sein, den lang trainierten, sachverständig geführten Heeren der europäischen Koalition standzuhalten?

Bald denn auch rückten feindliche Truppen in Frankreich

ein. Zu einem ersten Treffen kam es bei Lille. Schon beim Anblick der Österreicher flohen die Franzosen, schrien: Wir sind verraten, ermordeten ihren General. Im Süden überschritten Piemontesische Regimenter die Grenze. Die Festungen im Osten, Longwy, Verdun, fielen. Die Heerführer der Alliierten jubelten, das sei keine Kampagne, das sei ein Spaziergang nach Paris.

Das Unglück an den Fronten gefährdete die Ordnung im Innern. Die Massen glaubten nicht an die Schwäche ihres Heeres: nur die Tücke der Führer war schuld an den Niederlagen. Das Volk sah Verräter in allen Ehemaligen, sah vor allem in dem König selber einen Verräter.

Schon einmal waren die Massen in die Tuilerien eingedrungen. Hatten dem König, freilich auf gutmütige Art, seine Falschheit vorgeworfen und ihm eine revolutionäre Mütze und ihre Brüderlichkeit aufgedrängt. Jetzt, nach einer wilden Rede des Abgeordneten Chaplaine, stürmten sie den Palast ein zweites Mal. Diesmal ging es weniger gemütlich her. Es gab viele Tote, der König mußte fliehen, er wurde in das gefängnisartige Schloß Le Temple verbracht.

Unruhen waren in Paris. Die Behörden duldeten wohlwollend den Aufruhr. Die Gefängnisse wurden gestürmt, die Massen hielten Volksgericht ab über besonders verhaßte Ehemalige und machten sie nieder. Die Statuen früherer Könige, die viele Plätze der Stadt schmückten, wurden zerstört unter patriotischen Gesängen und fröhlichem Geschrei. Das war nicht immer leichte Arbeit. Mehrere eherne Könige und ihre ehernen Pferde erwiesen sich als sehr standhaft, und ein herunterstürzender Vierzehnter Louis erschlug eine singende Frau. Der eherne Arm eines Fünfzehnten Louis wurde von der Menge dem geliebten und gefeierten Abgeordneten Chaplaine überlassen, der ihn seiner Kuriositätensammlung einverleibte. Auch der volkstümliche Heinrich der Vierte, der so lange vom Pont Neuf die Seine überschaut hatte, mußte daran glauben.

Girardins Überzeugung, daß der Mensch gut sei, schon stark beschädigt und notdürftig geflickt, brach ein zweites Mal zusammen. Leider war es gekommen, wie es der verhaßte Monsieur de Grimm vorhergesagt hatte: die Volksherrschaft, von der Jean-Jacques träumte, war umgeschlagen in jene Herrschaft des Pöbels, die der Meister so tief verabscheute, in Ochlokratie. Der Mensch war und blieb ein Barbar.

Auch den Fernand, wiewohl ihn die Hoffnung auf den Endsieg nicht verließ, machten manchmal die Geschehnisse unsicher. Vor allem erschütterten ihn die Niederlagen an der Front. Um so mehr erstaunt war er, als seine Freunde, Lepeletier und mehr noch Martin Catrou, diese Niederlagen mit Gleichmut hinnahmen. Ja sie begrüßten sie mit Genugtuung. Martin Catrou, im Jakobinerklub, jubelte geradezu: „Es ist ein Segen, daß der Krieg so läuft. Auf solche Art wird die Freiheit befestigt und von den letzten Flecken des Despotismus gereinigt."

„Die einzige Gefahr", setzte er Fernand auseinander, waren eure alten, im Herzen royalistischen Generäle, deine Lafayette und deine andern verdächtigen ‚Amerikaner'. Wenn sie gesiegt hätten, dann wären sie nach Paris zurückmarschiert, hätten die Revolution abgewürgt und den Allerchristlichsten in seine alten Rechte eingesetzt. Jetzt hat die Armee, die Volksarmee, den Krieg selber in die Hand genommen, euern Lafayette davongejagt und die zweideutigen Generäle durch zuverlässige Revolutionäre ersetzt. Jetzt ist das Falsche vom Echten geschieden. Es lebe die Niederlage!" rief er verbissen, trotzig.

„Aber der Feind ist doch auf dem Weg nach Paris!" hielt ihm Fernand entgegen. Hatten denn Argwohn und Haß den Martin blind gemacht, daß er die furchtbar wirkliche Bedrohung nicht sah? Martin schüttelte überlegen den Kopf. „Nun das Volk selber den Krieg führt, kann es nicht mehr besiegt werden. Ich sage dir, der Feind kommt nicht nach Paris."

Die Niederlagen und Aufstände verringerten die Autorität der Gesetzgebenden Versammlung. Die Verfassung, hieß es, genüge nicht mehr. Eine neue Konstitution müsse geschaffen werden, ein echter Gesellschaftsvertrag, der, basierend auf reiner Vernunft und in Wahrheit revolutionär, die Rechtsbeziehungen des einzelnen zum Staat für immer festlege. Wahlen für eine neue Volksvertretung wurden ausgeschrieben.

Fernand kandidierte auch dieses Mal. Doch bekam jetzt auch er das Mißtrauen gegen die Ehemaligen zu spüren. Er wurde nicht gewählt. An seine Stelle gewählt wurde Martin Catrou.

Nur sieben Ehemalige wurden gewählt. Unter ihnen Michel Lepeletier.

Fernand war nicht eifersüchtig. Doch quälte es ihn, daß das Volk, welches Lepeletier annahm, ihn selber abwies. Lepeletier machte keine kleinste Konzession; er fuhr zum Jakobinerklub in seinem prächtigen Wagen, in prächtiger, altmodisch sorgfältiger Tracht, häufig hatte er eine geschmückte Dame zur Seite. Manchmal nahmen die Leute, die seinem Wagen ausweichen mußten, eine feindselige Haltung an; doch wenn sie ihren Lepeletier erkannten, jubelten sie ihm zu. Wie kam es, daß er selber, Fernand, dem Volke der Ehemalige blieb, der Fremde? Warum war es ihm nicht vergönnt, sich der Kette als Glied einzufügen, Bruder zu sein unter Brüdern?

Als die neugewählte Versammlung, der Konvent, sich konstituiert hatte, erklärten die bisherigen Repräsentanten ihre Funktion für beendet, holten die neuen Volksvertreter feierlich ein und geleiteten sie in ihren Sitzungssaal.

Fernand, abgedankt, begab sich zurück nach Ermenonville.

Ein bitteres Glück

Der Konvent erklärte schon in seiner ersten Sitzung die Monarchie für abgeschafft, und er rief die Republik aus. Er beschloß weiter, eine viel radikalere Konstitution zu schaffen, basierend auf dem „Gesellschaftsvertrag". Auch ein neuer Kalender wurde eingeführt, er begann mit dem Jahre Eins der Ein und Unteilbaren Republik.

Ein herrliches Vorzeichen war, daß an dem Tage, da der

Konvent zusammentrat, das Kriegsglück umschlug. Es errang an diesem ersten Tage der Republik eine französische Armee, abgerissen, abgekämpft, schlecht bewaffnet, bei dem Dörfchen Valmy einen entscheidenden Sieg über eine mit modernstem Kriegsgerät ausgerüstete feindliche Armee. Die Heere der alliierten Könige wurden gezwungen, einen schleunigen Rückzug anzutreten. In rascher Folge eroberten die Soldaten der Republik Verdun und Longwy, nahmen Speyer, nahmen Mainz, nahmen Frankfurt, drangen in Savoyen ein, überschwemmten Holland, Belgien.

Diese Siege überraschten ganz Europa.

Sie überraschten unangenehm auch Monsieur Robinet. Er hatte für die Aristokraten nicht viel übrig gehabt, aber daß sie so jämmerlich versagen würden, hatte er doch nicht vermutet.

Auch der Verlauf der Pariser Dinge mißfiel ihm gründlich. Seine politische Theorie war einfach: einige wenige, solche, die durch den Erwerb von Gütern ihre Begabung erwiesen hatten, sollten die öffentlichen Geschäfte lenken. Nun bestand zwar die Majorität des Konvents aus Männern, die reich und besonnen waren, aus Bürgern. Leider aber gewann der Pöbel immer stärkeren Einfluß, und das konnte nicht gut ausgehen; denn der Pöbel hatte noch weniger Hirn als der Adel.

Monsieur Robinet war überzeugt, daß den wohltrainierten Armeen der Alliierten der Endsieg sicher sei. Bis dahin wollte er in Frankreich ausharren. Es wäre Pflichtvergessenheit seiner Enkelin und Urenkelin gegenüber, wenn er sich die herrlichen Geschäfte entgehen ließe, die sich jetzt boten.

Es war nicht ungefährlich, zu bleiben. Die meisten Generalsteuerpächter, die sich nicht in Sicherheit gebracht hatten, saßen im Kittchen. Er selber freilich, Robinet, war klug gewesen, er hatte nicht wie die andern den Adelstitel einer seiner Besitzungen angenommen. Jetzt kroch er völlig ins Dunkel. Sperrte seine Schlösser zu, auch sein Stadtpalais in Paris. Lebte still und unauffällig mit wenig Dienerschaft in Latour. Spendete überdies reichlich für alle Institutionen des neuen

Frankreich. Nein, er glaubte nicht, daß man ihm etwas anhaben werde.

Er schaute ruhig zu, wie Saint-Vigor konfisziert wurde, ließ aber sogleich Schloß und Gut durch einen Strohmann wiedererwerben. Seine Geschäfte ließ er durch Mittelsmänner besorgen. Er kaufte auf, was er zusammenraffen konnte, er lieferte in größtem Umfang für die Armee, alles durch Mittelsmänner.

Wenn aber dann der glückliche Tag kommt, wenn, was unausbleiblich ist, die vereinten royalistischen Armeen triumphierend in Paris einziehen, dann wird unter den Siegern der Mann seiner Enkelin sein, der verdiente Soldat Graf Mathieu de Courcelles, und er, Robinet, wird hervortreten und beweisen, daß er in der Abwesenheit dieses seines heldischen Verwandten dessen Geschäfte treu und erfolgreich wahrgenommen hat.

Da trat ein Ereignis ein, welches alle seine Pläne über den Haufen warf. Nachricht kam, daß Mathieu de Courcelles, den Rückzug seines Regiments mit seinem Bataillon deckend, im Kampf für die Lilien Frankreichs gefallen war.

Gilberte, als sie die Nachricht hörte, versteinte. Monsieur Robinet hatte nie geglaubt, daß sie so blaß werden könnte. Er streichelte ihre kalte Hand. Sie zog sie zurück, verließ das Zimmer. Er wußte, was in ihr vorging: daß sie sich selber und ihm die Schuld beimaß an dem dummen Ende dieses anständigen Menschen, der sie geliebt hatte.

Sie ließ sich zwei Tage nicht sehen. Er schickte ihr Essen, sie berührte es kaum. Am dritten Tag kam sie herunter. Sie saßen eine Weile zusammen, schweigend. Dann sagte sie: „Es tut unchristlich weh, Großvater."

Wenn Robinet an seine Zukunft dachte, faßte den besonnenen Mann sinnloser Zorn. Er wußte auf einmal, daß er nicht hiergeblieben war um der Mehrung seines Geldes willen, sondern weil er Gilberte und die kleine Marie-Sidonia für sich hatte haben wollen.

Sich nun noch länger der Gefahr auszusetzen, wäre Wahnwitz. Es konnte eine Ewigkeit dauern, ehe Europa dem Unfug hier ein Ende machte, und wieviel Unheil werden die Verrückten in der Zwischenzeit anrichten! Monsieur Robinet war in Gefahr, noch mehr bedroht war Gilberte, die Witwe eines Feindes der Republik. Sie mußten fort aus Frankreich.

Aber er kannte Gilberte. So vernünftig sie war, sie hatte sich anstecken lassen von den neuen, idiotischen Ideen, von dem Gewäsch des Narren, der drüben unter seinen Pappeln lag. Sie wird sich sträuben fortzugehen, sie wird sich versteifen zu bleiben, sie wird tausend Gründe nennen, aber nicht den wirklichen; denn der wirkliche Grund war dieser verdammte Schwärmer, Träumer, Schwachkopf, der junge Girardin.

Mit solchen Gedanken trug sich Monsieur Robinet, als ihm Fernand gemeldet wurde.

Die Nachricht vom Tode Mathieus hatte Fernand in tiefe Verwirrung gerissen. Er hatte dem Manne Gilbertens nichts Böses gewollt. Nicht mit dem leisesten Gedanken hatte er, als er daran arbeitete, den Krieg vorzubereiten, an diesen braven Menschen gedacht, den sein Gewissen aus dem Land getrieben hatte. Der große Umschwung hatte bedeutendere Männer sterben machen, aber Fernand spürte mit Unbehagen, daß er Mitschuld trug an diesem Tode.

Robinet, beim Anblick Fernands, verbarg nicht seinen Groll. Dieser Dummkopf! Dieser Laffe, der gegen seine eigenen Interessen wütete und gegen die seiner Freunde! *Er* hatte das Gesetz beantragt, welches die Konfiskation der Güter der Emigranten verlangte! *Er* hatte das Land in den Bruderkrieg gehetzt, der Mathieu das Leben gekostet hatte! „Da sehen Sie es, was bei Ihrer Philosophie herauskommt, Monsieur!" empfing er ihn. „Da schwatzt ihr von Natur und Frieden und Gleichheit und Brüderlichkeit, und dann macht ihr Bürgerkrieg! Der arme Mathieu! Aber er hat wenigstens gewußt, wohin er gehört."

Es überraschte Fernand, daß der alte Herr, die zweibeinige nüchterne Rechenhaftigkeit, sich derart von seinen Gefühlen hinreißen ließ. „Ihre Trauer entschuldigt Sie, Monsieur", sagte er. „Ich werde nicht mit Ihnen debattieren, ich möchte Sie nicht noch mehr erzürnen. Ich bin gekommen, Ihnen und Gilberte meine Teilnahme auszusprechen, meine ehrliche Teilnahme." – „Das macht Mathieu nicht lebendig", höhnte Robinet.

Gilberte stand in der Tür. Ihr Gesicht über dem schwarzen Kleid war blasser, als Fernand es je gesehen hatte. Sie blieb in der Nähe der Tür stehen, schaute Fernand an, fand keine Worte. Auch Fernand konnte nicht sprechen. Denn wieder war es eine völlig neue Gilberte, die ihm gegenüberstand, und dennoch die frühere.

Gilberte hatte, aus ihrer Dumpfheit erwachend, sonderbar vernünftelt.

Wiewohl sie ihrem Großvater, wenn er von dem sichern Endsieg des Königtums redete, widersprach, hatte sie in ihrem Innersten niemals recht an den Bestand der Republik geglaubt. Von der Mutter her war sie gewohnt, die Großen, die Privilegierten, die Vertreter der Macht, als für die Dauer eingesetzt anzusehen, als eine Art Verhängnis. Sie waren da für immer, wie die Urfelsen der Erde. Es schien ihr undenkbar, daß ein mehr als tausendjähriges Reich von dem närrischen alten Jean-Jacques und von ihrem liebenswerten, doch leicht verrückten Fernand auf die Dauer sollte ausgetilgt werden können. Sie hatte die Philosophie ihres Fernand für ein Steckenpferd gehalten, welches dieser hartnäckige Schwärmer nun einmal ritt, bis in die Wälder Amerikas ritt, bis auf die Tribünen der Pariser Rebellen, aber daß dieses hölzerne Spielzeug lebendig werden und bleiben sollte, war Unsinn. Auch konnte sie es in ihrem heimlichsten Innern nicht glauben, daß, nachdem sie soviel aufgegeben und ihren schweren Kampf um die Privilegien geführt hatte, ihr Kind nun doch keine Gräfin Courcelles sein sollte, sondern nur eine Bürgerin.

Der Tod Mathieus hatte diesen ihren heimlichsten Glauben mit scharfem Ruck ausgewurzelt. Ihr sehr vernünftiger Mathieu, einer jener unverwüstlichen Großen, war besiegt und tot, und Fernand, der Schwärmer, der ewige Jüngling, der weise Narr, war da, war lebendig, hatte recht. Es hatte sich erwiesen, daß seine Narrheit vernünftiger war als die Vernunft ihres Mathieu und des Großvaters. Die frühere Welt war eingestürzt, ein für allemal, und sie, Gilberte, war ohne Halt und Dach, gelähmt, ganz und gar verloren. Sie hatte alles von Grund auf falsch gemacht. Nicht Fernand war der Knabe und Träumer gewesen, sondern sie ein kleines, dummes Mädchen, und sie hatte den Mann, der ihr großherzig eine Brücke in seine neue Welt hinüber hatte bauen wollen, fortgeschickt, sie Dümmste der Dummen.

Da sie nun Fernand sah, wie er zwei Schritte auf sie zu machte, verlegen und doch sehr männlich, ein wenig hinkend und doch fest auf seinen beiden Füßen, brach sie in ungehemmtes Weinen aus. Sie zerging im Gefühl ihrer Unterlegenheit; doch tat es wohl, ihm unterlegen zu sein.

Fernand hatte Gilberte niemals weinen sehen. Er war erstaunt, befangen, beglückt. Er wagte nichts zu sagen, wagte nicht, sie zu streicheln, wiewohl er sich ihr so nahe fühlte wie damals vor ewig langer Zeit.

Noch immer war Robinet im Zimmer, aber sie hatten ihn vergessen. Er sah, wie die beiden versunken dastanden, er war kein Moralist und gab nichts auf Würde, aber obgleich nicht das leiseste geschah, hielt er, was er da mitansah, für ungehörig. Zum erstenmal in seinem Leben begriff er seine Enkelin nicht. Die Meldung vom Tode Mathieus hatte sie ins Innerste getroffen, und jetzt stand sie da und konnte die Augen nicht losreißen von dem andern. Er wollte etwas sagen, es war seine Pflicht; aber er fürchtete, er werde dann auch sie verlieren. Er fühlte sich sehr alt und mißverstanden und machte sich aus dem Zimmer.

„Es tut mir furchtbar leid", sagte endlich Fernand, und: „Es ist sehr, sehr hart für Sie", sagte er. Das waren armselige Worte im Munde eines Mannes, dessen Reden die Gesetzgebende Versammlung hingerissen hatten, aber Gilberte schaute ihn dankbar an, und mit einemmal begriff er, warum sie ihn damals nicht hatte nach Amerika gehen lassen wollen und warum sie Mathieu geheiratet hatte, und er erkannte froh, daß sie das alles jetzt für falsch hielt.

Das Kind kam, Marie-Sidonia. Sie war, die Neunjährige, schwarz gekleidet. Sie hatte alle die mühsam erlernten Manieren wieder abtun müssen, die umständlichen Reverenzen und tiefen Kniebeugen waren nicht mehr erlaubt, aber in ihrem langen, schwarzen, schweren Kleide, das sie wie eine Erwachsene erscheinen ließ, und in Gegenwart Fernands wurde sie plötzlich wieder zur kleinen Gräfin Courcelles, und mechanisch machte sie dem Grafen Brégy ihre Reverenz.

Es wurde auch weiter nur wenig gesprochen zwischen Fernand und Gilberte. Unvermutet indes fing er an von Saint-Domingue zu reden, und wie von dort nur spärliche, schauerliche Nachrichten kämen, und er habe dort Freunde und eine sehr nahe Freundin, und es stehe leider zu befürchten, daß seine Freunde umgekommen seien in dem schmutzigen Krieg zwischen Farbigen und Weißen.

Gilberte wußte gut, warum er ihr das jetzt erzählt hatte. So aber, wie vorher er nur verbrauchte Worte gefunden hatte, sagte jetzt sie einfältig und ehrlich: „Ja, es sind bittere Zeiten für uns alle.“

Dann schwiegen sie wieder. Das Kind Marie-Sidonia saß ernst da. Das Hündchen Pompon, verfettet, kläffte asthmatisch.

Als Fernand ging, hatten sie beide wenig geredet; doch war ihm, als hätten sie ein langes, vertrautes Gespräch geführt wie in den Tagen ihrer nächsten Nähe.

Es war die neue Zeit, die sie einander so nahegebracht hatte. Die Revolution hatte Gilbertens Verknüpfung mit dem Hof auf schreckliche Art gelöst und ihr grausam deutlich gezeigt, wohin sie gehörte. Sie durfte sich jetzt mit Recht Bürgerin Courcelles nennen, sie war am Ziel, aber er spürte glückhaft sicher, daß auch er anlangen werde.

Finstere Gäste

Siebenhundertneunundvierzig Mitglieder zählte der Konvent. Alle bekannten sie sich zu den Prinzipien Jean-Jacques', dessen Bild, gemeißelt in Stein der zerstörten Bastille, auf sie niederschaute, alle wollten sie eine Republik in seinem Sinne errichten. Doch stellten sie sich die Wege zu diesem Ziel sehr verschieden vor. Viele unter den Deputierten waren gehobene Bürger, nicht wenige waren vermögend. Sie waren „Radikale" gewesen in den ersten Jahren der Revolution, jetzt schienen sie gemäßigt. Sie scheuten Gewalt; konnten sie sie nicht vermeiden, dann gaben sie ihr durch schöne Worte den Schein der Ordnung und des Gesetzes.

Eine kleine Minorität indessen, weniger als hundert unter den siebenhundertneunundvierzig, war entschlossen, die Prinzipien Jean-Jacques' siegen zu machen unter allen Umständen, volle Gleichheit aller Rechte herzustellen mit allen Mitteln, auch mit Gewalt und scheinbarem Unrecht.

Diese entschlossenen Demokraten nahmen in dem Bau, in welchem der Konvent tagte, in der Manège, die höchsten, obersten Sitze ein, der Abgeordnete Chaplaine, der ihnen zugehörte, nannte mit seiner Lust am bildhaften Ausdruck ihren Teil des Saales „La Montagne – Den Berg", und so wurde fortan die Partei genannt.

Unbestrittener Führer dieser „Montagnards" war Maximilien Robespierre. Martin Catrou, der sich ohne Zögern seinen Sitz unter ihnen gewählt hatte, sah mit Bewunderung, Ehrfurcht und nicht ohne Mitleid, wie die harte Aufgabe Robespierre verändert hatte. Als er ihn das erstemal im Jakobinerklub hatte sprechen hören, war sein Mund freundlich gewesen, seine Augen gütig, die Stirn rein und klar. Jetzt waren die Lippen fast immer scharf verpreßt, die Stirn hatte sich gefurcht, die Augen, wenn nicht durch eine grünliche Brille verdeckt, schauten starr nach innen; wenn Maximilien lächelte, schnitt es einem ins Herz, wenn er, selten einmal, lachte, klang es herb und spitz. Die übermenschliche Aufgabe, die winzige, erlesene Minorität der Tugend den steilen Weg hinaufzuführen, lieh Robespierre ungeheure Kraft und legte ihm atemraubende Last auf.

Noch einer war unter Martins radikalen Kollegen, für den er von Anfang an hohe Achtung spürte, der jüngste der Deputierten, Antoine de Saint-Just. Der kaum Fünfundzwanzigjährige war hochgewachsen und sehr schlank. Er war stets mit sorgfältiger Eleganz gekleidet; eine in Stoff und Farbe fast geckenhafte Halsbinde umschlang den hohen Kragen. Daraus wuchs ein ovales Gesicht von mädchenhafter Zartheit; über der griechischen Nase leuchteten große, graublaue Augen, die Brauen zogen sich dicht in hohem Bogen. Das dunkelblonde Haar, leicht in die Stirn gekämmt, fiel lang über die Schultern. Saint-Just hatte ruhige, erlesene Manieren, seine Bewegungen waren gemessen bis zur Steifheit; doch leuchtete aus den riesigen Augen ein wilder innerer Brand, gebändigt nur von äußerster Zucht und starrster Vernunft.

Saint-Just wohnte jeder Sitzung des Konvents bei, doch nahm er niemals das Wort. Trotzdem fiel er auf. Machte ihn schon sein Äußeres ungewöhnlich, so noch mehr die Freundschaft Robespierres; häufig betraten die beiden gemeinsam den Sitzungssaal, häufig verließen sie ihn gemeinsam.

Es kostete Martin Selbstüberwindung, Saint-Just anzusprechen. Er tat es. Saint-Just musterte das harte, gescheite Gesicht des untersetzten, ungeschlachten Burschen ruhig, unverschämt lange. Erst dann erwiderte er, höflich, sachlich, eingehend. Martin strahlte. Saint-Just nahm ihn an.

Die beiden jungen Abgeordneten tauschten Besuche aus. Martin hatte, als er nach Paris übersiedelte, in einem häßlichen Hause eines häßlichen Viertels Wohnung genommen. Der elegante Saint-Just erstieg die abgetretenen, schadhaften Treppen, betrat die mit geschmacklosen Möbeln vollgestopfte Wohnung, und Martin fühlte sich geehrt wie nie in seinem Leben.

Der Konvent hatte das Königtum abgeschafft, doch zögerte

die Majorität der Gemäßigten, das persönliche Schicksal des Königs zu bestimmen. Immer lauter jetzt verlangte das Volk, daß endlich abgerechnet werde mit Louis Capet, wie er jetzt nach dem Namen seiner Dynastie genannt wurde, mit dem Tyrannen, mit dem Verräter.

Für Robespierre stand es fest, daß Louis sterben mußte. Zwar wird die Tötung des Tyrannen die andern Könige Europas bewegen, ihre Kriegsanstrengungen zu verstärken, und alle Schwachherzigen im Konvent und im Volk werden jammern und eifern. Aber diese Gegengründe schmolzen vor den Argumenten, die aufgezeichnet standen in den Büchern Jean-Jacques'. Louis mußte sterben; nur dann konnten die Jeans und die Jacques seinen Platz einnehmen, und daß es so kommen werde, hatte Maximilien dem Meister geschworen.

In seiner logischen Weise zählte er Saint-Just seine Gründe her. Der nahm ihm das Wort vom Munde, sie warfen sich die Argumente zu, still, gemessen, in einer Übereinstimmung, die von innen kam. Die beiden ernsten Männer, der junge und der noch jüngere, lächelten, wie tief sie einander verstanden.

Sie fuhren nach Ermenonville, sich bei dem toten Meister Kraft zu holen für den Kampf, den sie nun in seinem Namen führen wollten.

Langsam, schweigend gingen sie durch die Gärten. Es war Herbst, die Statuen und Tempel froren in dem kahlen Park unter dem grauen Himmel. Maximilien dachte daran, wie er mit Jean-Jacques an einem seiner letzten Tage auf diesen Wegen gegangen war, wie ihm Jean-Jacques von der Botanik gesprochen hatte, der liebenswürdigsten aller Wissenschaften, und dann voll Bitterkeit von den Menschen, die ihn mißverstanden und haßten um seiner Menschenliebe willen. Nun erst begriff Maximilien ihn ganz. Wer die Menschen in Wahrheit liebte, mußte viel Haß auf sich nehmen; denn er mußte Taten begehen, die ohne diese Liebe undenkbare Verbrechen wären.

Sie waren am See angekommen. Von der kleinen Insel her

schaute unter seinen langen, dünnen, entlaubten Pappeln das Grabmal, Rührung und Ehrfurcht einflößend.

Saint-Just setzte sich auf die Bank unter der Weide und ließ den Freund allein hinüberrudern. Den olivfarbenen Mantel um sich geschlagen, mit abgenommenem Hut, aufrecht und adrett, stand Maximilien vor dem Altar, der sich auf der herbstlich kahlen Insel scharf vom Himmel abhob, nackt und grauweiß. Schmal, reglos in dem kühlen, feuchten Wind stand der Mann, dem die Vorsehung das Erbe Jean-Jacques' aufgebürdet hatte, das blasse, fleischlose Gesicht unter dem mit peinlicher Sorgfalt frisierten Haar dem Steine zugewandt, unter welchem sein Meister lag.

Beherrscht stand er, doch bis ins Tiefste erschüttert von der Größe seiner Sendung: Louis ins Nichts zu stoßen, damit Jean-Jacques lebe. Sätze hoher Strenge, die Jean-Jacques in seinen Werken niedergelegt hatte, gingen ihm ineinander. „In den guten Zeiten der Römischen Republik fiel es weder dem Senat noch den Konsuln, noch dem Volke ein, Gnade zu üben." Und: „Wer den Gesellschaftsvertrag gebrochen hat, ist nicht mehr Glied des Staates, er ist öffentlicher Feind und muß ausgetilgt werden."

Gerade Jean-Jacques' Zartheit hatte ihn in seine Strenge getrieben; es war die Logik seiner Menschlichkeit, die ihn so grimmig stark machte. Und diese aus Menschlichkeit geborene Härte lebte weiter in ihm, Maximilien. Ja, er handelte aus dem Geist des zarten Meisters heraus, wenn er jetzt, nachdem der tausendjährige Thron Frankreichs gestürzt war, denjenigen, der auf ihm saß, ihm nachstürzte, ins Leere!

Als sie durch die Gärten zurückgingen, ließ er Saint-Just teilhaben an seinen Gedanken. Jean-Jacques' Menschenliebe war nicht schiere Gefühlseligkeit, sie war wählende Weisheit. Für den einzelnen mit seinen privaten Sorgen hatte Jean-Jacques die Milde seines „Pfarrers von Savoyen", für den Staat und seine Bürger die Strenge des „Gesellschaftsvertrags". Er scheute sich nicht, hier zu bejahen, was er dort verneinte. In dieser erhabenen Einseitigkeit lag seine Größe.

Gewisse Philosophen und Abgeordnete, unsere Gemäßigten, die „Girondisten", diese Beweglichen, ungeheuer Gebildeten, Geschmackvollen, sahen zu vieles gleichzeitig; ihre Bewegung machte sie schwach. Wer vorwärts gehen wollte, mußte gradaus auf seinen Weg schauen. Zuviel Philosophie machte schwach. Die Republik brauchte Männer, die stark waren durch Einseitigkeit.

Später, auf der Heimfahrt, ließ Saint-Just den Freund wissen, was ihm durch den Kopf gegangen war, als er unter dem Weidenbaum saß. War es nicht verwunderlich, daß die teuern Gebeine des geistigen Vaters der Republik hier ruhten, in der Einöde, in der Obhut eines abgeschmackten Ehemaligen, der tat, als seien sie sein Eigentum? War es nicht gegen die Vernunft und gegen die Würde der Republik, daß die Leiche Voltaires im Pantheon lag und die Leiche Jean-Jacques' im Park Monsieur de Girardins, abgesperrt vom Volke?

Was Antoine de Saint-Just da vorbrachte, war richtig, Jean-Jacques hatte Anspruch aufs Pantheon, Paris und das Volk Anspruch auf Jean-Jacques' Reste. Aber tief eingeprägt war Maximilien das Bild, wie er, fünfzehn Jahre jünger, ach, tausend Jahre jünger, in Ermenonville herumgegangen war mit Jean-Jacques. Das Andenken Jean-Jacques' war ihm für immer verbunden mit diesen Gärten; er konnte sich den Meister nicht denken ohne die Bäume, die Hügel, den kleinen See. „Sie haben recht, Antoine", sagte er. „Aber ich weiß aus Jean-Jacques' eigenem, teuerm Munde, wie innig er die Gärten von Ermenonville liebte. Paris und die Welt brauchen nicht an ihn erinnert zu werden; sie werden es täglich durch die Siege jener Armeen, welche entstanden sind aus seinen Büchern und seinen Gedanken. Lassen wir seinen Leib ruhen unter seinen Bäumen. Iaceat, ubi iacet."

Saint-Just nahm Robespierres Ablehnung ohne Empfindlichkeit. Dem aber war es leid, daß er dem Freunde hatte nein sagen müssen, und er wollte ihm zeigen, wie sehr er ihn liebte und achtete. „Ich werde vorschlagen", sagte er, „daß in der Debatte des Konvents über die Prozessierung des Königs Sie für uns sprechen, Antoine."

Saint-Justs weißes, beherrschtes Gesicht leuchtete auf. Das ganze Land erwartete, Robespierre selber werde dem Redner der Majorität antworten und den Prozeß fordern. Daß jetzt Maximilien ihn damit beauftragte, zeugte für höchstes Vertrauen. Wann in der Geschichte hatte ein Redner einen größeren Gegenstand gehabt als die Forderung des revolutionären Frankreich, den verräterischen Despoten auszutilgen? Der brennende Patriotismus und der brennende Ehrgeiz des jungen Menschen schlugen in *eine* Flamme zusammen. Es hatte Zucht und Willen gekostet, so lange im Konvent schweigend zuzuhören; jetzt lohnte der bewunderte Freund die Geduld.

„Wenn Sie es wünschen, Maximilien", sagte er, „werde ich sprechen", und, nach einer kleinen Weile: „Ich danke Ihnen, Maximilien."

Eine Jungfernrede

Die Debatte über das Schicksal des Königs begann an einem trüben Novembertag.

Für die gemäßigte Majorität sprach ein Abgeordneter der Vendée, Charles-Gabriel Morisson, ein weithin berühmter Jurist. In geschliffener Rede, mit glänzender Logik legte er dar, daß trotz den blutigen, monströsen Verbrechen des Königs weder die Institutionen des Landes noch die ewigen Prinzipien der Justiz es erlaubten, ihn vor Gericht zu stellen. Die Gesetze, die er übertreten habe, seien erst nach seinen Verbrechen eingeführt worden. Aufgabe des Konvents sei, dem Königtum den Prozeß zu machen, nicht der unverletzlichen Person des Königs. Wenn die Republik ihre Sicherheit schützen wolle, so solle sie den früheren König in gutem Gewahrsam halten oder ihn auf dem Verwaltungswege aus Frankreich verbannen.

Jedermann erwartete, die Berg-Partei werde ihren Robespierre vorschicken, die eindrucksvolle Rede Morissons zu widerlegen. Statt dessen erhielt das Wort ein junger Mann, der so gut wie unbekannt war und noch niemals gesprochen hatte, ein Abgeordneter des Départements der Aisne, Antoine de Saint-Just.

Langsam erstieg der Redner die neun hohen Stufen der Tribüne. Da stand er unter der dreifarbigen Fahne der Republik, auf ihn herunter schaute von seinem Relief Jean-Jacques, hinter ihm an der Wand verkündete, eingerahmt von den Zeichen der Richtgewalt, den Liktorenbündeln, eine große Tafel die Menschenrechte, zwei riesige Kandelaber mit zahllosen Kerzen beleuchteten sein weißes Gesicht.

Ohne die leiseste Befangenheit legte Saint-Just sein Manuskript vor sich hin, nestelte an seiner Halsbinde, schaute sich um im Saale, begann: „Ich werde Ihnen, Bürger Gesetzgeber, beweisen, daß keine Rede sein kann von der Unverletzlichkeit, welche Morisson für den früheren König in Anspruch nimmt, daß vielmehr das souveräne Volk sehr wohl das Recht hat, Louis Capet gemäß seinem, des Volkes, Nutzen zu behandeln. Ich erkläre und werde beweisen: der König ist als Feind zu betrachten und zu behandeln. Unser Amt ist es nicht, spitzfindige juristische Erwägungen über seine Handlungen anzustellen, sondern ihn bis zum Äußersten zu bekämpfen."

Die Abgeordneten der Gemäßigten waren angenehm erstaunt, daß ihnen die Opposition ihre Aufgabe so leicht machte. Beinahe lächelten sie, die gebildeten und gewandten Redner und Schriftsteller, über die selbstbewußten Sätze, mit denen der unerfahrene junge Mensch seine Rede einleitete; sie werden ihn ohne Mühe mit wohlwollender Ironie abtun.

„Wir haben", sagte jetzt Saint-Just, „eine Republik zu etablieren. Eine Republik etabliert man nicht mit Juristerei und Rabulisterei. Allzu nuancierter Verstand und allzu verfeinerte Moral sind Eigenschaften, welche die Freiheit sehr behindern. Spätere Geschlechter werden sich wundern, daß das achtzehnte Jahrhundert weniger fortgeschritten war als das Jahrhundert Cäsars. Damals tat man den Tyrannen am hellen

Mittag ab, in währender Senatssitzung, und es gab keine andere Formalität als dreiundzwanzig Dolchstiche, kein anderes Gesetz als die Freiheit Roms."

Zweitausend Menschen faßte der Saal der Manège, dreitausend waren da. Atemlos hörten sie zu, tiefes Schweigen war im Saal und auf den Galerien, die Zuversicht der Gemäßigten schwand.

Dabei war, was dieser Redner vorbrachte, keineswegs neu, es war die bekannte, falsche und gewalttätige Ausdeutung, welche die Berg-Partei den Lehren Jean-Jacques' gab. Neu aber war seine Form, die klassische Ruhe, mit welcher er seine blutigen Forderungen vortrug. Er deklamierte nicht heftig wie die andern Abgeordneten der Berg-Partei. Gemessen vielmehr, kalt und scharf fielen die grausamen Worte von seinen mädchenhaft zarten Lippen, sein durchscheinend blasses Gesicht blieb unbewegt. Man konnte sich der seltsamen Beredsamkeit dieses Deputierten nicht entziehen, die brennende Kälte des Jünglings Saint-Just ergriff auch seine Gegner.

Martin Catrou lauschte hingenommen. Was sein Freund Saint-Just da vorbrachte, waren seine eigenen Gedanken, es waren die Gedanken Maximilien Robespierres: aber wie anders klangen sie, wie neu und scharf geschliffen, nun sie von diesen Lippen fielen. Die Logik des republikanischen Herzens sprach aus ihnen, es war in ihnen der harte, unaufhaltsame Schritt der Revolution.

„Darf ein Volk an der Schwelle seiner Freiheit Pietät haben für das Gedächtnis seiner Ketten?" fragte jetzt Saint-Just. „Was für eine Republik wollen Sie errichten, Bürger, wenn das Beil in Ihrer Hand zittert? Völker sprechen nicht Recht nach den Lehrsätzen verstaubter Pandekten, Völker schleudern tödliche Blitze. Bürger! Das Gericht, das Louis Capet abzuurteilen hat, ist ein Kriegsgericht. Es gibt keinen Mittelweg: entweder Sie geben dem Tyrannen die Krone zurück, oder Sie schlagen ihm den Kopf ab."

Lautlos hörten die Dreitausend zu, verzaubert schauten

sie auf diesen jungen Menschen, dessen kalt fallende Worte immer nur *eines* verlangten: La mort, la mort! Tod, Tod!

Es war verboten, Redner des Konvents durch Beifall oder Ablehnung zu unterbrechen. Allein die Leute auf den Galerien konnten sich nicht halten, sie jubelten Saint-Just zu, und: „La mort, la mort! Tod dem Tyrannen!“ verlangten sie rasend. Der Präsident bedeckte sich, um Ruhe zu schaffen. Die Menge tobte weiter. Der junge Mensch hob die Hand; mit leichten Fingern erreichte er, was der Vorsitzende nicht hatte erreichen können, es wurde still.

„Dieser Mann“, erklärte Saint-Just, „hat im geheimen Truppen ausgehoben, hat im geheimen in Acht erklärt alle guten und tapferen Bürger, hielt im geheimen eigene Beamte und Botschafter. Er betrachtete die Bürger des freien Volkes als seine Sklaven, er ist verantwortlich für den Mord der Zahllosen, die umgekommen sind in Nancy, auf dem Marsfeld, in den Tuilerien.“

Längst hatten die Gemäßigten erkannt, daß ihre Sache verloren war. Die ruhigen Worte des eleganten Herrn hatten das Schicksal des Königs besiegelt. Ach, hinter ihnen, den Gemäßigten, stand nur Vernunft und Staatsmannschaft, hinter der Berg-Partei und diesem jungen Menschen stand mörderisch und ungezügelt das Volk.

„Holen Sie ihn vor Ihr Gericht, Bürger!“ schloß Saint-Just. „Sogleich! Morgen! Zögern Sie nicht! Klugheit verlangt es, gesunde Staatsmannschaft. Louis muß sterben, auf daß Frankreich lebe!“

„Tod, Tod, Tod!“ toste es durch den Saal.

Robespierre hatte ohne Eifersucht mitangehört, wie seine eigenen Wendungen aus dem Munde Saint-Justs kamen. Nun machte sein lieber Freund den Weg frei der Gleichheit und Brüderlichkeit, den Weg Jean-Jacques', auf daß alle ihn gehen könnten. Tiefere Genugtuung füllte ihn, als wenn er selber gesprochen hätte.

Keine falsche Humanität!

Das ganze Land nahm erregten Anteil an dem bevorstehenden Prozeß des Königs. Der Konvent wurde überschwemmt mit Bitten und Drohungen; viele erboten sich, an Stelle Louis' zu sterben. Es zeigte sich, daß noch Millionen dem König anhingen. Um so heftiger forderten die Jakobiner seinen Tod.

Fernand war um diese Zeit beinahe täglich mit Lepeletier zusammen. Es erschreckte und entzückte ihn, wie unbeirrbar grausam dieser sein Freund den Gedanken der Revolution zu Ende dachte. Ungerechtigkeit gegen einzelne war eine notwendige Folge der großen, letzten Gerechtigkeit, welche das Wesen der Revolution war. „Ich bin zutiefst einverstanden mit der Revolution", sagte Lepeletier, „und wenn ich an ihr zugrunde gehe."

Auch in der großen Streitfrage, was nun mit dem abgesetzten König zu geschehen habe, ließ er sich durch keine Emotion verwirren. Fernand hingegen schrak zurück vor der Idee, daß Louis sterben sollte. Er hatte den König oft gesehen und gesprochen von der Zeit an, da er ihm als Knabe ein erstes Mal die Hand geküßt hatte, bis zu dem Tage, da er ihn im Namen der Nationalversammlung aufgefordert hatte, den Krieg zu erklären. Und war nicht so wie er selber das ganze französische Volk gefühlsmäßig mit Louis verbunden? Der war der letzte von sechzig Königen seines Hauses, durch tausend lange Jahre waren die Geschicke des Volkes aufs engste verknüpft mit denen der Familie Capet. Daß in Frankreich *eine* Sprache gesprochen wurde, daß Frankreich eine Nation geworden war, dankte es dieser Dynastie.

Lepeletier wischte Fernands Einwände mit freundlicher Handbewegung fort. Sie waren falsche Humanität. Sachlich kühl legte er Fernand dar, warum Louis sterben mußte. Die juristische Frage, ob das Volk und seine Vertreter das Recht hatten, den König zu prozessieren und hinzurichten, ließ sich mit ebenso guten Argumenten bejahen wie verneinen; im übrigen war diese Frage irrelevant. Das Wesentliche blieb, daß Louis' Tötung politisch notwendig war. Hielt man ihn in Gefangenschaft, dann blieb er das Zentrum jeder antirepublikanischen Bewegung in Frankreich und im Ausland. „Man kann nicht das Königtum stürzen", meinte mit seiner ruhigen, angenehmen, etwas hohen Stimme Lepeletier, „und sein wirksamstes Symbol, den König, am Leben lassen. Schon in dem Augenblick, da wir Louis absetzten, war entschieden, daß wir ihn austilgen mußten. Vom letzten Schritt herunter vom Thron bis zum ersten hinauf aufs Schafott ist der Weg sehr kurz."

Lepeletier, das wußte Fernand, hatte keine persönliche Sympathie für die Männer von der Berg-Partei, für die Robespierre und Saint-Just; er machte sich gerne lustig über ihre Starre und Steifheit. Er fühlte sich viel wohler mit den Gemäßigten, den Girondisten, diesen glänzenden, einfallreichen Rednern und Philosophen. Aber in den Fragen der praktischen Politik hatten die Jakobiner recht. „Was mit dem König zu geschehen hat", sagte er, „darüber mußte sich jeder Politiker seit langem klar sein. Unsere Robespierre und Saint-Just waren sich klar; unsere Freunde, die Gemäßigten, waren zu gescheit dazu. Jetzt stehen sie vor dem Dilemma, den König zu opfern oder die Republik."

Nachdem die Repräsentanten des Volkes den früheren König einstimmig schuldig befunden hatten, berieten sie über die Frage, welche Strafe sie über ihn verhängen sollten.

Die Sitzung dauerte vom Morgen an den Tag hindurch und die Nacht und einen großen Teil des folgenden Tages und, nach einer Pause, noch einmal einen Tag und den größern Teil der Nacht. Auf den Galerien saßen dicht gedrängt die mehr als zweitausend Zuhörer. Damen in Galakleidern, die Listen der Abgeordneten in der Hand, zählten die Stimmen und kreuzten an und strichen und steckten Nadeln.

Zunächst aufgerufen wurden die Deputierten der Haute Garonne. Unter lautloser Stille sagte der erste: La mort, den Tod. Der zweite: La mort, den Tod. Der fünfte: La mort.

Es wurden aufgerufen die zwölf Abgeordneten der Gironde, unter ihnen die bekanntesten Männer der Gemäßigten. Ihr Führer, Vergniaud, hatte noch gestern seinen Freunden erklärt, er werde niemals für Louis' Tod stimmen. Heute erklärte er: „Als Staatsmann war ich dafür, das Volk urteilen zu lassen. Der Konvent hat es anders beschlossen. Ich füge mich. Mein Gewissen ist rein. Als Jurist stimme ich: Den Tod."

Einer nach dem andern, unter höchster Spannung, erstiegen die Abgeordneten die Tribüne und gaben ihre Stimme ab, ihr Urteil verbrämend mit mancherlei Sprüchen. Einer sagte: „Den Tod binnen vierundzwanzig Stunden." Einer: „Den Tod, vielleicht zu spät für die Ehre des Konvents." Der Abgeordnete Duchâtelle, schwer krank, ließ sich auf einer Bahre auf die Tribüne tragen, stimmte dafür, daß der König leben bleibe, und starb in der gleichen Nacht; was manchen lachen machte. Ein Abgeordneter, eingeschlafen vor Müdigkeit, wurde geweckt, daß er abstimme, sagte schläfrig: „La mort", und schlief wieder ein.

Sehr still war es, als der frühere Herzog von Orléans, jetzt genannt Philippe Égalité, Louis' Vetter, die Tribüne erstieg. Er hatte seinen Freunden feierlich versprochen, sich der Stimme zu enthalten. Jetzt stieg er die steilen Stufen hinauf, schnaufend, in Aussehen und Gehabe seinem Vetter Louis lächerlich ähnlich, und erklärte: „Wer die Souveränität des Volkes verletzt, muß sterben. La mort."

Besonders gespannt war Fernand, wie sich seine Freunde verhalten würden, Lepeletier und Martin Catrou. Bis zuletzt, gegen alle Vernunft, erwartete er, daß Lepeletier den Mann, der ihm hohe Ämter verliehen und nur Freundlichkeiten erwiesen hatte, nicht in den Tod schicken werde. Aber Lepeletier, mit seiner gleichmütig angenehmen Stimme, sagte: „La mort."

Nach Lepeletier wurden mehrere Deputierte aufgerufen, die für lebenslängliche Haft stimmten oder dafür, daß das Todesurteil dem Volk unterbreitet und die Vollziehung aufgeschoben werde. Viele Abgeordnete, auch radikale, stimmten so. Die Schalen hoben sich, senkten sich; es war schwer, den Ausgang abzusehen.

Ein Engländer saß im Konvent der französischen Republik, Thomas Paine, ein Mann, der entscheidend mitgeholfen hatte bei der Gründung der amerikanischen Republik. Er stimmte dafür, daß nun, nachdem Louis' Krone im Rinnstein liege, er selber verbannt werde, und zwar nach den Vereinigten Staaten von Amerika. Dort, beschattet vom Elend und Verbrechen seines Lebens als König, werde er durch ständige Betrachtung der Wohlfahrt des amerikanischen Volkes erkennen, daß das richtige Regierungssystem nicht die Monarchie sei, sondern die Demokratie.

Dann endlich wurde Martin Catrou aufgerufen. Fernand beugte sich weit vor. Martin, mit seiner hellen, schneidenden Stimme sagte: „Den Tod. Ohne Federlesen."

Die Sekretäre des Konvents zählten die abgegebenen Stimmen, es dauerte lange, sie zählten dreimal. Die Luft des menschenvollen Saales war schwer und schlecht vom Rauch der Öfen, der Kohlenbecken, der vielen tausend Kerzen. Die Menschen waren unruhig, sie wollten aufstehen, hinaus in die Nacht gehen, Luft schöpfen. Aber sie blieben; sie fürchteten, die Minute der Urteilsverkündung zu versäumen. Auf die erregten, wartenden Tausende herunter schaute von seinem Relief Jean-Jacques.

Endlich, es war zwei Uhr fünfzehn Minuten des Morgens, erstieg der Präsident die Tribüne. Er verkündete: Von den 749 Mitgliedern seien 28 abwesend; es betrage somit die Majorität der 721 Anwesenden 361. Gestimmt hatten 360 Abgeordnete für Haft, Verbannung oder Aufschub des Todesurteils, 361 hatten für sofortigen Tod gestimmt.

Eine ungeheure Stille war im Saal. Der König war also mit *einer* Stimme Majorität zum Tode verurteilt.

Der Präsident setzte den Hut auf. Verkündete: „Die Strafe, auf welche die Vertreter des souveränen Volkes gegen Louis Capet erkannt haben, ist somit sofortiger Tod."

Es blieb still. Ein paar vereinzelte Stimmen riefen: „Es lebe die Republik!“ Aber die Masse stimmte nicht ein.

Fernand stand auf mit lahmen Gliedern, dehnte sich. Sein kranker Fuß schmerzte. Er war wie betäubt. Mit *einer* Stimme Mehrheit! Hätte sein Freund Michel, hätte sein Freund Martin anders gestimmt, dann bliebe der König am Leben.

Lepeletier schlief nach der endlosen Sitzung lang in den Tag hinein. Gegen Abend ging er ins Palais Royal, zu dem Traiteur Février, um in diesem vornehmen Restaurant herumzuhören, was man von seinem Verhalten denke. Die Anhänger des Königs, alle Gemäßigten und selbst einige Montagnards hatten damit gerechnet, daß er für das Leben Louis' stimmen werde. Sicher begriff man es nicht, daß er ohne Skrupel vorgezogen hatte, den verlorenen Louis zu opfern, statt Verrat zu üben an seiner eigenen Vernunft. Sicher nannten, da das Leben des Königs an einer einzigen Stimme gehangen hatte, viele, die meisten, ihn einen Judas, weil er für die Republik und gegen den König gestimmt hatte.

Freunde begrüßten ihn, als er das Restaurant betrat. Er aß, schwatzte. Einige meinten, es treffe sich unglücklich, daß nun gerade seine Stimme das Todesurteil entschieden habe; andere rühmten, ein wenig zu eifrig, seinen Mut. So ungefähr hatte sich's Lepeletier gedacht. Er blieb nicht lange, er war nach der endlosen Sitzung immer noch müde, er verabschiedete sich von den Freunden.

In der Gegend des Palais Royal hatten viele Mißvergnügte und Verfolgte heimliche Unterkunft gefunden, unter mancherlei Verkleidungen, bei Freundinnen, bei Kaufleuten, die den Hof beliefert hatten, bei Mitleidigen aller Art. Unter diesen Partisanen der Monarchie war einer von den Hellebardieren des Königs, ein gewisser Lepâris. In ihm war fanatischer Haß vor allem gegen den Herzog von Orléans, den Erzverräter, der seinen leiblichen Vetter, den gesalbten König, aufs Schafott schleppte, und er strich den ganzen Tag herum in der Gegend des Palais Royal, wo der Herzog wohnte, in der Hoffnung, ihn zu treffen und ihn zu töten. Orléans aber, erschöpft von den Anstrengungen der Sitzung, blieb zu Hause und schlief sich aus. In den Abendstunden suchte der Hellebardier Lepâris, ein stattlicher, wohlgekleideter Mann, den Herzog in dem Restaurant Février. Fand ihn nicht. Wohl aber erblickte er das allgemein bekannte, häßliche, verhaßte Gesicht des Lepeletier. Auch der hatte sich vom König mit Wohltaten überhäufen lassen, um ihn dann zu verraten. Der Hellebardier trat auf ihn zu, als er im Begriff war, an der Kasse seine Rechnung zu begleichen. Er fragte: „Sind Sie nicht Monsieur Lepeletier?" Und da Lepeletier bejahte, fragte er weiter: „Sie haben für den Tod des Königs gestimmt, nicht wahr, Monsieur?" – „Ja, Monsieur", antwortete Lepeletier, „nach meinem Gewissen. Im übrigen, was geht das Sie an?" – „Da hast du deinen Lohn, Judas!" rief der Hellebardier Lepâris, zog unter dem Überrock einen Degen heraus und stieß ihn Lepeletier in die Seite. Der starb nach wenigen Minuten.

Auch Fernand hatte an diesem Tage lange geschlafen. Am Abend ging er aus, seinen Freund Michel aufzusuchen. Fand vor dessen Haus eine große Menschenmenge. Hörte, was sich ereignet hatte. Alles wurde ihm fahl. Er ging ins Haus. Sah die Leiche. Sah einen gemeinsamen Freund, den Maler Jacques-Louis David, der den Toten zeichnete. Wollte nicht begreifen, was geschehen war. Begriff. Begriff, daß der zynische, fanatisch vernünftige Michel Lepeletier, sein großer Freund, einen Tod gefunden hatte, der sein Leben folgerichtig abschloß.

Fernand ging in die Rue Honoré, in den Klub der Jakobiner. Martin Catrou, trotzig und triumphierend, sagte: „Er war ein guter Mann, dein Freund, und tot nützt er der Republik noch mehr als lebendig. Bis jetzt war Louis Capet der Märtyrer: jetzt ist es Michel Lepeletier."

Fernand verstand, was er meinte. Es gab leidenschaftliche, zum Sterben entschlossene Anhänger des Königs in Paris; man hatte große Demonstrationen erwartet, vielleicht offenen Aufstand. Der sinnlose Mord an dem Abgeordneten des Volkes, der nichts getan hatte als seine Pflicht, bewirkte, daß die Herzen dem Toten zuflogen. Jetzt sprach man in Paris mehr von dem jähen, tragischen Ende des Lepeletier als von dem bevorstehenden des Königs. Lepeletier war der Blutzeuge der Republik.

Schnell und energisch nützten die Jakobiner und die Stadträte von Paris das Ereignis aus. Noch in der gleichen Nacht erließen sie ein Manifest: „Bürger! Der tückische Streich war gerichtet nicht gegen das Leben eines einzelnen Mannes, er war gerichtet gegen die ganze Nation, gegen die Freiheit, gegen das souveräne Volk." Noch in der gleichen Nacht auch wurde die feierliche Überführung des Ermordeten ins Pantheon beschlossen. Des weiteren sollte ihm auf der Place Vendôme eine Statue errichtet werden. Seine Büste sollte im Konvent aufgestellt werden neben der Büste des Brutus und des Jean-Jacques. Ein Stadtteil in Paris, eine Straße, ein öffentlicher Platz sollten seinen Namen erhalten, desgleichen mehrere große und kleine Gemeinden des Landes.

König Louis, in dieser Nacht, verabschiedete sich von seiner Familie. Aß mit seinem Beichtiger zu Abend. Dann las er die Zeitung, den „Mercure de France". Dann, in Humes „Geschichte Englands", das Kapitel von der Hinrichtung Karls des Ersten. Er hatte eine Übersetzung dieses Buches begonnen, er bedauerte, sie nicht vollendet zu haben.

Er hatte mancherlei nicht vollendet. Er hatte in seinen achtunddreißig Jahren viel Überflüssiges getan und viel Notwendiges unterlassen. Er hätte zum Beispiel damals den rebellischen englischen Provinzen Amerikas keine Hilfe schikken sollen gegen seinen Vetter, den König von England. Und er hätte es zum Beispiel nicht unterlassen dürfen, die Ketzer und Rebellen Voltaire und Rousseau rechtzeitig unschädlich zu machen. Dann wäre alles anders gekommen. Er hatte zu häufig auf die Stimme seiner Ratgeber gehört, die nur Menschen waren, statt auf die göttliche Stimme seines Innern, und sie waren verblendet gewesen, seine Ratgeber. Die meisten seiner Adeligen waren verblendet gewesen. Sie hatten sich selber ihr Grab gegraben. Und auch ihm.

Aber er wollte sich in dieser seiner letzten Nacht nicht in bösen Gedanken ergehen. Er durfte sich sagen, er hatte sich vor jedem großen Entschluß redlich geplagt, sein Gewissen erforscht, seine Räte gehört, die Vorbilder der Geschichte studiert. Er hatte immer das Beste gewollt, und ein Tag wird kommen, da werden seine Franzosen und die Nachwelt es einsehen.

Er schloß die Augen. Dachte noch daran, daß er morgen früh nicht vergessen dürfe, das Geld, das er in den Taschen seines Rockes hatte, herauszunehmen und es dem Honorar seines Verteidigers, des wackern, tapfern Malesherbes, beizufügen. Dann schlief er ein. Er schlief tief und gut.

Das ganze Land, die ganze Welt schaute zu, als andern Tages Louis zur Place de la Révolution gefahren und aufs Schafott geführt wurde. Jede winzigste Einzelheit wurde wahrgenommen, aufgezeichnet, festgehalten. Und als um zehn Uhr dreiundzwanzig Minuten der Henker Sanson das abgeschlagene Haupt Louis' bei den Haaren packte, es hochhob und, das Schafott umschreitend, es in allen vier Richtungen dem Volke von Paris zeigte, ging ein ungeheurer Schrei durch die Stadt: „Es lebe die Republik!" Tausende stürzten auf das Schafott und kämpften darum, Taschentücher, Schals, Stücke Papiers in das Blut zu tauchen. Ein Rasender spritzte vom Schafott Blutstropfen auf die Häupter der Untenstehenden und schrie: „‚Das Blut des Königs komme auf unser Haupt', haben sie gedroht. Ich taufe euch, ich taufe euch. So kommt es auf unser Haupt."

Die Leiche des Königs wurde, geleitet von Gendarmen und von Beamten der Gemeinde Paris, nach dem nahen Friedhof Madeleine de la Ville l'Évêque gebracht. Dort wurde der Körper, den Kopf zwischen den Beinen, in einem korbartigen Behälter in eine sehr tiefe Grube hinabgelassen, deren Boden mit einer dicken Schicht ungelöschten Kalkes bedeckt war. Es wurde eine weitere dicke Schicht ungelöschten Kalkes auf den Körper geschüttet, und noch eine, auf daß nicht aus den Resten Louis' des Letzten das Gold der Potentaten Europas auch nur die kleinste Reliquie schaffen könne.

Währenddessen bereitete man die Überführung Lepeletiers ins Pantheon vor. Der Maler David, der erste Künstler Frankreichs, hatte Auftrag erhalten, die Totenfeier zu rüsten.

Der sorglich einbalsamierte Leichnam wurde auf der Place Vendôme allem Volke zur Schau gestellt. Der blasse Körper lag nackend, ein Tuch über den Unterleib geworfen, auf hohem Prunkbett, die klaffende Wunde in der Weiche.

So auch wurde, auf hohem, antikisch feierlichem Wagen, der Leichnam durch die Straßen der Stadt Paris geführt. Zu Füßen des Toten standen zwei Kinder, jedes mit einer umgekehrten Fackel. Greise in der Toga, Palmen in den Händen, schritten dem Wagen voran, verschleierte junge Mädchen, Blumen tragend, umgaben ihn. Bevor sich der Trauerzug in Bewegung setzte, erstieg der Präsident des Konvents den Wagen und schmückte den Toten mit dem Kranz aus Eichenlaub. Alle Abgeordneten des Konvents, die Mitglieder des Jakobinerklubs, aller patriotischen Gesellschaften und der Sektionen der Stadt Paris nahmen an dem Zuge teil. Überall waren umflorte Banner, gedämpfte Trommeln. Die blutigen Kleider Lepeletiers wurden mitgetragen. Riesige Tafeln rühmten die Werke und Taten des Ermordeten, sein Strafgesetzbuch, sein Buch „Unentgeltliche Erziehung für jedermann", die vielen Gesetze, die seinen Namen trugen. Andere, noch größere Tafeln verkündeten in gewaltigen Lettern den Parisern die letzten Worte, die Lepeletier gesprochen haben sollte: „Gerne vergieße ich mein Blut fürs Vaterland. Das Blut des Patrioten ist die Saat der Freiheit." Und ungeheuer über alledem, in Triumph und Trauer, hob sich das Totenbett und der Leichnam, dessen klaffende, blutige Wunde lauter sprach als alle geschriebenen, gesungenen, gesprochenen Worte.

Fernand erwartete den Zug in der Nähe des Pantheons.

Er war voll von Weisheit, Bitterkeit und Trübsal. Auch dieser Tod, wie der des Königs, war eine Folge der Gedanken Jean-Jacques'. Wie viele gescheite, resignierte, skeptische und dennoch zuversichtliche Anmerkungen würde Lepeletier zu seinem Tode gemacht haben. Er war in Wahrheit ein freier Denker gewesen, ein Feind aller Moralisterei, ein sehr menschlicher Schüler des Lukrez und des Jean-Jacques. In Fernands Ohr und in seinem Herzen war die angenehme Stimme Michels, wie sie ruhig erklärt hatte: „Ich bin einverstanden mit der Revolution, und wenn ich an ihr zugrunde gehen sollte." In was für ein pathetisches Kostüm hatten sie diese seine einfachen Worte gesteckt. Wie tief würde Lepeletier diese seine Jakobiner belächeln, die ihn nun als Brutus und Märtyrer und Tugendhelden feierten.

Wie viele Mißverständnisse überall um Jean-Jacques und um sein Werk! Wie viele Lügen! Was für einen unglaubhaften, tragischen, heroischen, verlogenen, grotesken letzten Weg ging da im Namen Jean-Jacques' sein lieber Freund Michel. Aber er würde es nicht abgelehnt haben, ihn zu gehen. Denn die Irrtümer und Lügen, die um ihn waren, schufen Leben.

Der Zug war vor dem Pantheon angekommen. Der Chor der Großen Oper sang eine Hymne zu Ehren des Toten. Die Leiche wurde eingesargt und feierlich in die Gruft gesenkt, neben die Leiche Voltaires.

La Terreur! La Terreur!

Girardin, als er von der Hinrichtung des Königs hörte, erschauerte. An dem Tage, da das Grauenvolle geschah, schloß er sich in sein Arbeitszimmer ein; er aß nicht, er konnte keinen Menschen sehen.

Um Ruhe zu finden, griff er zu den Büchern Jean-Jacques' und las von seinen einsamen, melancholischen Träumereien. Er sänftigte sich. Inmitten des Meeres von Wahn und Grausamkeit blieb sein Ermenonville eine Insel der Weisheit und des Friedens. Hier war die Natur Jean-Jacques', hier ruhten seine geheiligten Reste.

Doch bald packte ihn von neuem der Zorn über den Königsmord. Und nun fraß das grauenvolle Ereignis weiter an ihm. Tagelang wechselte er aus tiefer Niedergeschlagenheit in ohnmächtig wilde Wut und zurück in verzweifelte Trauer. Aber er versperrte Groll und Kummer in sich selber, er widerstand den zaghaften Versuchen Monsieur Gerbers, ihn zum Reden zu bringen.

Erst als Fernand kam, ließ er seinen Jammer und seine grimmige Enttäuschung Wort werden. Und da er sich vor dem Sohne gehenließ, mischte sich ihm in die zornige Klage über das große Unrecht grotesk der Ärger über allerlei Unfug der Revolutionäre, der, verglichen mit den gewaltigen Verbrechen, geringfügig war, doch ihm selber an die Haut ging. Wenn die Pöbelhaufen schon die Erzbilder der Könige zerschlugen, hätten sie nicht wenigstens das Denkmal des Vierten Heinrich schonen können, den sie selber den Guten nannten – und der Ermenonville gegründet hatte?

Und nun auch, endlich, erzählte er dem Sohne von einer Kränkung, welche die Robespierre und Saint-Just ihm angetan hatten, als sie das Grab Jean-Jacques' besuchten. Damals nämlich hatte er's für seine Pflicht gehalten, sie zu Tisch zu bitten; sie aber hatten brüsk und verächtlich abgelehnt. Er hatte von dieser Beleidigung keinem Menschen gesprochen, doch verwunden hatte er sie nicht, und jetzt drängte sein Grimm an den Tag. Wenn die Jakobiner schon die Ruhestätte Jean-Jacques' heimsuchten, mußten sie auch noch ihn, den Hüter des Grabes, rüpelhaft beschimpfen?

Dann aber kehrte er zurück zu den großen Dingen und beklagte sie in großen Worten.

Fernand hörte ihn teilnahmsvoll an und störte ihn nicht. Erst nach einer Weile begann er sacht, die Männer des Konvents zu verteidigen. Gewiß, viele waren eitel, roh, gewalttätig, aber auch deren Abscheu vor der Tyrannei und ihr Eifer, den Unterdrückten zu helfen, war über allem Zweifel echt. Vor die großen Verbrechen der Jakobiner schoben sich größer ihre Verdienste. Die Privilegien waren abgeschafft, die Ungleichheit hatte aufgehört, der Volksstaat, die Republik, war Wirklichkeit.

Girardin mäkelte weiter. Die Vernunft der paar begabten Führer wurde überplärrt von großmäuliger Demagogie. Wer in der Tat regierte, das war die Pariser Straße, es war die Masse, das hieß: die Dummheit. Denn es war schon so, wie ihre liebe Freundin, Madame Roland, zu sagen pflegte: Je größer die Masse, so länger die Ohren.

Nun aber mischte sich Monsieur Gerber ein. Der Herr Marquis hatte recht: vieles, was geschah, mochte willkürlich scheinen, töricht, hart, grausam. Betrachtete man aber die Ereignisse der letzten Jahre als Ganzes, dann erkannte man beglückt: die Menschheit schritt trotz allem vorwärts nach den Gesetzen einer großen, guten Notwendigkeit. „Es ist die Lehre Jean-Jacques', die hinter der Revolution steht", rief er, und: „Lassen Sie sich durch die Strenge und Bitterkeit der Revolution Ihren Glauben an Jean-Jacques nicht nehmen, Messieurs!" beschwor er sie mit leuchtenden, nach innen gerichteten Augen. Die beiden andern schwiegen. Fast bestürzt nahmen sie wahr, wie sehr Monsieur Gerber, obwohl doch soviel jünger, dem toten Meister ähnlich sah.

Was alle vorausgesehen hatten, kam. Die Alliierten, nach der Hinrichtung des Königs, schickten neue, größere Heere gegen seine Mörder. Die Armeen der Republik wurden zurückgeworfen. Wiederum stand der Feind im Land.

Nun aber beschloß der Konvent: „Wir verfügen Levée en masse. Wir stellen alle Bürger in den Dienst der Armee."

Die hohen, patriotisch schwungvollen Worte, in welche das Gesetz über die Allgemeine Wehrpflicht gekleidet war, rissen Girardin hin. Dann aber mußte er mit steigender Empörung wahrnehmen, zu welch harten Maßnahmen die Pariser Diktatoren griffen, um ihre Rekruten zusammenzutreiben. Sie zogen das Vermögen derjenigen ein, die sich nicht stellten, verhafteten ihre Eltern, belegten mit Geldstrafen die Gemeinden, welche Deserteure nicht zur Stelle brachten. Und nun fielen Girardin mit scharfen Bissen alle die Zweifel an, die angesichts eines solchen Gesetzes und seiner Durchführung einen treuen Schüler Jean-Jacques' überkommen mußten. Hatte nicht Jean-Jacques gelehrt: „Die Regierung darf nicht dem einzelnen befehlen, sich dem Wohl der Menge zu opfern, wenn er's nicht will."? Sahen so die Menschenrechte aus?

Fernand verteidigte auch das neue Gesetz. Wenn sich der Herr Vater auf Jean-Jacques berief, durften das mit dem gleichen Recht die Urheber der Allgemeinen Wehrpflicht. Denn hatte nicht Jean-Jacques auch gelehrt: „Unrecht, begangen zum Nutzen der Menschheit, wird Recht."? Und da Fernand spürte, daß der Vater trotz allem mißbilligenden Hummen und Brummen seine heimliche Freude hatte an dem tollkühnen Wagnis des Konvents, fuhr er fort: „Wir sind mutiger, als es seinerzeit die Amerikaner waren. Auch General Washington verlangte, als die junge Freiheit in Bedrängnis war, die Einführung der Allgemeinen Wehrpflicht, aber sein Kongreß hat sie ihm nicht bewilligt. Uns blieb es vorbehalten, den Traum aller Republikaner zu erfüllen: ein ganzes Volk durch Zwang und durch Vernunft in eine kämpferische Einheit umzuwandeln im Krieg für die Freiheit."

Der Vater, in seinem Herzen, dachte: Ich hab es schwerer als mein Junge, gerecht zu sein gegen diese neue Armee. Er hat nicht meine bitteren persönlichen Erfahrungen machen müssen. Er weiß es nicht, daß dieses neue Frankreich alle ruft, aber uns, seine treuesten Söhne, schließt es aus. Denn noch immer nicht hatte er Fernand gesagt, daß ihn damals die Armee zurückgewiesen hatte.

Er täuschte sich: Fernand hatte das gleiche Erlebnis gehabt. Fernand hatte sich unter Berufung auf seine Kriegserfahrungen um eine, wenn auch untergeordnete, Offizierstelle beworben und war, auch er, zurückgewiesen worden. Und genau wie der Vater hatte er das beschämende Erlebnis verschwiegen.

Da saßen sie einander gegenüber und wogen Verdienst und Unwert der neuen Armee, beide voll Bitterkeit über ihre

Ablehnung, beide bemüht, ihren Unmut zu vergessen und nur an die Sache zu denken.

Wollte Fernand im Gespräch mit dem Vater keinen Einwand gegen die Einführung der Allgemeinen Wehrpflicht gelten lassen, so verbarg er seine Zweifel nicht vor seinem Freunde Martin Catrou. Es waren Zweifel des sachverständigen Militärs. Werden sich die neuen, untrainierten Aufgebote zweckdienlich in die alte Armee einfügen lassen? Werden die schlecht oder gar nicht ausgebildeten Rekruten fähig sein, die disziplinierten Soldaten der Alliierten abzuwehren?

Es kamen denn auch üble Meldungen von der Front. Die neuen Soldaten zogen singend und begeistert in die Schlacht, aber wenn Artilleriefeuer einsetzte, liefen sie in Panik davon. Niederlage folgte auf Niederlage. Die Nordarmee wurde zur Seite gedrängt; von neuem war die Hauptstadt bedroht. Überdies empörten sich weite Teile des Landes gegen die Zwangsaushebung. Die Vendée, der halbe Süden waren in lichtem Aufstand.

Martin Catrou blieb auch dieses Mal gelassen. Auch in den neuen Schlägen wollte er nichts sehen als ein Fieber, das heilsam war. Nun wird das Untaugliche ausgemerzt, nun wird das Volk zu einer wahren Einheit zusammengeschweißt.

„Der Endsieg ist uns gewiß", versicherte er immer wieder. „Die Volksarmee wird die vereinten Heere der Könige schlagen. Das ist kein schierer Glaube, das ist mathematisches Wissen. Das mußt du doch einsehen, Fernand. Die Tyrannen arbeiten nur für sich selber, von einem Tage zum andern; die Republik, und nur sie, ist fähig, Pläne auf weite Sicht zu entwerfen und durchzuführen. Unsere Soldaten allein sind vernünftige Wesen, sie wissen, es geht um ihre Freiheit und um ihr Glück; die ihnen gegenüberstehen, sind arme Narren, Halbtiere, die darum kämpfen, ihre Ketten behalten zu dürfen."

Er ging schwierig auf und ab zwischen den Möbeln, die seine Stube stopften. „Was der Revolution gefehlt hat", verkündete er, „war der Schwung, das Genie, die Notwendigkeit, größer zu sein als groß. Wahres Heldentum wächst nur aus Verzweiflung. Erst jetzt, da die Republik um ihren Bestand kämpft, wird sich zeigen, was sie vermag." Scharf, mit seiner hellen Stimme, rief er seine Sätze hinaus; seine Stirn, im Eifer der Rede, rötete sich fleckig. Die Witwe Catrou und Jeanne saßen dabei und hörten zu, die Alte vergnügt kakkelnd, Jeanne verzückten Gesichtes.

„Ich habe zu tun", brach Martin plötzlich ab, und er setzte sich an seine Papiere. Er gab es Fernand zu merken, daß er's für verschwendete Zeit hielt, ihm, dem Kleingläubigen, Glanz und Größe der Republik darzutun.

Er hatte wirklich keine Minute zu vergeuden. Der Konvent arbeitete hitzig, unablässig, und Martin war Mitglied vieler Comités. Die Republik, wiewohl verstrickt in den Kampf um ihr Leben, führte mit verbissenem Eifer auch zahllose friedliche Reformen durch, große und kleine. Schuf eine kompromißlose Konstitution. Führte im amtlichen Verkehr und im Verkehr der Bürger untereinander das brüderliche Du ein. Verfügte staatliche Unterstützung der Unbemittelten, unentgeltlichen Schulunterricht, einheitliches Recht fürs ganze Land, Schadenersatz für unschuldig Verklagte. Schuf einheitliches, übersichtliches Maß und Gewicht. Führte den Telegrafen ein, viele andere technische Neuerungen. Errichtete wissenschaftliche Institute. Errichtete sieben große Museen, eines davon, das Museum der Nation, bestimmt für Denkmäler der französischen Geschichte und Wissenschaft, ein zweites, das Museum des Louvre, bestimmt für Kunstwerke der ganzen Welt.

Martin ließ den Freund dann und wann den Sitzungen seiner Comités beiwohnen, und mehr als Martins fanatische Reden überzeugte den Fernand die Arbeitsleistung dieser Comités von der Stärke der Republik. Binnen der vorgeschriebenen sehr kurzen Frist und gleichwohl mit höchster Umsicht wurden Gesetzentwürfe ausgearbeitet. Kein überflüssiges Wort fiel, mit kalter Hitze wurde Grund und Gegengrund gewogen. Und ebenso arbeitete der Konvent. Er debattierte und erließ mit eiliger Energie Gesetze, dazu bestimmt, die Struktur des Staates und das Leben der einzelnen Bürger für alle Zukunft im Sinne Jean-Jacques' zu verändern. Und das Erstaunliche war: diese Gesetze waren gelebte Wirklichkeit von der Minute an, da sie Unterschrift und Siegel trugen.

Die neuen Herren waren brutal, unmenschlich; aber Fernand mußte ihnen zugestehen: niemals, seitdem Geschichte geschrieben wurde, hatte eine so geringe Anzahl von Männern so viele Millionen und in so kurzer Zeit so weit fortgerissen auf der Straße der Vernunft.

Mit der gleichen zielbewußten Wildheit führten Konvent, Armee und Volk den Krieg. Politische Kommissare wurden zu den kämpfenden Truppen geschickt, die republikanische Tugend der Führer noch sorgfältiger zu prüfen. Mehr Generäle wurden abgesetzt, neue Hinrichtungen fanden statt. Im Amt blieben nur solche Kommandeure, welche militärische Tüchtigkeit mit revolutionärer Zuverlässigkeit verbanden. Zu früh hatten die Alliierten gejubelt. Die Volksarmee gab keinen Raum mehr. Sie taumelte unter den Schlägen, aber sie stand.

Auch gegen die Feinde im Innern wurden neue Maßnahmen getroffen.

„In der Republik", verkündete Robespierre, „ist, wer nicht republikanisch ist, der Fremde, der Feind. Er genießt nicht den gesellschaftlichen Schutz. Diesen Schutz schuldet die Republik nur den Bürgern, die ihr treu sind. Den Volksfeinden schuldet sie Tod und Vernichtung. So lehrt es Jean-Jacques. Die währende Revolution ist der Krieg, und im Krieg gilt es, die Strenge zu proklamieren, die Herrschaft des Schreckens. Im Krieg ist der Schrecken ein notwendiges Attribut der Tugend, sie wäre hilflos ohne ihn. Was aber ist der Schrecken? Nichts anderes als schnelle, strenge, unbeugsame Justiz."

Demzufolge wurden schärfste Gesetze erlassen gegen die „Verdächtigen", und es wurden Gerichtshöfe mit außerordentlichen Vollmachten eingesetzt, Volksgerichtshöfe, Revolutionstribunale, um diese Verdächtigen zu untersuchen und

Feinde des Vaterlandes mit nie gekannter Strenge zu bestrafen.

Fernands Hirn begriff und billigte solch eiserne Herrschaft der Staatsvernunft, sein Herz lehnte sich dagegen auf. Gelockt und abgestoßen sah er das Janusgesicht des Volkes, die eine Seite gütig und von natürlicher Weisheit, die andere hart und grausam. Er liebte und bewunderte die Großheit und Gutherzigkeit des Volkes, er verabscheute seine Brutalität.

Er wohnte einer Sitzung des Pariser Revolutionstribunals bei. Da saßen in einem nüchternen Saale in alltäglicher Kleidung die fünfzehn Geschworenen, Bürger von Paris, Arbeiter, Künstler, Handwerker, Krämer. Auf einer kleinen Tribüne, vor einem grünen Tisch, saßen die drei Richter; sie trugen die Zeichen ihrer Würde, den Federhut mit der Kokarde und schräg über der Brust das dreifarbige Band mit der schweren Silbermedaille. Zu ihren Häupten verkündete eine Tafel die Menschenrechte, von der rechten Seite der Tafel schaute eine Büste Lepeletiers, von der linken eine Büste Jean-Jacques' in den Raum.

In einem bequemen, freilich sehr vernutzten Sessel saß der Angeklagte, kein Wächter war ihm beigegeben, doch waren Nationalgardisten zur Hand.

Der Angeklagte war ein gewisser Ménil-Clermont, ein Mann von kleinem Adel. Er hatte bald nach dem Sturm auf die Bastille das Land verlassen, war indes vor der vom Gesetz gestellten Frist zurückgekehrt, offenbar damit seine Güter nicht verfielen. Nun aber hatte das „Gesetz gegen die Verdächtigen" eine neue Untersuchung vorgeschrieben eines jeden, der ausgewandert war.

Auftrat als Zeuge zunächst der Schneider Granval. Er sagte aus, der Angeklagte habe in dem Café „Zur Freiheitspappel" blasphemische Äußerungen gegen die Republik und den Konvent getan; er habe das am Nebentisch deutlich gehört. Der Angeklagte leugnete und beteuerte seine republikanische Tugend. Mit dem Schneider Granval, fügte er hinzu, habe er früher einmal Streit gehabt wegen eines violetten Frackes, den der Bürger Granval verschnitten und zu teuer berechnet habe. Ein zweiter Zeuge sagte aus, der Angeklagte habe versucht, ihn durch Angebot englischen Geldes zum Verkauf eines Grundstückes zu bewegen. Der Bürger Ménil-Clermont antwortete, nicht er habe englische Währung angeboten, sondern der Partner auf Zahlung in englischer Münze bestanden. Der Handel war unklar. Gewiß war, der Angeklagte war seinerzeit nach England emigriert; wahrscheinlich, er hatte Teile seines Vermögens dorthin verschoben.

Der Staatsanwalt erklärte in großen Worten, die Verbrechen des Ménil-Clermont, royalistische Gesinnung und verbotene Beziehungen zum Feind, seien erwiesen, und verlangte, daß der Angeklagte wegen Schmähung der Republik zu vier Jahren Gefängnis, wegen zweier Fälle der Konspiration mit dem Feind zweimal zum Tode verurteilt werde. Die Geschworenen berieten lange, ehe sie den Bürger Ménil-Clermont schuldig sprachen. Er wurde zum Tode verurteilt.

Die klägliche Geschichte des Ménil-Clermont ließ Fernand nicht los. Die Männer, die ihn verurteilt hatten, diese Bürger Dupont und Durant, waren vermutlich in ihrem Alltag gutmütige Leute, mit denen sich reden ließ; aber die ihn zur Guillotine schickten, waren eben nicht die Bürger Dupont und Durant, aus ihnen sprach die Republik. Die Republik war im Krieg, die Republik sonderte sich mit tödlichen Mitteln ab von der übrigen Welt, die versklavt war und lasterhaft, die Republik tilgte aus, wer Beziehungen zu dieser Welt unterhielt.

Und die Geschworenen des Revolutionstribunals, die töteten, die politischen Kommissare der Armee, die töteten, die Mitglieder des Konvents, die töteten, sie alle töteten im Namen Jean-Jacques', ehrlich überzeugt, seine Lehren zu verwirklichen. Und das Verwirrende war: sie hatten Grund, sich auf ihn zu berufen.

Fernand, durch eine Erzählung Martins, erfuhr von der Begegnung Robespierres mit Jean-Jacques.

Auch dieser Robespierre also, der in Frankreich mächtiger

war als jemals ein König und von dem Fernand nicht wußte, ob er ihn bewunderte oder haßte, durfte sich Freund und Schüler Jean-Jacques' nennen.

Wen hätte Jean-Jacques als den bessern Schüler anerkannt, ihn, Fernand, oder Maximilien Robespierre?

Die Verdächtigen

Monsieur Robinet, der sich in vielen Gefahren als mutiger Mann bewährt hatte, lebte jetzt in ständiger Furcht; der gemeingefährliche Schwärmer nämlich, der sich zum Diktator aufgeschwungen hatte, dieser Maximilien Robespierre, entpuppte sich als wüsterer Despot denn jemals ein französischer König: er attackierte die Heiligkeit des Eigentums. „Wir lassen es nicht zu", verkündete der blutsäuferische Narr, „daß die Privilegien der Adeligen ersetzt werden durch die Privilegien der Reichen. Unsere ganze Freiheit und Gleichheit ist Schwindel, wenn nicht alle unsere Gesetze und Institutionen dahin zielen, der ungerechten Verteilung der Güter ein Ende zu machen."

Dann freilich versicherte er tröstlich: „Habt keine Angst, ihr Dreckseelen, die ihr nur das Geld achtet, ich taste eure Schätze nicht an." Allein diesen löblichen Vorsatz vergaß der launische Tyrann schon am nächsten Tage, und unter jubelndem Beifall der Jakobiner schrie er ins Land hinaus Sätze jenes andern Narren, der drüben in Ermenonville begraben lag. „Wenn in einer Demokratie einige wenige sehr viel mehr besitzen als der Durchschnittsbürger, dann geht der Staat entweder zugrunde, oder er hört auf, eine Demokratie zu sein." Und er kommentierte: „Die Menschenrechte müssen ergänzt werden durch einschränkende Bestimmungen über das Eigentum; sonst sind sie nur für die Reichen da, für die Schieber und Börsenwucherer."

Monsieur Robinet war es, als richtete Robespierre diese Worte gegen ihn persönlich, als wiese er mit dem Finger auf ihn, den harmlosen Greis. Er hatte Angst um sein liebes fünfundsiebzigjähriges Leben, und noch mehr Angst um Gilberte, die Witwe eines Hocharistokraten, der gegen die Republik gekämpft hatte. Er ließ sich in Paris überhaupt nicht mehr sehen, er lebte allein mit Gilberte und dem Kind zurückgezogen in einem Gärtnerhaus des Schlosses Latour, er trug sich wie ein alter Bauer.

Am liebsten hätte er Gilberte und die Kleine aufgepackt, noch heute, und wäre über die Grenze gegangen, nach Spanien.

Aber Gilberte weigerte sich. Vielleicht war es so, wie der Großvater behauptete, und sie waren in Gefahr; aber in ihrem Innersten war sie sicher, daß alles gut ausgehen werde. Auch Fernand fand, sie dürfe ihr Kind keinesfalls groß werden lassen in der Gesellschaft von Kindern aristokratischer Emigranten; Marie-Sidonia sollte zu einem guten, vernünftigen Leben erzogen werden. Und dachte etwa Fernand an Flucht, den doch das Gesetz gegen die Verdächtigen kaum weniger bedrohte als sie? Dabei spürte sie, wie sehr er litt unter der Maßlosigkeit und dem Unrecht ringsum. Sein Gesicht bekam frühe Falten, ja ihr schien, als ob er stärker hinkte. Aber er ließ keinen Zweifel laut werden, er pries in jünglinghaft starken Worten das Glück, in dieser Zeit zu leben.

Girardin kam oft nach Latour, Robinet oft nach Ermenonville. Robinet hielt den Verkehr mit dem verdächtigen Ehemaligen für gefährlich, Girardin ärgerte sich, daß Robinet aus schierer Angst das schöne Schloß Latour verkommen ließ, einer fanden sie den andern unerträglich zänkisch. Aber sie kamen immer wieder zusammen.

Da saßen sie, alt, einsam, mißvergnügt. Robinet schimpfte, die Philosophen seien an allem schuld. Girardin tadelte anzüglich die gierigen Geldleute, die Frankreich ins Unglück gebracht hätten, indem sie, als es noch Zeit war, die nötigen Reformen verhinderten. Einig waren sie sich, daß keine Herrschaft der Pfaffen und der Höflinge so schlimm war wie die des Pöbels.

Robinet meinte grimmig, lange werde ja der Unfug nicht

mehr dauern. Jetzt könnten sie sich in Paris schon nur mehr mittels Zwangsanleihen durchfretten. Es sei undenkbar, daß sich ein Regime, welches am Grundpfeiler jeder Gemeinschaft, am Privateigentum, rüttle, sich sollte halten können. In wenigen Wochen würden die Armeen der Alliierten in Paris einziehen, und dann werde der Vorhang fallen über der fratzenhaften Posse.

Fratzenhafte Posse? meinte Girardin. Damit gehe Monsieur Robinet doch wohl zu weit. Zugegeben, diese Männer seien Barbaren; aber wie sie die Niederlagen einfach nicht zur Kenntnis nähmen, sondern vielmehr immer schärfere Gesetze verkündeten und den Feind immer kühner angriffen, darin liege etwas wie antike Größe.

„Antike Größe?“ höhnte Monsieur Robinet. „Ich sage Ihnen, Herr Marquis, es ist Narrheit. Ihre antiken Helden gehören ins Irrenhaus.“

Da aber stand Girardin auf, richtete den Stock gegen Monsieur Robinet und antwortete: „Und ich sage Ihnen, Monsieur, ich habe Respekt vor dem, was Sie Narrheit zu nennen belieben. Ich nenne es Courage, Patriotismus.“

Robinet schüttelte den Kopf über den alten Esel.

Noch unheimlicher war ihm der junge Girardin, dieser Fernand, der wie angewachsen hocken blieb in dem brennenden Haus und Schuld daran trug, daß sich auch seine Gilberte nicht wegrührte. Wenn sich ein Mensch so heftig gegen seinen eigenen Vorteil wehrte, zog er das Unheil geradezu an den Haaren herbei.

Wieder einmal hatte Monsieur Robinet recht.

In Senlis nämlich wurde an Stelle des umgänglichen Leblanc ein neuer Bürgermeister eingesetzt, ein gewisser Vincent Huret, ein scharfer, besessener Revolutionär. Der war empört, daß man die Girardins, diese eingefleischten Hofschranzen und Tyrannenknechte, für Patrioten ansah. Dabei waren sie zweifellos verdächtig im Sinne des Gesetzes. Eine Menge Ehemalige gaben sich in Ermenonville ein Stelldichein, sicherlich nur um Verschwörungen anzuzetteln gegen die

Republik. Der Bürger Huret erstattete gegen die Girardins Anzeige beim Sicherheitsausschuß in Paris.

Da Huret aus seiner patriotischen Tat kein Hehl machte, erfuhr Monsieur Robinet beizeiten von dem anziehenden Unheil. Er spürte eine winzige Genugtuung und inmitten von viel Angst und Kümmernis eine kleine Hoffnung. Jetzt werden die Girardins Vernunft annehmen und über die Grenze gehen, und dann wird sich wohl auch Gilberte zur Flucht überreden lassen.

Er fuhr schleunigst mit Gilberte nach Ermenonville. Berichtete. Riet dringlich, die Girardins sollten sich sogleich davonmachen; er habe Vertrauensleute in den Pyrenäen, die ihnen nach Spanien helfen würden.

Aber: „Sie sehen Gespenster, Monsieur", sagte sehr hochmütig Girardin. „Glauben Sie im Ernst, die Republik wird dem Manne was anhaben, der ihrem Urheber das letzte Obdach bot?" Und trotz seiner Kaltschnäuzigkeit hatte Robinet nicht das Herz, dem alten Narren zu sagen, daß jene Gerüchte, die ihn in den dunkeln Tod Jean-Jacques' hineinverwickelten, wiederaufgelebt waren und die Gefahr erhöhten. Er sagte nur: „Dieser Huret gilt etwas in Paris. Man wird der Anzeige nachgehen, das ist gewiß. Und wenn einer erst in der Mühle ist, dann kommt er so leicht nicht mehr heraus. Nehmen Sie Vernunft an!"

Fernand wußte: wieder, wie damals, hatte, was Robinet sagte, Hand und Fuß, und sie sollten sich davonmachen. Aber alles in ihm empörte sich dagegen. Er hatte soviel Leben drangesetzt, bei der Gründung des neuen Frankreich mitzuhelfen; er konnte nicht fliehen vor der Republik, vor seiner Republik. Es wäre Niederlage, Zusammenbruch; sein Leben wäre vergiftet für alle Zukunft.

„Rede du deinem Vater zu, Fernand!" bat Gilberte. „Du weißt es, wenn sie tückisch sind, können sie einen jeden pakken mit diesem neuen Gesetz."

Es war so, Fernand gab es sich zu. Aber war Gilberte nicht noch mehr bedroht?

„Ein ehemaliger Steuerpächter", forderte er Robinet heraus, „ist genauso verdächtig wie ein ehemaliger Marquis, und noch mehr ist es die Frau des Emigranten Courcelles. Bringen Sie Gilberte in Sicherheit!" verlangte er stürmisch.

„Und du?" fragte Gilberte geradezu.

Fernand, etwas mühsam, erklärte: „Ich darf nicht gehen. Ich habe hier Aufgaben. Ich muß beweisen, daß wir nicht feig sind. Ich muß es ganz bestimmten Leuten beweisen!", und er dachte wohl an Martin.

Schmerzhaft klar spürte er die ganze Zwiespältigkeit seiner Lage. Er liebte die Republik nicht weniger als Martin oder Saint-Just oder dieser neue Maire von Senlis. Aber ihm war es nicht vergönnt, ihr zu dienen. Die Armee lehnte ihn ab, die Regierung lehnte ihn ab, er war ein „Verdächtiger". Und trotzdem: er verstand das allgemeine Mißtrauen, er billigte es. „Ich glaube an das Volk und an sein Urteil", sagte er, und er sprach mehr zu Gilberte als zu den andern. „Ich werde nicht fliehen und den ungerechten Argwohn verstärken."

Robinet redete verzweifelt auf ihn ein. „Was für ein Urteil erwarten Sie von dem Pack? Diese Menschen sehen, daß sie morgen oder übermorgen am verdienten Galgen hängen. Sie haben die Nerven verloren und lassen ihre sinnlose Wut aus an allen anständigen Leuten. Mensch! Fernand! Herr Graf! Seien Sie vernünftig! Gehen Sie nach Spanien! Stürzen Sie sich nicht selber ins Verderben!"

Gilberte sagte nichts mehr. Aber ihre angstvollen Augen ließen Fernand nicht los. Er, leise, gequält, beinahe gegen seinen Willen, doch mit bitterer Entschlossenheit, wiederholte, was sein Freund Michel Lepeletier gesagt hatte: „Die Revolution wird recht haben, auch wenn sie mich umbringt."

Zwei Tage später erschienen im Schlosse der Maire von Ermenonville und der Procureur mit einigen Gendarmen. Verlegen erklärten sie dem bestürzten Haushofmeister, sie hätten den Gutsbesitzer und Landwirt Girardin und den Bürger Girardin Sohn persönlich zu sprechen. Der Haushofmeister sagte: „Ich werde Sie anmelden, Messieurs“, und lief zu Girardin.

Der, nach einem Augenblick tiefster Bestürzung, faßte sich, zog sich sorgfältig an, ließ die Behörde warten. Begab sich endlich in die Halle, in der einen Hand den Stock mit dem Goldknopf, in der andern ein Exemplar des „Gesellschaftsvertrags“.

„Guten Tag, Messieurs“, sagte er höflich. „Womit kann ich Ihnen dienen?“ – „Eine unangenehme Angelegenheit, Bürger Girardin“, meinte der Maire, „eine peinliche Angelegenheit“, und: „Wollen nicht Sie ...?“ wandte er sich an den Procureur. Der, sich zusammenreißend, erklärte mit erkrampfter Amtlichkeit, es handle sich um eine Verfügung des Pariser Sicherheitsausschusses. Da mehrmals Verdächtige nach Ermenonville gekommen seien und es nicht ausgeschlossen sei, daß sie sich dort versteckt hielten, hätten sie, der Maire und der Procureur, im Schlosse Haussuchung zu halten. Des ferneren hätten sie sich der Personen beider Girardins zu versichern, da Zweifel an ihrer Loyalität bestünden und ihr unbeaufsichtigtes Bleiben und Treiben eine Gefahr für die Öffentliche Wohlfahrt bedeute.

„Ja, gewiß“, höhnte bitter Girardin. „Ich halte in meinem Keller eine royalistische Armee versteckt, um im geeigneten Moment über das Land herzufallen. Mein Haus verdächtig!“ brach er aus. „Mein Haus, die Heimstätte Jean-Jacques'! Mein Haus, das jederzeit offen und durchsichtig war wie eine Laterne! Untersuchen Sie, Messieurs! Gehen Sie an Ihr Geschäft!“

Die Beamten und die Gendarmen standen blöd herum. „Was sollen wir machen, verehrter Bürger Girardin?“ entschuldigte sich der Maire. „Wir handeln im Auftrag.“ Girardin hörte nicht. „Ich verdächtig!“ fuhr er fort, und in seiner Stimme war solcher Schmerz, daß sich die Beamten wie Verbrecher vorkamen. „Ich ein Verschwörer gegen die Öffentliche Wohlfahrt! Sehen Sie her, meine Herren, was mein großer Freund Jean-Jacques über Ihre sogenannte Öffentliche

Wohlfahrt gelehrt hat." Er schlug seinen „Gesellschaftsvertrag" auf und las: „‚Was hat dieses Gerede von der Öffentlichen Wohlfahrt schon alles angerichtet! Wie vielem Unrecht hat es zum Vorwand dienen müssen!' " Er hielt das Buch den Beamten unter die Nase.

Der Procureur, sich verteidigend, zog die Order des Sicherheitsausschusses aus dem Ärmel. „Überzeugen Sie sich selber, Bürger", forderte er Girardin auf. „Hier ist die Order. ‚Zur sofortigen Danachachtung', steht da, unterstrichen. Da müssen wir danach achten."

Abwesenden Auges schaute Girardin auf das Siegel der Republik; umkränzt von den Worten „Freiheit, Gleichheit, Brüderlichkeit" thronte die Göttin der Freiheit. „Ich weiß, Messieurs, Sie sind unschuldig", sagte er trübe. „Aber", er straffte sich und richtete den Stock gegen die Beamten, „bestellen Sie Ihren Auftraggebern: die Bürgertugend des Mannes, der dem Autor des ‚Gesellschaftsvertrags' das letzte Dach bot, die Bürgertugend eines solchen Mannes anzweifeln können nur solche, die selber schlechte Bürger sind."

Die Beamten durchsuchten das Haus, sehr flüchtig, und nahmen ein Protokoll auf, daß sie nichts Verdächtiges gefunden hätten. Dann ließen sie einige Gendarmen zurück und meldeten nach Paris, die Gemeinde Ermenonville halte die Bürger Girardin Vater und Sohn weisungsgemäß zur Verfügung des Sicherheitsausschusses.

Fünfter Teil

Jean-Jacques' Verklärung

Napoleon, in Ermenonville, zu Fernand de Girardin: Vielleicht wäre es besser für die Welt, Jean-Jacques hätte nie existiert. Fernand: Aber, Sire, dann wäre die Revolution nicht gekommen, dann wären Sie nicht Kaiser der Franzosen. Napoleon: Vielleicht wäre es besser, auch ich existierte nicht.

Girardin

Der Sieg der Bourgeoisie war damals der Sieg einer neuen Gesellschaftsordnung, der Sieg des bürgerlichen Eigentums über das feudale, ... der Aufklärung über den Aberglauben, ... der Industrie über die heroische Faulheit, des bürgerlichen Rechts über die mittelaltrigen Privilegien.

Karl Marx

La Bourbe
Nichts also ist uns der Tod
Der Mensch ist gut
Ein Glied der Kette
Die Göttin der Vernunft
Strenge Wege geht mit uns die Gnade
Stimme aus dem Kot
Jean-Jacques' Rache
Der Grabräuber
Ermenonville verödet
Morgen, übermorgen und das ganze Leben
Jean-Jacques' Verklärung

La Bourbe

Während Girardin unter strenger Bewachung in Schloß Ermenonville bleiben durfte, wurde Fernand nach Paris überführt in ein Untersuchungsgefängnis, welches amtlich den Namen Port-Libre trug; im Volksmund hieß es nach dem Stadtteil, in dem es gelegen war, La Bourbe, der Morast. Fernand wurde über den Escalier Jean-Jacques Rousseau hingebracht, und beinahe lächelte er, daß ihn ein so benannter Treppenweg ins Gefängnis führte.

Die Insassen von La Bourbe wurden nicht schlecht gehalten. In jedem Stockwerk angeschlagen war ein Erlaß der Ein und Unteilbaren Republik, der verkündete, daß die Gefangenen, solange nicht verurteilt, den gleichen Anspruch auf Menschlichkeit hätten wie alle andern Bürger, und die Gemeinde Paris, welcher die Verwaltung der Gefängnisse oblag, nahm diese Worte ernst. Das ganze große Gebäude mit seinen beiden Flügeln war im Gegensatz zu den meisten Pariser Häusern, die unter den Kämpfen gelitten hatten, wohl instand gehalten und gut geheizt; es lag inmitten eines weiten Gartens und bot hübsche Aussicht aufs Observatorium und auf offenes Land. Die Insassen hatten jegliche Freiheit, die innerhalb der Mauern möglich war. Sie durften auch ihren Beruf ausüben; da gab es Schneider, Friseure, Zeichner, Schuster, Uhrmacher. Hatte einer der Gefangenen eine Beschwerde, dann hörte ihn der Erste Concierge, der Bürger Haly, geduldig an und suchte Abhilfe zu schaffen.

Fernand teilte seinen Schlafraum in dem Trakt Égalité mit

sieben andern Gefangenen. Sie gingen ihm sogleich zur Hand, halfen ihm in kleinen Dingen aus, rieten ihm, die Verpflegung, wiewohl sie nicht schlecht sei, zu verbessern durch Lebensmittel, die er sich schicken lassen könne. Wiesen auf die riesige rohe Hammelkeule hin, die im Fenster hing.

Man hatte in La Bourbe Untersuchungsgefangene der verschiedensten Art untergebracht, Hocharistokraten und Bettler, Royalisten und Demokraten. Ein großer Teil waren Leute ohne Belang, die man irgendwo aufgegriffen hatte, aber viele hatten Rang und Klang in Paris und im ganzen Land, und einige waren Männer, deren Leben und Werk in der ganzen Welt berühmt war. Fernand schwirrte der Kopf von den zahlreichen Namen, die auf ihn einprasselten, und ihm war, als seien hier Tausende zusammengesperrt. Aber als er den Concierge Haly fragte, wieviel Häftlinge sie hier seien, hörte er erstaunt: „Heute seid ihr 517 Köpfe."

Laut, bunt, verwirrend vielfältig war diese kleine Welt. Da war der fade Schwätzer Boivin, der jedem vertraulich versicherte, er sei ein heimlicher Royalist, aber die Behörden seien so dumm, daß sie das nie herausbekommen würden; man hielt ihn für einen Mouton, einen Spitzel. Da war die einundneunzigjährige Citoyenne Prévôt, die konterrevolutionärer Gesinnung verdächtig war, weil sie hunderttausend Livres Rente besaß; Tag für Tag verkündete sie mit wackeliger Stimme, sie habe viele Schicksalsschläge überstanden, und dies werde nicht ihr letzter sein. Da war der gute Doktor Dupontet, der sich nicht nur um die Wiederherstellung der Kranken bemühte, sondern auch die Gesunden mit zahllosen Ratschlägen verfolgte. Da war der Lakai Cuny, der immer in äußerster Niedergeschlagenheit herumging, weil man ihn verdächtigte, seinen früheren Herrn, einen Hocharistokraten, bestohlen zu haben, und der sich schließlich die Gurgel durchschnitt; worauf sich seine Unschuld herausstellte. Da war der Bürger Dorival, Ausrufer des Jahrmarkts Saint-Germain, der in Generalsuniform herumging und farbige Geschichten aus seiner Vergangenheit erzählte; er wurde genannt der große Tralala, und man spottete, er sei in einer Montgolfière, einem Luftballon, aus der Wüste Sahara nach La Bourbe geflogen. Da war der ewige Optimist Gille, der nachts heimlich herumschlich und zuversichtliche Inschriften an die Wände malte, um die andern aufzuheitern; schon zweimal hatte ihn die Gefängnisverwaltung scharf getadelt, und die andern warnten, seine Tätigkeit werde ihn noch auf die Guillotine bringen, aber er konnte es nicht lassen. Da war die Bürgerin Carlier, deren Dickbäuchigkeit als falsche Schwangerschaft beschwatzt wurde und die dann doch ein Kind gebar. Da war der Bürger Duvivier, der sich gleich nach dem Bastille-Sturm in begeisterten Reden und Taten zur Revolution bekannt hatte, der aber auf dem Rücken die Königlichen Lilien eintätowiert trug und deshalb aus dem Verdacht nicht herauskam; er war hübsch und elegant, machte allen Damen den Hof, und wiewohl er sichtlich nicht treu sein konnte, ließ sich eine jede, die er darum bat, seine eintätowierten Lilien zeigen. Da war der frühere Deputierte Robin; die Politik, die er in der ersten Nationalversammlung getrieben hatte, war längst vergilbte Geschichte, doch verteidigte er sie noch immer mit bitterer Beredsamkeit. Da waren Straßenhuren, die sich geziert und zurückhaltend gaben, und brave Hausfrauen mit herausfordernden Allüren. Da war der berühmte Schriftsteller Florian, der Verfasser des „Numa" und des „Guillaume Tell", und der Lyriker Robert Vigée, dessen Verse jeder auswendig konnte. Da war der sehr gelassene, wohlhäbige Bürger Desjardins, der den Verzagten Zuversicht predigte und sich plötzlich aus dem Fenster stürzte. Und zwischen diesen allen, Hypochondern und Optimisten, Greisen und Kindern, Zänkischen und Friedfertigen, rannten und bellten Hunde, große und kleine; denn jeder zweite Häftling hatte seinen Hund mitgebracht.

Wenn irgend das Wetter es erlaubte, war man im Freien. Des Abends dann versammelte man sich, Männer und Frauen, in dem großen Gemeinschaftsraum, im Salon. Von den Wänden verkündeten Inschriften: „Die Ideale, zu denen der wahre Patriot aufblickt, bleiben in jeder Lebenslage Freiheit, Gleichheit und Vernunft", oder: „Der Freie liebt die Freiheit, auch wenn er ihrer beraubt ist." Darunter angeschlagen war das Menü des darauffolgenden Tages.

Man trieb vielerlei Geselligkeit im Salon. Man spielte Schach, Tricktrack, Karten, die Frauen zupften Scharpie, man las, einer spielte Geige oder rezitierte, man machte galante Konversation mit den Damen. Man besprach die Tagesereignisse von La Bourbe, es gab immer Interessantes, und die Phantasie der Eingesperrten putzte die grellen Ereignisse noch greller auf.

Allabendlich wurde aus dem „Moniteur" vorgelesen, der Zeitung der Regierung, und man erging sich in politischen Diskussionen. Wiewohl man wußte, daß viele Moutons unter die Gefangenen gemischt waren, übte man geringe Vorsicht, und die Debatten zwischen Demokraten, Gemäßigten und solchen, die ihren Royalismus kaum verbargen, wurden zuweilen heftig. Die Behutsamen suchten dann wohl zu beschwichtigen, oder sie entfernten sich. Manchmal erreichte das Gespräch hohe Höhe und mündete ins Philosophische. Häufig indes endete es in albernem Gezänk, und die Teilnehmer sagten sich, einer dem andern, ihre Meinung über ihren Charakter.

Der Winter kam. Es gab mehr Schnee als in früheren Jahren, und im Garten wurde es lustig. Man fuhr auf kleinen Schlitten, Schneemänner wurden errichtet, Schneeballschlachten geschlagen, die Kinder und die Hunde lärmten und freuten sich.

Aber so farbig und fröhlich das Leben von La Bourbe schien, die Insassen wußten, daß sie unterm Beil standen. Es wurde ihnen immerzu vor Augen geführt. Täglich wurden Gefangene weggebracht, um vor dem Revolutionstribunal zu erscheinen, und in zwei Fällen von dreien endeten die Prozesse mit einem Todesurteil, das binnen vierundzwanzig Stunden vollstreckt wurde. Die Belegschaft von La Bourbe wechselte schnell.

Wann einen das Schicksal traf, wann einen das Tribunal rief, hing ab von der Laune eines Richters, eines Geschworenen, eines Abgeordneten, eines Stadtrats, eines kleinen Schreibers oder auch nur von einem Aktenzeichen. La Bourbe war ein Vorzimmer der Guillotine, und das Warten riß an den Nerven.

Die Häftlinge trachteten, die Gefahr nicht wahrzuhaben. Ließen sich ausfüllen von dem kleinen Alltag von La Bourbe, waren geschwätzig, knüpften Beziehungen der Freundschaft und des Hasses an. Ihre innere Gespanntheit entlud sich in läppischen Streitigkeiten; sie zankten sich über Unbilden, die einer vom andern erfahren haben wollte, über Ungerechtigkeiten bei der Essenverteilung und ähnlichen Kleinkram. Jeder rief andere zu Zeugen und Richtern auf, es bildeten sich Parteien, der Zwang der ständigen Gemeinschaft vermehrte die Gereiztheit.

Lächerliche Rivalitäten gab es, ein groteskes Bedürfnis, zu glänzen inmitten der kläglichen Gemeinschaft, in die man geraten war. Da unterhielt man sich etwa des Abends im Salon mit einem Kombinationsspiel; es wurden selten gebrauchte, entlegene Reimworte als Vers-Enden zusammengestellt, und es galt, sie zu sinnvollen Gedichten zu ergänzen. Es waren unter den Häftlingen Männer, deren Dichtungen berühmt waren über ganz Europa, Florian, Vigée. Sie beteiligten sich an dem läppischen Spiel, erst im Scherz, dann mit heißer Bemühung. Aber gemeinhin waren nicht sie die Sieger, sondern ein gewisser Delamelle, ein unbekannter Advokat; das kränkte die Poeten.

Da waren Schauspieler hohen Rufes, Fleury und Dugazon vom Théâtre Français. Der Kampf, den die beiden, manchmal mit giftigen Mitteln, um Rollen geführt hatten, war ein Jahrzehnt hindurch das Gespräch von Paris gewesen. Jetzt sah man sie freundschaftlich vereint, häufig Arm in Arm. Sie ließen sich des Abends im Salon nicht lange bitten, zu rezitieren. Kam aber nur einer der beiden dazu, seine Kunst zu zeigen, dann verbarg der andere nicht seinen Ärger. Einmal nach solcher Kränkung kam noch in der Nacht Monsieur Fleury in die Stube, in welcher Fernand mit seinen Gefährten lag, zerrte eine Anekdote über eine Vorstellung des „Mithridate" ins Gespräch und sagte den großen Monolog auf.

Doch die Bemühung, die Gedanken an das Dunkle, das bevorstand, zu verscheuchen, half wenig. Es war da, es brach immer wieder durch. Und im stillen bereiteten sich die meisten auf einen mutigen Abgang vor.

Monsieur de Nicolai, Minister im Kabinett des Fünfzehnten und des Sechzehnten Louis, wurde abgerufen, als er bei Tische saß. „Heißen Sie die Gendarmen warten", sagte er, „bis ich zu Ende gegessen habe." Er verlangte seinen Kaffee und seinen Likör wie immer. Der gute Doktor Dupontet fragte, ob er ihm noch einmal die rheumatische Schulter einreiben solle. „Danke", antwortete Monsieur de Nicolai, „es ist nicht mehr der Mühe wert. Jetzt ist das Übel auch in den Nacken hinaufgerutscht, und eines vergeht mit dem andern."

Überhaupt wurde ein tapfer witziger Satz sehr hoch geschätzt, und man versagte sich's nicht, kräftige Antworten hinzupfeffern, auch wenn man wußte, man werde dafür zahlen müssen. Da beklagte sich etwa in Gegenwart anderer Häftlinge der Oberst Lapalu bei dem Gemeinderat Dupommier, er warte nun schon seit fast einem Jahr auf Mitteilung, was eigentlich man ihm zur Last lege. „Geduld, Bürger", beruhigte der Gemeinderat. „Die Gerechtigkeit ist gerecht, diese Haft haftet nicht ewig. Geduld." – „Geduld!" höhnte der Oberst. „Geduld ist die Tugend der Esel, nicht der Soldaten." Er brauchte denn auch nicht mehr lange zu warten, er verschwand nach einer Woche.

Der Bürger Delamelle, der Advokat, wurde abgerufen inmitten eines jener Reimspiele, in denen er sich so meisterlich betätigte. Er beendigte erst einmal sein Gedicht, sich freuend, daß die plötzliche Nachricht ihm nichts wegnahm von seiner Geschicklichkeit. Alle bewunderten seine Verse. Er dankte, sagte zu dem Dichter Florian, der sich mit wenig Glück an dem Spiel beteiligt hatte: „Morgen abend werden Sie weniger

Konkurrenz haben, Monsieur", wünschte den Damen, das Spiel möge sie auch in der Folgezeit gut amüsieren, verbeugte sich und verschwand.

Man interessierte sich in La Bourbe sehr dafür, wie sich die einzelnen auf ihrem Gang zum Schafott verhielten. Die meisten zeigten sich gefaßt. Beinahe alle hatten nach dem Muster der Alten ein letztes Wort vorbereitet, und vielen gelang es, dieses letzte Wort mit Ruhe vorzubringen.

Der Bäckergehilfe Allain war stolz darauf, zur Canaille zu gehören, und machte sich gerne lustig über die geleckten Manieren der Adeligen. Einmal aber, da wieder von dem mutigen letzten Gang eines Aristokraten berichtet wurde, sagte er in ein Schweigen hinein, halb spöttisch, halb anerkennend: „Vernünftig leben habt ihr nicht gelernt, ihr Ehemaligen, aber das Sterben versteht ihr."

Nichts also ist uns der Tod

Fernand, dessen Konten gesperrt waren, merkte mit Unbehagen, daß ihm das Geld ausging. Aller Gleichheit zum Trotz schaffte einem Geld auch in La Bourbe Bequemlichkeit und Ansehen. Die Handwerker des Lagers, die Schneider, Schuster, Friseure, Uhrmacher, bedienten den Wohlhabenden schneller und besser; sie erwarteten Bezahlung nicht nach ihrer Leistung, sondern nach dem Vermögen des Kunden. Auch gingen viele Mitgefangene den reichen Fernand um Unterstützung an, und er enttäuschte ungern ihre Hoffnung.

So kam es ihm gelegen, als ihm heimlich ein beträchtlicher Geldbetrag zugesteckt wurde; angedeutet wurde, der Sender sei Monsieur Robinet.

Gedanken an Latour, an Ermenonville und an das Leben draußen bewegten im übrigen Fernand nicht oft. Was ihn am häufigsten an seine Vergangenheit erinnerte, waren seltsamerweise die vielen Hunde; über die Bilder der Hündin Lady und des fetten, schnaufenden Hündchens Pompon kehrten seine Gedanken zurück zu den Menschen, die ihm nahestanden.

Doch wenn ihm melancholische Erinnerungen kamen, wurden sie schnell aufgesogen von den albern winzigen Freuden und Leiden des Alltags von La Bourbe. Denn er wie alle andern nahm starken Anteil an dem täglichen Betrieb des Gefängnisses. Er ärgerte sich wie die andern, daß es heute schon wieder Bohnensuppe gab, diskutierte angeregt wie sie die angenehmen und lästigen Eigenschaften des Wärters Besnard, mokierte sich wie sie über die peinliche Gewohnheit des Bürgers Boyenval, jedem, der eine gute Anekdote erzählte, ins Wort zu fallen und die Pointe zu verderben. Wenn er am Abend im Salon bei den Reimspielen gut abschnitt, verspürte er Genugtuung, und oft war es ihm leid, wenn um neun Uhr die Glocke ertönte und der Salon geräumt werden mußte.

Es waren hübsche, auch sehr schöne Frauen im Gefängnis, und mit mancher ließ sich ein angenehmes Gespräch führen. Männer und Frauen konnten sich ungehindert treffen, und der elegante Bürger Duvivier hatte es nicht schwer, den Damen seine eintätowierten Lilien zu zeigen. Die absonderliche Lage machte ein Alleinsein unmöglich und zwang zu einer gewissen Schamlosigkeit; doch beobachtete man gute Manieren.

Eine neuer Erster Concierge wurde eingesetzt, ein derber, vierschrötiger und gerechter Mann, namens Thirion. Er hielt eine Ansprache an die Insassen von La Bourbe: „Bürger und Bürgerinnen. Ganz Paris reißt Witze über unsere Anstalt. Man sagt, sie verdiene den Namen La Bourbe, sie sei nichts als ein großes Bordell. Ich bin eingesetzt, euch das Ausreißen unmöglich zu machen, ich brauche mich nicht um eure Tugend zu kümmern. Aber *eines* möchte ich euch zu erwägen geben. Viele unter euch haben Ursache, von der Gerechtigkeit der Republik ein schnelles Ende zu erwarten. Ich an deren Stelle würde meine letzten Tage der Tugend widmen statt leerem Vergnügen. Guten Morgen."

Es gab trotz dieser Warnung weiter viel Geliebel und Galanterie in La Bourbe, mancherlei Eifersucht und wohl auch ein wenig Liebe. Gerne hielten die Verliebten ihre Beziehungen für große Leidenschaft, auch wenn sie kaum anderes waren als Flucht vor dem bösen Morgen.

Fernand betrachtete das galante Treiben ringsum mit Verständnis und oft amüsiert. Zuweilen erschreckte es ihn. Er sah die hippokratischen Gesichter seiner Mitgefangenen; die Menschen, die da liebelten und liebten, wandelten sich ihm zu schäkernden Skeletten. Das hinderte ihn nicht, an ihren Freuden teilzunehmen.

Nach wenigen Wochen hatte er sich genau wie die andern eingefügt in das Leben von La Bourbe. Ausgefüllt von kümmerlichen Sorgen und Neugierden, trieb er sich rastlos herum in dem weiten Gebäude und in der großen Gartenanlage. Sein verwundeter Fuß machte ihm jetzt mehr Beschwerden, doch der Rat des guten Doktor Dupontet, den Fuß viel zu bewegen, war ihm ein willkommener Vorwand, von einem zum andern zu laufen, so wie alle es taten.

Im Grunde aber dünkte er sich besser als die andern, und wenn er sich dabei ertappte, daß er's genauso trieb wie sie, spürte er Verwunderung, beinahe Scham.

Er war auch anders, trotz alledem, und es gab Tage, da ihn der Zwang, immer mit Menschen zusammen zu sein, bitter peinigte. Die Kameradschaft der andern, die er sonst eifrig suchte, schien ihm dann unerträglich. Er spürte Widerwillen auch vor solchen, zu denen Achtung und Neigung ihn zog, und er begriff, warum Jean-Jacques, der doch Volk und Gemeinschaft innig liebte, so verzweifelt um seine Einsamkeit gekämpft hatte.

An solchen Tagen trachtete Fernand, sich abzusondern. Er setzte sich etwa im Garten auf eine Bank und vertiefte sich in ein Buch, betonend, er wolle allein sein. Es wurde ihm nicht erlaubt. Nicht nur lenkten die lauten Gespräche der Vorübergehenden ihn ab, man redete ihn auch ungescheut an, erzählte ihm allerlei Intimes, verlangte sein Urteil in irgendwelchem Hader, verlangte Parteinahme, und Fernand mußte merken, daß auch der leiseste Versuch, sich zu entziehen, die andern verletzte und ihm als Eigensucht und Stolz ausgelegt wurde.

Nicht einmal in der Nacht war es ihm vergönnt, allein zu sein. Er schlief mit sieben andern zusammen, Besucher aus andern Zellen kamen, Licht war. Die in La Bourbe hatten Angst vor dem Schlaf, sie suchten ihn zu vermeiden, lieber redeten sie tausendmal Gesagtes. Sie wußten, ihre Tage und Nächte wurden spärlich und diese waren vielleicht ihre letzten, doch lieber füllten sie sie mit sinnlosem Geschwätz als mit einsamen Gedanken. Und wenn es wirklich einmal still und dunkel wurde, dann drangen die Sorgen der andern auf Fernand ein. Denn in der Nacht bekam die tagsüber unterdrückte Furcht vor dem Tod Stimme. Die Gefangenen sprachen im Schlaf, sie warfen sich herum, sichtlich hatten sie böse Träume.

Manchmal, wenn er in seinem Bett lag, das nicht hart war, überkam auch den Fernand Angst. Der tapfere Satz: „Und wenn die Revolution mich umbringt, wird sie recht gehabt haben", nützte nichts. Furcht vor dem Tod packte ihn so grausam wie niemals in den bittern Nächten des amerikanischen Feldzugs. Wut über das Unsinnige, das man ihm antat, füllte ihn zum Bersten. Ihm war, als ersticke er; er schnappte nach Luft.

In La Bourbe gefangen war auch ein gewisser Monsieur de Riouffe, ein stiller, älterer Herr, der einen großen Teil seines Lebens damit verbracht hatte, den Lukrez ins Französische zu übertragen. Die Übersetzung war längst beendet, sie war gedruckt, sie war in einer verbesserten Fassung ein zweites Mal gedruckt, sie war ein zehntes, letztes Mal überfeilt und überarbeitet. Jetzt, unbehindert vom Lärm des Gefängnisses, überarbeitete Monsieur de Riouffe sie ein elftes, überletztes Mal, bosselnd, werkelnd, und seine einzige Sorge war, er könnte abgerufen werden, ehe diese gültige Fassung beendet war. An Fernand, einen guten Lateiner, hatte er sich eng angeschlossen; jeden zweiten Tag kam er fröhlich erregt zu ihm mit einer neuen Nuance.

Wieder und wieder sprach ihm der Bürger Honoré Riouffe

die Verse des Lukrez vor und die seiner Übersetzung. Am liebsten jene klaren, tiefen Verse vom Tode. Es wird aber in diesen Versen dargetan, daß mit dem Körper die Seele stirbt und daß es somit sinnlos ist, den Tod zu fürchten; führt er doch ins Nichts, wo kein Leid mehr ist. So wenig wir Heutigen von der Verzweiflung jener Zeit spüren, da Hannibal vor den Toren stand, so wenig werden wir, sind wir erst tot, von der Not künftiger Zeiten spüren, und sollte die Erde dem Meere sich mischen und Meer sich dem Himmel.

> Nil igitur mors est, ad nos neque pertinet hilum,
> Quandoquidem natura animi mortalis habetur.
>
> Nichts also ist uns der Tod, nichts kümmert er uns, haben erst wir
> Deutlich erkannt und für immer das sterbliche Wesen der Seele.

Fernand, im Bette, den Schlaf herbeirufend, sprach wohl im Geiste die Verse vor sich hin, die starken, tiefen lateinischen und die gleichmäßig leiernden, wiegenden, einschläfernden französischen. Er spürte, wie er hineintauchte in die schwarzen, weiten Wellen des Vergessens, des Schlafes, wie sein Ich zerging, wie der Körper ihm wegsank. Es gelang ihm, auf Augenblicke die Seligkeit auszukosten des Eingehens ins Nichts, in den Schlaf.

Der Mensch ist gut

In Schloß Ermenonville war eine Wache von zehn Nationalgardisten eingezogen. Führer war der Korporal Grappin. Sie ließen befehlsgemäß den Verdächtigen nicht aus den Augen. Auch wenn Girardin schlief, war einer von ihnen im Zimmer, nicht einmal auf die Toilette gehen durfte er ohne Begleitung.

Im übrigen waren die Wachsoldaten gemütliche Männer. Sie erkundigten sich nach Girardins Befinden, teilten ihm ihre

Meinungen über das Wetter mit und nahmen es nicht übel, wenn er einsilbig antwortete oder gar nicht.

Er durfte niemand sehen, auch keine Briefe schreiben oder erhalten. Wohl aber durfte er in den Gärten spazierengehen. Täglich besuchte er das Grab Jean-Jacques'; einer der Wächter ruderte dann mit ihm hinüber, einer saß unter Jean-Jacques' Weidenbaum.

Es vollzog sich aber mit Girardin in diesen Tagen eine tiefe, erschütternde Veränderung, ein augenscheinlicher Verfall. Er, der immer stramm und aufrecht einhergegangen war und dem man den Militär auf den ersten Blick angesehen hatte, schlurfte jetzt gebückt herum, vor sich hin oder auf die Erde schauend, und wenn einer der Wächter ihn ansprach, schrak er zusammen.

Warum brach das alles über ihn herein?

Er hatte gewußt, daß Gefährliches in Jean-Jacques war. Wieder und wieder wurde ihm brennend deutlich eine Erinnerung, die zu verwischen er sich bestrebt hatte, die Erinnerung an eine Randnote im Manuskript der „Bekenntnisse". „Thelo, thelo manenai – Ich bin willens, ich bin es, zu rasen", hatte da Jean-Jacques mühevoll mit griechischen Schriftzeichen hingemalt. Ja, Girardin hatte wissen müssen um das Gefährliche in Jean-Jacques, das Wahnhafte, das Nächtige. Er *hatte* darum gewußt, und er hatte es sich und den andern verschwiegen. Aber nun hatte der Wahn das ganze Land ergriffen.

Er erschrak über das, was ihn da anfiel. Durfte er den Wahnsinn der Pariser Tyrannen dem Meister zuschieben? Wurde er Jean-Jacques nicht abtrünnig mit solchen Gedanken? Was geht es die Quelle an, wohin und zu wem ihre Wasser fließen?

Er stand vor der Büste Jean-Jacques'. Er, er, Girardin, hatte versagt. Er hatte versagt als Hüter des lebendigen Jean-Jacques, und mehr noch als Hüter des toten und als Deuter seines Werkes. Was ihm jetzt geschah, war Strafe, er wurde von den Furien gehetzt, weil er versagt hatte.

Er fürchtete, selber wahnsinnig zu werden. Fing an, mit

sich allein zu reden. „Aus Spruch und Widerspruch entsteht Wahrheit“, sagte er sich vor, schulmeisterlich den Finger hebend. Oder: „Der Mensch ist gut“, wiederholte er sich jenen Satz Jean-Jacques’, pfiffig und bitter. Die Wächter schüttelten den Kopf über den närrischen Alten.

Mehr als sein eigenes Schicksal quälte ihn die Sorge um Fernand. Er bezwang sich und fragte die Gardisten, was mit Fernand geschehen sei. Sie zuckten die Achseln, sie wußten es nicht.

Nach einer Woche durfte Monsieur Gerber zu ihm kommen. „Was ist es mit Fernand?“ war das erste, was ihn Girardin fragte. „Es heißt“, berichtete Gerber, „er ist noch im Untersuchungsgefängnis.“ – „Er lebt?“ vergewisserte sich ängstlich Girardin. „Ja“, antwortete entschieden Gerber. „Monsieur Robinet sagt es, und er weiß Bescheid.“

Gerber begann, deutsch mit Girardin zu sprechen. Zunächst wehrten es ihm die Gardisten, später ließen sie es zu. Girardin aber, halsstarrig und kindisch, gab dem treuen Manne kaum Antwort. Gerber seufzte und begleitete ihn weiter auf seinen Spaziergängen.

Einmal auf einem solchen Spaziergang zitierte Gerber wie für sich selber seinen geliebten Lukrez:

„Schleppt doch im Dunkel sich hin das sämtliche Leben
der Menschheit,
Und wie die Kinder bei Nacht vor allem sich fürchten
und zittern,
Ängstigen wir beim Lichte des Tages uns manchmal
vor Dingen,
Die nicht schrecklicher sind als der Kinder vermeinte
Gespenster.“

Da, zum erstenmal seit Tagen, sprach Girardin. „Sie *sind* schrecklicher“, sagte er leise und grimmig. Nach einer Weile aber fügte er mürrisch hinzu: „Sie könnten mir helfen, Monsieur, im Lukrez zu lesen. Ich weiß nicht, ob mein Latein standhält, wenn ich ihn allein lese.“

So trösteten sich denn Fernand in La Bourbe und Girardin in Ermenonville mit Versen des Lukrez. In dieser großen, harten und bitteren Zeit des Umschwungs lasen viele im Lande den Lukrez; vier neue Ausgaben seines Werkes „Vom Wesen der Dinge" erschienen in diesem einen Jahre in Paris.

Monsieur Gerber machte immer neue behutsame Versuche, Girardin zum Reden über sein eigenes Schicksal zu bringen. Der aber ließ ihn hart an, das Schwatzen habe keinen Sinn; nicht einmal was Jean-Jacques gesagt habe, sei ersprießlich gewesen, im Gegenteil. Gerber antwortete nicht, er schaute ihn nur traurig und vorwurfsvoll an. „Ist es vielleicht nicht so?" sagte nach einer Weile sanfter Girardin. „Hab ich vielleicht nicht recht?" Da aber antwortete Monsieur Gerber, nicht laut, doch entschieden: „Nein, Herr Marquis, Sie haben nicht recht. Ich kann Ihnen selbst in Ihrer Lage nicht gestatten, den edeln Wein zu beschimpfen, weil einigen der Kopf davon wüst ward."

An diesem Tage versuchte Girardin zum erstenmal wieder seit langer Zeit zu arbeiten. Er holte heraus das Manuskript seines Essais „Über die Ratifizierung der Gesetze durch den Allgemeinen Willen". Die Arbeit fesselte ihn, und einige Tage später fragte er den treuen Gerber: „Was meinen Sie? Soll ich meinen Essai ausarbeiten zu einem großen, prinzipiellen Werk: ‚Über die Bedeutung des Allgemeinen Willens im Lehrgebäude Jean-Jacques'?" Gerber aber blickte freudig auf. „Sehen Sie, Herr Marquis", antwortete er, „jetzt haben auch Sie sich durchgebissen – verzeihen Sie den vulgären Ausdruck. Ich wollte sagen, jetzt haben auch Sie es erkannt: die Tempel wurden zu Ställen, aber die Götter leben weiter. Ich bin ja so glücklich."

Zunächst lenkte die Arbeit Girardin ab. Dann aber hatte er wieder Stunden brütender Niedergeschlagenheit. Und die Berichte der Zeitungen, die er nach einer Weile wieder lesen durfte, warfen ihn zurück in wüste Verzweiflung. Er las von Metzeleien, welche die Aufständischen in den Provinzen anrichteten, und von noch wilderen, welche der Konvent zur Abschreckung verfügte. Er las von der Vernichtung ganzer Städte.

Er las auch, daß man die Königin Marie-Antoinette nach einem kurzen, fratzenhaften Prozeß hingerichtet hatte. Er las es spät; der Leichnam der Königin war nun wohl schon seit mehr als einer Woche zerbrannt in der Kalkgrube.

Ihr Ende rührte ihn mehr auf als wildere, bedeutsamere Ereignisse. Greifbar deutlich erinnerte er sich, wie sie, das Grab Jean-Jacques' mit Feldblumen schmückend, geholfen hatte, sein Andenken rein und hochzuhalten. Sie war nicht sehr klug gewesen, die Habsburgerin Marie-Antoinette. Aber Schmerz machte gescheit, Leid machte gescheit, er erfuhr es jetzt an sich selber. Ob sie wohl in ihren letzten Stunden zu der Erkenntnis gekommen war, wieviel Jean-Jacques' Werk und sein Gedächtnis dazu beigetragen hatte, sie unter die Guillotine zu bringen?

Und es kam ein Tag, da grinste Girardins Wächter, der Korporal Grappin, aufmunternd übers ganze Gesicht und sagte: „Freu dich, Ehemaliger, du kriegst Besuch.“ Und schon stand der alte Robinet in der Türe.

Es lüstete Girardin, den Zudringlichen abzuweisen. Gleichzeitig aber spürte er schmerzhaft, wie wenig Menschen ihm geblieben waren, dreie im ganzen, der tote Jean-Jacques, der lebendige Gerber und sein lieber Sohn Fernand, der weder tot noch lebendig war. Da mußte Girardin wohl auch mit einem Robinet vorliebnehmen.

Auch Monsieur Robinet hatte böse Wochen hinter sich. Gilberte lebte vor sich hin in Stumpfheit und Verzweiflung. Sie erklärte sich für schuldig am Unglück der Girardins; ihre Pflicht wäre es gewesen, Fernand zur Flucht zu überreden. Sie hörte auf keinen Trost und keine Vernunft. Es fraß an Robinet, daß er so ohnmächtig war; aber er sah keinen Weg, den Girardins zu helfen. Er mußte froh sein, wenn die Pariser Blutsäufer nicht ihn selber packten. Er fühlte sich uralt.

Aber er raffte sich zusammen. Unterkriegen ließ sich ein Robinet so leicht nicht. Vorläufig einmal fand er Mittel, zu dem verdächtigen Ehemaligen vorzudringen. Er kleidete sich nicht nur als alter Bauer, er war es, und der Korporal Grappin und seine Nationalgardisten, Bauern sie selber, ließen ihn zu.

Das faltige Gesicht von einem schlauen Lächeln noch mehr verfältelt, stand er vor Girardin. „Ça y est – Da wären wir", sagte er und beschaute sich den Seigneur von Ermenonville. Der mühte sich, stramm und militärisch zu erscheinen, aber er blieb verfallen und vergreist. Robinet fühlte stolz: er war jünger als der Ehemalige.

Girardin fragte gespannt nach Fernand. Ja, Robinet hatte Nachricht. Fernand war noch immer in La Bourbe, und La Bourbe war unter den Untersuchungsgefängnissen das beste. Auch hatte sich Robinet die Freiheit genommen, dem Herrn Grafen Geld zustecken zu lassen, ein paar tausend Livres. „Ich darf Ihnen die Summe so bald wie möglich zurückgeben", sagte hoheitsvoll Girardin, um aber sogleich und ehrlich bewegt hinzuzufügen: „Ich bin Ihnen sehr dankbar, Monsieur."

Robinet kam öfter. Gilberte wollte mitkommen, er mußte sie fast mit Gewalt zurückhalten. Das hätte noch gefehlt. Die junge, hübsche Frau wäre aufgefallen, sie hätte nur sich und ihn gefährdet und die Lage Girardins verschlimmert.

Dafür brachte Robinet manchmal seine Urenkelin mit, Marie-Sidonia. Der Alte und das Kind hatten sich angefreundet. Die Kleine hatte sich daran gewöhnt, in einfachster Kleidung wie ein Bauernkind herumzulaufen; sie fühlte sich wohl darin. Das einzige, was ihr aus dem früheren Leben blieb, war das Hündchen Pompon, fett, alt und faul. Gewöhnlich kamen der Greis und das Kind in einem dörflichen Lastgefährt; Robinet hatte wohl Kartoffeln aufgeladen oder Ähnliches und tat, als unterbreche er eine geschäftliche Fahrt, um einem Bekannten guten Tag zu sagen.

Die Gardisten hatten Kinder gerne, sie liebten es, mit Marie-Sidonia zu spaßen. Einmal waren sie beim Essen, als Robinet kam. Mehrere von ihnen waren aus dem Süden, und es gab Kaninchenragout, stark mit Knoblauch gewürzt. Sie boten Robinet und dem Kinde davon an. Dem Alten schmeckte es; Marie-Sidonia, an derart gewürzte Speisen nicht gewöhnt, zögerte. Die Männer lachten, drängten darauf, daß das Kind esse und ihnen auch mit ihrem Apfelwein Bescheid tue. Sie drohten, sie würden sie sonst nicht ins Schloß lassen. Schließlich aß und trank das Kind mit Überwindung, unter dem Gelächter der Männer. Sie erbrach sich, was den Spaß erhöhte.

Den Girardin machte die Geschichte noch trüber.

Robinet suchte ihn aufzuheitern. „Dieser böse Traum geht vorbei, Herr Marquis", sagte er. „Schneller als Sie denken; glauben Sie einem alten Mann, der manches erlebt hat. Und wenn es erst soweit ist", fuhr er fort, halb im Scherz, halb im Ernst, mit einem pfiffigen Lächeln, „dann werde ich Sie um einen großen Dienst bitten. Dann richte ich nämlich mein Schloß Latour wieder her, und Sie müssen mir helfen, die Gärten in Ihrem Stil anzulegen. Zurück zur Natur, Herr Marquis!"

Ein Glied der Kette

Robespierre zitierte sich und seinen Freunden einen Satz Montesquieus, den auch Jean-Jacques zitiert hatte: „Vielleicht wird die Nachwelt finden, daß wir nicht Blut genug vergossen und zu viele Feinde der Freiheit verschont haben." Er mußte, der gleiche Robespierre, der für die Abschaffung der Todesstrafe gestimmt hatte, die Waffe des Schreckens immer rücksichtsloser gebrauchen. Denn schärfere Prüfung entlarvte immer mehr Leute, die bisher als harmlos gegolten hatten, als Feinde der Republik. Feind war, wer zu gemäßigt war, und wer zu radikal war, war Feind. Wer zuviel glaubte, war Feind, und Feind war, wer zuwenig glaubte. Mit finsterer Phantasie prüfte Robespierre die Meinungen und die Köpfe, die sie bargen.

Zunächst rechnete er ab mit den Führern der Gemäßigten, die im Konvent saßen, den Girondisten. Sie wurden, ihrer einundzwanzig, vor Gericht gestellt, verurteilt, guillotiniert.

In La Bourbe erzählten neue Häftlinge von den letzten Tagen der Girondisten: wie sie sich tapfer und beredt vor dem Tribunal verteidigt hatten, nicht an sich denkend, nur an die Republik; wie sie sich in der Nacht vor ihrer Hinrichtung zu einem Symposion vereinigt hatten, das an die Gastmähler der besten Athener erinnerte; wie sie, die Hymne der Revolution singend, zum Schafott gegangen waren.

Fernand hörte gierig die Berichte. Er hatte die Einundzwanzig fast alle gekannt, einige hatte er Freunde nennen dürfen. Sie waren, diese „Gemäßigten", keineswegs gemäßigt gewesen, sie hatten in der Gesetzgebenden Versammlung, der er, Fernand, angehörte, den radikalen Flügel gebildet. Sie waren es gewesen, die jene kühnen, stolzen Sätze bauten, auf denen die Konstitution stand, sie hatten den Monarchen Europas den Krieg erklärt. Sie hatten sich, diese Männer, Fernand wußte es, Feigheit niemals ins Herz kriechen lassen. Sie waren die hellsten Geister Frankreichs gewesen, treue Nachfolger Jean-Jacques'.

Allein die andern, diejenigen, welche sie in den Tod geschickt hatten, waren nicht auch sie treue Jünger Jean-Jacques'? Und werden vor der Geschichte die Getöteten als die besseren Schüler bestehen, oder die getötet hatten?

Die Männer von heute, die Robespierre und Saint-Just, erklärten die Girondisten für gemäßigt, weil sie mit den politischen Gegnern debattiert hatten, statt sie umzubringen. Richtig war: die Girondisten hatten die Einheit der Republik nicht schaffen können, da ihre Gesetze allzu gerecht waren. Richtig war: die Girondisten hatten versagt. Und die Robespierre und Saint-Just erklärten zu Feinden des Vaterlandes diejenigen, die versagten, und tilgten sie aus. Sie tilgten alle Feinde des Vaterlandes aus, auch die wohlmeinenden. Ihre Logik war die Guillotine. Vielleicht gab es keine andere Logik der Revolution.

Fernand gehörte, nun gestand er sich's ein, im Grunde selber zu den Girondisten.

Wohl hatte er heftig behauptet, die Revolution müsse vom

Volk ausgehen. Aber in seinem Heimlichsten hatte er genau wie die andern Gebildeten gehofft, die Revolution könne von oben gemacht werden, ohne das Volk. Ja in diesem seinem Innersten hatte er trotz allen Beteuerungen und Liebeserklärungen wohlwollende Geringschätzung für das Volk gespürt, genau wie die andern. Wir haben es gut gemeint, wir Gebildeten, gewiß, aber wir waren herablassend, wir haben dem Volk die Schulter geklopft, wir haben uns nie bemüht, die Sprache des Volkes zu lernen, wir haben ihm unsere Helden aus der Antike aufgedrängt, unsere Gracchus und Spartacus und Cincinnatus, und nachsichtig gelächelt, wenn uns das Volk nicht verstand. Und nun hat uns das Volk auf den Düngerhaufen geworfen. Mit Recht. Denn unsere kunstvolle Klugheit hat versagt. Und wer die Revolution durchgeführt und Geschichte gemacht hat, das war die plumpe, primitive Weisheit des Volkes.

Nein, er, Fernand, hatte das Volk nicht verstanden. Er hat auch Jean-Jacques nicht verstanden. Dieser, wiewohl einsam und abgesondert durch sein Genie, hat Gemeinsamkeit mit dem Volk bewahrt, er blieb demütig bei allem Wissen um seine Größe. Ihm, Fernand, war Demut versagt. Er hat sich überheblich eingesperrt in sein Ich. Den Stolz auf seine Geburt hat er gezähmt, vielleicht, aber er hat an dessen Stelle seinen geistigen Hochmut gesetzt.

Neue Häftlinge, wiederum sehr anderer Art, wurden in La Bourbe eingeliefert.

Robespierre nämlich, nachdem ihm und den Seinen durch die Niederwerfung der Girondisten die unbestrittene Herrschaft zugefallen war, ging festen Schrittes weiter auf dem schmalen, steilen Pfade der Tugend. Seit langem hatte ihn das Unwesen der fanatischen Nur-Rationalisten gereizt. Er hatte untätig zusehen müssen, wie diese Menschen den Konvent zwangen, ihren blasphemischen „Kult der Vernunft“ zu sanktionieren. Er, Robespierre, der treue Schüler Jean-Jacques', glaubte innig an das höchste Wesen. Wer das höchste Wesen leugnete, verleugnete Jean-Jacques, den Vater der Republik.

Robespierre erklärte den Atheismus für aristokratisch, konterrevolutionär, lasterhaft. Er ging daran, die Énergumènes zu züchtigen, die Enragés, die Fanatiker, welche das Volk gegen das höchste Wesen aufstachelten.

Einige dieser Feinde des Vaterlandes wurden nach La Bourbe verbracht, um hier ihren Prozeß abzuwarten. Da war etwa der Abgeordnete Riquet; er erklärte grimmig, die Republik müsse zugrunde gehen, wenn sie von Leuten regiert werde, die ihre Zuversicht in ein höchstes Wesen setzten, statt ihre, freilich recht begrenzte, Vernunft zu brauchen. Dann war da der Bürger Bausset, der laut herumschimpfte, der armselige Robespierre mit seiner Lauheit, seiner Mäßigung, seiner Mittelmäßigkeit und seiner Guillotine könne ihn am Arsch lecken.

Auch stellten sich jetzt in La Bourbe Männer ein, welche seltsam bösartige Beziehungen hatten zu gewissen Häftlingen. Sie selber nämlich, die neuen Kömmlinge, hatten, vor kurzem noch an der Macht, diese Häftlinge hierhergeschickt, sie hatten Verwandte anderer Häftlinge vor Gericht gestellt, und nun waren sie hier zusammengesperrt, Verfolger und Opfer. Die Spannung in La Bourbe wuchs, als nun immerzu auf engstem Raum, im Salon, die wohlerzogene, leise ironische alte Welt zusammenstieß mit der heftigen, gewalttätigen, höchst unmanierlichen neuen.

Es kam auch nach La Bourbe der Abgeordnete Chaplaine, der frühere Kapuziner, der Gönner der Witwe Rousseau. Er hatte seit langem den Zorn Robespierres gereizt. *Er* trug die Hauptschuld an dem wüsten Kult der Vernunft, seine unflätige, blasphemische Beredsamkeit hatte die frechsten Orgien angestiftet. Und nicht nur seinen militanten, vaterlandsfeindlichen Atheismus verabscheute Robespierre, er verfolgte mit sittenstrengem Haß den ganzen, schmutzigen, unordentlichen, unbeherrschten Menschen und warf ihm mehr noch als seine Ideen sein Wesen und seinen Lebenswandel vor. Chaplaine habe, klagte er ihn an, bei der Liquidierung der Ostindischen Compagnie und bei der Ausübung anderer amtlicher Funktionen Unterschlagungen begangen und habe sich zuletzt noch bei der Zerstörung der Königsgräber durch Aneignung kostbarer Reliquien bereichert.

Da war nun also Chaplaine in La Bourbe und harrte seines Prozesses.

Empört klagte er vor den andern Häftlingen über die idiotische Eifersucht Robespierres, über den Undank der Republik und den Wankelmut des Volkes. Der frühere Kanzelprediger war ein wunderbarer Redner; wann immer er sprach, sammelten sich viele um ihn und hörten ihm hingerissen zu. Einmal bekreuzte sich ein eingesperrter Hausierer, der des Royalismus verdächtig war, sagte: „Du hast mich erbaut und getröstet, Kamerad", und bot ihm ein Stück seiner Dauerwurst an.

Chaplaine hatte bemerkt, daß er und sein Schicksal Fernand beschäftigten. Er suchte sich ihm zu erklären, sich vor ihm zu rechtfertigen. Er, im Gegensatz zu den meisten andern Führern der Republik, hatte sich die Humanität nicht verkümmern lassen durch starre Theorien. Er zählte auf, wie vielen Menschen er das Leben gerettet hatte. Selbst Feinden der Republik wie etwa dem Abbé Sicard; aber Sicard hatte den wunderbaren Aufsatz geschrieben über das Latein des Augustinus, und er, Chaplaine, hatte nun einmal eine Schwäche für geistige Leistung. Gerade deshalb suchte jetzt der verbohrte Robespierre ihn nicht nur ums Leben zu bringen, sondern auch um den Nachruhm. Weil er ihm nicht zu folgen vermochte auf die Höhe einer entgötterten und darum um so lichteren Menschlichkeit, warf er ihm niedrige Leidenschaften vor, gemeine Habgier. Gut, er hatte Geschenke angenommen, Kunstwerke, die sonst wohl untergegangen wären, schöne Bücher, vielleicht manchmal auch Geld. Und was weiter? Hatte er dafür ein Jota seiner Ideen preisgegeben? War es Habgier gewesen, die ihn den Christenhimmel hatte stürmen machen und die Christengötter hinauswerfen? „Wird meine Wahrheit weniger wahr", ereiferte er sich, „weil ich das Leben liebe und eine gewisse Fülle und Üppigkeit? Ich bin nicht Puritaner. Bilder, Bücher wärmen mir das Herz. Was mag aus den edeln Dingen geworden sein", klagte er, „mit denen ich mein Haus gefüllt habe? Die Barbaren haben ja keinen Sinn dafür. Vielleicht wischt sich jetzt einer den Hintern mit Papier, welches die Hand Jean-Jacques' mit nie vergänglichen Worten beschrieben hat."

Wenn Chaplaine behauptete, er habe zuweilen aus einer großzügigen Laune Menschen gerettet, dann log er nicht. Doch verschwieg er, daß er zuweilen auch aus kleinlich bösartiger Laune Menschen umgebracht hatte. Er war von Kindheit an empfindlich gewesen, seine Rachsucht vergaß keine kleinste Feindseligkeit, und viele hatten, als er an der Macht war, teuer zahlen müssen für Kränkungen, die sie ihm angetan und halb schon vergessen hatten. Da war der Friedensrichter Larivière, er hatte auf Antrag der Regierung einen Haftbefehl gegen Chaplaine ausgestellt; da war der Pater Venance, er hatte, als Chaplaine noch Kapuziner war, Spottverse gegen ihn geschrieben: beide hatten sie auf dem Schafott gebüßt.

Es traf sich nicht glücklich für Chaplaine, daß unter den Gefangenen von La Bourbe ein Vetter des Friedensrichters Larivière war und ein Neffe des Paters Venance. Die hatten ihre Freude daran, daß ihr trauriges Haus nun auch den Chaplaine beherbergte; sie hänselten ihn, sie unterbrachen die Ansprachen des Redesüchtigen durch höhnische Zwischenrufe. Sie ersannen immer neue Quälereien.

Die Insassen von La Bourbe spielten gerne grausige Komödie, sich lustig machend über Tribunal, Guillotine und sich selber. Venance und Larivière nun stifteten einige Mitgefangene an, den Chaplaine zum Hauptdarsteller eines solchen Spieles zu machen. Sie überfielen ihn im Bett, schleppten ihn vor ihr „Revolutionstribunal", sprachen ihn schuldig, exekutierten ihn. Ließen ihn dann vor den Richtern des Hades erscheinen; er hatte sich zu rechtfertigen wegen der Ermordung jener Männer, die er aus persönlicher Feindschaft auf die Guillotine geschickt hatte. Nun war Chaplaine sensibel und abhängig von seinen Stimmungen, und während andere solche Streiche mit guter Miene über sich ergehen ließen, schlotterte er in seinem Nachthemd, stammelte und machte, der sonst so gewandte Redner, eine klägliche Figur. Er wurde verurteilt, von den Furien gehetzt zu werden, und einige Gefangene, den Furien-Chor singend, jagten ihn über die Gänge.

Der dicke, empfindsame Chaplaine, der in tödlicher Gefahr Ruhe und Umsicht gezeigt hatte, kam über das Abenteuer dieser Nacht nicht hinweg. Er hatte sich gefreut auf den Tag, da er vor dem Revolutionstribunal erscheinen sollte, auf die große Rede, die er bei diesem seinem letzten Auftreten halten wollte; die Vorstellung des Feuerwerks, das er um seinen Untergang prasseln lassen wollte, hatte ihn erregt. Jetzt konnte er die wenigen Tage nicht mehr durchhalten, die noch vor ihm lagen. Er nahm Gift. Allein es wirkte zu langsam. Er heulte in gräßlichen Schmerzen, man lief zusammen, der gute Doktor Dupontet gab ihm Gegengift, auch sein Versuch, sich aus der Welt zu schaffen, war zur Posse geworden.

Chaplaine hatte sich manches Verdienst um die Errichtung und Festigung der Republik erworben, er hatte Sinn für Künste und Wissenschaften, er hatte, einer der besten Redner des Landes, für Erscheinungen der Revolution schlagkräftige Bezeichnungen geprägt, erhabene und komische, die ins Vokabular aller Sprachen eingegangen waren, er hatte mit Recht annehmen dürfen, sein Ende werde ihn für immer zu einer tragischen Persönlichkeit machen. Jetzt hatte der schale Spaß ein paar armseliger Burschen ihn zu einem Hanswurst gemacht, um dessen Andenken für alle Zeit der Geruch der Lächerlichkeit sein wird.

Die Woche darauf wurde er prozessiert. Der Staatsanwalt nahm sich nicht einmal die Mühe, die Anklage in einer großen Rede zu vertreten; vielmehr forderte er in wenigen verächtlichen, schlampig formulierten Sätzen die Bürger Geschworenen auf, dem „Schwindler und Schieber Chaplaine" die verdiente Strafe zuzuerkennen, den Tod. Als Chaplaine sich aufraffte und zu einer großen, flammenden Ansprache ansetzte, befahl ihm der Präsident, die Geschworenen nicht durch sein Gewäsch von wichtigerer Arbeit abzuhalten. Auf dem Weg zur Guillotine wurde der dicke Mann von den Parisern, die ihm so oft zugejubelt hatten, dumm und fröhlich verhöhnt. Er legte den beredten Kopf ohne ein letztes Wort auf den Block.

Die Insassen von La Bourbe hörten von seinem tragisch-grotesken Ende mit Zorn, Mitleid, Schauder, Hohn. Allein sie vergaßen sein Schicksal, noch bevor eine Stunde vergangen war, über einem läppischen Vorkommnis innerhalb der Mauern von La Bourbe.

Es war nämlich der Bürgerin Prévôt, der Einundneunzigjährigen, die kleine, goldene, diamantbesetzte Uhr gestohlen worden. Die lebfrische Uralte hatte an den Vergnügungen des Salons teilgenommen und die Uhr in ihrem Schlafraum zurückgelassen.

Nun waren Diebstähle in La Bourbe selten, die Solidarität der Gefangenen machte sie zu einem abscheulichen Verbrechen, und die Empörung stieg, als sich herausstellte, daß der Dieb der Uhr jener hübsche, elegante Duvivier war, der junge Revolutionär mit den eintätowierten Königlichen Lilien, der Liebling der Damen. Er hatte getan, als habe er Geld, er hatte nicht gespart an galanten Geschenken für seine Freundinnen, an Blumen und Süßigkeiten, und nun hatte er der greisen Bürgerin Prévôt die Uhr gestohlen! Ein Sturm von Haß und Verachtung brach los. Auch die Behörden fanden, der Diebstahl zeuge gegen die Tugend des Duvivier und somit gegen seine bürgerliche Zuverlässigkeit. Man glaubte ihm nicht mehr die revolutionäre Gesinnung, man glaubte nur mehr dem Zeugnis der tätowierten Lilien. Duvivier wurde vor Gericht gestellt und guillotiniert. Die Insassen von La Bourbe billigten das Urteil, und die Damen, denen er den Hof gemacht hatte, schämten sich. Die Greisin Prévôt freilich meinte: „Aber das ist doch schrecklich! Der arme junge Mensch! Hätte ich das geahnt, dann hätte ich kein Wort von der Uhr gesagt." Sie wurde ob solcher Sentimentalität scharf getadelt.

Der sinnvolle, sinnlose, ironische, tragische, komische Ausgang des Chaplaine hatte auch den Fernand tief bewegt. Aber genau wie den andern wurde auch ihm die scharf und bittere Melancholie über das Schicksal des Chaplaine weggeschwemmt von der Sensation des Diebstahls der Uhr. Genau wie die andern ärgerte er sich über sich selber, daß er hereingefallen war auf das liebenswürdige Wesen des Tätowierten, genau wie sie spürte er eine winzige Genugtuung über seine Hinrichtung.

Betroffen wurde er sich dieser Spürungen bewußt. Chaplaine war ein Mann von Statur gewesen, er hatte, trotz seinen Schwächen und Lächerlichkeiten ein ehrlicher Revolutionär, dem neuen Frankreich große Dienste geleistet. Und nun hatte das Schicksal des kleinen, alltäglichen Lumpen Duvivier ihn, Fernand, den Betrachter, der so stolz war auf seine Eigenpersönlichkeit, den Schüler Jean-Jacques', tiefer aufgerührt als der merkwürdige und bedeutungsvolle Ausgang des Politikers und Gelehrten Chaplaine. Fernand hatte sich anstecken lassen von den andern, und von einer Minute zur nächsten hatte sich sein großes, schmerzhaft-erhabenes Gefühl gewandelt in gemeine Rachsucht und in kleinlichen Ärger.

Er war bestürzt über die Unbeständigkeit seines Gefühls. Langsam aber ging diese Bestürzung über in Erkenntnis. Dann in Befriedigung.

Er war also doch nicht unterschieden von den andern. Er fühlte wie sie, sie waren eine Gemeinschaft hier in La Bourbe, eine einheitliche Menge, und er war ein Teil dieser Menge. Wenn ihm auch, sowie er grübelte und räsonierte, die Masse wieder zu einzelnen auseinanderspritzte: er gehörte zu ihr.

Sie waren oft niederträchtig hier in La Bourbe, und er ließ sich anstecken von dieser Niederträchtigkeit. Aber das war gut so. Sie waren eine Gemeinschaft hier in La Bourbe, im Guten und im Schlechten. Sie waren *eines* in der Verachtung der Feigheit und in der Verehrung des Mutes, ob nun ein

Ehemaliger oder ein Radikaler in seinen letzten Stunden solche Eigenschaften zeigte. Sie waren kläglich und hirnlos, wenn sie sich stritten, sie verhöhnten einander tödlich bitter um Meinungen, die sie nicht verstanden, sie erregten sich tiefer um den Diebstahl einer Uhr als um den Kampf zwischen den Anhängern der Vernunft und denen des höchsten Wesens, sie haßten sich an, wenn sich einer vom andern bei der Verteilung der Suppe benachteiligt glaubte. Aber sie waren glühende Franzosen, alle, Ehemalige und Jakobiner, wenn sie Niederlagen der republikanischen Armee betrauerten und Siege dieser Armee feierten.

Sie waren eine Einheit hier in La Bourbe. Sie waren Volk mit seinem Widerspruch.

Und er gehörte dazu.

Die Göttin der Vernunft

Eines Abends hörte er sich im Salon angerufen: „Sie hier, Fernand!" Er fuhr herum, er kannte die Stimme. Ja, es war Eugénie Maillart, die Freundin Lepeletiers, seine Freundin. Sie lachte und weinte, erschreckt, erfreut.

Er konnte nicht begreifen, wie es zuging, daß man sie, die nächste Vertraute des Märtyrers Lepeletier, nach La Bourbe gebracht hatte.

Sie erzählte. Es war wunderlicherweise der Sturz des Chaplaine gewesen, der sie mitgerissen hatte. Vor jenem großen „Fest der Vernunft" nämlich war Chaplaine zu ihr gekommen und hatte sie aufgefordert, die Göttin der Vernunft darzustellen. „Mir ekelte vor dem schmutzigen Menschen", erzählte sie, „und unter den vielen dummen Rollen, die ich habe spielen müssen, war diese die dümmste. Aber konnte ich mich weigern? Man hätte mich bestimmt wegen staatsfeindlicher Gesinnung vors Tribunal gebracht. Ich eigne mich nicht zur Märtyrerin. Ich weiß, Michel hätte mich verstanden."

Auch Fernand verstand sie. Diese Frau kannte die Welt und den vertrackten Widersinn menschlichen Denkens und Handelns. Sie war vom Geiste Lepeletiers. Sie nahm ohne viel Gewese das ironisch aberwitzige Schicksal hin, welches sie bestrafte um einer Tat willen, gegen die sich alles in ihr aufgelehnt hatte.

In der Folge erzählte sie anschaulich, lachend und angewidert von ihrem Abenteuer. Sie hatten, Chaplaine und die andern Marschälle des Atheismus, darauf gedrängt, ihre große Feier so bald wie möglich zu haben. Sie ließen denen, die am „Fest der Vernunft" mitwirken sollten, kaum drei Tage Zeit für die Vorbereitungen. Die Bürger Gossec und Gardel, der Hauskomponist und der Ballettmeister der Oper, erhielten Weisung, das Ballett-Oratorium „Wir huldigen der Freiheit" so einzurichten, daß es als „Wir huldigen der Vernunft" in Notre-Dame gespielt werden könnte. Gerüste, Kulissen, Requisiten der Oper wurden schleunigst nach der Kathedrale Notre-Dame gebracht, die zum „Tempel der Vernunft" umgetauft wurde. Im Chor wurde ein Berggipfel und auf ihm der „Tempel der Vernunft" gezimmert. Es war alles recht provisorisch, und als Eugénie in weißem Kleid und phrygischer Mütze, eine Pike in der Hand, aus dem Tempel trat und sich auf den Thron setzte, bekam sie Angst, die ganze Geschichte werde zusammenbrechen. Noch ängstlicher wurde sie, als vier Lastträger der Hallen, als Priester maskiert, sie auf ihrem Thron die mit einem grünen Teppich verkleideten Stufen des künstlichen Berges hinunterschleppten; da krachte es bedrohlich. Auch der Triumphzug durch die Straßen von Paris war strapaziös. Es regnete in Strömen, ihr dünnes, weißes Kleid war sogleich durchnäßt, sie fror erbärmlich auf ihrem Thron, und noch mehr fror ihr Gefolge, die Tänzerinnen und Choristinnen, die, noch leichter gekleidet, mit ihren Ballettschuhen durch Schmutz und Regen dahinzuziehen hatten, die Gesichter ehrfürchtig lächelnd. Dann mußte man, naß bis auf die Haut und voll Furcht vor schlimmer Erkältung, stundenlang im Konvent sitzen, Reden anhören und Küsse entgegennehmen, bis man schließlich nach Notre-Dame zurückgetragen wurde.

Wiewohl Eugénie leichten Tones sprach, konnte Fernand den Ekel mitspüren, die Scham und Verzweiflung, welche diese Frau gespürt haben mußte. Sie war fröhlich von Natur und hatte von Lepeletier gelernt, auch aus absurden Ereignissen Heiterkeit zu ziehen. Aber das Vulgäre war ihr in der Seele zuwider, und das Lachen mußte ihr vergangen sein, als sie alle die Narrheit und Schmutzerei über sich hatte ergehen lassen müssen, die Küsse der Mitglieder des Konvents, die patriotischen und geilen Berührungen der Menge.

Von einer zweiten grausigen Komödie, bei der sie hatte mittun müssen, erzählte Eugénie. Als man die Gräber der Könige Frankreichs zerstörte, hatte sie, immer auf ihrem Throne und in der Tracht der Göttin der Vernunft, präsidieren müssen, in der Kirche von Saint-Denis. Angefeuert von Chaplaine, riß da eine fröhliche Volksmenge die Leichen jener alten Könige aus ihren Gräbern, jener Prinzen, Minister und Kirchenfürsten, deren Namen die Geschichte Frankreichs füllten. Man trieb Scherz mit den Gebeinen, kegelte mit den Köpfen der Louis und François, der Philippe und Henri. Bleibsel aller Art, einbalsamierte Leichen, Gerippe, Zepter, Kronen, Bischofstäbe und andere Attribute der Macht wurden auf einen Haufen geworfen, man tanzte darauf herum, zertrampelte, zertrümmerte. Chaplaine nahm sich Kronreife, königliche Siegelringe und ähnliche Souvenirs für seine Sammlung. Zuerst wollte man den guten Heinrich den Vierten schonen, weil er, auf italienische Art einbalsamiert, wohlerhalten und überhaupt populär war. Aber die Hohenpriester der Vernunft erlaubten es nicht und ließen auch ihn in die riesige Kalkgrube werfen, in welcher die Reste all der andern zerstört wurden. Geschont wurde eine einzige Leiche, die des Feldmarschalls Turenne. Der beliebte General wurde, soviel Eugénie wußte, ins Naturwissenschaftliche Museum verbracht; da stand er wohl noch jetzt, zwischen ausgestopften merkwürdigen Tieren. Nachdem die letzte Leiche in der

Kalkgrube verschwunden war, hatte Chaplaine erklärt: „Damit ist das Zeitalter der Monarchie endgültig abgeschlossen. Von jetzt an rechnet die Welt nur mehr nach dem Kalender der Republik."

Die Insassen von La Bourbe bewunderten und bemitleideten Eugénie. Die Énergumènes, die unentwegt Radikalen, fanden, sie müsse stolz darauf sein, daß sie die erhabene Rolle der Göttin habe spielen dürfen, und sie bezahle die Größe dieser Tage nicht zu hoch mit einigem Ungemach.

Alle, selbst die politischen Gegner, hatten Eugénie Maillart gerne. Ihre Gegenwart machte La Bourbe heller.

Viele Männer bewarben sich um sie mit plumpen und feinen Galanterien. Sie aber bevorzugte sichtlich Fernand. Sie war, wann immer es anging, mit ihm zusammen, sie sorgte sich um seinen lahmenden Fuß, sie hatte mit ihm traurige, scherzhafte, zärtliche Gespräche. Es wuchs zwischen ihnen eine Liebschaft auf, sanft und stark, zart und weise angesichts des Todes rings um sie und vor ihnen.

Das Andenken Michel Lepeletiers störte sie nicht, es brachte sie einander näher. Sie lächelten, wenn sie die erhaben nichtssagenden Züge des steinernen Lepeletier sahen, der im Gefängnis aufgestellt war. Wie ganz anders war das gescheite, häßliche, menschenfreundliche Gesicht des wirklichen Lepeletier gewesen!

Es war in der Liebschaft Fernands und Eugénies das Andenken des Toten, es war in ihr die Drohung der nahen Zukunft. Inmitten der fiebrigen Luft von La Bourbe gab ihnen ihre Liebschaft Leichtigkeit, Schwung, das Gefühl eines hellen, unverbindlichen Glückes. Ihre Liebschaft war solcher Art, daß die andern sie achteten und niemals auch nur durch eine Anspielung störten.

Täglich wurden Mitgefangene ins Dunkle fortgeführt, und Eugénie war sich der Gefahr, in der sie schwebte, genau bewußt. „Ich werde mich natürlich darauf berufen", meinte sie, „daß es Tod bedeutete, wenn ich mich geweigert hätte, die Göttin zu machen. Aber es wird mir vor dem Tribunal nicht viel helfen. Die Brutusse werden mir erwidern: ‚Dann hättest du eben sterben sollen, Bürgerin.' " Und ein andermal meinte sie: „Wenn sie mich holen, dann wird das schöne Grab, das ich mir nach dem des Jean-Jacques habe bauen lassen, leer bleiben; denn sie werden mit mir kaum sanfter umgehen als mit den toten Prinzessinnen."

Solche Reden führte sie. Aber Fernand merkte lächelnd, nachdenklich und mit ganz kleinem Neid, daß sie es trotzdem in ihrem Innersten für unmöglich hielt, daß das Schicksal auch sie sollte treffen können. Im Grunde waren in La Bourbe die junge Eugénie und die einundneunzigjährige Bürgerin Prévôt die am meisten zuversichtlichen.

Einmal, willentlich unwillentlich, gab Eugénie ihrer Zuversicht Worte. Sie war, erzählte sie Fernand, eines Tages dazugekommen, wie man eine reiche Beute Vögel im Netz gefangen hatte. Sie hatte sie gekauft und unter dem Kopfschütteln der Vogelsteller freigelassen. Das Geschmetter und Gejubel, mit dem die Lerchen, Drosseln, Finken ins Blaue flatterten, war eine ihrer hellsten Erinnerungen. „So wird es sein, wenn man mich freiläßt", sagte sie.

Dann, eines Morgens, war Eugénie verschwunden, so jäh, wie sie gekommen war. Fernand erschrak, als hätte das Unheil ihn selber getroffen.

Später erfuhr er, sie war in ein anderes Gefängnis überführt, wieder später, sie war freigelassen worden.

Er erholte sich nur langsam von dem ersten Schrecken. Er entbehrte Eugénies Gegenwart. Nach wie vor nahm er teil an dem Treiben von La Bourbe, aber stärker als früher spürte er das Leere und Öde dieses Treibens, und häufiger und heftiger sehnte er sich nach Einsamkeit.

Tiefe, fatalistische Niedergeschlagenheit überkam ihn. Er hatte sich getäuscht, er war nicht wie die andern, er war unselig verschieden. Bitter sagte er sich vor: „Impares nascimur, pares morimur – Ungleich werden wir geboren, erst im Tode werden wir gleich."

Strenge Wege geht mit uns die Gnade

Die Armee der Jakobiner, angezweifelt und verhöhnt von den Sachverständigen der ganzen Welt, die Armee der Allgemeinen Wehrpflicht, „die traurige Zwangsarmee des Terrors", siegte. Eine Siegesnachricht nach der andern kam von den Fronten.

Man feierte in Paris.

Man feierte auch in La Bourbe. Im Garten sammelten sich die Häftlinge unter der Trikolore; die Büsten Jean-Jacques' und Lepeletiers schauten auf sie. Eine Hymne des Dichters Vigée, eines Insassen von La Bourbe, wurde gesungen. Der Concierge Thirion hielt eine Ansprache, auch mehrere Häftlinge hielten Reden. Viele Sätze Jean-Jacques' wurden zitiert. Ein Gefangener, der Advokat Brognard, ein Enragé, der seiner Verurteilung sicher war, rief: „Res publica! Morituri te salutant! – Republik! Die zum Sterben gehen, grüßen dich!" Und alle stimmten ein.

Man feierte auch in Ermenonville.

Girardin war sich bewußt: hätten die Heere der Alliierten gesiegt, dann wären er und sein Fernand frei gewesen aus ihrer tödlichen Not. Trotzdem freute er sich ehrlichen Herzens der Siege der Republik. Und als sich seine Wächter zum Festmahl zusammensetzten, schickte er ihnen den besten Wein aus seinem Keller und bat, an ihrem Tische mitfeiern zu dürfen.

Da saß er unter den Nationalgardisten, sie waren wackere, etwas rohe Burschen. „Einen feinen Tropfen schenkst du aus, Ehemaliger", anerkannte einer, und: „Verdächtig bist du, mein Alter, aber ein gutes Haus", sagte ein anderer und haute ihn auf die Schulter. Girardin hörte sich ihre derben, einfältigen Späße an, dachte an den Allgemeinen Willen und fühlte sich als treuer Schüler Jean-Jacques'.

Der Bürger Vincent Huret, der fanatische, mißtrauische Maire von Senlis, entrüstete sich, als er von diesem Verbrüderungsfest hörte.

Er hatte ohnedies Ursache, unmutig zu sein. Er hatte aus seiner Bewunderung des Abgeordneten Chaplaine kein Hehl gemacht, und nun hatte dieser Bürger Chaplaine als Vaterlandsfeind enthauptet werden müssen. Das konnte üble Folgen für ihn selber haben.

Um so eifriger stürzte er sich in amtlich patriotische Tätigkeit.

Sowie er von der Laxheit der Nationalgardisten hörte, begab er sich nach Ermenonville. Hielt dem Korporal Grappin und seinen Leuten eine kräftige Rede über republikanische Wachsamkeit. Drohte ihnen mit Anzeige bei ihren Vorgesetzten. Verbot ihnen, dem verdächtigen Girardin in Zukunft irgendwelche Berührung mit der Außenwelt zu gestatten.

Dies vollbracht, ging der Bürger Huret durch den Park, um dem Grabe des großen Jean-Jacques Reverenz zu erweisen. Er hatte in der Tat gut daran getan, hier einmal nach dem Rechten zu sehen. Dieses Ermenonville, der Park nicht minder als das Schloß, war ja ein Bollwerk der Reaktion! Die ganze Landschaft war voll von Greueln aus der Zeit des Tyrannen. Da standen Steinbilder herum von prächtig geschmückten Männern des alten Regimes, und manche dieser Männer trugen verdächtige Namen, ausländische, aristokratische, darauf hindeutend, daß sie verbunden gewesen waren mit jenen Tyrannen, welche die Republik mit Krieg überzogen hatten. Und das in unmittelbarer Umgebung der Stätte, wo Jean-Jacques begraben lag!

Zurückgekehrt nach Senlis rief der Bürger Huret das souveräne Volk auf, solcher Schande ein Ende zu machen.

Auf zwei Leiterwagen fuhren Patrioten von Senlis nach Ermenonville; geeignetes Handwerkszeug, Beile, Piken, Äxte, führten sie mit, auch ein Faß Apfelwein. Sie drangen in den Park, zertrampelten die Beete und schlugen zunächst einmal einigen steinernen Aristokraten die Nasen ab. Dann krempelten sie die Ärmel hoch und gingen mit Gusto an die Hauptarbeit. Zwei Bauwerke waren es, die mehr als die andern ihren Zorn erregten: die Pyramide der Bukolischen Dichter und der Tempel der Philosophie. Beide Baulichkeiten waren voll von ausländischen Köpfen und fremdsprachigen, sicher vaterlandsfeindlichen Inschriften. Unter herzhaften Rufen: Nieder mit der Tyrannei! und: Es lebe die Freiheit! schlugen sie die Köpfe der griechischen, römischen, englischen, deutschen Dichter und Philosophen in Trümmer. Die solid gebauten und gefügten Säulen des Tempels der Philosophie zu zerstören, war nicht einfach, aber der Enthusiasmus derer von Senlis schaffte auch das. Nach getanem Werke hielten sie auf den gestürzten Säulen ein Siegesgelage, freuten sich der vollbrachten Pflicht, der schönen Aussicht, des Apfelweins.

Der Gevatter Maurice hatte mit Bestürzung gesehen, was vor sich ging. Er lief ins Dorf und schlug Lärm. Die Gärten waren der Stolz des Dorfes, der berühmte Jean-Jacques hatte seine Freude daran gehabt, viele Fremde kamen, sie zu sehen. Es gelang dem Gevatter Maurice, ein gutes Dutzend Leute auf die Beine zu bringen.

Mit ihnen rückte er an und erklärte denen von Senlis, der Park sei eine gut republikanische Sache, Jean-Jacques habe hier seine letzten Tage verbracht, auch mit diesem Steinwerk sei alles in Ordnung. Die Patrioten blieben argwöhnisch. Die von Ermenonville waren sichtlich noch immer Knechte des Ehemaligen, sie konnten sich von ihrer Sklavengesinnung nicht frei machen. Sie, die von Senlis, glaubten ihrem Maire, dem Bürger Huret, auch waren sie voll von Apfelwein und in der Mehrzahl. Als ihnen der Gevatter Maurice mit immer neuen Argumenten und Sätzen Jean-Jacques' kam, lachten sie zuerst, dann hießen sie ihn schweigen, und als er fortfuhr, geschwollen daherzureden, holten sie aus ihren Leiterwagen eine Plache, warfen den Dicken hinauf, schwangen ihn hoch und fingen ihn wieder, prellten den Schreienden, Zappelnden, es war großer Spaß.

Übel durchwalkt, erschöpft und erschüttert, hockte schließlich der Gevatter Maurice auf der Erde zwischen den zertrümmerten Säulen, bitter darüber nachdenkend, welche dumme, üble Auslegung sich manches Mal Jean-Jacques' Lehre vom Allgemeinen Willen gefallen lassen mußte.

Die Leute von Senlis mittlerweile machten sich auf den Weg, dem Ehemaligen selber einen Besuch abzustatten.

In der Halle des Schlosses trat ihnen Monsieur Gerber entgegen.

Er hatte von ferne mitangesehen, was sich im Park ereignete. Nun brachen die Barbaren auch hier ein; gleich den Goten und Hunnen machten sie Tempel zu Ställen für ihre Gäule. Schmerzhaft klar sprang das Gleichnishafte des Vorgangs ihn an. So wie sie in Paris durch ihre Untaten Jean-Jacques' Lehre vom Staat zerstörten, sie ins Fratzenhafte verzerrend, so verwüsteten sie hier die Gärten, Jean-Jacques' letztes Glück, seine „Natur". Nicht einmal dieser schmalen Erfüllung Jean-Jacques' gönnten sie Bestand. Der Schmerz zerriß Monsieur Gerber das Innere. Er suchte ihn zu betäuben durch den Klang eines Verses des Aischylos: „Strenge Wege geht mit uns die Gnade, die am Weltensteuer sitzt."

Nun aber, da sie ins Schloß selber eindrangen, konnte er nicht schweigen. Er trat ihnen entgegen, blaß und würdig. „Mäßigen Sie sich, meine Herren", sagte er. „Denken Sie an das Grundgesetz der Republik: die Freiheit eines Bürgers endet da, wo die Freiheit eines andern beginnt. Im Namen Jean-Jacques', dessen Geist Sie und mich umschwebt, sage ich Ihnen: an der Schwelle dieses Hauses endet Ihre Freiheit, Bürger."

Da stand er, dünn, schwächlich, schütteren Haares, viel älter als seine Jahre; aber seine Augen blinzelten nicht, sie starrten glühend und entschlossen auf die Hunnen, seine Stimme klang tief und beschwörend. Er sah Jean-Jacques lächerlich ähnlich, und dunkel vielleicht dachten die von Senlis an Bilder Jean-Jacques', die sie gesehen haben mochten. Für einen Augenblick waren sie unschlüssig.

Dann aber sagte einer: „Mach keine Sprüche, du Hanswurst!" und ein anderer: „Das ist ein ehemaliger Geistlicher, ein Söldling des Aberglaubens, das merkt man an seiner Litanei." Aber sie waren gut gelaunt, sie taten ihm nichts, sie setzten ihm nur die rote Mütze der Freiheit auf, schenkten ihm von ihrem Apfelwein ein und hießen ihn trinken auf den Untergang der Aristokraten, deren Standbilder sie gestürzt hatten.

Der Korporal Grappin, nach der unangenehmen Auseinandersetzung mit dem Bürger Huret, hatte sich nicht für berechtigt gehalten, dem souveränen Volk zu wehren, als es im Park Ordnung schaffte. Für Leib und Leben seines Verdächtigen aber war er verantwortlich. Er postierte seine Nationalgardisten an die Tür ins Innere, redete denen von Senlis zu, nach Hause zu gehen, und sie, müde von den patriotischen Anstrengungen und von dem Gelage, ließen sich überreden.

Stimme aus dem Kot

Die Jakobiner waren wachsam. Man glaubte, Verschwörungen in den Gefängnissen entdeckt zu haben, den Häftlingen wurde jeder Verkehr mit der Außenwelt untersagt.

Nichts mehr erfuhren die Insassen von dem, was in der Welt vorging; nur der Erste Concierge las ihnen allabendlich aus dem „Moniteur" vor. Jetzt konnte nicht einmal der findige Monsieur Robinet dem Fernand Nachrichten zustecken lassen. Fernand erfuhr nichts von der Verwüstung Ermenonvilles.

Eine neue, sehr scharfe Hausordnung wurde eingeführt. Es wurde verboten, den Gefangenen zusätzliche Nahrungsmittel zu übersenden. Auch die Musik wurde verboten. Die Hunde mußten fortgeschafft werden. Es gab kein Licht mehr in den Schlafräumen. Wer sich gegen irgendeine Bestimmung der neuen Hausordnung verging, kam in Einzelhaft. Die fröhliche Schminke von La Bourbe verschwand.

Mit der Strenge nahm der Schmutz zu, und La Bourbe zeigte sich in seinem ganzen Elend. Fernand litt bitter unter dem Schmutz. La Bourbe, der Morast, fand er, trug jetzt seinen Namen zu Recht. Auch innerlich; denn Morast war die Masse der Gefangenen. Die Gemeinschaft war kein Trost mehr, keine Erhebung; die ewige Gegenwart anderer rieb und kratzte, machte einen klebrig schmutzig.

Wie um die Häftlinge zu verhöhnen, zwang man sie, sich nach wie vor gegen Abend im Salon zu versammeln. Das Recht, sich zu versammeln, erklärte der Erste Concierge, sei ein Grundrecht der Republik. Da saßen sie also, schwatzten, spielten Karten oder Dame, stritten sich, und von den Wänden schauten auf sie herunter die stolzen Inschriften von Menschlichkeit und Menschenrechten. Nirgendwo sonst fiel den Fernand die ganze Sinnlosigkeit des Lebens in La Bourbe so heftig an wie hier im Salon. Sinnlos waren die ewigen, wilden Debatten der Zusammengesperrten. Sinnlos war ihr Schicksal. Sinnlos war der dogmatische Argwohn der Männer, der sie hier zusammensperrte.

Das ganze Land drehte sich in einem sinnlosen Wirbel.

Um nicht selber närrisch zu werden, suchte er der Sinnlosigkeit Sinn zu geben. Ohne eine Spur Wahn war Größe nicht denkbar. Der Vers eines englischen Dichters ging ihm nicht aus dem Kopf: „Great wits are sure to madness near allied / And thin partitions do their bounds divide – Genie und Irrsinn sind sich nah verwandt, getrennt durch dünne Wände." Jean-Jacques, da er um seiner Weisheit und Kühnheit willen von der ganzen Welt verfolgt wurde, hatte sich zeitweise in Wahnsinn geflüchtet. Thelo, thelo manènai. Nun wurde das französische Volk, weil es mit unerhörter Tapferkeit versuchte, einen Staat auf Basis der Vernunft zu errichten, von der ganzen Welt verfolgt: sollten ihm Krämpfe des Wahnsinns verwehrt sein? Wie im Leben Jean-Jacques', so wurde jetzt in der Geschichte Frankreichs geniehaft folgerichtiges Tun unterbrochen von Akten des Wahnsinns. Immer wieder aber mit sicherem Instinkt fand das Volk zurück zur Vernunft.

Mit höchster Bemühung trachtete Fernand, auch in seiner Not gerecht zu bleiben und sich den Blick aufs Ganze nicht durch sein persönliches Schicksal verstellen zu lassen.

Gewiß, schiere Willkür eines bösartigen Dummkopfes

hatte ihn in dieses Elend gebracht. Aber in dem Kampf um ihren Bestand war der Republik alles erlaubt, was zur Abschreckung und Vernichtung der Feinde dienen konnte. Sie war angewiesen auf die Dienste auch subalterner Beamter, sie konnte sich kein langes Federlesen gestatten. Robespierre, Saint-Just, Martin Catrou hatten recht: in solcher Lage wurde Grausamkeit zur Tugend, und wer aus weicher Seele heraus die harten Maßnahmen der Republik ablehnte, machte sich schon dadurch zu ihrem Feinde.

Jetzt galt es, hier in der Tiefe galt es, sich zu bewähren. Wenn er sich jetzt durch das Unrecht, das ihm persönlich geschah, irremachen ließ, wenn er jetzt nicht mit all seinem Wesen zur Republik stand, auch zu dieser Republik des Schrekkens, dann verwirkte er den Anspruch, sich dem Volk als Bruder anzubieten.

In Latour mittlerweile stieg die Sorge. Robinet konnte Gilberte nicht verheimlichen, daß er keine Verbindung mehr mit Fernand hatte. Gilberte ertrug die Untätigkeit nicht länger. Sie wollte nach Paris, wollte selber versuchen, Fernand zu helfen.

Monsieur Robinet drang in sie, keine Tollheiten zu begehen. Die neuen Vorschriften untersagten allen Ehemaligen den Aufenthalt in Paris. Wenn sich Gilberte von Latour wegbewegte, setzte sie sich nur selber hoher Gefahr aus ohne die Aussicht, Fernand zu helfen. Aber Vorstellungen und Beschwörungen hielten sie nicht. Sie fuhr nach Paris.

Zunächst mußte sie Martin Catrou sprechen. Es war undenkbar, daß er seinen nächsten Freund verkommen ließ. Bestimmt war es so, daß er einfach von Fernands Verhaftung nichts wußte; solche Verhaftungen waren jetzt so häufig, daß man kein Wesens mehr daraus machte. Sie mußte Martin informieren.

Ihre Vermutung, daß er von Fernands Haft nichts wußte, bestätigte sich. Im Konvent erfuhr sie, daß er in einem Sonderauftrag in der Vendée war. Wie immer, sie mußte etwas unternehmen. Das Revolutionstribunal arbeitete mit furchtbarer Schnelligkeit.

Sie suchte Martins Frau auf, die Bürgerin Jeanne Catrou. Stand in der mit Möbeln überstopften Wohnung. Jeanne musterte sie mißtrauisch. Gilberte hatte sich gut zurechtgelegt, was sie sagen wollte. Jeanne wisse, wie befreundet Martin mit Fernand sei, und es sei doch wohl nicht vorstellbar, daß sich der Bürger Catrou die Freundschaft eines Vaterlandsfeindes habe gefallen lassen. Die Verhaftung Fernands müsse also ein unbegreiflicher Irrtum sein, und Gilberte bitte die Bürgerin Catrou, ihren Mann zu informieren.

Jeanne hatte Fernand nie leiden können, sie hatte ihm von Anfang an mißtraut. Nun also schienen auch andere ihm zu mißtrauen. Sie hörte mit Genugtuung von seiner Verhaftung. In ihrem Innersten war es ihr recht, daß Martin nicht in Paris war; das einzige, worin sie ihm nicht beistimmte, war seine Freundschaft mit dem Gräflein.

„Der Abgeordnete Catrou", sagte sie, „ist im Auftrag des Konvents in der Vendée, um die besiegten Rebellen zu bestrafen und sie von einem zweiten Verrat abzuschrecken. Das ist ein Geschäft, welches einen Mann vollauf in Anspuch nimmt. Erwartest du, Bürgerin, daß ich ihm kostbare Zeit wegstehle in einer so kleinen, persönlichen Angelegenheit? Ich verstehe dich nicht, Bürgerin. Vertraust du nicht der Gerechtigkeit der Republik? Verlangst du anderes als Gerechtigkeit? Verlangst du Mitleid? Mitleid ist keine republikanische Tugend."

Gilberte brachte es nicht über sich, in die Untätigkeit von Latour zurückzukehren. Sie blieb in Paris. Fuhr nach La Bourbe und suchte Gelegenheit, Fernand einen Zettel zustecken zu lassen, ein Wort von ihm zu erlangen. Auch Freunde und Angehörige anderer Gefangener trieben sich in der Umgebung von La Bourbe herum in ähnlicher Absicht. Gilberte wußte, Geld vermochte vieles, und sie hatte Geld bei sich. Aber die Sicherheitsmaßnahmen in La Bourbe waren sehr scharf geworden, Wachen und Wärter waren mürrisch, es gab zahllose Spitzel; man warnte Gilberte, durch einen unüberlegten Schritt gefährde sie den Freund und sich selber.

Tag und Nacht wog sie Fernands Hoffnungen und Gefahren.

Sie wagte sich in Sitzungen des Revolutionstribunals, um die Männer zu sehen, von denen sein Schicksal abhing.

Da saßen noch die gleichen Richter und Geschworenen, welche Fernand seinerzeit hatte tagen sehen. Aber sie und ihre Methoden hatten sich verändert. Man hatte ihnen klargemacht, ihr Amt sei, das Krebsgeschwür, welches im Innern der Republik fresse, völlig auszuschneiden und das in großer Eile. Abgeschafft worden waren die meisten jener Maßnahmen, welche, den Angeklagten schützend, die Urteilsfindung verzögern konnten. Die Geschworenen waren angewiesen, nicht mehr kleinlich genau und krämerhaft abzuwägen, was der oder jener Angeklagte getan oder nicht getan hatte, sondern ihrer Intuition zu folgen. Sie sollten sich halten an die Lehre Jean-Jacques': „Das Gewissen ist eine himmlische Stimme, die auch den Unwissenden untrüglich führt."

Nicht mehr einzeln erschienen jetzt die Beschuldigten vor Gericht, sondern in Gruppen, ihrer zwölf, fünfzehn, einmal sogar siebenundzwanzig, willkürlich von irgendeinem subalternen Sekretär zusammengespannt, etwa: „Der Bürger Dupont und zwölf andere Verschworene". Es waren seltsame Verschwörungen. Da hatten sich etwa frühere Hochadelige verbündet mit kleinen Krämern, welche die Höchstpreise überschritten hatten, dazu mit einer Hure, die royalistisch geschimpft hatte, mit einem ehemaligen Generalsteuerpächter und mit dem Inhaber eines Marionettentheaters, der verdächtig war, durch seine Puppen die Republik verspottet zu haben; sie alle hatten sich nach der Anklage im Luxembourg-Gefängnis verschworen, das Vaterland zu verraten und die feindlichen Tyrannen zu unterstützen.

Gilberte, mit dem scharfen Auge der Furcht, beobachtete Gericht und zu Richtende. Sie merkte, wie abgestumpft und trotzdem nervös die Geschworenen waren; offenbar war ihre Tätigkeit ihnen alltäglich geworden, für so bedeutungsvoll sie sie erachteten. Gilberte hielt sich nicht für sehr gescheit und seelenkundig, aber die spürende Angst machte sie fähig zu ahnen, was hinter den Stirnen der Richter und Geschworenen vorging. Vom Konvent, von der Gemeinde Paris, vom Jakobinerklub kamen Ermahnungen: „Tut eure Pflicht! Befreit uns von der Pest des Verrats! Tilgt alle Schuldigen aus, gnadenlos! Besser, es geht ein wenig gesundes Fleisch mit, als daß faules am Leib der Republik bleibe.“ Und in immer kürzerem Abstand und nach immer flüchtigerer Untersuchung stellte man Angeklagte vor Gericht. Die übermüdeten Geschworenen unterschieden kaum mehr zwischen den Angeklagten. Überdies mischten die Zuhörer sich ein, beschimpften die Angeklagten, riefen den Geschworenen zu: Schneller! Schneller! Neuer Argwohn war überall, jeder mißtraute jedem, Gerüchte liefen um, das Tribunal selber sei käuflich. Da wurde Mitleid zum Verbrechen, und jeder Freispruch erregte Verdacht. Gilberte ahnte, wie es unter solchen Umständen im Innern der Geschworenen aussehen mußte. Sie waren wohl gutmütig von Natur, aber sie gehorchten der „inneren Stimme“ und sprachen: „Schuldig, schuldig, Tod, Tod.“

Viele der Angeklagten, die meisten, schien es, waren wirklich schuldig oder zumindest willens, die Republik zu schädigen, wenn sich die Gelegenheit ergab. Manche aber waren offenbar gleichgültig vor jeglicher Politik, bedacht nur auf ihr liebes Leben und auf ein bißchen Wohlbehagen. Es kam vor, daß solche Angeklagten freigesprochen wurden, doch hing das vom Zufall ab, von der Stimmung des Tribunals, eben von jener „innern Stimme“, und diese sprach lieber schuldig als frei.

Gilberte, im Geiste, sah Fernand unter den Angeklagten sitzen. Abergläubisch suchte sie Vorzeichen. Er war identisch mit diesem Bürger Usson, mit jenem Bürger Renard, und wie es diesem erging, so wird es ihm ergehen. Sie fröstelte bis ins Mark, wenn der Bürger Usson zur Guillotine geschickt wurde, sie jubelte, sprach man den Bürger Renard frei.

Vom Tribunal lief sie zum Gefängnis, vom Gefängnis zum

Konvent. Im Konvent fragte sie, ob der Abgeordnete Catrou zurück sei und wann er wohl zurückkomme. Vor La Bourbe fragte sie herum, ob es nicht doch vielleicht einen Wärter gebe, der mit sich reden lasse. Und wieder und wieder, grauenvoll gelockt, lief sie zurück zu den gräßlichen Sitzungen des Tribunals.

Die Häftlinge von La Bourbe hatten in der Zwischenzeit ein Mittel entdeckt, trotz allen strengen Maßnahmen mit der Außenwelt zu reden. Sie hatten herausgefunden, daß gewisse Latrinenröhren Schallwellen weiterleiteten aus den und in die Katakomben, in welche die Röhren führten. Man konnte hören, was in dieser Unterwelt gesprochen wurde, man konnte mit ihr reden.

Es war rührend und grotesk, zu erleben, wie die Stimme eines Freundes, einer Gattin, einer Geliebten durch den Kot heraufkam; es war erregend, sich vorzustellen, wie der Rufer hinabgestiegen war in die schmutzige, stinkende Tiefe und dort Stunden verwartet hatte, bis seine Stimme den Gesuchten erreichte.

Täglich, unter vielen Heimlichkeiten, wurde der und jener zur Latrine gerufen, um aus der Kloake die Stimme eines Nächsten zu hören.

Fernand erschrak glücklich, als eines Tages auch er geheimnisvoll und eilig zu den Latrinen gerufen wurde. Während er hinging, spielte er Verstecken mit sich selber, machte sich vor, es sei wohl Eugénie, die ihm was zu sagen habe, und wollte nicht wahrhaben, wessen Stimme er erwartete.

Dann kam die Stimme, Gilbertens Stimme. Sie sprach nur wenige Worte und sehr einfache. Sie sagte: „Wie geht es dir?“ und: „Es ist allerhand für dich im Werke. Einzelheiten darf ich dir nicht mitteilen. Aber es wird sicher glücken.“ Und sie sagte: „Fürchte nichts.“

Da stand diese Gilberte, sein Mädchen Gilberte, knietief im Unrat, ihn ihre Stimme hören zu lassen und seine Stimme zu hören. Es war herzzerreißend und beglückend. Auch war, was sie da machte, ganz töricht. Es brachte ihr nur selber

Gefahr, und natürlich konnte sie ihm nicht helfen, und was sie sagte, hatte sie sicher nur erfunden, ihn zu trösten. Aber es tröstete ihn. Die Worte, welche da, eingehüllt in Gestank, Widerlichkeit und Lächerlichkeit, zu ihm aufstiegen, gingen ihm lieblicher in die Ohren und ins Herz als schönste Musik.

Die Gefangenschaft in La Bourbe wurde ihm leicht, sein Schlaf ruhig. Er blieb sich bewußt, daß ihre Worte nichts waren als Wunsch und Traum: trotzdem gab ihm ihre Botschaft Hoffnung und Ruhe.

Lepeletier hatte einmal ausgeführt, wie verschwenderisch die Natur ungeheuer viel zerstöre, um Neues, Höheres hervorzubringen, und so stelle sich, betrachte man die Universalgeschichte, der Gang der Menschheit dar. Der Freund hatte recht. Fernand glaubte, wußte: es wird zuletzt aus den kleinen, widersinnigen, scheußlichen Geschehnissen ringsum ein Großes wachsen, das neue Frankreich, das Frankreich Jean-Jacques'.

Durch die Narrheit und das Elend La Bourbes hörte er die Stimme Gilbertens. Der Gestank, aus dem die Stimme kam, verwehte, die helle, zuversichtliche Stimme blieb.

Jean-Jacques' Rache

Es kam, wie es der Bürger Vincent Huret, der Maire von Senlis, beim Sturze des Abgeordneten Chaplaine trüben Mutes geahnt hatte. Eine Untersuchung gegen ihn wurde eingeleitet, er wurde als verdächtig erklärt, seines Amtes enthoben, Hausarrest wurde ihm auferlegt.

Gevatter Maurice jubelte. Jetzt war die Stunde da, es den Barbaren heimzuzahlen, die ihm so niederträchtig mitgespielt hatten. Gevatter Maurice und andere Zeugen aus Ermenonville erschienen vor der Sicherheitsbehörde und berichteten mit vielen anklägerischen Details, wie die von Senlis, angestiftet von dem tückischen Atheismus ihres Bürgermeisters, die

Lieblingsstätten des gottesfürchtigen Jean-Jacques geschändet hatten. Ein umständliches Protokoll wurde aufgenommen.

Nun ließ sich Maximilien Robespierre, der die große Aktion gegen die Gottlosen als seine persönliche Angelegenheit ansah, alle Akten vorlegen, die mit dem Kampfe für das höchste Wesen zu tun hatten. So erhielt er Kenntnis von den Verwüstungen im Park von Ermenonville.

Sein grünlich blasses Gesicht erblaßte tiefer. Die Gärten, in denen Jean-Jacques gewandelt war, in denen er, Maximilien, ein unvergeßliches Gespräch mit ihm geführt und ein für die Geschichte folgenreiches Gelübde abgelegt hatte, die Geburtsstätte der Revolution barbarisch verwüstet! Aber er wird die Untat sühnen. Er wird dem Toten großartige Genugtuung geben. Er sah bereits, wie.

Er hellte sich auf. Dieses Sühneopfer wird ihm überdies auch Gelegenheit bieten, Saint-Just seine brüderliche Freundschaft und Wertschätzung neu zu bezeugen.

Zur rechten Zeit.

Saint-Just sollte nämlich in den nächsten Tagen zur Rheinarmee abgehen, um als politischer Kommissar die kämpfenden Armeen an Ort und Stelle zu überwachen. Das war ein gefährliches Geschäft, mehrmals hatten aufsässige Generäle die lästigen Beobachter beseitigen lassen. Maximilien schickte seinen Saint-Just mit Stolz, doch nicht ohne Sorge an die Front. Freudig wird er ihm gerade jetzt durch seine Entschließung einbekennen, daß der Freund seinerzeit das klarere Urteil bewiesen hat.

Er erzählte ihm von dem Bubenstreich der Atheisten von Senlis, und: „Ermenonville ist keine gute Stätte für Jean-Jacques", fuhr er fort. „Sie haben recht gehabt, mein Antoine, damals, als wir das Grab Jean-Jacques' besuchten, und ich war im Unrecht. Wir werden, wie Sie es vorschlugen, die teure Leiche ins Pantheon überführen."

Das zarthäutige Gesicht des Saint-Just rötete sich. Hatte es jemals in der Welt einen Mächtigen gegeben, der so freimütig einen Irrtum eingestand wie sein Freund Maximilien?

Wie großmütig er ihm, Antoine, das Verdienst zuschob an der geplanten Huldigung für Jean-Jacques! Dabei hatte doch Maximilien sein ganzes Sein und Tun dem höheren Ruhme Jean-Jacques' geweiht.

Wieder, überwältigend, drängte sich dem Saint-Just das Bewußtsein der ungeheuren Leistung Maximiliens auf. Was die Römische Republik in fünf Jahrhunderten, das hatte Maximilien in fünf Jahren vollbracht. Die Bühne der Welt war leer gewesen seit den Römern: Maximilien Robespierre hatte sie mit Sinn und Leben gefüllt.

Saint-Just hätte gerne teilgenommen an der großen Totenfeier. Allein er mußte in spätestens vier Tagen an die Front abgehen, und der Maler Jacques-Louis David erklärte, Wochen zu benötigen, um nach dem Wunsche Robespierres dem Meister eine Totenfeier zu rüsten, wie sie noch keinem Könige Frankreichs bereitet worden war.

Wenigstens einen tüchtigen Helfer stellen konnte Saint-Just: seinen Freund Martin Catrou.

Der war endlich zurück aus der Vendée. Er hatte dort gute Arbeit getan. Sogar der mit Lob karge Robespierre hatte Anerkennung für ihn und stimmte ohne weiteres zu, als Saint-Just vorschlug, ihm den Martin als Zweiten Kommissar mitzugeben. Und dieser Martin Catrou sollte, bevor er dem Saint-Just an die Front folgte, mithelfen bei der Zurüstung der Totenfeier; er sollte, der Sohn Ermenonvilles, dort Ordnung schaffen und die Überführung der Leiche nach Paris vorbereiten.

Martin war glücklich über die Dienste, die er der Republik in der Vendée hatte leisten können, glücklicher über die Dienste, die er ihr unter der Leitung Saint-Justs am Rhein wird leisten dürfen. Es krönte seine Genugtuung, daß es nun ihm oblag, gutzumachen, was man in Ermenonville verbrochen hatte.

Zuerst einmal – denn das Revolutionstribunal arbeitete schnell – gab er Weisung, das Verfahren gegen die Girardins ruhen zu lassen.

Dann fuhr er nach Senlis.

Er verhörte selber den Bürger Huret und ordnete an, daß Huret sich vor dem Pariser Tribunal zu verantworten habe, nicht vor dem milderen des Départements.

Sodann zog er Informationen ein über die Witwe Jean-Jacques' und ihren Homme de Confiance, den Stallknecht des Ehemaligen.

Dem Nicolas und der Therese aber war es folgendermaßen ergangen.

Als der Kampf gegen die Gottlosen begann, hatte Nicolas sofort Unrat gerochen. Ihm selber war es gleichgültig, wer das Rennen machte, die Göttin der Vernunft oder das höchste Wesen; aber ihm schwante, daß jetzt sein Freund und Gönner Chaplaine für seine guten Witze über Gottvater und den Heiligen Geist werde zu zahlen haben. Bald denn auch machte dieser unangenehme Robespierre in einer großen, prinzipiellen Rede gegen die Atheisten unmißverständliche Anspielungen auf Chaplaine. Nicolas las, pfiff durch die Zähne, sagte: „Rette sich, wer kann!", befahl Therese, sich würdig zurechtzumachen, hinkte mit ihr in großer Eile zum Hause des bisherigen Freundes und Gesetzgebers.

Dort waren wirklich schon Beamte der Republik am Werke, alles unter Siegel zu nehmen. „Was untersteht ihr euch, Bürger Beamte!" fuhr Nicolas sie an, und auf das Manuskript der Neuen Héloïse weisend, erklärte er: „Diese Papiere gehören der Witwe Jean-Jacques'. Tu den Mund auf, verehrungswürdige Greisin!" wandte er sich an Therese. „Laß diese voreiligen Bürger wissen, daß sie fahrlässigerweise der Gefährtin des Meisters Gewalt antun." Und Therese, wie er's ihr eingeschärft hatte, bestätigte: „Ich habe diese Handschrift dem Verbrecher Chaplaine nur geliehen. Er hat mich mit seinen Vorspiegelungen genauso hereingelegt wie die Republik." Die Beamten waren beeindruckt. Da stand die Witwe Jean-Jacques' in eigener Person, und wer sie kränkte, mochte Robespierres Zorn auf sein Haupt herabziehen. Sie gaben das Manuskript heraus.

Eilends machte sich Nicolas fort aus dem undankbaren Paris, mit sich nehmend Therese und die Neue Héloïse, und kehrte zurück nach Plessis, noch dürftiger, als er's verlassen hatte, unter das Strohdach des Bürgers Bessat.

Therese hatte ein undeutliches Gefühl, der Sturz des Nicolas und ihr eigener sei die Rache Jean-Jacques'. Kaum zurück in Plessis, ging sie an sein Grab. Hier hätte sie bleiben müssen, wie ihr's die Mutter befohlen hatte, sie hätte nie nach Paris gehen dürfen. Sie waren zu üppig geworden, sie und Nicolas, und nun hatte Jean-Jacques sie zum Grab zurückgeholt. Demütig bat sie ihn um Verzeihung.

Da hockten sie also wiederum inmitten des Hausrats des Jean-Jacques. Wenigstens hatte der Schlaukopf Nicolas sogar aus diesem Zusammenbruch was gerettet: die Papiere; hier in der Truhe lagen sie. Aber das blieb kleiner Trost, und Nicolas schimpfte und fluchte. Voll Bitterkeit erklärte er, nur die Dummen hätten Glück, und somit sei es Theresens verdammte Schuldigkeit, wenigstens Glück zu haben.

In der Tat schaute es aus, als werde Therese auch dieses Mal ihre Schuldigkeit tun. Gerüchte sind rasch; noch bevor Martin Catrou in Ermenonville erschien, munkelte man, Jean-Jacques' Leiche werde nach Paris überführt werden. Morgenrot leuchtete. Nicolas, mit seiner schnellen Kombinationsgabe, rechnete sich aus, daß die Überführung der Leiche nicht ohne eine riesige Totenfeier abgehen werde. Schwerlich wird man da auf die Witwe Jean-Jacques' verzichten, man wird sie aus dem Winkel zurück auf den Ehrenplatz holen. Und er, Nicolas, wird nicht ermangeln, den Herren Jakobinern ein Licht aufzustecken, daß bei einem solchen Rummel er, der Homme de Confiance der Witwe, nicht fehlen darf. Hurra, John Bally reitet wieder!

Nicolas jubelte zu früh. Der Abgeordnete Catrou kam, sah und mißbilligte. Da hatte dieses Weibsbild die Frechheit, sich noch immer als die treue Gefährtin Jean-Jacques' aufzuspielen und sich mit ihrem Kerl herumzutreiben in der Nähe des Mannes, den sie um die Ecke gebracht hatte. Und der ahnungslose Konvent war imstande, sie noch zu feiern bei der Überführung der Leiche! Es gehörte zu seiner, Martins, Aufgabe, das zu verhindern.

Andernteils ging es gerade jetzt nicht an, durch Aufdekkung der Schandtaten der beiden die Erinnerung zu wecken an das klägliche Ende Jean-Jacques'. Martin, mit hartem Lächeln, dachte daran, wie er damals den Seigneur verachtet hatte, als der sich drehte und wand und das Mordgesindel nicht anzutasten wagte. Er, Martin, war aus anderm Holz. Er wird das Gezücht fernhalten von dem großen Tage und es zurückscheuchen in das Dunkel, in das es gehörte: und es sollte trotzdem keiner das Maul verziehen über Jean-Jacques.

Waren diese Menschen nicht befreundet gewesen mit dem verurteilten Gottesleugner Chaplaine? Hatten sie nicht zu seinem Klüngel gehört? War es nicht so gut wie sicher, daß sie um seine Verschwörung gewußt hatten und um seine Schiebungen?

Martin ließ die beiden zunächst einmal für verdächtig erklären. Er gab Weisung, ihr Haus zu durchsuchen und sie unter strengem Arrest zu halten.

Es erschien unter dem Strohdach des Bürgers Bessat der Procureur der Republik. Vor den Augen des ohnmächtig wütenden Nicolas wurde das Manuskript der Neuen Héloïse fortgeschleppt mitsamt der Truhe, und Wachen wurden vor der Tür postiert.

Nicolas, in dem öden, windigen Hause, sagte grimmig: „Alles stehlen sie uns, die Papiere, sogar die Leiche." Therese meditierte trüb: „Jean-Jacques hat es immer gesagt: ‚Die ganze Welt verfolgt uns.' " Dann, aufseufzend, tröstete sie: „Wenigstens bleibt uns das Grab meiner Mutter."

Nun aber war es dem Nicolas zuviel. Ächzend stand er auf und hinkte auf sie zu, bedrohlich. Sie erwartete ihn, gelähmt. Da war er. Er schlug ihr ins Gesicht, schallend, erst rechts, dann links.

Der Grabräuber

Martin Catrou mittlerweile besichtigte die Gärten von Ermenonville. Er erinnerte sich nicht ohne Rührung jeder Ecke und jedes Winkels, und die Verheerung, die er vorfand, machte ihn trüb und nachdenklich. Doch gestand er sich seine Bewegtheit nicht ein. Nein, ihm selber lag nichts an dem Krimskrams; was ihn erbitterte, war, daß die Enragés Dinge kaputtgeschlagen hatten, an denen Jean-Jacques' Herz hing.

Man mußte den Park wieder instand bringen. Am besten beauftragte er damit den Marquis. Er grinste ärgerlich über sein ganzes, viereckiges Gesicht, weil ihm der Bürger Girardin auf einmal wieder zum Marquis geworden war.

Er hatte erst in Senlis erfahren, daß man Fernand nach Paris verbracht hatte und daß nur der alte Girardin in Ermenonville war. Das verdroß ihn. Denn wenn er nur die Einstellung des Verfahrens angeordnet hatte und nicht die Freilassung der Girardins, dann deshalb, weil er sie ihnen selber mitteilen wollte. Jetzt, auf dem Wege zum Schloß, fühlte er verstärkt den Kitzel, seinem früheren Seigneur als Gleicher dem Gleichen gegenüberzustehen und ihm großmütig als Vertreter der Republik Gnade zu verkünden. Leider aber mischte sich in diese stolze Erwartung Befangenheit. Er hatte Generälen und hohen Beamten der Republik ihre bevorstehende Exekution so gleichgültig mitgeteilt, als verlangte er ein Bett für die Nacht oder einen Teller Suppe; es wird ihm nicht ganz so leichtfallen, dem Marquis mitzuteilen, man werde den Leichnam Jean-Jacques' ausgraben und entfernen. Der Marquis war sicher überzeugt, ihm und nur ihm gebühre die Obhut des Toten.

Girardin, als Martin im Schloß anlangte, lag kraftlos und abgezehrt zu Bette. Er hatte es nicht fassen können, daß die Barbaren nicht einmal die Gärten von Ermenonville geschont hatten, Jean-Jacques' Gärten, die heiligste Stätte Frankreichs.

Er hatte sich aufgerafft, die Zerstörung zu beschauen. Aber er hatte den Anblick nicht ertragen, er hatte nach wenigen Schritten umkehren müssen. Überdies war er, gemäß dem Befehl des Maire von Senlis, in dieser Zeit schwarzer Verzweiflung grausam allein gewesen; erst in den allerletzten Tagen, nach der Verhaftung des Maires, hatte man wenigstens den treuen Gerber wieder zu ihm gelassen. Es hatte Stunden gegeben, da der tapfere alte Soldat Girardin ernstlich daran gedacht hatte, seinem Leben ein Ende zu machen, und er mußte, um sich davor zu bewahren, wieder und wieder zur Neuen Héloïse greifen und die strenge Warnung Jean-Jacques' vor dem Selbstmord lesen.

Als ihm jetzt gemeldet wurde, der Abgeordnete Catrou wünsche ihn zu sprechen, verspürte er wilden Schrecken. Er glaubte, dieser Bursche Catrou, der schon als Knabe ein Rebell und sein Feind gewesen war, bringe ihm sein Urteil, und ihn überfiel plötzlich eine ungeheure Angst vor dem Tode, nach dem er sich gesehnt hatte.

Den Augenblick darauf war er wieder gefaßt, ganz Militär, der Sieger von Hastenbeck. Er rief große Vorbilder der Antike herbei, seinen Stoizismus aufrechtzuhalten, das Beispiel des Sokrates, des Seneca. Zitternd vor Schwäche, ließ er sich prächtig anziehen, um den Unglücksboten würdig zu empfangen.

Kühl, höflich, ganz der Seigneur von Ermenonville, schaute er dem Repräsentanten der Republik ins Gesicht. „Was bringen Sie mir Schlechtes, Bürger Gesetzgeber?" fragte er.

Martin hatte nicht das Herz, den alten Mann zu duzen, wie es die Vorschrift wollte. „Ich freue mich, Ihnen mitteilen zu können", sagte er trocken, „daß kein Verdacht gegen Ihre Loyalität vorliegt. Ich habe Weisung gegeben, die Wachsoldaten zurückzuziehen und die Siegel von Ihrem Besitz zu entfernen." – „Danke, Monsieur", sagte Girardin.

„Es ist uns zu Ohren gekommen", fuhr Martin fort, „daß Bürger von Senlis in übertriebenem Patriotismus einige Statuen Ihrer Gärten mißdeutet und beschädigt haben. Die Republik bedauert das, insbesondere als es in der Nähe des Grabes von Jean-Jacques geschah. Die Republik hat die Schuldigen verwarnt und wird die Schäden wiedergutmachen." Und nicht ohne eine gewisse Leutseligkeit schloß er: „Wenn Sie wünschen, können Sie selber die Herstellungsarbeiten beaufsichtigen." – „Danke, Monsieur", sagte wiederum Girardin.

Nun aber konnte er sich nicht mehr beherrschen. Mit gewürgter Stimme fragte er: „Und was geschieht mit meinem Sohn?" Martin, ein wenig zu schnell, fast ärgerlich, antwortete: „Auch Fernand wird natürlich freigelassen."

Der Marquis hatte nicht geglaubt, daß ihm jemals noch das Leben so hell vorkommen könnte. Die Schultern wurden ihm leicht, das Herz wurde ihm leicht. Fast hätte er den widerwärtigen Freudenbringer umarmt.

Martin ließ ihm nicht die Zeit, die rechten Worte für seine Gefühle zu finden. Er wollte nicht empfindsam scheinen. Ohne Übergang teilte er seine dritte, die bittere Botschaft mit: „Sie werden es verstehen, daß die Republik die Reste Jean-Jacques' nicht weiteren Fährnissen aussetzen will. Sie wird diese kostbaren Reste selber in Obhut nehmen."

Der Marquis, so jäh aus seinem Glück herausgerissen, schluckte, mußte sich setzen. „Was heißt das?" fragte er mühsam.

Auf Martins Stirn erschienen rote Flecken. Daß es den Marquis so tief treffen werde, darauf war er nicht gefaßt gewesen. Er war noch immer nicht diszipliniert genug, er war zu gutmütig, er hätte dem Alten auf amtlichem Wege die Aufhebung seiner Haft und die bevorstehende Ausgrabung der Leiche mitteilen lassen sollen. In der Vendée, unter den schwierigsten Umständen, hatte er nach keiner andern Richtschnur gehandelt als nach dem Gebot der Vernunft; kaum zurück in diesem dummen Ermenonville, ließ er sich zu Sentimentalitäten hinreißen, wie sie einem Ehemaligen anstehen mochten.

Er stieß den Kopf vor. „Die Leiche wird ins Pantheon überführt!" erklärte er, die grelle Stimme zum Kommando erhoben. Girardin – der alte und der neue Martin gingen ihm ineinander – klagte: „Sie können mir das nicht antun, Martin! Schicken Sie mich aufs Schafott, aber lassen Sie Jean-Jacques hier!“ Er stand auf. „Ich verbiete Ihnen, dieses Verbrechen zu begehen!“ rief er und richtete den Stock gegen ihn.

Martin, mit fast mitleidiger Verachtung, mahnte: „Die raschen Umschwünge der letzten Zeit haben Sie aus dem Gleichgewicht geworfen. Ich rechte nicht mit Ihnen. Aber vergessen Sie nicht: Sie sprechen nicht zu dem Bürger Catrou; es ist die Republik, die mit Ihnen spricht.“ Und geduldig ungeduldig erklärte er dem kindisch gewordenen Alten: „Versuchen Sie zu begreifen: das Volk hat ein Anrecht auf Jean-Jacques, Jean-Jacques ein Anrecht auf die Dankbarkeit des Volkes. Jean-Jacques gehört nicht dir, alter Mann, Jean-Jacques gehört der Republik.“

Girardin hatte geglaubt, die Leiden dieser letzten Wochen seien genug Strafe gewesen für das, was er verabsäumt hatte. Aber jetzt erst rollte die Strafe an, die sich das Schicksal ausersonnen hatte, grauenvoll härter als alles, was er sich hätte ausdenken können.

Er befahl sich, vernünftig zu sein. Er dachte: Da steht dieser Bursch, so jung und so rüde, mit seiner lächerlichen, dreifarbigen Schärpe und seinem lächerlichen Federhut und macht den Grabräuber und ist dumm wie die Wand und weiß gar nicht, was er tut. Aber er hat doch Jean-Jacques gelesen. Es muß doch Worte geben, ihm begreiflich zu machen, daß er ein Verbrechen an Jean-Jacques begeht.

„Begreifen Sie doch!“ flehte er, befahl er. „Jean-Jacques hat gewünscht, daß seine Reste hier ruhen sollen, im Schoß der Natur. Autòs épha, er hat es selber gesagt, mit genau diesen Worten, in dieses mein Gesicht. Er hat hier ruhen wollen, unter dem Licht und der Wölbung des Himmels, nicht unter der Wölbung eines finsteren Gebäudes. Das ist Jean-Jacques' letztes Vermächtnis.“ Girardin redete schnell, überaus dringlich. Er überlegte fieberhaft, was er tun könnte, den jungen Menschen, den Grabräuber, von seinem grauenhaften Vorsatz abzubringen.

Er mußte sich erniedrigen vor ihm, das war es, er mußte sich vor diesem dummen, eiteln, bunten Fant erniedrigen, wie sich der alte Priamus vor Achilles erniedrigte um die Leiche Hektors. „Lassen Sie Jean-Jacques hier!" beschwor er ihn. „Vergreifen Sie sich nicht an ihm! Lassen Sie ihn hier!" Er sprach sehr leise. Er schickte sich an niederzuknien, aber er hatte die Kraft nicht.

Martin war des abgeschmackten Schauspiels müde. Er hatte Wichtigeres zu tun, als den alten Narren zu trösten. „Adieu, Bürger Girardin", sagte er und ging.

Er fragte sich, ob er wirklich, wie er's vorgehabt hatte, selber dem Fernand seine Freilassung mitteilen sollte. In drei Tagen wird er an die Front gehen, er war überlastet mit Geschäften: durfte er Zeit vergeuden für eine persönliche Laune?

Es war mehr als eine Laune. Er hatte es erfahren: wann immer er sich mit dem wunderlichen Jugendfreund auseinandersetzte, fand er das deutliche Wort für das, was ihn bewegte, und seine Aufgabe wurde ihm klarer.

Er ging nach La Bourbe.

Fernand, als man ihm meldete, der Abgeordnete Catrou erwarte ihn im Salon, fuhr zusammen. Brachte ihm Martin seine Befreiung? Oder kam der wunderliche Freund, ihm mit republikanischer Logik zu beweisen, die Wohlfahrt des Staates erfordere seinen Tod?

Der Salon schaute bei Tag und ohne Menschen groß und kahl aus. Martin saß breit, stämmig an einem der Tische; er trug die dreifarbige Schärpe, der Federhut lag vor ihm auf dem Tisch.

Er sagte sogleich: „Ich bin hier, dir mitzuteilen, daß du frei bist." Fernand antwortete: „Es ist gut von dir, daß du dich selber bemühst."

Er wußte aber, daß er nun in eine sehr wichtige Auseinandersetzung hineinging. Nicht nur die Worte waren wichtig, auch ihr Tonfall, jede winzigste Nuance, und Fernand war entschlossen, nicht zu lügen, weder durch Worte noch durch

Schweigen, und nicht zu schminken, weder durch Gesten noch durch Mienen. Ihm war, als gipfelte sein ganzes bisheriges Leben in diesem Gespräch. Er mußte sich rechtfertigen vor Martin, dem Freundfeinde, dem Vertreter des Volkes. Mußte beweisen, daß seine Befreiung keine Gnade war, sondern Recht. Er war manches Mal schwach geworden, gewiß, und er war bereit, Fehler und Schwächen einzugestehen; aber er hatte sich durchgekämpft, er hatte sich bewährt, er hatte sich in tiefster Not und angesichts des Todes einverstanden erklärt mit seinem Schicksal und sich der Republik, was immer sie tat, innerlich unterworfen.

Da sagte auch schon Martin: „Du findest natürlich, daß man dir Unrecht getan hat?" Fernand erwiderte: „Ich begreife, daß ich manchen Leuten verdächtig war." Er konnte sich nicht enthalten hinzuzufügen: „Im übrigen ist es wohl gleichgültig, was ich finde." – „Es ist nicht gleichgültig", belehrte ihn sogleich und streitbar Martin. „Wenn du findest, daß man dir Unrecht getan hat, bist du schuldig." – „Man hat mir kein Unrecht getan", antwortete ehrlich Fernand.

Martin ließ nicht ab. „In dieser Zeit der äußersten Not", verkündete er, „müssen die Rechte des einzelnen zurückstehen hinter den Rechten der Gesamtheit. Das wirst du vielleicht zugeben?" – „Ich gebe es zu", antwortete geduldig Fernand. „Das ist freundlich von dir", höhnte Martin. „Aber sag selbst", forderte er ihn weiter heraus, „hättest du für den Tod Louis' gestimmt? Hättest du für die Austilgung deiner Gemäßigten gestimmt?" – „Ich weiß es nicht", erwiderte Fernand. „Wahrscheinlich nicht", gestand er ein.

„Siehst du!" triumphierte Martin. Er sprang auf, ging auf und ab zwischen den leeren Tischen, dozierte: „Wer die Revolution nur halb macht, gräbt sich und der Republik das Grab. Oh, ihr Gebildeten!" brach er aus. „Ihr Mattherzigen! Ihr habt die Revolution gewollt, aber ihr habt sie nur halb gewollt. Als es hart auf hart ging, als Strenge und Schrecken notwendig war, seid ihr feig geworden und habt euch verkrochen hinter eure dumme ‚Menschlichkeit'! Wenn es nach euch gegangen wäre, dann wäre jetzt die Republik zerschlagen und kaputt. Ihr Verräter!" Seine Stimme füllte den Raum, er stieß den Kopf vor gegen Fernand.

Der kämpfte um Gelassenheit. Es war eine Spur Wahrheit in dem, was der andere sagte. Er selber, als er damals das Schicksal der Girondisten überdachte, hatte ähnlich gefühlt. „Warum läßt du mich frei, wenn ich ein Verräter bin?" sagte er ruhig. Das war keine logische Antwort, aber er wußte, Martin verstand ihn.

Martin verstand in der Tat. Abbiegend auch er, ruhiger, etwas mürrisch, sagte er: „Was ich dir seit sechzehn Jahren klarzumachen suche, ist, daß du uns nicht verstehst. Du verstehst das Volk nicht infolge deiner Herkunft, du kannst es nicht verstehen. Weil ihr's nicht versteht, ihr von oben, habt ihr alles halb gemacht, und somit alles falsch."

Und sich einer andern Unterredung erinnernd, pflanzte er sich vor Fernand auf, und: „Ich habe ein Gesetz entworfen", berichtete er ohne Übergang, sachlich und gleichwohl triumphierend, „über die Abschaffung der Sklaverei in den Kolonien. Der Konvent hat das Gesetz angenommen. Die Sklaverei ist abgeschafft, ohne Federlesen."

Fernand hätte sich freuen sollen. Er freute sich nicht, er spürte nichts als Wut. Da stand dieser Martin und rieb es ihm hin: „Ich habe durchgegriffen, wo du versagt hast und deine gebildeten Freunde." Und es war so! Martin hatte gehandelt, wo sie nur geredet hatten, die Sklaverei *war* abgeschafft.

Aber gerade daß es so war, reizte den Fernand. Alles an Martin, wie er stämmig und frech dastand, wie er nüchtern und trotzdem grell und höhnisch redete, reizte und erboste ihn. Der steinerne Jean-Jacques schaute aus großen, tiefliegenden Augen auf sie herunter und gab Martin recht, die patriotischen Inschriften: „Der Freie liebt die Freiheit, auch wenn er ihrer beraubt ist" und all der andere stolze Unsinn plärrte von den Wänden und wurde Sinn und gab dem Martin recht. Fernand atmete schwer vor Zorn, er wurde zum

Knaben, und der andere, der Sohn der Krämersfrau, hänselte den Sohn des Seigneurs und streckte ihm die Zunge heraus, und er, Fernand, erträgt das nicht länger und wird ihm gleich in das grinsende, viereckige Gesicht schlagen.

Er riß sich zusammen. Der andere hat recht, und er muß es ihm zugeben, auch wenn es schwerfällt. Er holte tief Atem und sagte, und es war sogar Wärme in seiner Stimme: „Da hast du was Gutes und Nötiges getan, Martin."

Der spürte, wieviel Überwindung den andern diese Worte kosteten, er fühlte sich ihm sehr nahe und hätte ihm gerne was Freundhaftes gesagt.

Aber er war Republikaner, er war nicht sentimental. „Noch eines", sagte er. „Du hast hier vermutlich nichts davon gehört, daß einige Übereifrige in Ermenonville Unfug getrieben haben. Nein, deinem Vater ist nichts geschehen", beschwichtigte er, da er sah, wie tief Fernand erschrak. „Aber der Unfug hat Robespierre zu einer Entschließung bewogen, die eigentlich seit langem fällig war." Und sachlich berichtete er: „Wir werden die Leiche Jean-Jacques' ins Pantheon überführen."

Er war Fernand leid um Ermenonville, und er bedachte, wie grausam dieses Vorhaben den Vater treffen mußte. Doch er sperrte sein Gesicht zu, er schwieg.

Das war Martin unangenehm. Ein wenig plump sagte er: „Ich nehme an, daß du jetzt nach Ermenonville gehen willst. Wenn du's aber vorziehst, in Paris zu bleiben, werde ich dir eine Sondererlaubnis ausstellen lassen." Und da Fernand immer noch schwieg, fuhr er fort, freundschaftlich, bittend geradezu: „Sag doch was! Was wirst du tun?"

Fernand, mit plötzlichem Entschluß, eröffnete ihm, was er bisher noch niemand hatte wissen lassen: „Ich hatte mich zur Armee gemeldet, aber sie haben mich nicht genommen."

Martin war betroffen, doch nur für einen Augenaufschlag. Er sah den lahmen Fuß des andern und dachte: Sie haben recht gehabt; auch dachte er: Ein Ehemaliger hat in der Armee des Volkes nichts zu suchen. Er sagte: „Es gibt eine

Bestimmung, nach welcher Ehemalige, wenn sie nützlich sind, im Dienste der Republik verwendet werden dürfen."

„Heißt das", fragte Fernand und schaute auf, „du willst mir helfen, wenn ich mich ein zweites Mal melde?"

Martin, nach kürzester Überlegung, sagte, und er bemühte sich, beiläufig zu sprechen: „Ich gehe in den nächsten Tagen zur Rheinarmee, mit Saint-Just, als politischer Kommissar."

Fernands hageres, ausdrucksvolles Gesicht gab deutlich seine streitenden Empfindungen wieder, seine Freude über die hohe Auszeichnung des Freundes, seine Angst um ihn. „Das ist großartig", rief er, und aufrichtig fügte er hinzu: „Aber es ist ein gefährliches Geschäft."

Martin ging darauf nicht ein. „Es ist nicht ausgeschlossen", überlegte er vielmehr, „daß ich dich in der Rheinarmee beschäftigen kann. Ich kann es", erklärte er mit steigender Wärme, und: „Ich werde, bevor ich an die Front gehe, das Nötige veranlassen", schloß er.

Er sah, wie seine Worte den Freund erregten, und dämmte: „Einige Zeit warten müssen wirst du auf alle Fälle. Ich möchte dich nicht an der Front haben, bevor ich weiß, was ich mit dir anfange."

Fernand, tief errötet vor Glück, konnte nicht sprechen. Martin wollte die eigene Bewegung nicht zeigen; er hänselte: „Du darfst aber nicht gekränkt sein, wenn wir dich an der Front scharf beaufsichtigen." – „Schärfer als hier werdet ihr's kaum machen", meinte munter Fernand. Und: „Danke, Martin", sagte er.

Ermenonville verödet

Fernand fuhr, ohne sich erst anzumelden, nach Ermenonville.

Ging durch die verwahrlosten Gärten, sah die zerschlagenen Büsten, stieg hinauf zu dem zerstörten Tempel der Philosophie. Unbequem saß er auf einer der gestürzten Säulen, schaute über See und Park und nahm erstaunt wahr, wie schnell der gepflegte Park verkam. Willkürlich wuchsen Baum und Strauch, Gras und Unkraut bedeckten die Wege.

Leise krochen ketzerische Gedanken ihn an. Nun die Gärten nicht mehr betreut waren und der „Urwald“ und die „Einöde“ weniger künstlich und die Baulichkeiten verfallen und alles überwuchert von Unkraut und Geblüh, sprach ihn Ermenonville tiefer an als vorher. Vielleicht hätte Jean-Jacques selber, wenn er die großen, weiten Ebenen Amerikas und seine endlosen Wälder gekannt hätte, die verzierlichte, verspielte „Natur“ Ermenonvilles mit andern Augen angeschaut. Ja, vielleicht hätte auch ohne Kenntnis Amerikas Jean-Jacques, wenn er die Revolution erlebt hätte, eine andere Natur gesucht.

Fernand ging in seine Lichtung, Sträucher und Gestrüpp waren tiefer hineingewachsen. Es verlangte ihn nicht, das Echo zu erproben. Er dachte daran, wie er es damals zusammen mit dem Meister erprobt hatte, in eifrigem Spiel. „Freiheit und Gleichheit“, hatte Jean-Jacques gerufen, und der Rückhall war wirr gewesen, verzerrt, drohend.

Er nahm den Weg zum Schloß. Hörte dünnes Violinspiel. Ging ihm nach. Erschrak. Da stand Jean-Jacques und spielte Geige.

Ja, Monsieur Gerber, ein Mann in mittleren Jahren, doch überschnell gealtert, sah nun dem Meister bestürzend ähnlich. „Fernand, mein Fernand!“ rief er, und: „Erlauben Sie, daß ich Sie umarme“, sagte er, legte sacht die Violine beiseite und umarmte Fernand.

Gemeinsam gingen sie weiter durch den zerstörten Park. „Als ich gezwungen war, dem Werk der Barbaren hilflos zuzuschauen“, bekannte Monsieur Gerber, „faßte mich eine unphilosophische Wut. Später allerdings bedachte ich, daß Jean-Jacques lehrt, es gebe Fälle, in denen Unmenschlichkeit erlaubt ist, und jene Leute von Senlis haben wohl irrtümlich einen solchen Fall angenommen.“

Fernand, mit einer vagen Gebärde über die Gärten hin, fragte: „Wie hat mein Vater das alles ertragen?“ – „Zuerst schien es", antwortete Monsieur Gerber, „als werde er's nie verwinden. Jetzt ist er mild geworden, ein wenig zu mild. Er ist sehr abgezehrt. Erschrecken Sie nicht bei seinem Anblick."

Er kehrte zu seiner Philosophie zurück. „Es hat wohl mittlerweile", meinte er, „der Ablauf der Geschehnisse jedem Denkenden ad oculus demonstrieren müssen: Menschlichkeit kann man der Menschheit nicht ohne Blutvergießen beibringen. Aber wiewohl ich das aus meinem Jean-Jacques weiß und aus meinem Lukrez, zu schweigen von meiner eigenen Erfahrung, regt sich mir nach wie vor die Galle, wenn ich von Willkürakten der Pariser Regierung lese, und mein störrisches Herz sagt nein, wo mein Hirn ja sagt. Wenigstens", schloß er aufatmend, „verlangt man nicht, daß ich mitmache. Glücklich derjenige, der nicht gezwungen ist zu handeln."

Vom See her schimmerte matt zwischen seinen Pappeln das Grabmal Jean-Jacques'. Monsieur Gerber, bei diesem Anblick, meinte grimmig und verächtlich: „Nüchterne Menschen, die keines Aufschwungs fähig sind, Voltairianer, behaupten, auf die Werke eines Mannes komme es an, nicht auf seine Aura und schon gar nicht auf seine Bleibsel. Ich sage: Alles, was einen großen Mann angeht, ist geweiht, die Wege, die er trat, die Bäume, unter denen er umherging. Und dreimal heilig ist die Stätte, wo seine Reste ruhen. Diejenigen, die es über sich bringen, das Grab Jean-Jacques' zu leeren, verdienen nicht, ein Menschenantlitz zu tragen. Vielleicht wird die Geschichte andere ihrer wilden Taten verzeihen: aber daß sie diesen Toten aus seinem Grabe reißen, stempelt sie für alle Zeiten zu Barbaren!"

Fernand fragte sachlich: „Weiß mein Vater, was hier geschehen soll?" Monsieur Gerber berichtete: „Der Herr Marquis hat sich entschlossen, Ermenonville zu verlassen, bevor sie die Leiche ausgraben. Er beabsichtigt, nicht mehr zurückzukehren."

Sie waren am Ufer des Sees angelangt. Voll tiefer Frömmigkeit betrachtete Monsieur Gerber das Grab, das noch nicht leer war. „Hier ruht der größte Sterbliche, der seit Lukrez die Erde trat", sagte er, und leise, ergriffen sprach er die Verse, mit denen Lukrez seinem Meister huldigt:

„Der du zuerst aus Dunkel und Nacht die leuchtende Fackel
Hochzuheben vermochtest, erhellend die Gaben des Daseins,
Dir, unsterblicher Meister, in liebender Demut zu folgen,
Ist der Sinn meines Lebens, und deine Goldenen Worte
Sind, die ewigen, mir die einzige Nahrung der Seele."

„Verzeihen Sie, wenn ich schwärme", sagte er. „Es war hier alle die Zeit her außer Ihrem Herrn Vater keiner, mit dem ich hätte reden können." Fernand drückte ihm die Hand.

Dann bat er ihn, den Vater auf sein Kommen vorzubereiten. Gerber ging, und Fernand ruderte allein hinüber zu der kleinen Insel.

Kein starkes Gefühl stellte sich ein. Er blieb seltsam kalt an dieser Stätte, wo er so oft, durchwühlt von Gesichten, von hellen und finsteren Träumen und erhabenen Vorsätzen, gestanden und gekniet hatte. Die edle Schwärmerei Gerbers war ihm versagt.

Als Fernand im Schloß ankam, war der Vater aufgestanden, er hatte den Sohn nicht im Bett empfangen wollen. Er umarmte ihn. „Mein Sohn! Mein Fernand!" begrüßte er ihn mit dünn gewordener Stimme. „Daß ich dich noch einmal sehen darf! Und in Ermenonville! Und frei! Du hast doch deine Bürgerkarte?" erkundigte er sich ängstlich.

Fernand, wiewohl von Gerber unterrichtet, nahm mit Schrecken wahr, wie schwach und entfleischt der Vater aussah und wie er zitterte. Dringlich bat er ihn, sich wieder hinzulegen. Schickte den Diener fort, half ihm selber beim Auskleiden.

Die glückliche Erregung hatte Girardin mitgenommen. Er lag lange mit geschlossenen Augen. Schließlich sagte er: „Hast du es sehr schwer gehabt?" Fernand, am Bette sitzend, antwortete: „Manchmal war es schwer." – „Ich habe versucht", erzählte, immer mit geschlossenen Augen, Girardin, „über das

Furchtbare durch Arbeit wegzukommen. Ich habe meinen Essai über den Allgemeinen Willen zu einem prinzipiellen Lehrbuch erweitert." Er öffnete die Augen und richtete sich ein wenig auf. „Ich werde dir daraus vorlesen", kündigte er an. „Nicht heute. Die Freude des Wiedersehens hat mir zugesetzt."

Er lächelte und legte sich zurück. „Ein Soldat sollte freilich so was nicht sagen", meinte er, schloß die Augen, schlief ein.

Morgen, übermorgen und das ganze Leben

Zwei Stunden später war Gilberte da. Sie hatte auf Fernand gewartet, sie hatte gewartet wie niemals in ihrem Leben.

Nun standen sie sich gegenüber und schauten einander an, als sähen sie sich das erstemal.

Ihm hatte sich ihr Bild, seitdem ihre Stimme aus Kot und Tiefe zu ihm gedrungen war, verändert. Er hatte dieser Stimme eine Traumgestalt zugedichtet. Nun stand die leibhafte Gilberte da, immer noch die Gilberte aus der ersten Zeit und wohl auch die Gilberte seines Traumes, aber doch sehr anders, viel fester, handfester, zuverlässig wirklich, bäuerlich gekleidet, volkhaft, derb und verlockend wie das liebe Brot.

Auch er war anders als in ihrer Vorstellung, er war dünn und abgerissen, ja, ein wenig schäbig an Leib und an Gesicht, aber erprobt, gewogen und als recht befunden.

Sie faßten sich bei den Händen, sehr langsam, doch sie umarmten sich nicht. Allmählich nur führte Fernand ihre Hände an seine Lippen, sacht, erst die eine, dann die andere, und er küßte die ungepflegte Haut ihrer Hände.

Sie tauschten, als sie nach so vielen Umschwüngen wieder zusammenkamen, nur wenige Sätze und sehr einfache. Sie sagte, er schaue besser aus, als sie gedacht habe, aber doch recht mager, und sie werde ihre liebe Not haben, ihn wieder zu Fleische zu bringen. Er fragte, ob es denn nicht recht hart sei, hier in Latour zu leben, so allein mit dem Großvater, der wohl immer schwieriger werde. Es war ein langsames, zähes Gespräch, das sie führten, doch ihnen schien es nicht so.

In den nächsten Tagen wurde bekannt, daß die Exhumierung der Leiche des Bürgers Jean-Jacques Rousseau am achtzehnten Messidor, die große Totenfeier in Paris am zwanzigsten stattfinden werde.

Fernand erhielt Nachricht, er habe sich am dreiundzwanzigsten Messidor beim Stab der Rheinarmee zu melden.

Der erste, dem er mitteilte, er werde an die Front gehen, war Monsieur Gerber. Der erschrak sichtlich, aber er sagte tapfer: „Ich begreife Ihren Entschluß, an Seite der Barbaren zu kämpfen. Oft, wenn ich das wilde Gewese des Bürgers Robespierre überdenke, ruft es in mir: ‚Satan, hebe dich von hinnen!‘ Aber wenn ich bedenke, wie viele Worte Jean-Jacques' dieser Robespierre für sich anführen kann, dann flehe ich: ‚Satan, bleib bei mir!‘ “

Er überlegte laut: „Der Herr Marquis wird also Ermenonville am siebzehnten Messidor verlassen, dann gehen auch Sie, und ich bleibe allein zurück bei dem leeren Grab. Es wird nicht leicht sein.“

Er mußte Fernand sein Herz ein letztes Mal ausschütten. „Neben Voltaire!“ klagte er. „Neben Voltaire legen sie ihn! Ich kann es immer noch nicht fassen, daß sie den wehrlosen Toten zwingen, seine Ruhestätte zu teilen mit diesem Narren der Logik. Das eben war doch das Große an Jean-Jacques, daß er erkannt hat: das Universum unterliegt nicht den Gesetzen menschlicher Logik. Und nun legen sie ihn neben diesen Affen der Vernunft!“

Gilberte, als Fernand ihr seine bevorstehende Abreise mitteilte, wurde tödlich blaß. „Du gehst also zum zweitenmal nach Amerika“, sagte sie. Er stand da mit seinen langen Armen, ungeschickt, und trat von dem gesunden Fuß auf den kranken, von dem kranken auf den gesunden, sein Gesicht war bekümmert, doch entschlossen. Gilberte sagte schnell: „Nein, nein, ich rede nicht dawider. Dieses Mal *mußt* du fort, das sehe ich ein“, und sie versuchte ein kümmerliches Lächeln.

Fernand, ein wenig töricht, sagte: „Auch damals mußte ich fort." Gilberte antwortete: „Aber es war schade. Das gibst du vielleicht zu." Und plötzlich küßten sie sich wild.

Nach einer Weile meinte Gilberte: „Diesmal sagt kein Großvater: ‚Was wird sein, wenn sie dasitzt als Witwe mit einem Kind?'" – „Ich würde dich ums Leben gern heiraten, Gilberte", sagte Fernand, „und bei den republikanischen Behörden braucht es keinen langen Bittgang. Aber ein paar Wochen braucht es doch." – „Ach was, heiraten!" empörte sich Gilberte. Und: „Willst du mich haben, Fernand?" sagte sie.

Gilbertens verlöschendes Gesicht war ganz jung; nichts mehr war da von jenem kleinen, harten Lächeln.

Nachher lagen sie zusammen und spürten ein jeder die feinen Verschlingungen der Spürungen und Gedanken des andern. Und plötzlich lachten sie beide, weil sie so endlose, überflüssige Umwege gebraucht hatten, um zueinanderzukommen.

Später sagte Gilberte: „Du gehst natürlich nach Paris zu der Trauerfeier für Jean-Jacques?" Und da er bejahte, sagte sie ohne Zögern: „Ich gehe nicht mit." Tapfer und ehrlich erklärte sie: „Ich bin eifersüchtig auf das Volk und auf Jean-Jacques." Fernand, etwas schwunglos, erwiderte: „Aber du gehörst doch viel enger zum Volk als ich." Er begriff gut, daß sie ihn an diesem schmerzhaften und hohen Tage allein lassen wollte.

„Ich weiß ganz sicher, daß alles gut gehen wird", sagte sie, als sie sich trennten. „Dies ist kein kurzes, freches Glück, das weiß ich ganz sicher." Und Fernand sagte: „Morgen, übermorgen und fürs ganze Leben."

Dem Vater sprach er nicht davon, daß er ins Feld gehen werde.

Auch von der Exhumierung Jean-Jacques' sprach er nicht mit ihm. Unvermittelt indes, zwei Tage vor der Exhumierung, fing Girardin selber an, davon zu sprechen. „Übermorgen also", sagte er, „wird es begangen werden. Sie waren gnädig, diese Herren, sie wollten mir die Wiederherstellung meiner

Gärten anvertrauen. Aber ich kann nicht hier bleiben, wenn man mir Jean-Jacques fortnimmt. Ich kann es nicht." Und verbissen teilte er dem Sohne mit, er werde morgen Ermenonville verlassen, für immer, und nach Latour übersiedeln, zu Robinet. „Der hat mir mehrmals Obdach angeboten", erläuterte er. „Es wird nicht leicht sein, mit einem so zänkischen Manne zusammenzuleben. Anderenteils hat er im Alter Sinn für Geschmack und Natur bekommen. Er liegt mir in den Ohren, ich soll ihm seinen Park auf meine Art umgestalten. Ich werde ihm den Gefallen tun, obwohl es meine letzte Kraft kostet. Ich lasse mir nichts von ihm schenken."

Fernand sagte mit Anlauf: „Auch ich werde nicht hier bleiben, Herr Vater. Ich trete in den Heeresdienst."

Der Marquis, ungeheuer erschüttert, versuchte sich hochzurichten. „Sie nehmen dich in die Armee?" fragte er. „Diese Herren?" Und nun verschwieg er's nicht länger. „Und mich haben sie abgelehnt!" brach er aus. „Und es waren Lafayette und Rochambeau, die mich ablehnten!"

Fernand ahnte, was alles jetzt im Innern des Vaters vorging: Genugtuung, daß nun auch in diesem Krieg ein Girardin kämpfte, schwere Angst um den Sohn, eine leise Hoffnung, daß aus diesem verkommenen, verbrecherischen Staat von heute vielleicht doch noch das Frankreich Jean-Jacques' werden könne, und vielerlei anderes, Widerspruchsvolles.

„Ich bin stolz darauf, Graf Brégy", sagte schließlich der Vater, „daß Sie für Frankreich kämpfen. Aber ich habe Bedenken, ob ein Girardin unter dem Oberbefehl dieser Herren kämpfen darf." Er schwieg eine kleine Weile, dann, veränderten Tones, fuhr er fort: „Ich hatte Bedenken auch, als du nach Amerika gingst. Später habe ich eingesehen, daß ich vielleicht doch nicht recht hatte. Ich bin alt geworden. Ich weiß nicht mehr, wer von uns beiden dem Jean-Jacques näher ist. Und nun laß mich, bitte, allein. Ich bin erschöpft und möchte ruhen."

Fernand begriff, daß ihm der Vater seine Zerrissenheit nicht zeigen wollte, und ging.

Er beschloß, morgen schon, gleich nach der Abreise des Vaters, Ermenonville zu verlassen. Er hatte hier nichts mehr zu suchen. Wohl aber hatte er Geschäfte in Paris; er mußte sich equipieren, und er mußte gewisse Bestimmungen treffen für den Fall, daß er nicht zurückkommen sollte.

Er ruderte zu der kleinen Insel. Stand, ein letztes Mal, am Grabe Jean-Jacques'. Dachte an die seligen, furchtbaren Stunden, da er im Sommerhaus vor den „Bekenntnissen" gesessen war, und Therese war hin und her gegangen, und er hatte sich hineingefressen in das wilde, großartige Werk. Heute war ihm klar, daß Jean-Jacques, der Größte unter den Zeitgenossen, genauso eingesperrt ins eigene Ich gewesen war wie er selber, der unbedeutende, alltägliche Fernand Girardin. Trotz seinem unbändigen Drang nach Wahrheit hatte sich Jean-Jacques seinen eigenen, imaginären Himmel geschaffen, der keines andern Himmel sein konnte, und seine eigene Hölle, aus der niemand ihn erlösen konnte, seinen wüsten Wahn.

Er, Fernand, der das unselige Glück hatte, Jean-Jacques so nahe zu kennen, wußte das. Aber die andern hatten keinen Zugang zu Jean-Jacques als die „Bekenntnisse"; ihnen war sein Himmel *der* Himmel und seine Hölle *die* Hölle.

Plötzlich, in scharfer, fast schmerzhafter Helligkeit, ging Fernand auf, daß der leibhafte Jean-Jacques verschwunden war in seinem Werk. Er war nicht mehr da, er war ganz und gar tot, so tot wie die in seinem Namen Hingerichteten, die in der Kalkgrube. Monsieur Gerber hatte unrecht. Der Mensch Jean-Jacques, diese Gärten, in denen er herumgegangen war, die Frau, mit der er geschlafen hatte, die Gebeine unter diesem Grabmal, das alles hatte nichts zu tun mit seinem Werk, und was einer wußte, vom armen Leben des leibhaften Jean-Jacques, störte nur die Erkenntnis des Werkes. Die Neue Héloïse und der „Émile", der „Gesellschaftsvertrag" und die „Bekenntnisse", jedes dieser Bücher begann sein eigenes, neues Leben mit jedem neuen Leser, lebte sein eigenes Leben, gelöst von dem Manne, der es geschaffen hatte. Was der Schöpfer hineingelebt hatte, war nur Saat gewesen. Es wuchs und wucherte, Wahnsinn und Vernunft, selbständig weiter, ins Riesenhafte. Überwucherte Frankreich und die Welt, wie er's gewollt hatte, sehr anders, als er's gewollt hatte.

Girardin, den Tag darauf, bat Fernand, ihn nicht nach Latour zu begleiten.

Sie waren ein letztes Mal zusammen. Girardin, schon für die Fahrt angezogen, saß dünn und schwach in dem breiten Sessel. Neben ihm, auf einem goldenen Tischchen, lag das Manuskript des Werkes über den Allgemeinen Willen, lose Blätter, nicht verpackt. „Ich wollte dir immer daraus vorlesen", sagte er, „aber es ist nicht dazu gekommen. Gestern noch dachte ich, es werde heute gehen, aber ich fürchte, es strengt mich zu sehr an. Auf einige Stellen möchte ich dich aber doch aufmerksam machen." Er reichte Fernand mit zitternder Hand ein Blatt, und ein zweites und ein drittes. Erwartungsvoll schaute er auf Fernand.

Der begriff, daß er selber laut lesen sollte. So tat er.

Es standen aber auf den Blättern Sätze Jean-Jacques' und Girardins Interpretation. Da hieß es etwa: „Der Allgemeine Wille hat immer recht; wenn ich nicht mit ihm übereinstimme, dann habe ich unrecht", und es folgte der Kommentar des Marquis. Oder es stand da: „Der Allgemeine Wille ist die Vereinigung der Macht und der Freiheit auf der höchsten Ebene. Wille und Gesetz werden *eines,* die Leidenschaft verstummt vor dem Gebot der Vernunft."

Es gelang Fernand, klar und sachlich zu lesen, keine Rührung schleierte ihm die Stimme. Der Herr Vater hörte zu, lächelnd, zufrieden nickend.

„Mißraten ist das Werk nicht", meinte er. „Freilich wäre da und dort noch zu feilen, aber ich weiß nicht, ob ich noch dazu kommen werde. Die Gärten von Latour muß ich ja auch noch in Form bringen, und ich fürchte, ich bin älter als meine Jahre. Gib mir die Feder", unterbrach er sich ungeduldig, und er schrieb unter die letzte Seite: „Finis". „Nimm das Manuskript", befahl er, „lies es, und in Paris, bevor du weiterfährst, übergib es dem Doktor Lebègue in gute Hut. Er soll es veröffentlichen, wenn die Zeit gekommen ist." Fernand schnürte das Manuskript, Girardin schaute zu, suchte zu helfen.

Dies getan, meinte Girardin sachlich: „Ich kann mir denken, daß du sehr beschäftigt sein wirst dort draußen. Aber wenn du Zeit findest, dann schreib mir manchmal. In Amerika bist du sehr schweigsam gewesen."

Fernand brachte ihn zum Wagen. Umarmte ihn.

Eine Stunde später fuhr er selber nach Paris.

Jean-Jacques' Verklärung

Am Tage darauf wurde der Sarg Jean-Jacques' ausgegraben.

Die Grabenden trugen schwere, sonntägliche Kleidung, sie schwitzten. Weder Girardin war zugegen noch Fernand. Wohl aber wohnten Mitglieder des Konvents und andere Würdenträger dem feierlichen Akte bei, und von der kleinen Landzunge aus schaute Monsieur Gerber der Untat zu, starren, totenbleichen Gesichtes.

Der Marquis, in Latour, wußte, daß in dieser Stunde das Furchtbare vor sich ging. Gilberte hatte ihn gebeten, einen Schlaftrunk zu nehmen, aber er hatte abgelehnt, er hatte jeden Beistand, jede Gesellschaft abgelehnt. In sein Bett verkrochen, krümmte er den ausgemergelten Leib, litt.

Die Männer schütteten nach getaner Arbeit das Grab wieder zu und rückten den Altar auf seine Stelle, so daß nichts verändert schien. Man ruderte den Sarg die kurze Strecke über den See, und die Abgeordneten des Konvents und die Beamten der Republik trugen ihn, einander ablösend, durch den Park von Ermenonville. Monsieur Gerber folgte, die hellen Tränen liefen ihm übers Gesicht, Schluchzen stieß ihn. In Dorf Ermenonville warteten die Bürger, dem Toten das Geleite nach Paris zu geben. Fast keiner fehlte. Manche weinten; das Weinen der andern wurde übertönt von dem Gevatter Maurice.

Aus allen Teilen Frankreichs waren Deputationen auf dem

Wege, der Feier beizuwohnen. Auch Genf, die junge Schwesterrepublik des neuen Frankreich, hatte eine vielköpfige Gesandtschaft entboten.

Auf den toten Jean-Jacques mittlerweile warteten überall an seinem Wege Delegierte des Konvents und der Regierung, den Sarg zu tragen. So, von Schulter zu Schulter, zog der Tote durch Städte und Dörfer, die von dem Maler David, dem ersten Künstler Frankreichs, in dem großen, einfachen Stile der Republik geschmückt waren. Wohin immer die Prozession kam, schloß sich neues Trauergeleite an, und als am Abend des neunzehnten Messidor der Zug in Paris anlangte, bestand er aus vielen Tausenden.

Im Garten der Tuilerien hatte man einen kleinen, künstlichen See geschaffen und in seiner Mitte eine Nachbildung der Insel der Großen Pappeln. Auf dieser Insel stellte man den Sarg nieder zwischen Fackeln, und die ganze Nacht hindurch zogen Menschen das Ufer des kleinen Sees entlang, dem Toten ihre Ehrfurcht zu bezeigen.

Es fügte sich herrlich, daß in dieser Nacht Siegesdepeschen vom nördlichen Kriegsschauplatz eintrafen. Die Armee der Republik – und dies war ein Neues in der Geschichte des Krieges – hatte auch von der Luft aus gekämpft. Es war, unter den Klängen der Hymne von Marseille, über dem Städtchen Fleurus eine große, gelbe Kugel aufgestiegen, eine Montgolfière, ein Fesselballon, der gute Dienste leistete, die Bewegung des Gegners zu erkunden. Es war ein großer Sieg, der da in Flandern errungen worden war, und als am Morgen der Maler David dem in den Tuilerien versammelten Konvent meldete, der Trauerzug sei bereit, konnte der Präsident vom Balkon der Tuilerien aus der riesigen Menge verkünden, zum andernmal habe sich der Krieg zum Guten gewendet, Paris sei endgültig frei von jeder Gefahr.

Die Mitglieder des Konvents verließen die Tuilerien und reihten sich dem Zuge ein. Gesäumt von riesigen, blau-weißroten Bändern, schritt die Schar der Gesetzgeber; ihnen vorangetragen wurde das Manuskript des „Gesellschaftsvertrages".

Das ganze Volk nahm teil an der Prozession. In sinnvolle Gruppen geordnet, schritten einher Arbeiter und Wissenschaftler, Bauern, Künstler und Handwerker. Banner mit Inschriften flatterten, Bildwerke aller Art wurden mitgeführt.

Eine große Tafel, auf welcher die Menschenrechte verzeichnet standen, wurde den Vertretern der Gemeinde Paris vorangetragen, und: „Er hat als erster diese Rechte gefordert", verkündete ihre Fahne. Hoch ragte auf einem Wagen eine Statue Jean-Jacques'; umgeben war das Gefährt von Bürgern von Montmorency, Grolay, Franciade, ihre Fahne rühmte: „In unserer Mitte schuf er Héloïse, Émile, den Gesellschaftsvertrag." Die Fahne des Landwirtschaftlichen Instituts erklärte: „Die Erforschung der Natur tröstete ihn über die Ungerechtigkeit der Menschen." Das Banner der Republik Genf aber tat kühn zu wissen: „Das Genf der Aristokraten hat seinen größten Sohn in die Verbannung geschickt. Das neue Genf hat seinen Staat aufgebaut auf seinen Lehren."

Lang und langsam schritt der Zug, umwellt von Musik. Böllerschüsse dröhnten, es jubelten die Zuschauer. Kaum mehr sah man die Häuser in der Flut der dreifarbigen Fahnen der Republik; sogar die steinernen Heiligen an den Kirchen trugen die Trikolore.

Die Freunde Jean-Jacques' bildeten eine kleine, stille Gruppe. Man betrachtete sie mit Neugier. Viele erwarteten, die Witwe Jean-Jacques' zu sehen, manche auch, den alten Girardin; sie fehlten, vielleicht waren sie verstorben. Wohl aber waren da Ducis und der Doktor Lebègue, der Pastor Moultou aus Genf und der junge Girardin.

Fernand war unauffällig angezogen. Es war ein schöner Tag; an dem sehr hellen Himmel glänzten ein paar kleine, eilige, weiße Wolken, ein frischer Wind ging, so daß es nicht zu heiß war. Trotzdem fühlte sich Fernand unbehaglich. Der Zug bewegte sich langsam, Fernand schmerzte der kranke Fuß.

Aufrührerische Gedanken waren in ihm. Die Jakobiner, die Jean-Jacques feierten, wollten nichts wissen von seinem größten Buch, von den „Bekenntnissen“; sie erstickten die allzu menschliche Stimme dieses Buches in dem Geschmetter der Tuben und Trompeten, mit denen sie den „Gesellschaftsvertrag“ rühmten und seinen Erziehungsroman, den „Émile“.

Sie setzten ihre Republik an die Stelle der „Bekenntnisse“. Mit Recht. Denn größer als dieses größte Buch Jean-Jacques' war seine Tat: die Revolution. Sie war sein furchtbarstes, scheußlichstes, erhabenstes Werk. Sie war ganz sein, sie trug alle seine Züge, sie war ein genaues Abbild seines Wesens und seines Lebens. Sie sündigte ihm nach seine große, segenbringende Sünde: sie ertränkte den Verstand in der Sintflut des Gefühls.

War es also nicht wirklich eine aberwitzige Posse, Jean-Jacques beizusetzen neben Voltaire? Voltaire wird grinsen in seinem Sarge, und Jean-Jacques grinst ihm grimmig entgegen.

Noch immer gab es welche, die in Voltaire den Vater der Revolution sahen. Aber dessen scharfe, böse, glänzende Logik hatte nur die auserlesenen Wenigen überzeugt, sie hatte nicht mitgerissen. Voltaires Lehre war eine kalte Flamme, sie gab Licht, keine Wärme. Von Jean-Jacques ging Wärme aus, Glut. Er war der Funke, und nun brannte die Welt. Sein unbändiges Gefühl, das die Vernunft sprengte, hatte die Massen in Bewegung gesetzt, die alte Ordnung fortgeweht und die vierzehn Armeen geschaffen, die jetzt im Begriff waren, die ganze Welt aus den Angeln zu heben, sie zu befreien.

Aber hatten nicht, gerade weil es so war, die Jakobiner das Recht, Jean-Jacques fortzuholen aus dem zierlichen Park des Aristokraten, um ihn in ihr Ehrenhaus des Volkes zu bringen? Was immer Monsieur Gerber sagen mochte, sie hatten das Recht!

Und es hatte auch, sosehr es ihm, Fernand, das Innere störte, seinen guten Sinn, daß sie jetzt Voltaire und Jean-Jacques nebeneinanderlegten. Wenn nicht der ätzende Verstand des einen und das inbrünstige Gefühl des andern in eine einzige Flamme zusammengeschlagen wären, dann hätte die Revolution nicht gesiegt.

Allmählich aber, während sie so dahinschritten, hörte Fernand auf, zu wägen und zu richten. Die Gedanken wurden ihm kraus, gingen ihm über in Gefühl, in das große Gefühl des Volkes ringsum.

Was dieses Volk heute fühlte, war Stolz und Heiterkeit. Es war ein großer Mann, den sie sich da zurückholten, und er gehörte ihnen, dem Volk von Paris. Er war kein General gewesen und kein Staatsmann, er hatte keine siegreichen Schlachten geschlagen und keine großartigen Verträge geschlossen, er war nur ein Schriftsteller gewesen, ein Philosoph, und sie wußten nicht recht, was das war, und kaum einer unter hundert hatte seine Bücher gelesen. Aber ein paar Worte von ihm, ein paar Sätze von ihm hatte man ihnen in die Ohren und ins Herz gerufen in der Stunde ihrer Unschlüssigkeit, und es waren solche Worte, daß man marschieren und zuschlagen mußte, wenn man sie hörte. Und sie *waren* marschiert, und sie *hatten* zugeschlagen. Und sie hatten gesiegt. Und folglich taugten die Bücher dieses Toten mehr als die Kanonen der Generäle und die Federn der Staatsmänner. Sie fühlten sich heute, die Hunderttausende, diesem toten Mann vom Geiste eng verbunden, sie fühlten sich erhoben, da nun auch sie teilhatten am Geiste.

So zog der Tote triumphierend durch die Straßen von Paris, welche der Lebende so manches Mal in kläglicher Flucht vor seinen Verfolgern durchjagt hatte, und die gleichen Menschen, die höhnisch gelacht hatten über den Narren, entblößten die Köpfe vor dem Weisen und Lehrer.

Überall war Musik, Gesang. Heraus aber tönte, alles andere übertönte jenes volkstümliche Lied des Rouget, welches die Freiheitskämpfer von Marseille mitgebracht und welches der Konvent vor kurzem zur Hymne der Republik erklärt hatte: die Marseillaise. Die Musiken, die im Zuge und die außerhalb, spielten das Lied, und es sangen das Lied die Zehntausende, die im Zuge schritten, und die Hunderttausende, die ihm zuschauten. „Allons, enfants de la patrie, le jour de gloire est arrivé – Steht auf, ihr Freunde, Patrioten, der große Tag, der Tag ist da“, gellte, schmetterte triumphierend von allen Seiten das aufpeitschende Lied der Republik, und es war, als treibe dieses Lied den Zug voran, zum Pantheon.

Sooft der Zug eine kleine Biegung machte, erblickte Fernand in hoher Höhe den gigantischen Sarkophag des Jean-Jacques. Er hatte im Garten der Tuilerien den Trauer- und Triumphwagen gesehen, der diesen Sarkophag trug. Zwölf weiße Pferde, geführt von Männern in antiker Tracht, zogen ihn, er rollte auf vier riesigen Bronzerädern. Antike Kandelaber umgaben den granitenen Sarkophag, der den Sarg mit der Leiche umschloß; Weihrauch und Parfüm stieg hoch. Auf den Sarkophag gestellt war ein Ruhelager, gezimmert nach Art der Römer. Darauf liegend, halb aufgerichtet, den Kopf in die Hand gestützt, zeichnete sich, in Wachs gebildet, die Gestalt Jean-Jacques' von dem hellen Himmel ab.

Fernand merkte bestürzt, wie ihm angesichts dieses Schaugebildes die deutliche Gestalt des leibhaften Jean-Jacques entglitt. Er suchte sie festzuhalten, aber vor die Erinnerung des wirklichen Mannes drängte sich unabweisbar und undurchsichtig das wächserne, idolhafte Bild, welches dort vorne, weihrauchumwölkt, dahinzog. Und der Schall der Marseillaise zerwehte den wirklichen Jean-Jacques in immer fernere Ferne, ins Un-Faßbare. Fernand spürte geradezu körperlich, wie der wirkliche Jean-Jacques verschwand. Was an Jean-Jacques alltäglich gewesen war, sank hinunter, war nicht mehr da; das Einmalige, Ewige sonderte sich, hob sich, schwebte dort vorne, alle Blicke anziehend.

Der Zug war an seinem Ziel angelangt. Hier, auf dem höchsten Punkte der linken Altstadt, hatte man unter dem Fünfzehnten Louis begonnen, der heiligen Genoveva eine Kirche zu errichten. Aber das mühevolle Bauwerk hatte ein Vierteljahrhundert erfordert; es war vollendet worden, erst nachdem der Sechzehnte Louis die Herrschaft verloren hatte, und die Nationalversammlung hatte aus der Kirche ein Pantheon zur Beisetzung hervorragender Männer gemacht.

Großartig stand das Haus, von hoher Kuppel überragt.

Der Zug erreichte den schönen Vorbau, durchschritt ihn, tauchte ins Innere.

Kühl und ernst umfing einen, kam man aus der Fülle des Lichtes und des Schalles draußen, die Dämmerung und Stille der riesigen, durch Säulen edel gegliederten Halle. Gruppe um Gruppe zog ein, immer dichter füllte sich der Bau. Eine schmale Bahn, die Menge teilend, wurde freigehalten, und nun schwankte auf kräftigen Schultern der Katafalk herein, durchzog die freie Bahn, wurde vorne niedergestellt.

Aus der Menge löste sich eine kleine Figur in einem blauen Rock, durchschritt den freigehaltenen Gang, erstieg, und alle Augen folgten ihr, die Stufen, die zu dem Katafalk hinaufführten.

Da stand Maximilien Robespierre vor dem Sarg. Beinahe eine Minute lang blickte er schweigend, reglos, auf die schweigende Menge. Er sammelte sich. Er dachte des Gelöbnisses, welches er nach dem Gespräch mit Jean-Jacques in seinem Tagebuch niedergelegt hatte: er werde, den Lehren Jean-Jacques' folgend, das alte Gebäude zerstören und ein neues aufrichten. Das neue Frankreich, das Frankreich Jean-Jacques', war aufgerichtet. Freilich, noch waren der Feinde viele, ihre Tücke trachtete ihm, Maximilien, nach dem Leben, und sehr möglich war es, daß er untergehn wird, bevor der Kampf beendet ist. Aber das wäre kein zu hoher Preis für das Erreichte.

„Wäre Jean-Jacques", begann er endlich, und er hob die Stimme nicht, so daß die Hörer gezwungen waren, noch tiefer zu schweigen; „wäre Jean-Jacques nur der größte Schriftsteller unseres Jahrhunderts, der am meisten beredte Mund, wir überließen es der Nachwelt, ihn zu werten und sein Andenken zu ehren. Er ist mehr: er ist einer der ewigen Propheten der Menschheit. Er hat das Reich der Vernunft begründet und die Provinzen der Tugend erweitert. Er war mehr als ein Mensch, er war ein Instrument des höchsten Wesens. Er sah die Völker auf den Knien liegen vor Zeptern und Kronen, und er wagte es, ihnen zu sagen: Steht auf. Er wagte es, ihnen die Botschaft zu bringen: Freiheit und Gleichheit. Selber Gott gleich, warf er seine glühenden Worte in die Herzen und vollbrachte, was keiner vor ihm vollbracht hatte: die Völker standen auf."

Fernand lauschte angeschauert. Dieser unheimliche Robespierre wußte um die Abgründe in Jean-Jacques, wußte, was allein er, Fernand, zu wissen vermeint hatte. „Selber Gott gleich." Robespierre wußte, daß Jean-Jacques in der Wahn-Tiefe seiner Verzweiflung „keiner Erschütterung mehr zugänglich, daß er Gott gleich" gewesen war.

Und trotzdem: dieser Robespierre sah nur die *eine* Seite Jean-Jacques'. Er machte Jean-Jacques zum Gott, er sah nicht den Jean-Jacques der „Bekenntnisse", er duldete kein Menschliches an dem Manne, dessen höchster Stolz es gewesen war, Mensch zu sein.

„Er hat", rief jetzt Robespierre, und nun klang seine Stimme laut, gläsern und schneidend in den letzten Winkel des weiten Raumes, „er hat wie Sokrates die Philosophie vom Himmel auf die Erde heruntergeholt, in die Städte und in die Häuser. Er hat die Menschen gezwungen, nachzudenken über ihr Leben und über den Staat und die Gemeinschaft und über das, was Recht und Unrecht ist und was Gut und Böse. Er hat uns gelehrt, nicht in der Vergangenheit zu ankern, sondern in der Zukunft."

Das waren gute Sätze, und so vieles Fernand von Robespierre trennte, sie hatten *eine* Lehre, *einen* Glauben, *ein* Ziel.

Robespierre war zu Ende. Man hob den Sarg von dem Katafalk, ihn den kurzen Weg zum Gruftgewölbe zu tragen.

Fernand, für eine winzige Zeit, sah in seinem Innern die Leiche, die da vorne in ihrem Sarg lag, mit dem furchtbaren Riß in der Schläfe. Und er sah die Leiche, wie sie mit blutverkrustetem Kopf auf dem Bett im Sommerhaus gelegen war. Und die Leiche wurde ihm lebendig. Und er sah Jean-Jacques in der Lichtung hocken, in stiller Verzweiflung, er sah ihn freundlich mit Therese zusammensitzen, er sah den inbrünstigen Glauben, der von seinem Gesicht strahlte, als er verkündete: „Der Mensch ist gut“, er sah den Wahnsinn in seinen Augen, als er sich gleichzeitig für den *ersten* der Sterblichen hielt und für den *letzten.*

Nun aber setzte sich der Sarg in Bewegung, der Gruft zu, und in diesem Augenblick, ungeheißen und wie auf Verabredung, stimmte die ganze Versammlung die Marseillaise an: „Aux armes, citoyens! Formez vos bataillons!“ sangen sie, „Kamraden zum Gefecht! Kamraden, schließt die Reihn!“ und: „Marchons, marchons! Voran, voran!“ Nicht nur den mächtigen Bau füllte das Lied, daß Mauern und Dach zu bersten drohten, von außen kam es, von überallher kam es, es war, als singe ganz Paris, ganz Frankreich dieses kühnste aller Lieder.

Der Schall des Liedes, der Anblick des Zuges mit dem Sarge schwemmte die Gesichte Fernands fort, machte ihn alles Ungemäße abtun und vergessen, riß ihn mit. Voll strömenden Glückes spürte er, wie sein Ich fortschmolz, aufging im Gefühl aller. Er war kein Fremder mehr, er war *eins* mit denen, die da sangen. Was ihn umgab, drang in ihn ein, er wurde zu einem lebendigen Teil aller, wurde mehr als er selber, wurde Volk.

„Aux armes, citoyens! Formez vos bataillons!“ sang es in ihm, sang es um ihn, drang es in ihn ein von überallher.

Ein letztes Mal, schwebend nun über dem Gruftgewölbe, wurde der Sarg sichtbar. Das Lied brach ab.

Die plötzliche Stummheit zerriß Fernands Verzauberung. Spitz und qualvoll stach in ihn ein der Gedanke, was alles diese neuen, gewalttätigen Jünger Jean-Jacques’, diese finstern, gläubig glücklichen, verbrochen hatten, wie weit von seiner Lehre sie abwichen. Allein der schmerzhafte Einstich mäkelnden Verstandes dauerte nur einen Augenblick. Marchons quand même! Und trotzdem vorwärts! dachte er. Fast hätte er’s in die Stille hineingerufen: „Marchons quand même!“

Eine wunderbare Minute lang war in ihm der ganze, kühne Schwung des Bogens, der sinnvoll und grandios von der

Neuen Héloïse hinübersprang zur Marseillaise, von dem edeln, wohlgemeinten, simpeln Grab auf der Insel der Großen Pappeln zum Gruftgewölbe des Pantheons. Er spürte den Überreichtum Jean-Jacques', jenes Überwissen, das recht behielt gegen alle Vernunft. Er sah den Sinn seines eigenen Schicksals. Er hatte, ein kleiner Schüler Jean-Jacques', durch Leid, Enttäuschung, Verzweiflung gehen müssen, damit ihm diese Minute der Erfüllung bereitet sei. Und hätte er nichts als diese Minute, sein Leben wäre lebenswert.

Der Sarg senkte sich. Senkte sich. Versank.

Von neuem aber hob sich das Lied. Und: „Vorwärts, vorwärts!" sang es, während, vergessen und unvergeßlich, Jean-Jacques in der Gruft verschwand und in seinem Ruhme.

Nachwort

Als ich vor vielen Jahren zufällig das Buch „Narrenweisheit“ von Lion Feuchtwanger in einem Antiquariat fand, machte mich zunächst die Formulierung „Tod und Verklärung des Jean-Jacques Rousseau“ im Titel neugierig, bald aber entdeckte ich, daß hier ein außerordentlich interessanter historischer Roman vorlag, den die Nachkriegskritik – im Trubel der Ereignisse – schlechthin übersehen hatte. Obgleich ich mich sowohl für Lion Feuchtwanger den Förderer und Freund von Bertolt Brecht als auch für Jean-Jacques Rousseau gleichsam „professionell“ interessierte, war mir bis dahin keine Spur des Romans begegnet. Ich hoffe sehr, daß die zum 200. Todestag Rousseaus nun endlich zustandegekommene Neuauflage das Versäumnis von Kritik und Lesepublikum nachholt. Der Verfasser wie sein Gegenstand haben es jedenfalls vollauf verdient.

Lion Feuchtwangers Rousseau-Roman erhebt nicht den Anspruch wissenschaftlicher Geschichtsschreibung, und doch vermag er besser als manches Fachbuch Rousseaus Leben in seiner gesellschaftlichen Umwelt während der letzten Lebensjahre als Gast des Marquis de Girardin in Ermenonville zu beschreiben und zu verlebendigen. Gewiß, der Romancier hat sich manche Freiheiten erlaubt, aber die Grundtatsachen hat er richtig wiedergegeben, soweit wir das heute überhaupt tun können. Weit wichtiger aber als die Rekonstruktion des Lebens, Leidens und Sterbens des einsamen Philosophen ist die äußerst gelungene Veranschaulichung der Wirkungsgeschichte des Denkers, die Lion Feuchtwanger seinem Roman einverwoben hat.

Noch immer streiten sich Rousseau-Forscher um Bedeutung und Tragweite der politischen und gesellschaftlichen Anschauungen des großen Genfers. Die einen sehen nur den Revolutionär, andere betonen einseitig gewisse antimodernistische Tendenzen, ja konservative Züge. Für die einen war Rousseau ein extremer Individualist, der alle Staatsmacht allein aus dem Willen souveräner Individuen ableiten wollte, für die anderen ein „Kollektivist", der das Gemeinwesen einem „Gemeinwillen" auslieferte, über das der einzelne keine Kontrolle ausüben kann und dem er sich im Interesse „vernünftiger Freiheit" zu fügen hat. Demokrat, anarchistischer Individualist, Konservativer, Revolutionär, Sozialist – das alles hat man Rousseau genannt, und für jede dieser einseitigen Kategorisierungen gibt es zumindest Anhaltspunkte in seinem Werk.

Aufgabe des Romanciers konnte es nicht sein, in die historische Diskussion um die „wahre" Bedeutung Rousseaus einzugreifen, wohl aber konnte er – besser als manche andere – die unterschiedliche Rezeption Rousseauscher Gedanken in den verschiedenen Klassen und Schichten der zeitgenössischen französischen Gesellschaft illustrieren. Der Marquis de Girardin und sein Sohn, ein neureicher Großbürger, und die Kleinbürger der nahegelegenen Stadt, Insassen der Gefängnisse und deren Bewacher – sie alle haben jeweils ein anderes Bild von Rousseau, berufen sich auf jeweils andere Aspekte seines Werkes. Und hier kann der Roman Feuchtwangers, der gewiß auf gründliches historisches Studium sich stützt, der Phantasie des heutigen Lesers Hilfestellung leisten, um die Vielfalt und scheinbare Widersprüchlichkeit der Rousseau-Anhängerschaft besser verstehen zu lernen. Feuchtwanger stellt die verschiedenen Rousseau-Rezeptionen nicht einfach unvermittelt nebeneinander, sondern läßt sie in kritischen Kontakt miteinander treten, und in dieser Diskussion erweist sich zweifellos die plebejische Deutung durch die

„kleinen Leute" als die angemessenere und überzeugendere. In dem jungen Marquis liegt die Einsicht in die moralische Überlegenheit des bürgerlichen Denkens, wie es von Rousseau repräsentiert wird, im Streit mit der privilegierten Position, in die er hineingeboren wurde und die von der Revolution bedroht wird. Die Figuren des Romans sind nicht einfach klischeehafte Repräsentanten ihrer Klasse, sondern lebendige Menschen mit ihren individuellen Widersprüchen, und doch setzt sich inmitten dieser Widersprüche immer wieder die soziale Gebundenheit ihrer Weltauffassung und ihres Rousseau-Verständnisses durch.

Das Bild der Therese Levasseur, ihrer sexuellen Gier und ihrer Habsucht mag manchen Leser stören oder anderen als wesentlicher Inhalt des Romans erscheinen, mir scheint es von weit geringerer Bedeutung zu sein als die sozial differenzierte Wirkungsgeschichte Rousseaus in den Jahren nach seinem Tode bis hin zur großen Französischen Revolution. Immerhin mag aber auch die Schilderung der großen Einsamkeit des Denkers, seiner Hilflosigkeit und Abhängigkeit von einer ihm kaum ebenbürtigen Frau zum Verständnis mancher Seiten seines Charakters und seiner Auffassungen (z. B. von der Rolle der Frau in der Gesellschaft) beitragen.

Niemand wird heute mehr Rousseaus antifeministische Grundauffassungen verteidigen, die vermutlich neben klassenspezifischen Wurzeln auf eine schon früh eingetretene Fehlentwicklung seiner Sozialisation zurückzuführen sind. Hier vermag begreiflicherweise eine Romanbiographie, die sich auf die letzten Lebensjahre konzentriert, wenig zum Verständnis beizutragen. Rousseau scheint eine erhebliche Angst vor geistig emanzipierten Frauen (wie Madame de Dupin) gehabt zu haben, die nicht bereit waren, ihn in der Rolle des männlich-überlegenen Liebhabers zu akzeptieren. Als Sekretär der Madame de Dupin hatte Rousseau Beweisstücke für die Ebenbürtigkeit der Frau mit dem Manne aus Geschichte und Kirchengeschichte zu exzerpieren. Er scheint es nur mit großem Widerstreben getan zu haben, und in seinen Werken findet sich von diesen Studien keine einzige Spur. So mag es sich auch erklären, daß er aus privater Bequemlichkeit sich eine „Frau vom Volke" zur Gefährtin wählte, der gegenüber er immer in der Rolle des überlegenen, gebildeten Mannes bleiben konnte und die er oft als „ma gouvernante" apostrophierte. Madame Levasseurs Rache hingegen dürfte in ihrer „Untreue" und in der Ausnutzung der Schwäche des Kranken bestanden haben.

Feuchtwangers Buch leistet dem „Rousseau-Kult" keinen Vorschub, sondern zeigt den Menschen Rousseau mit seinen Schwächen, aber vor allem läßt es beispielhaft die sozial differenzierte Wirkungsgeschichte an uns vorüberziehen, zu der ein sentimentaler kleinbürgerlicher Rousseau-Kult ebenso gehörte wie die offizielle Glorifizierung zur Zeit des Thermidor genau zu dem Zeitpunkt, als Rousseaus sozial-kritische Ideen vom siegreichen Großbürgertum verdrängt worden waren. Die Überführung ins Pantheon war ein Akt der staatlichen Propaganda.

Frankfurt, im Frühjahr 1977 *Iring Fetscher*

Nachbemerkung

Innerhalb von acht Jahren, von 1944 bis 1952, entstanden die drei Romane, die man als Lion Feuchtwangers dritten Romanzyklus, als Zyklus über die Französische Revolution, bezeichnen kann: „Die Füchse im Weinberg“, „Goya oder Der arge Weg der Erkenntnis“ und „Narrenweisheit oder Tod und Verklärung des Jean-Jacques Rousseau“. Am 27. Mai 1950 hatte Feuchtwanger die Niederschrift des Goya-Romans abgeschlossen, und bereits am folgenden Tag, am 28. Mai 1950, begann er mit der Arbeit am Rousseau-Roman, dessen Manuskript er am 12. Juni 1952 beenden konnte. Noch im selben Jahre erschien das Buch in der Frankfurter Verlagsanstalt, Frankfurt am Main, und 1953 in einer vom Autor leicht verbesserten Fassung im Aufbau-Verlag, Berlin. Diesem Text folgt auch die vorliegende Ausgabe.

Aufbau-Verlag